语言保护研究丛书 | 戴庆厦　主编

布依语副词研究

陈　娥　著

科 学 出 版 社

北　京

内 容 简 介

本书综合运用调查法、描写法、对比法等研究方法，以三个平面的语法理论、语义指向理论、语法化理论等为指导，对布依语副词进行系统、全面的研究。本书的主要着力点是通过田野调查和查阅书面文献获取足够的语料，在大量、丰富语料的基础上对布依语副词进行共时平面的描写与比较，包括各相关副词的比较分析和各副词次类的比较分析，概括总结布依语副词的语义、语法、语用特点及副词各次类的语义、语法、语用特点，重点揭示布依语副词的语义特征、组合关系、语序规律。本书是第一本对布依语副词进行比较全面、系统研究的著作。

图书在版编目(CIP)数据

布依语副词研究 / 陈娥著. —北京：科学出版社，2016.12
（语言保护研究丛书 / 戴庆厦主编）
ISBN 978-7-03-051226-0

Ⅰ. ①布… Ⅱ. ①陈… Ⅲ. ①布依语–副词–研究 Ⅳ. ①H268.3

中国版本图书馆 CIP 数据核字(2016)第 321292 号

责任编辑：王洪秀 / 责任校对：郑金红
责任印制：张　伟 / 封面设计：铭轩堂

科 学 出 版 社 出版
北京东黄城根北街 16 号
邮政编码：100717
http://www.sciencep.com

北京东华虎彩印刷有限公司印刷

科学出版社发行　各地新华书店经销

*

2016 年 12 月第　一　版　开本：720×1000 B5
2016 年 12 月第一次印刷　印张：18
字数：320 000
定价：88.00 元
（如有印装质量问题，我社负责调换）

本书受到云南省哲学社会科学学术著作出版专项经费资助

汉藏语副词的研究大有可为

——《布依语副词研究》序

陈娥博士的论文《布依语副词研究》经修改，即将由科学出版社出版。我读过送审稿，学到了许多新知识，认为这是研究汉藏语副词的一部好书。我愿意为此书作序，以示共勉。

副词是人类语言普遍都有的一个词类，其语义、句法特征介于实词和虚词之间。但不同语言的副词范围及其语义、句法特征存在不同程度的差异。布依语是属于汉藏语系壮侗语族壮傣语支的一种语言，缺乏形态变化，主要通过语序和虚词来表达语法意义，属于分析型的语言。副词在布依语里是表达意义的一个不可缺少的词类，许多词汇意义和语法意义都要靠它来表达。布依语的副词内部成员存在不同的类别，语法功能差异大。有的副词意义比较实在，如方式副词；有的副词意义比较虚，如否定副词。副词的特点看起来表层句法功能单一，能充当动词、形容词和谓词性短语的状语，但实际用法却非常复杂，个体之间差异很大。因此，布依语副词的研究不能像意义实在的名词、动词、形容词那样按类别进行研究，而要一个一个地研究。

汉语副词的研究，已取得了丰硕的成果，无论是单个副词的意义、用法的研究，还是副词次类的研究都已相当深入。相比而言，非汉语的汉藏语系语言，副词的研究尚处在十分薄弱的阶段，在单一语言的语法书中，对副词的特点只是简单提及，未见以副词为专题出版的著作。布依语副词的研究迄今仍比较薄弱，20世纪50年代以来，其研究成果只零星地散见于少数几本语法专著中，许多问题没有认识清楚，也未有学者作过全面、系统的专题研究。

《布依语副词研究》一书首次对布依语副词进行比较全面、深入的研究。作者综合运用了调查法、描写法、比较法等研究方法，特别是通过田野调查和查阅书面文献获取了300多个副词用法的语料，对这些副词的语义特征、句法特点、语用规则等进行了系统、细致的描写，并对副词次类的特点和规则进行了分析归纳。该书中所描写的 300 多个布依语副词能够系统地揭示布依语副词的共时面貌。作者在全面描写布依语单个副词、各类布依语副词特征的基础上，还把布依语副词与汉语副词、壮语副词、泰语副词进行比较，进一步揭示了布依语副词的主要特征。该书中指出布依语副词的主要特征有以下五点：

第一，布依语副词的位序复杂多样：①有的布依语副词是前置的，位于所修饰的中心词之前，如mi^{11}"不、没"、mjaɯ^{53}"别"。 ②有的布依语副词是后置的，置于所修饰的中心词之后，如ʔiə^{35}"曾经"、ŋan^{33}ŋan^{33}"马上"。后置副词的位置又可分为三种情况：若中心词之后没有别的成分，则后置副词置于中心词之后；若中心词之后还有句末语气词，则后置副词位于中心词之后，句末语气词之前；若中心词之后有宾语和句末语气词，则后置副词置于宾语后句末语气词之前；若中心词之后有宾语、补语、句末语气词，则后置副词置于宾语后、补语前。③有的后置副词既可前置也可后置。例如，tiŋ^{11}la:i^{24}"多半"、laŋ^{24}"随后"、ðiəŋ^{11}laŋ^{11}"随后"既可以前置，也可以后置。④有的副词可置于句首，如ɕak^{33}la:i^{35}"幸亏"、ȵiə^{53}wa:ŋ^{33}"大概"。该书作者指出，布依语大多数副词的位序是固定的，且前置语序是一种优势语序。

第二，同义框式强化现象比较多。同义框式强化现象是指语义相同的两个副词可以在一个句子中同现，共同修饰同一个中心词。时间副词、范围副词、方式副词、程度副词都有同义框式强化现象，其中，范围副词的同义框式强化现象更常见。同义框式强化现象中同现的副词也可省略一个只使用其中一个，但多数时候可同现副词一起使用更符合布依族的语言习惯。比如：

ʔdak^{35}ʔdak^{35}　to^{33}　tɯk^{33}ʔdak^{35}ðin^{24}　kuə^{33}leu^{31}.

块　　块　都　是　　　石头　　全部

（每一块都是石头。）

这个句子同时使用了两个总括全部的副词 to^{33}"都"和 kuə^{33}leu^{31}"全部"。如果省略其中一个只用一个总括副词，也能表达总括的意思，但同时使用两个总括副词更符合布依族的使用习惯，语气也更完整。

第三，同一意义对应多个不同字形的现象比较普遍。这些词语有的语义、语法完全一样，有的同中有异。同一意义对应多个不同字形是由于布依语词语来源多样化导致的。布依语词语的来源主要有以下几种情况：有的是布依语固有词、有的借自汉语、有的来自当地方言、有的是不同地域的布依族所用的不同词语。同是布依语固有词，有的仅在《摩经》中使用，有的仅在日常生活中使用。诸多来源及不同的使用场合导致布依语一义多词现象比较普遍。比如，布依语表示次高级的绝对程度副词有六个，这六个副词在语义、使用方法、使用场合有一些细小的区别。从使用场合来看，$ʔi^{31}$ $ʔaːu^{31}$仅使用于《摩经》中，$ɕot^{33}$、$tɕa^{11}ɕi^{11}$、$ta^{11}ðaːi^{31}$、leu^3、$laːi^{241}$使用于日常生活中；从其表达的程度来看，$ɕot^{33}$、$tɕa^{11}ɕi^{11}$、$ta^{11}ðaːi^{31}$所表达的程度一样，leu^{31}的程度稍低一些，$laːi^{24}$的程度最低。从使用方法来看，$ta^{11}ðaːi^{31}$可与句末语气词pai^0连用，其他次高级程度副词不能与句末语气词pai^0连用。

第四，一词多义现象，即不同的义项有的属于同一次类，有的属于不同的次类；有的布依语副词的词义与汉语副词完全对应，有的不完全对应。

第五，副词做状语修饰中心语时是副词与中心语直接组合，不使用结构助词。比如：

$la^{53}lau^{11}$ li^{31} $vɯm^{11}$ $ʔju^{35}$, $mɯŋ^{11}$ $naːi^{33}naːi^{33}$ $pjaːi^{53}$.

楼　下　有　人　　住　你　轻　轻　　走

（楼下有人住，你轻轻走。）

这句话中的副词 $naːi^{33}naːi^{33}$ 作状语修饰动词中心语 $pjaːi^{53}$ 时，是副词 $naːi^{33}naːi^{33}$ 与中心词 $pjaːi^{53}$ 直接组合，没有使用结构助词。布依语的状语与中心语组合时，都是两者直接组合，因为布依语没有类似汉语"地"的结构助词。

该书的这些分析令人耳目一新，显示了汉藏语系壮侗语族副词的一些特点。该书中丰富、大量的语料为作者的理性认识奠定了基础。

该书主要采用共时描写，但作者还注意从共时视角探析副词的历时演变。比如，该书中从共时层面对布依语否定范畴 $xaɯ^{53}$ 的语法化进行了探索，认为布依语 $xaɯ^{53}$ 的演变过程有两条路径：①"给予"义（动）→"致使"义（动词）→"朝、向、对"（介词）→引进动作的受益者（介词）；②"给予"义（动）→"致使"义（动词）→"被"动义（介词）。$xaɯ^{53}$的演变过程伴随词法由表示核心功能的动词逐步演变成表示辅助功能的介词，伴随着词汇意义由表示实在意义的"给予"义逐渐弱化、虚化为"致使"义。"致使"义一方面虚化为引进动作的受益者，另一方面虚化为引进动作的受事者，即被动标记。

我认为，该书的价值和创新点主要有以下五点：

第一，首次系统、深入地描写、分析了布依语副词的特点，填补了布依语副词一直没有专题研究的空白。作者在描写、分析布依语副词的范围和分类、单个副词的语义和语法功能、近义副词的异同及每类副词的共性特征的基础上，对布依语副词共时平面的结构规律和语用特征进行系统、深入的描写和归纳，着力挖掘布依语副词的个性。这些成果对布依语副词的进一步深入研究提供了良好的基础。

第二，该书能为副词的类型学研究提供汉藏语系语言的一个新个案。作者重视进行跨语言的类型学比较，比如，通过对布依语、壮语、泰语副词的位序进行跨语言的比较，发现壮语、泰语副词的位序与布依语非常相似，依此推断壮侗语副词位序演变的顺序应该是"中心词+副词+（句末语气词）"→"副词 1+副词 2+中心词"或"副词 1+中心词+副词 2"→"副词+中心词"。该书对布依语副词的类型学研究进行了有益的尝试。

第三，该书提炼的观点和使用的方法对汉语及其他亲属语言的副词研究有着可贵的参考价值。比如，作者在研究中重视使用语义指向分析理论分析布依语副词，对如何应用语义指向理论研究汉藏语系语言做了尝试，摸索了一些经验。研究证明，语义指向分析理论对布依语副词的语义分析是有效的。如前所述，布依语副词的位序比较复杂，有多种形式。比如，taŋ^{53}ni^{31}（这样）kuə^{33}（做）laŋ^{24}fei^{24}（浪费）ʂ^{31}tɕien^{33}（时间）kwa^{35}la:i^{24}（太）.（这样做太浪费时间了。）这句话表示程度的副词 kwa^{35}la:i^{24}"太"作状语修饰 laŋ^{24}fei^{24}"浪费"，其位于所修饰的中心词 laŋ^{24}fei^{24}"浪费"的宾语 ʂ^{31}tɕien^{33}"时间"之后，kwa^{35}la:i^{24}"太"的语义指向 laŋ^{24}fei^{24}"浪费"。

这类句子状语副词与其所修饰的谓语中心语不直接相连，但其与谓语中心语的句法结构关系和语义结构关系是一致的，即该副词修饰谓语中心语，语义也指向该谓语中心语。更复杂的情况是，有的句子的副词不仅与其所修饰的中心语不直接相连，语义也不指向该中心语。面对这样的语言事实，传统的句子成分分析法和层次分析法是不易分析清楚的，而语义指向分析能够找出该副词所修饰的成分及语义指向的成分。

　　该书对布依语副词语义指向的事实分析，对语义指向理论的进一步完善提供了一个有益的个案。

　　第四，能够促进汉藏语系亲属语言副词的研究。举例来说，汉语的修饰成分一律放在所修饰的中心成分之前，其语序属于修饰成分的逆行结构类型。逆行结构类型与人类的认知和思维顺序不同步。壮侗语族诸语言的修饰性成分放在中心成分之后，属于修饰成分的顺行结构。修饰成分的顺行结构与人们的认知、思维顺序同步。但同属于壮侗语族的诸语言，其修饰语的语序也存在不同之处。比如，我国的布依语、壮语和傣语修饰语的语序，除了有顺行结构还有逆行结构，而且逆行结构的修饰语序呈现逐渐增多的趋势。位于境外同属于壮侗语族的泰语和老挝语，其顺行结构非常完整。壮侗语族各语言修饰语顺行结构的完整程度，与受汉语影响的程度有关。该书对布依语副词的系统研究能为汉藏语系诸语言间的跨语言比较、类型学研究及语言接触研究提供新的例证。

　　作者在研究中特别强调比较法的运用，摸索副词比较的方法。著名汉语虚词研究学者马真教授（2007：91）说过："比较分析，也是语法研究中最基本的分析手段之一，更是虚词研究最基本、最有效的一种分析手段。"布依语副词的研究也应该是这样的。布依语的许多副词存在同一语义对应好几个不同词形的现象，有的只是词形不同而语义和用法完全一样，有的语义完全一样只是语序有区别，有的则是部分语义相同。面对如此纷繁复杂的语言现象，需要进行比较方可知道他们之间的异同。作者在该书中重视使用比较法，从语义、语法和语用等方面对近似副词进行了对比分析，挖掘了近似副词的不同点及副词次类的特点。

　　第五，在应用上，该书对编写词典、布依族地区的双语教学有帮助。布依族学习汉语副词时会受到母语特点的干扰，该书中对布依语副词的分析有助于布依族地区的汉语教学。

　　副词是布依语的一个基本词类，在语言交际中具有重要的语用作用，在语言结构中具有重要的语法功能。当前，我国少数民族语言研究已进入深入研究阶段，需要多作些具体语言的、一个一个语法现象的描写研究，只有这样才能为我国少数民族语言的深入研究提供扎实的基础。语言事实的描写研究存在如何挖掘语言事实、如何借鉴现代语言学理论方法论等问题。作者重视语言事实的路子是对的。其研究实践证明，语言研究要花力气多做语料工作，还要重视理论的指导；汉藏语系非汉语的副词研究目前还很薄弱，需要加强，否则会牵制整个系统的研究。

非汉语的副词研究大有可为。

　　陈娥博士是 2013 年从中央民族大学中国少数民族语言文学系毕业的博士生，现于云南师范大学汉藏语研究院任教。她的博士生导师是著名的布依语研究专家周国炎教授，这本书是在他的导师精心指导下完成的。陈娥告诉我："这个题目是周老师提出的。当时周老师是这样考虑的，副词是不容易把握的一个词类，特别是非母语人，做起来会有较大难度，但考虑到他主编的《布依–汉词典》刚刚出版，这部词典全面收录了布依语副词，能为非母语背景的人进行布依语研究提供良好的基础，因此，周老师希望自己的学生尝试去做。开题之后，我着手从《布依–汉词典》和《布依语长篇话语材料》两部著作中收集书面语料，花了大半年时间一共收集了 300 个副词、30 多条语料。周老师还向我推荐了布依族母语人、贵阳博物馆的黄镇邦老师。黄老师是布依语标准音点人，热情地给我提供了许多的帮助。"该书的出版应该首先感谢她的导师——周国炎教授。

　　陈娥治学用心，勤奋努力，有事业心。我衷心希望她多做田野调查，多掌握语料，多出成果，为云南师范大学汉藏语研究院的学科建设多做贡献！

　　是为序。

戴庆厦

云南师范大学汉藏语研究院院长、特聘教授，中央民族大学教授

2016 年 8 月 13 日

目　　录

第一章 绪 论

一、问题的提出

布依族主要聚居于贵州省黔南布依族苗族自治州黔西南布依族苗族自治州、安顺地区、贵阳市郊、六盘水地区、黔东南苗族侗族自治州，云南省的罗平县、四川省的宁南县和会东县也有部分布依族散居。布依族使用的语言布依语属于汉藏语系壮侗语族壮傣语支，使用人口现有 297 万多[①]。布依语与壮语最接近，其次与傣语、水语、侗语等接近。在国外，布依语主要分布在老挝、越南、泰国等地。

布依语同其他汉藏语系的语言一样具有如下特征：属于孤立型语言，语序为 SVO，缺乏形态变化，语序和虚词是表达语法意义的主要手段。布依语分布在贵州省境内的数十个县市，方言差别不大，各地的词汇和语法结构相当一致，语音对应比较整齐。依据其语音和词汇的差别，布依语分为三种土语：第一土语分布在黔南，第二土语分布在黔中，第三土语分布在黔西。第一土语有腭化和唇化声母，第二和第三土语只有相对的单纯声母。

副词是布依语的词类之一，在语言交际中有重要的语用作用，在组词造句中有重要的语法功能。但是，由于各种原因，对布依语副词的句法、语义、语用的研究，目前尚处于一个起始阶段，许多问题没有认识清楚。鉴于此，本书以布依语副词为研究对象，拟在详细描写单个副词的语义特征、句法特点的基础上，全面、系统地归纳各副词次类的语义、句法特点及布依语副词的特点，以期对布依语副词有一个全面、系统的认识。

[①] 来自 2011 年第六次全国人口普查数据。

二、研究思路和结构

本书主要运用调查法、描写法、对比法等研究方法，以三个平面的语法理论、语义指向理论、语法化理论等现代语言学理论为指导，对布依语副词进行系统、全面的研究。本书的主要着力点是通过田野调查和查阅书面文献获取足够的语料，在大量、丰富语料的基础上对布依语副词进行共时平面的描写与比较，包括各相关副词的比较分析和各副词次类的比较分析，概括布依语副词的语义、语法、语用特点及副词各次类的语义、语法、语用特点。本书的主要目标是揭示布依语副词的语义特征、组合关系、语序规律。

（一）研究的价值意义

1. 加深对布依语副词的认识

迄今为止布依语副词的研究仍是一个非常薄弱的研究领域，相关研究成果零星散见于 20 世纪 50 年代以来出版的少数几本语法专著中，更未有人作过系统的专题研究。在当前语言学理论进一步发展和新的民族语研究成果不断涌现的背景下，非常有必要对布依语副词的特点进行全面系统的研究。

本书首次把布依语副词作为独立、系统的研究对象，在探索布依语副词的范围和分类、布依语单个副词的语义和语法功能、布依语近义副词的异同及每类副词共性特征的基础上，揭示布依语副词共时平面的结构规律和语用特征，旨在为该领域的研究提供一个翔实的研究个案。

2. 有助于语义指向分析的研究

语义指向（semantic orientation）研究始于 20 世纪 80 年代。语义指向是指句中各成分之间的语义关系。语义指向分析是指运用语义指向来说明和解释语法现象。

语义指向分析理论对布依语副词的语义分析是十分有效的。布依语副词的位置比较复杂：有的前置于中心语，有的后置于中心语，也有可前可后的。后置副词的位置又有以下两种情况：（1）如果中心语之后还有宾语，则该副词必须置于宾语之后；（2）如果中心语之后有补语，则须置于补语之前。比如，$\delta a{:}n^{11}\ ku^{24}\ xam$

^{33}ne^{31} tu^{33} kɯn^{24} miən^{33} to^{33}to^{33}.（我家今晚都只吃面条。）表示范围的副词 to^{33}to^{33}"都"作状语修饰中心语 kɯn^{24}"吃"，其语义指向 miən^{33}"面条"。to^{33} to^{33}没有与其所修饰的中心语直接相连，而是位于宾语之后。更复杂的情况是，有的句子不仅副词与其所修饰的中心语不直接相连，语义也不指向其所修饰的中心语，而是指向主语、宾语、补语等其他成分。面对这种情况，传统的句子成分分析法和层次分析法是难以解释清楚这些成分之间的语义关系的，而语义指向分析能够清楚地说明该副词与其他相关成分的语义关系。比如：

① phin^{31}ko^{53} to^{53} ʔdiŋ^{24} pai^0.

　　苹果　都　红　了

（苹果都红了。）

② ʔdan^{24}ma^{35} nau^{33} leu^{31}pai^0.

　　果子　　腐烂　全　了

（果子全腐烂了。）

③ ðau^{11} xam^{33}ni^{31} tshai^{42}phai^{31} ta:u^{35} ʔdeu^{24} tem^{24}.

　　我们　今晚　彩排　次　一　再

（我们今晚再彩排一次。）

④ ku^{24} ʔau^{24} pɯn^{53} ʔdeu^{24} liəŋ^{24}.

　　我　拿　本　一　另外

（我另外拿一本。）

　　例①中的副词to^{53}"都"修饰形容词ʔdiŋ^{24}"红"，to^{53}总括的对象是phin^{31}ko^{53}，所以to^{53}的语义指向主语phin^{31}ko^{53}。该句中to^{53}所修饰和指向的对象不一致。例②中的副词leu^{31}作状语修饰谓语nau^{33}，因为其总括的是主语，所以说副词leu^{31}的语义指向主语ʔdan^{24}ma^{35}。leu^{31}所修饰和指向的对象也不一致。该句中的leu^{31}没有与其所修饰的对象相连，而是位于句末。例③中的副词tem^{24}作状语修饰谓语tshai^{42}phai^{31}，tem^{24}的语义却指向补语ta:u^{35} ʔdeu^{24}。该句中的tem^{24}所修饰和指向的对象不一致。例④中副词liəŋ^{24}作状语修饰谓语动词ʔau^{24}，其语义指向的却是宾语pɯn^{53} ʔdeu^{24}。liəŋ^{24}所修饰和指向的对象不一致。该句中liəŋ^{24}也没有与其所修饰的对象相连。

布依语句子中的副词所修饰的成分和语义指向的成分有时候不一致。通过运用语义指向理论分析布依语副词能够让我们更好地认识和理解布依语副词与其他成分之间的语义关系，也有助于布依语翻译及不同语言之间的比较。

本书大量的布依语副词语义指向的事实分析，能够为一个完善的、适合汉藏语系特点的语义指向理论的建立提供事实基础，为完善的语义指向理论的建立提供理论思考。

3. 有助于加深语法化研究

语法化（grammaticalization）也就是虚化，近年来受到越来越多的重视，现已成为语言学界关注的热点。

布依语否定副词蕴含大量语法化现象。比如，mi^{11} $xaш^{53}$的演变规律符合语法化中的保持原则、滞后原则、频率原则、渐变原则等。布依语表示动作的完成或变化的助词存在几个不同的词语pai^0、leu^{31}、$?dai^{31}$，这种同一语法意义用几个不同的词语来表达的现象体现了语法化的并存原则。

本书对布依语个别副词语法化的研究有助于加深语法化的认识，为语法化理论的发展提供一些新的语言素材和研究思路。

4. 为壮侗语乃至汉藏语的语法研究提供有益的参考

汉语的修饰成分一律放在中心成分之前，其语序属于修饰成分的逆行结构类型。壮侗语族诸语言的修饰性成分放在中心成分之后，属于修饰成分的顺行结构。同属于侗台语族的其他语言，其修饰语的语序也存在不同之处。例如，我国的布依语、壮语和傣语修饰语的语序，除了有顺行结构还有逆行结构，且修饰语明显朝着逆行结构的趋势发展。同属于侗台语族的泰语和老挝语，其顺行结构非常完整。原因在于侗台语族各语言修饰语顺行结构的完整程度与受汉语影响的程度有关。

本书对布依语副词的详尽研究，能为汉藏语系诸语言间的跨语言比较、类型学研究提供可靠的文本材料，为语言接触理论及其演变机制的研究提供真实的例证。

（二）研究的理论

本书的主要理论基础包括三个平面的语法理论、语义指向理论、语法化理论。

　　三个平面理论中的"三个平面"分别是句法平面、语义平面和语用平面。句法平面是指对句子进行句法分析，对句法结构内部的词语与词语之间的关系进行成分分析，包括句子成分的确定和结构方式的判别；语义平面是指对句子进行语义分析，分析词语与客观事物之间的关系；语用平面是指对句子进行语用分析，分析句中词语与使用者之间的关系。本书对布依语副词事实的描写、语法特点的归纳，均从句法分析入手，同时结合语义分析和语用分析。

　　同时，本书还将运用语义指向理论进行分析。周刚（1998：27）指出语义指向理论是"指句子中某一个成分跟句中或句外的一个或几个成分在语义上有直接联系，其中包括了一般所认为的语义辖域。运用语义指向来说明、解释语法现象，就称为语义指向分析"。布依语副词修饰的对象一般是动词或形容词，但是其语义不一定都指向动词或形容词，比如表示总括的范围副词语义通常指向句中的主语或宾语。对于这样的现象，唯有语义指向分析方可理解句中成分之间的语义结构关系。

　　语法化（grammaticalization）是认知语言学中的重要内容之一。西方学者最早使用语法化一词的是法国语言学家 Antoine Meillet。沈家煊的《"语法化"研究纵观》把现代的语法化理论和思想引入中国。沈家煊（1994：17）认为，"'语法化'（grammaticalization）通常指语言中意义实在的词转化为无实在意义、表语法功能的成分这样一种过程或现象，中国传统的语言学称之为'实词虚化'"。虽然各家对语法化内容的表述不一样，但都包含有语法单位的发展演变这一含义。现代布依语中的副词，很多都是由最初的表实在意义的动词、形容词通过语法化演变而来的。本书通过运用语法化理论分析布依语副词的语法化过程，进而对动词的演变过程和副词的形成过程有一个认识。

（三）研究的方法

　　本书采用的主要研究方法包括描写法、调查法、对比法等。

　　语言调查是语言研究的前提和基础。传统的语言研究对一种语言某一语法特点的归纳总结是建立在大量语言事实的基础之上，并在此基础上进行详细的归纳和梳理。本书运用了调查法，包括文献调查和问卷调查。文献调查的对象是《布依语长篇话语材料》和《布依-汉词典》两部著作中的副词例句。问卷调查是通过设计调查问卷对母语持有者进行调查以便搜集语料的方法。对于基本靠口耳相传的布依语而言，科学的问卷调查和真实的话语记录尤为重要。本书通过对布依语进行详尽的问卷调查，收集了真实可靠的语料。

描写法是指对语言现象的充分描写与分析。据统计，布依语一共有 300 多个副词。数量众多、语义空灵、个性多于共性等因素使得布依语副词的研究需要一个一个地进行，而不能一类一类地进行。面对这样一个纷繁复杂的研究对象，其中一项重要而基础的工作是对布依语副词进行客观描写。为此，我们借鉴前辈对布依语副词的描写方法并吸收传统汉语副词的描写范式，对布依语单个副词及各副词次类进行了全面、细致的描写。描写是基础，描写的目的是为了深入了解语言规律。因此，本书还对布依语副词的语言现象进行归纳、整理和分析，在看似杂乱无章的表象背后发掘了布依语副词的典型语法现象和特殊的语法规律。总的来说，描写是本书的主要内容，分析也是本书的一个工作重点。我们希望本书在对布依语副词进行全面描写和客观分析的基础上，让大家对布依语副词有一个全面的认识。

一种事物的特点，要跟别的事物比较才能显现出来。马真先生（2007：91）指出，"比较分析，也是语法研究中最基本的分析手段之一，更是虚词研究最基本、最有效的一种分析手段"。许多布依语副词存在同一语义对应好几个不同词形的现象。这些副词，有的只是词形不同而语义和用法完全一样，有的语义完全一样只是语序有区别，有的则是部分语义相同。面对这样的语言现象，需要进行比较方可知道他们之间的异同。此外，在进行布依语副词分类及概括每一类副词特点的时候也需要将不同类别副词的语义、语法特点进行比较。因此，在本书的研究过程中，本书运用了比较法来归纳单个布依语副词的特点、近义副词的异同及副词次类的特点。

（四）语料来源

本书所用语料主要来自《布依语长篇话语材料》（周国炎，黄荣昌，黄镇邦，2010）和《布依–汉词典》（周国炎，2012）两部著作，贵州省博物馆的黄镇邦老师于百忙中为本书写作提供了大量的语料。

《布依语长篇话语材料》和《布依–汉词典》两部著作共 140 多万字，其内容涉及民间故事、民族歌谣和自然对话。笔者从中共收集到 300 多条关于布依语副词的语料，此外，布依语母语人黄镇邦老师也给本书提供了 200 多条副词例句。这些语料能全面地反映布依语副词的特点，为本书的写作打下了良好的基础。

（五）结构

全书分八章论述布依语副词。

第一章为绪论，说明本书的研究对象和研究意义，介绍本书研究的理论依据、研究方法和语料来源。

第二章为布依语副词概貌，包括布依语副词的范围和分类。该章对确定布依语副词的原则、布依语副词的范围、布依语副词的定义、布依语副词的特点、副词次类的划分、各次类所包括的词语等情况进行介绍。

第三章为布依语否定副词研究。该章以 mi^{11}、fi^{33}、$mjau^{53}$ 为例探讨布依语否定副词系统共时平面的语义和语法特征。该章先对布依语否定副词的定义、语义、类别等内容进行了总体介绍，然后以布依语否定副词与不同类型的谓词搭配组合为框架，对布依语否定副词的语义、否定副词与相关词语的组合特点等进行全面的描写和分析，最后概括各否定副词的特点及否定副词次类的特点。

该章运用对比法考察否定副词 mi^{11} 和 fi^{33} 与谓词组合的不同语义功能。已有的研究一般认为 mi^{11} 对应汉语的"不"，fi^{33} 对应汉语的"没"。本书通过对大量例句进行分析发现布依语否定副词 mi^{11} 和 fi^{33} 与汉语否定副词"不"和"没"不一一对应。他们的关系是，mi^{11} 有时候相当于汉语的"不"，有时候相当于汉语的"没"，fi^{33} 有时候相当于汉语的"没"，有时候相当于汉语的"未"。可见，布依语否定副词 mi^{11} 和 fi^{33} 与汉语否定副词"不"和"没"既有联系，又有区别。此外，该章还对 mi^{11} xau^{53} 的语法化以及 mi^{11} xau^{53} 的词汇化进行了探讨。

第四章为布依语范围副词研究。先对布依语范围副词的定义、范围及次类划分进行了概述，然后逐一对各范围副词的语义、位序、语义指向、被饰成分等内容进行全面、详细的描写，该章最后概括范围副词各次类的特征及范围副词的特征。该章在分析布依语范围副词的语义指向时，以语义指向的"指""项""联"理论为基础。

第五章为布依语时间副词研究。该章先对布依语时间副词进行总体概述，然后对时间副词的语义、被饰成分、位序及语义指向等内容进行共时描写和分析，最后总结布依语各时间副词次类的特征及布依语时间副词的特征。

　　第六章为布依语方式副词研究。首先对方式副词的分类进行介绍，然后对方式副词进行分类描写和分析，着重对方式副词的语义、语义指向进行探讨，最后总结布依语方式副词的特点。

　　第七章为布依语程度副词研究。该章先对程度副词的概况进行了总体介绍，然后对程度副词进行详尽的共时描写和比较细致的分析，最后总结程度副词的语义、被饰成分、语义指向、词法和句法等特点。

　　第八章为布依语语气副词研究。该章先对布依语语气副词的总体情况进行介绍，然后对语气副词进行分类描写及分析，最后对各类语气副词的语义、语法、语用特点进行概括。

　　第九章为布依语副词位序研究，包括布依语副词的连用及布依语副词的特点。该章第一节从不同副词次类的连用的角度来考察布依语副词连用的顺序。第二节从跨语言的角度考察布依语副词位序的类型学特征。第三节对布依语副词的特点进行了总结。本书认为布依语副词的总体特点有，缺乏形态变化，主要靠语序和虚词来表达语法意义；对中心成分进行修饰而从不被别的成分所修饰是布依语副词的根本特点；一般都能修饰动词或形容词，语义一般也指向所修饰的动词或形容词；位序复杂多样；语义、语法相同的各民族族语副词与借自汉语的副词，可以在一个句子当中一前一后同现，起强调作用；一义多字等。

第二章 布依语副词概貌

本书将从宏观和微观两个方面对布依语副词进行研究。宏观方面的研究是把布依语副词和副词次类作为一个整体进行考察，包括对布依语副词的范围、分类、各副词次类的典型特征等问题进行综合探讨，以便从全局上把握布依语副词；微观方面的研究指对单个副词的句法功能、词汇意义、语法意义及语用进行详细的描写与准确的分析，从而深入、细致地揭示单个副词的语义、语法特点。

本章将对什么是布依语副词、布依语副词的范围、布依语副词的总体特点及布依语副词的内部分类等宏观方面的问题进行探讨。

第一节 布依语副词的范围

一、学界对副词范围的界定

（一）汉语副词的界定

布依语与汉语比较接近，都属于汉藏语系。学界对汉语副词的界定对本书界定布依语副词有很好的参考作用。因此，本书在界定布依语副词的范围之前先来梳理一下有关汉语副词范围的界定成果。20 世纪 60 年代之前，也就是传统汉语语法时期，黎锦熙（2007）、王力（1985）、张志公（1959）以词汇意义为依据来界定副词。以词汇意义为依据划分词类有较大的主观性，容易导致不同的人分出来的副词范围差别很大。20 世纪 60 年代之后，受美国结构主义以词的分布（distribution）来确定词性的语法理论的影响，国内研究汉语语法的学者逐渐倾向于从分布上来划分汉语的词类。以丁声树（1961）、胡裕树（1979）为代表的学者从副词修饰动词、形容词的功能上定义副词。从修饰功能定义副词比从意义上定义副词更易于操作，也更合理，但仍然没有抓住副词的本质特征。因为修饰动词、形容词不是副词独有的特征。到了 20 世纪 80 年代，以朱德熙（1982）、吕叔湘（1980）为代表的一批学者从副词的句法功能着手，提出副词的主要用途是作状语。朱德熙和吕叔湘给副词的定义"不仅找到了划分词类的根本依据，而且抓住了副词的本质特征——充当状语"（李泉，1996）。

（二）前人对布依语副词的界定

布依语研究始于 20 世纪 50 年代全国性的语言普查。此后的 30 年间，布依语研究几乎处于停止的状态。直到 20 世纪 80 年代，布依语研究重新开展起来，新的研究成果逐渐出现。到了 21 世纪，随着新的语言学理论与研究方法的运用，更深入广泛的田野调查得以开展，学界对布依语语音、词汇和语法等的研究较以往也有了长足的进步。然而，布依语副词的研究依旧十分薄弱，屈指可数的成果散见于为数不多的布依语语法著作中。这些研究对布依语副词进行了初步的分类和简要的描写。

《布依语语法研究》（1956 年）和《布依语调查报告》（1959 年）这两部著作是 20 世纪 50 年代语言学家喻世长到贵州省布依族地区进行语言调查工作的全面总结。《布依语语法研究》是在约 10 万字的调查材料的基础上写成的。该著作将布依语副词分为三类：第一类是表示动作行为的时间和情貌的副词，第二类是表示否定的副词，第三类是除前两类以外，表示范围、状态、程度的副词。该著作在介绍第一类副词时共列举了 7 个副词，并简单介绍了每个副词的意义；作者在介绍否定副词时，从意义和用法两个方面对mi^{11}"不"和fi^{33}"未、没有"进行了比较；在介绍第三类副词时，作者介绍了几个常用副词的位置。该著作是最早涉及布依语副词的研究成果。其成绩表现在：第一，对布依语副词进行了分类；第二，对布依语副词的结构和语义特点进行了初步的阐释。该书也存在一些不足之处，比如该书提出的"第一、二两类副词都放在谓语前面"的说法不够准确，因为有的布依语时间副词位于所修饰的中心语之后，句子"$muuŋ^{11}pai^{24}kon^{35}$，$ku^{24}ma^{53}saŋ^{24}ma^{24}$（你先走，我马上就来）"中的时间副词$kon^{35}$"先"位于谓语之后而不是谓语之前。

贵州省民族语文指导委员会研究室和中国科学院少数民族语言调查第二工作队联合编写的《布依语语法概要》一书对布依语副词的特点概括如下：第一，副词是表示动作、行为和性状在时间、范围、程度上的各种情况的词；第二，副一般只修饰动词和形容词，作状语，位置有的在被修饰语的前面，有的在被修饰语的后面；第三，副词有时还有关联作用，或者与某些连词配合起关联作用。该书从布依语副词的语序、句法功能及意义等方面对布依语副词的特点进行了简要的介绍。

喻翠容（1980）编著的《布依语简志》把布依语副词分为五类：①表示程度，如ta^{11}ða:i^{31} "很、真的"，la:i^{24} "太"，这类副词有的位于中心词之前，有的位于中心词之后。②表示动作的时间和频率，如jaŋ^{31} "才"，ŋa:i^{24} "刚"，这类副词一般用于中心词之前，也有少数位于中心词之后。③表示范围的，如 to^{33} "都"，je^{33} "也"，这类副词一般位于中心词之前。④表示否定的。作者又把否定副词分为表示一般否定和祈使否定两类，前者如mi^{11} "不"，后者如mjaɯ^{53} "别"。这类副词总是位于中心词之前。⑤模拟声音的。这类副词一般是叠音词，往往附在动词之后，形容动作的声音，实际是拟声词和拟态词。此外，本书还对副词的语法功能，即主要是修饰动词和形容词，有些还能在句中或词组中起关联或承接作用进行了介绍。作者对布依语副词所做的分类未把表方式和表语气的副词囊括进去，关于第五类表示"模拟声音的"副词是否该纳入副词这一范畴，将在本章第二节"布依语副词的分类"中单独进行讨论。

吴启禄（1992）主编的《贵阳布依语》一书把布依语副词分为表程度、表范围、表时间、表否定和摹状拟声五类，并举例说明了布依语副词的四个特点：①有前后使用两个同义（或近义）的副词来加强语气；②否定副词mi^{11} "不"能够连接两个相同的动词或形容词表示疑问；③副词一般只修饰动词、形容词，在句中的位置有在中心词之前的，也有在中心词之后的；④有的副词能在句子、词组中起关联作用。该书首次发现了布依语存在同时使用两个同义或近义副词的现象。

王伟和周国炎（2005：127）主编的《布依语基础教程》一书从意义和功能两个方面把布依语副词分为表程度的副词、表动作时间和频率的副词、表范围的副词、表否定的副词和表语气的副词五类，并对常用副词与中心语的位置进行了简要的介绍。

先贤对现代汉语副词的分类研究及布依语副词的分类研究为本书提供了有效的理论支撑和方法论指导。本书将参考这些研究成果，充分考虑布依语副词的语言事实，力争对布依语副词系统进行科学的分类。

二、布依语副词的界定

（一）布依语副词的特点

布依语属于孤立型语言。与印欧语系语言相比，布依语词汇缺乏形态变化，同一词语在充当不同的句法成分时，形态不变。例如：

① muɯŋ¹¹ kɯn²⁴ xau³¹.

你　　吃　饭

（你吃饭。）

② ku²⁴ xa:i³¹ muɯŋ¹¹.

我　打　　你

（我打你。）

③ θɯ²⁴ muɯŋ¹¹.

书　　你

（你的书。）

这三个句子中的人称代词 muɯŋ¹¹ 分别作主语、宾语和定语，muɯŋ¹¹ 在充当不同的句法成分时，词语的形态完全一样。因此，布依语不能像印欧语系的语言那样依据词的形态划分词类。那么，只能从词的语义和语法功能进行考虑。著名的汉语语法学者陆俭明教授（2003：27）指出，"词类是指词的语法分类"，那么词的语法功能可以成为分类的标准。布依语副词具有哪些语法功能呢？请看下文各例句：

④ ku²⁴ mi¹¹ kɯn²⁴.

我　不　喝

（我不喝。）

⑤ te²⁴tsui²⁴ka:ŋ⁵³ tau²⁴ni⁴².

他　最　讲　道理

（他最讲道理。）

⑥ li³¹ vɯn¹¹ ðan²⁴ sa:u¹¹ tɕhin³¹tɕin⁵³ ni³¹ ʔiə³⁵.

有　人　看　样子　情景　　这　曾经

（有人曾经看到这样的情景。）

⑦ nuaŋ³¹ ɕiau⁵³xuŋ³¹ kan³¹ **kɯ³³**.

妹妹 小红 勤快 更

（小红的妹妹更勤快。）

⑧ te²⁴ n̦um³¹ na⁵³ nak³⁵ **kwa³⁵ la:i²⁴**.

她 妆 脸 浓重 太

（她脸上的妆画得过于浓重。）

⑨ te²⁴ **fi³³** taŋ¹¹ laŋ²⁴.

他 没 到 随后

（他没有随后到）。

⑩ te²⁴ **mi¹¹** taŋ¹¹ kon³⁵.

他 不 到 先

（他没先到）。

⑪ **tiəŋ³³ti³⁵** te²⁴ xam³³ni³¹ mi¹¹ ʔo³⁵tu²⁴ ，mɯŋ¹¹ ma²⁴ pa⁰.

正好 他 今晚 不 出 门 你 来 吧

（正好他今晚上不出门，你来吧。）

⑫ **ɕak³³la:i³⁵** ku²⁴ fi³³ pai²⁴. ʔi³⁵ pai¹¹ni³¹ to⁵³ ʔju³⁵ ji³³jan²⁴ pai⁰.

幸亏 我 没 去 要不 现在 都 在 医院 了

（幸亏我没有去，要不这会也在医院了。）

例④～⑫中的黑体字都是副词。例④是副词mi¹¹ 修饰动词kɯn²⁴，例⑤是副词tsui²⁴修饰动词短语ka:ŋ⁵³ tau²⁴ni⁴²，例⑥是副词ʔiə³⁵修饰动词短语ðan²⁴ sa:u¹¹ tɕhin³¹tɕin⁵³ ni³¹，例⑦是副词kɯ³³修饰形容词 kan³¹，例 ⑧是副词kwa³⁵ la:i²⁴ 修饰形容词 nak³⁵，例⑨是否定副词 fi³³修饰方式副词 laŋ²⁴，例⑩是否定副词 mi¹¹ 修饰时间副词 kon³⁵，例⑪是副词tiəŋ³³ti³⁵修饰主谓短语te²⁴ xam³³ni³¹mi¹¹ ʔo³⁵tu²⁴，例⑫是副词ɕak³³ la:i³⁵修饰主谓短语ku²⁴ fi³³ pai²⁴。这些句子中的副词都在句中作状语，修饰谓语。副词所修饰的谓语中心词，可以是动词或动词短语、形容词或形容词短语、副词及句子。进一步对布依语其他副词进行考察发现，布依语中的副词都能作状语，对动词或动词短语、形容词或形容词短语、副词及谓词性短语进行修饰限制。

通过以上分析可知布依语副词都能充当状语[①]，就是说"能充当状语"是副词的一个共同语法特征。那么能否依据"能充当状语"来界定布依语副词？请看以下各例句：

⑬ ðau¹¹ ŋɔn¹¹ɕo³³ ma²⁴ tuŋ³¹ðan²⁴.

　 我们　 明天　　来　 相见

　（我们明天见。）

⑭ te²⁴ nin¹¹ɕo³⁵ ɕim²⁴ θɯ²⁴.

　 他　睡　着　 看　书

　（他躺着看书。）

⑮ θam³⁵ fɯn¹¹ ni³¹ ðau¹¹ ʔau²⁴ kuə³³ θoŋ²⁴ ta:u³⁵ kɯət³³.

　 些　　柴　 这　我们　拿　 做　　两　　次　　扛

　（这些柴我们要两次扛完了。）

例⑬～⑮中的黑体字都在句中作状语，可他们分别是名词、动词、数量词而不是副词。因此，不能说"能充当状语"的词语就是副词，因而确定布依语副词还得考虑布依语副词其他方面的区别性特征。

通过与意义实在的实词进行对比分析，进一步发现布依语副词还有如下特点：

第一，从词汇意义来看，副词的词汇意义不那么明确，有些语法意义突出的副词词汇意义甚至很不明晰，如ða:i³¹"确实"、ða:i³¹ða:i³³"的确"所表达的是一种确定的语气，表示的是语法意义，词汇意义很模糊。

第二，从句法功能上看，名词、动词和形容词都能在句中充当主语、谓语、宾语这些主干成分。副词不能充当句子的主干成分，只能充当修饰成分，且多数都只能修饰谓词性成分。这是副词与名词、动词、形容词、代词、数词等实词在句法功能方面的主要区别。

通过与表语法意义为主的虚词进行对比分析，进而发现布依语副词有如下特点：

第一，从语义上看，布依语副词的词汇意义相对于其他虚词来说要实在一些，其中，尤以表时间和表方式的副词的词汇意义更具体。例如，时间副词 kon³⁵

[①] 把布依语中修饰谓词性成分的修饰语都称为状语，不把位于中心成分之后的修饰语称为补语，下面会对此问题进行专题讨论。

"先"、方式副词ðum³³ ðiŋ³⁵ "悄悄"、na:i³³na:i³³ "轻轻、慢慢"的词义很准确，而介词ðiəŋ¹¹ "跟"的词汇意义比较空灵，只有表连接作用的语法意义很明确。

第二，从功能上看，副词能在句中充当状语。其他虚词一般不能充当状语。这一点可以把副词与其他虚词区别开来。

综上所述，布依语副词与其他词类的主要区别性特征有：

（1）布依语副词只能作修饰成分，不被其他成分修饰。

（2）副词的意义涉及动作行为或性质状态的时间、方式、否定、范围、语气等方面。

于是，我把布依语副词区别于其他词类的主要特征（1）和（2）作为确定布依语副词的主要原则。

（二）布依语副词的定义及范围

依据布依语副词的主要特征，笔者对布依语副词作如下定义：在句法结构中主要用来修饰限制动词、形容词、副词和一些谓词性短语，而不被其他成分修饰，语义上对动作行为或事物性质状态的时间、方式、范围、程度、语气及与命题有关的肯定或否定等情况进行说明的词。

依据副词的定义和界定原则，确定以下词语属于布依语副词（详见本章第二节"布依语副词的分类"）。

第二节　布依语副词的分类

一、确定布依语副词次类的目的与原则

对一个词类作次类划分是语法研究的需要。因为各个词类所包含的词语在语法功能和语义特征上有差异，同一次类内部的各个成员也有诸多差异。通过对一个词类再作次类划分可以更好地认识各个词类内部的不同特征，从而全面、深入地认识布依语副词的特征。

朱德熙先生（1985：11-14）认为，"划分词类的依据只能是词的语法功能……说得准确一点，一个词的语法功能指它所能占据的语法位置的总和。要是用现代语言学的术语来说，就是指词的（语法）分布（distribution）"。布依语副词的位

序比较复杂，与所修饰的中心语的位序有四种情况：

（1）前置副词直接位于所修饰的中心词之前。

（2）后置副词位于中心词之后。后置副词的具体位置又可分为四种情况：第一，后置副词直接位于中心词之后即句末；第二，中心词之后若有句末语气词，后置副词置于句末语气词之前；第三，中心词之后有宾语和句末语气词，后置副词必须位于宾语之后、句末语气词之前；第四，中心词之后有宾语、补语和句末语气词，后置副词必须位于宾语之后、补语之前。

（3）位于句首。

（4）位于中心词之前或之后均可。

布依语副词的位序可以作为划分副词次类的依据。但是，单纯根据位序把布依语副词分为五类，会使得每一类所包含的词语的语义千差万别，因为属于同一语义类别的词被归入了不同的类别。比如，to^{53}“都”和leu^{31}“全”都是表示总括全部的范围副词，如果仅依据位序来划分，to^{53}则被划入第（1）类，leu^{31}被列入第（2）类。而语义上没有任何关联的to^{53}“都”、mi^{11}“不”、$kwa^{35}la:i^{11}$“太”、mai^{53}“一定”等划为第（1）类。如此一来，依据位序划分的结果使得原本有诸多共性、关系紧密的一类词列入了不同类别，而没有多少共同点的词语被列入了一类，这样的划分不利于对各副词次类特征的总结，也与朱德熙先生（1982：38）提出的观点“根据语法功能分出来的类，在意义上也有一定的共同点。可见词的语法功能和意义之间有密切的联系”相左。因此，仅依据分布的分类方法不可行。

杨荣祥先生（2007：47）提出词类划分中的语义和语法的关系是：“在这里，我们可以倒过来说，有共同语义特征的副词次类，在语法功能方面也有一定的共同特点”。据此，笔者认为可以根据布依语副词的语义特征来分类，只是这样分出来的类要能从语法功能方面得到验证，即同一次类应有区别于其他次类的语法功能特征。

为了深入揭示布依语副词的特点，本书试以语义指向为视角，把语义、语义指向和分布三方面结合一起，分层探讨布依语副词的特点。从语义上看，布依语副词可分为表否定、时间、程度、方式、语气、范围、关联七类。由于表关联的布依语副词只有六个：$?an^{35}\cdots?an^{35}\cdots$“越是……越是……”、$pai^{33}\cdots pai^{33}$“一边……一边……”、$tiŋ^{11}\cdots tiŋ^{11}\cdots$“一边……一边”、$jiə^{33}$“也”、$jou^{24}$“又”、$na:i^{33}$“再”，数量很少，且其中的$jiə^{33}$“也”、$jou^{24}$“又”、$na:i^{33}$“再”都同时兼属于其他副词次类，因此，我们不把表关联的副词单独列为一类，而是在讨论相关副词的时候对其进行讨论。这样，我依据语义把布依语副词分为六类：否定副词、时间副词、程度副词、方式副词、语气副词和范围副词。这样分出来的类别，在被饰成分的性质、语义指向及位序等句法功能方面也都有各自的特点，分述如下：

否定副词的特点：否定副词都能修饰动词和形容词，都位于所修饰的词语之前，语义指向所修饰的动词或形容词。否定词mi^{11}偶尔能修饰名词，mjaɯ^{53}也能修饰名词。他们修饰名词时相当于否定动词，语义也指向该名词。概括地说，非常整齐的前置位序、语义指向关系和句法结构关系一致是布依语否定副词的典型特点。

时间副词的特点：①时间副词一般只能修饰谓语动词或形容词，语义也都指向所修饰的动词或状态形容。个别时间副词能修饰数量词。②绝大多数时间副词前置，少量后置。语义一般指向动词、形容词，少量指向数量词。

方式副词的特点：①方式副词一般能修饰动词、形容词。②位序及语义指向。大多数方式副词前置于所修饰的中心词，少数后置。除部分语义指向主语或宾语外，其他的语义都指向所修饰的动词或形容词。③方式副词重叠式丰富。总体来说，语义指向主语或宾语及重叠式丰富是布依语方式副词的独特之处。

范围副词的特点：①被饰成分。范围副词都能修饰动词、数量词，部分可修饰名词和形容词。能修饰数量词和名词是范围副词的独特之处。②位序及语义指向。大多数范围副词前置。范围副词修饰谓词性谓语时，其语义一般不指向句中的谓词性谓语，而是指向句中的体词，包括数量词、名词或代词。当范围副词修饰体词时，语义也指向该体词。③意义近似副词的同义框式强化现象丰富。同义框强化现象是指意义近似的词语同时出现在同一个句子中修饰同一中心词的现象，其中，表示外加的范围副词同义框式强化现象非常普遍，使用频率高。布依语范围副词的典型特征是除了能修饰谓词，还能修饰体词，其语义多数时候指向体词性成分，同义框式强化现象比较常见。

程度副词的特点：①被饰成分。程度副词都只能修饰动词或形容词。②位序及语义指向。绝大多数程度副词后置，语义都指向所修饰的动词或形容词。概括地说，黏着性强、语义指向单一、比较整齐的后置位序是布依语程度副词的典型特点。

语气副词的特点：①被饰成分。语气副词都可以修饰动词、形容词及整个句子，少部分可以修饰数量词。②位序及语义指向。语气副词多数可位于主语前，这部分语气副词也可移位到主语后谓语前。位于主语前的语气副词管辖范围是全句，其语义也指向全句；主语后谓语前的语气副词管辖范围是句中的谓语，对谓语进行表述，其语义也指向谓语。语气副词绝大多数前置，少数后置。总体来说，位于句首的位序、可修饰整个句子或数量词、语义可指向整个句子是布依语语气副词的独特之处。

通过以上分析可知，以语义为基础划分出来的布依语副词的次类，在语义指向、分布等方面互相渗透、互为印证，这样确定的各个副词的归属在语法方面也有一定的共同点。

二、布依语各副词的类别归属

根据各副词的语义、语义指向及位序等特点，笔者对 300 多个布依语副词进行了类别归属，各副词的归类情况如下：

（一）否定副词

mi^{11}不、无、没有	mi^{11}lɯk^{33}别、误	mi^{11}li^{31}没有
mi^{11}xaɯ^{53}别、甭、勿	mi^{11}xo^{53}不要、不需	fi^{33}没
mjaɯ^{53}别、莫、勿	lɯk^{33}不、不要、别	ko^{35}不
sa:i^{33} 尚未	fi^{33}sa:i^{33}尚未	fi^{33}ça:u^{31}不曾
xa^{31}fi^{33}尚未、还没有	ʔbo^{31}fi^{33}尚未	ʔbau^{35}无、没有
ʔbo^{31}不、无、没有		

（二）范围副词

tam^{31}只	tiŋ^{11}la:i^{24} 多半	pa^{53}liɛn^{31} 把连
ça:u^{31}只	çiŋ^{33}尽是、全是	çiŋ^{33}çiŋ^{33}全都
to^{53}都	tçiə^{11}tçiə^{11}到处	kɯn^{42}kɯn^{42}整整
leu^{31}çai^{11}全部、完全	çai^{11}çuə^{11}完全、全部	çiŋ^{33}尽是、全是
mo^{35}重新	ta:u^{35}mo^{35}重新	tshuŋ^{31}çin^{33}重新
ta:u^{35}重新	jiə^{33}也	jou^{24}又
	na:i^{33}再	

（三）时间副词

ni^{31}lai^{31} 历来　　tshuŋ^{31}lai^{31} 从来　　liŋ^{33}从来

ɕau^{31}kwa:i^{11} 迟早、早晚　　ɕau^{31}lot^{35} 迟早、早晚　　xat^{35}xam^{33} 早晚

ji^{53}tɕin^{33} 已经　　ʔiə^{35}已经　　ɕau^{31}ɕi^{33} 早就

ʔiə^{35}曾经　　ma^{42}saŋ^{24} 马上　　mja:ŋ^{11} 立即、马上

ɕiən^{24}ɕɯ^{11} 立即、马上　　jiən^{5} 马上、立即　　ŋan^{33} 立刻、马上

ŋan^{33}ŋan^{33} 即将、马上　　tɕak^{35}jau^{24} 立刻、马上　　xa^{31} 快要、将要

xa^{11} 快要、将要　　la^{53}快要、将要　　taŋ^{24}sɿ^{31} 当时

taŋ^{11}ka:n^{33} 正在　　taŋ^{22}ka:n^{33} 正在　　tsən^{24}tsai^{24} 正在

laŋ^{53} 才　　luɯ^{53} 才、再　　laŋ^{53}ɕa:u^{31} 刚刚、刚才

tam^{31} 刚　　pai^{11}pan^{33}刚才　　luŋ^{53}ɕi^{33} 才、才能

luŋ^{53} 才、再　　ja^{53}pan^{33} 刚才　　ji^{35}pan^{33} 刚才

ɕa:u^{31} 才、刚　　ɕa^{31}pan^{33} 刚才　　ɕi^{33} 就

tam^{31}tuut^{35} 突然、忽然　　tɕok^{33} 突然　　lam^{31}let^{35} 突然

let^{35} 突然　　n̥am^{33}n̥a:ŋ^{33} 突然　　thu^{31}zan^{31} 突然

ɕam^{11}ɕwa^{33} 突然　　tɕam^{33}tɕap^{35} 忽然　　θam^{31}θa:t^{35} 忽然

tam^{31}tu^{35} 突然　　koŋ^{53}ka:ŋ^{53} 突然、猛然　　ta^{11}let^{35} 突然

koŋ^{33}ŋa:ŋ^{33} 突然、猛然　　n̥am^{33}n̥a:ŋ^{33} 突然　　θut^{35} 忽然

kon^{35} 先　　laŋ^{24}随后　　ðiə^{11}laŋ^{24}随后

ʔiən^{35}ɕɯ^{11} 随即　　tau^{53}lŋ^{24} 以后　　kuə^{33}ɕɯ^{11} 有时、偶尔

θak^{35} 时而、有时　　tam^{31}tu^{35} 偶尔　　lɔŋ^{24}liən^{35} 偶尔

ðaɯ^{31}常常、往往　　ðaŋ常常、往往　　ɕɯ^{11}ɕɯ^{11}常常、往往

θi^{35}ɕɯ^{11}常常、往往　　ɕu^{31}ma^{24}常常、往往　　lap^{33}ji^{35} 经常

tɕin^{33}saŋ^{31} 经常　　na:u^{35}na:u^{35} 长期、永远　　na:u^{35} 永远

kuə^{33}na:u^{35} 长久、永远　　na:u^{35}ɕeu^{33} 永远、永世　　ðaɯ^{31} 经常、常常

θi^{35}ɕɯ^{11} 常常、经常　　ɕa:ŋ^{11} 常、时常　　ɕan^{33} 经常

mi^{11}ɕa:ŋ^{11} 不经常、很少　　ɕan^{33} 仍然　　ɕu^{31} 经常、常常

sɿ^{53}zuŋ^{33} 始终　　ɕiŋ^{33}ɕiŋ^{33} 老是、总是　　ji^{31}tsɿ^{31} 一直

pin^{35} 直到、一直到　　pin^{35}tɔn^{24}直到　　kon^{35}laŋ^{24} 前后、先后

tsan²⁴sๅ³¹ 暂时　　　　　　　kuə³³ŋɔn¹¹成天

（四）方式副词

pai¹¹to³³一起　　　　　pai¹¹ʔdeu²⁴一起　　　　ɕai¹¹一起

tuŋ³¹ʔju³⁵一起　　　　　kuə³³tɔi³³一道、一起　　tuŋ³¹相互

kuə³³ʔdeu²⁴一起、一道　　tan³³tu³¹单独　　　　　pu³¹to³³一人

ti³¹独　　　　　　　　　ɕin²⁴ta²⁴亲眼　　　　　ɕin²⁴fuŋ¹¹亲手

ɕuən³⁵ʔda:ŋ²⁴亲自　　　　tɕhin³³tsๅ²⁴亲自　　　　ku⁵³tau⁵³牯倒

ʔdiəŋ²⁴ʔdiəŋ²⁴悄悄　　　liəm¹¹悄悄　　　　　　liəm¹¹liəm¹¹ 悄悄地

ka¹¹diəŋ²⁴悄悄　　　　　kuə³³ðak³⁵偷偷、悄悄　　ðiŋ³⁵悄悄

θim³³悄悄　　　　　　　θa⁵³liəm¹¹偷偷、悄悄　　ðak³³ðem³¹悄悄、偷偷

ʔdam³¹悄悄地、默默地　ʔdam³¹ʔdam³¹默默、静静　tɕam³¹tɕa:⁵³默默、悄悄

ʔdam³¹ʔdit³⁵暗地里　　ʔjɔŋ²⁴ʔja:ŋ²⁴猛然　　　tɕan³³tɕan³³ 渐渐

tɕan³¹tɕan³³ 渐渐　　　ku²⁴ji²⁴故意　　　　　ɕuən³⁵ʔi³⁵故意

ʔan³⁵sɯ⁵³故意　　　　ɕiəŋ³³ʔi³⁵特意　　　　tsuan³³mən³¹专门

pa³¹waŋ¹¹罢意　　　　sun²⁴piɛn²⁴顺便　　　　ðiəŋ¹¹fuŋ¹¹随手

ma:i⁵³ 随意、随便　　na:p³³依次　　　　　　ʔda³¹白白地

la:ŋ³⁵ 白　　　　　　ʔda³¹la:ŋ³⁵白白地　　　ʔda³¹ʔda³³白白地

ʔdɔi²⁴白白地、徒然　ŋou⁵³zan³¹偶然　　　　fau³¹fam³³慌张、急忙

let³⁵急速　　　　　fɔŋ³³feŋ³³ 急忙　　　　ȵam¹¹ȵa:ŋ³³急忙

ɕap³³ɕwa³¹ 急忙、慌忙　kɔŋ³³ŋa:ŋ³³ 急忙　　　ɕap³³着急、急忙、慌忙

pau³³ȵa:ŋ¹¹急忙　　θi¹¹θa:n¹¹急忙　　　　θi¹¹θiə³³急忙

waŋ²⁴ma:u¹¹赶忙、急忙　piən³³piən³³急忙　　　xan²⁴ȵam¹¹赶紧、赶快

pau³³mja:ŋ¹¹赶快　　jiəŋ³³kau³⁵仍然、照旧　jiəŋ³³jiɛn³⁵ 照旧、依旧、照样

（五）程度副词

ko²⁴ji³¹过于　　　　　kwa³⁵太，过于　　　　kwa³⁵la:i¹¹太

ke³¹wai²⁴格外（另外）　ta³¹ta:i³³尤其、特别　　pja:u¹¹最

tam³¹够、足　　　　　pin¹¹够　　　　　　　pi⁵³tɕiau²⁴比较

taŋ¹¹tɕau⁵³透顶　　　kɯ³³更、更加　　　　kɯn²⁴更

kɯn²⁴tɕia³³更加　　kɯn²⁴sʅ²⁴更是　　to²⁴la:i²⁴更多、更加

ko¹¹ʔja:i³⁵很、很（多）　　ʔi³¹ʔa:u³¹非常、十分　　tɕa¹¹ɕi¹¹非常

tɕi⁵³pe³³几多、很多　　ta¹¹ða:i⁴非常　　ðau³³很、非常

ɕai¹¹很、非常　　ɕot³³非常、极了　　la:i²⁴太、过于、非常

la:i²⁴la:i²⁴过于、非常　　leu³¹非常、很　　the³¹pie³¹特别

ɕiaŋ³³taŋ³³相当　　mi¹¹θa:i³³不太、不怎么　　mi¹¹ɕa:ŋ¹¹不经常、很少

nan³¹更、较　　mi¹¹ta:ŋ³⁵不太、不经常　　tai³¹过度的（甜）

li¹¹lan³³极度　　ʔet³⁵ʔdeu²⁴一点、少许　　ɕaɯ¹¹极了、不得了

tsʅ²⁴sau⁵³至少　　tsui²⁴to³³ 最多（充其量）

（六）语气副词

tau²⁴ti⁵³ 到底　　pi³¹ɕi³³ 必须　　ðai¹¹kuə³³ʔdai³¹ 总算、终于

taŋ⁵³wa:ŋ²⁴ 横竖　　taŋ³³zan³¹ 当然　　tɕiu²⁴tɕin⁴² 究竟

tau²⁴fan⁵³ 倒反（反而）　　ta:u³⁵ 倒、反而　　ta¹¹ða:i³¹ 真正的、真的

to⁵³ɕi³³ 其实　　lɯk³³la:i¹¹ 其实　　kɯn³³pɯn⁴² 根本

tuŋ³¹tɕam¹¹ 正巧、巧合　　tiəŋ³³ti³⁵ 正好、正巧　　tiəŋ³³ 正好

tiəŋ³³ti³⁵ 正好、正巧　　tsən²⁴xau⁵³正好　　tɕhia³¹tɕhia³¹ 恰恰

ɕaŋ³³la:i³⁵ 幸亏　　ɕa¹¹la:i³⁵ 幸亏　　ɕiə¹¹la:i³⁵ 幸好、幸亏

la:i³⁵ 幸亏　　kwa:i²⁴mi¹¹ʔdai³¹ 怪不得、难怪

xo³¹pi³¹ 何必　　ko⁵³θi¹¹ 可惜　　xa³¹lɯŋ⁵³ 还、还在

xa³¹ɕi³³ 还是　　xai³¹sʅ²⁴ 还是　　tɕiɛn⁴²tsʅ³¹ 简直

tɕie³¹tui²⁴ 绝对　　mai⁵³ 必须　　tɕin²⁴liaŋ²⁴ 尽量

la:u²⁴恐怕　　laŋ⁵³li³¹还在　　lɯŋ⁵³ɕi³³ 才、才能

luŋ⁵³ 才　　luŋ⁵³ɕi³³ 才、才能　　ji³¹tin²⁴ 一定

ta¹¹ða:i³¹ 一定　　ʔan³⁵一定　　mi¹¹tiŋ³³nau¹¹ 不一定

ɕam⁵³ 一定　　liŋ³⁵nau¹¹ 硬是　　ʔba:ŋ³¹ 大概、可能

mo³¹fɯi³³ 莫非　　θa¹¹ʔdan³⁵ 几乎、差不多　　ɕa²⁴mi¹¹la:i²⁴ 差不多

mi¹¹tiəŋ³³ 莫非、难道　　ɕeŋ³³ 居然、竟然　　kɔŋ³⁵ɕeŋ³³ 居然、竟然

mi¹¹xa:u³⁵nau¹¹ 何况　　ma:i⁵³ 宁可　　ɕan³³ 总归

na:ŋ¹¹kwa:i³⁵ 难怪　　phiɛn³³phiɛn³³ 偏偏　　tɕhi³¹sʅ³¹ 其实

tɕhio³¹sɿ³¹ 确实	ða:i³¹ 真的、确实	ða:i³¹ða:i³³ 真正、确实
ɕam³⁵ 真正	ɕin²⁴ɕa:i³⁵ 真正	sɿ³¹tsai²⁴ 实在
min³¹min³¹ 明明	θo³³liəm¹¹ 只好	wu³¹fei³³ 无非
ɕam⁵³ɕi³³ 肯定	leu³¹mi¹¹ 是否	ɕin²⁴ða:i⁴ 果然、果真
je⁵³ 也	fan⁴²zuɐn²⁴ 反正	ta:u³⁵ 倒是、固然
tɔk³⁵pa³⁵ 干脆	kan³³tshui²⁴ 干脆	tsuŋ⁵³tsɿ³³ 总之

需要指出的是，由于布依语副词是一个大杂烩，词汇意义的虚化程度不同，个性突出，一些词语的归属不好把握，以致对布依语副词所作的分类只是一个近似的结果。

三、布依语摹声摹态后附成分的归属

布依语动词、形容词后面有丰富的附加成分。这些附加成分的作用是对前面的动词、形容词的声音或状态进行描摹，使其更加生动、形象。例如，tɕot³⁵tɕat⁵³ "冰冷的"、zwam¹³zu⁵³ "干脆抬了"、xau¹³pjan²² "雪白的"、xen⁴⁴zaŋ⁴⁴zaŋ⁴⁴ "黄澄澄"、tiu³⁵zu²²zu²²zi²²zi²² "成批成批地倒下去"、tai⁴⁴pa²²jum²²pa²²jum⁵³ "伤心悲壮地哭"[①]。当后附成分tɕat⁵³、zu⁵³、pjan²²、zaŋ⁴⁴zaŋ⁴⁴、zu²²zu²²zi²²zi²²、pa²²jum²²pa²²jum⁵³离开了前面的中心词就都没有意义，也不能单独运用。

我认为布依语摹声摹态的后附成分不能归入副词。理由如下：

第一，布依语中的摹声摹态后附成分，黏附于中心词才有意义，离开中心词就没有意义，也不能独立运用，而"词是最小的有意义的能独立运用的语言单位"（刘月华、潘文娱，2003：2），因此，这些后附成分不具有词的"能独立运用"的这一基本特点。

第二，摹声摹态成分与其他词的组合能力非常有限。有的摹声摹态成分只能黏着一个中心词，不能与别的中心成分组合。从这一点来说，摹声摹态成分不具有词缀或词的普遍组合的能力，也就不能划归副词。

综上所述，布依语的摹声摹态成分不属于词缀，不属于词，也就不属于副词。

---

① 本段所用语料引自王哈·阿·雍容的《布依语后附成分的结构特点》，《贵州民族研究》，1988 年。引用时语料未按标准音点调整。

第三节　布依语副词的特点

一、布依语副词与布依语其他词类的区别

著名汉语虚词研究学者马真教授（2007：91）说过，"比较分析，也是语法研究中最基本的分析手段之一，更是虚词研究最基本、最有效的一种分析手段"。为了深入地认识布依语副词在功能和分布上的特点，有必要把副词与其他相关词类进行比较分析。

（一）副词与名词的区别

这里所说的副词与名词的区别是指表时间的副词与时间名词的区别。时间副词只能充当谓词性结构中的状语，而时间名词除了可以充当谓词性结构的状语外，还能充当体词性结构的定语。例如：

① $\theta i \partial n^{35} \eta \partial n^{11} l i \partial n^{11}$.

　事情　昨　天

　（昨天的事情。）

② te^{24} $\eta \partial n^{11} l i \partial n^{11}$ ma^{24} kwa^{35}.

　他　昨　天　　来　过

　（他昨天来过。）

③ $\eta \partial n^{11} l i \partial n^{11}$ $\eta \partial n^{11}$ θan^{24}.

　昨　天　　　天　申（十二地支之九，与属相"猴"对应）

　（昨天是申日[①]。）

④ te^{24} pai^{24} mei^{53} kue^{31} $\textglotstop i \partial^{35}$.

　他　去　美　国　曾经

　（他曾经去过美国。）

⑤ *$\theta i \partial n^{35}$ $\textglotstop i \partial^{35}$.

　事情　曾经

---

① 十二地支记日。

ŋon¹¹liən¹¹ "昨天" 在例①中作定语修饰名词 siən³⁵ "事情"，在例②中作状语修饰动词 ma²⁴kwa³⁵ "来过"，在例③中作主语。ʔiə³⁵ "曾经" 在例④中作状语修饰动词 pai²⁴ "去"，例⑤的说法不成立，因为ʔiə³⁵ "曾经" 不能修饰体词性成分。通过以上分析可知，ŋon¹¹liən¹¹ "昨天" 是时间名词，因此ŋon¹¹liən¹¹ "昨天" 可作定语、主语和状语。ʔiə³⁵是副词，因此只能作状语修饰谓词性成分，不能修饰体词。

（二）副词与形容词的区别

形容词和副词一样，也可以充当状语。形容词除了能作状语外还能作定语和谓语。例如：

① ʔdan²⁴ çiə²⁴ ni³¹ n̠am¹¹.

    辆   车   这   快

    （这辆车快。）

② ʔdan²⁴ n̠am¹¹ te²⁴ tɯk³³ ʔdan²⁴ ko³³ te²⁴.

    辆   快   那   是   辆   哥   他

    （快的那辆是他哥哥的。）

③ pai²⁴ n̠am¹¹!

    走   快

    （快走！）

④* te²⁴ θi¹¹θa:n¹¹.

    他   急   忙

    （他急忙。）

⑤* ʔdan²⁴ θi¹¹θa:n¹¹ te²⁴ tɯk³³ ʔdan²⁴ ko³³ te²⁴.

    辆   急忙   那   是   辆   哥   他

    （急的那辆是他哥哥的。）

⑥ te²⁴ pai²⁴ θi¹¹θa:n¹¹.

    他   走   急忙

    （他急忙走了。）

例①中的n̠am¹¹ "快" 作谓语，例②中的n̠am¹¹ "快" 作定语，例③中的n̠am¹¹

"快"作状语。例④和例⑤中的θi¹¹θa:n¹¹"急忙"分别作谓语和定语，但都是病句，在例⑥中的θi¹¹θa:n¹¹"急忙"中作状语成立。通过以上分析可知，由于n̪am¹¹"快"是形容词，因此具有作定语、谓语、状语的句法功能，故例①～③成立。由于θi¹¹θa:n¹¹"急忙"是副词，因此只能作状语不能作别的成分。能在句中作状语是形容词和副词的共同之处，不同之处在于形容词还能在句中作谓语和定语。

（三）副词和动词的区别

副词和动词的区别在于副词只能作状语，而动词除了作状语外还能作谓语。例如：

① çoi³¹ te²⁴ ʔdun²⁴ tçie¹¹te²⁴.

　孩子 那　 站　 那里

　（孩子站那里。）

② çoi³¹ te²⁴ ʔdun²⁴ kɯn²⁴.

　孩子 那　吃　 站着

　（那个孩子站着吃。）

③ te²⁴ pai²⁴ θi¹¹θa:n¹¹ pai⁰.

　他　 走　 急　 忙了

　（他急忙走了。）

④ *te²⁴ θi¹¹θa:n¹¹.

　他　 急　忙

　（他急忙。）

例①和例②中的ʔdun²⁴"站"分别作谓语和状语。例③中的θi¹¹θa:n¹¹"急忙"作状语，例④中的θi¹¹θa:n¹¹"急忙"作谓语不成立。因为ʔdun²⁴"急忙"是动词，所以能作谓语和状语，故例①～②成立。因为θi¹¹θa:n¹¹"急忙"是副词，只能作状语，所以例③成立例④不成立。

布依语副词与其他的布依语虚词，如介词、连词、助词等的区别在于其他虚词一般不能充当状语，而副词能充当句子的状语。

通过以上比较分析可知，布依语副词能在句中充当修饰成分，不能充当被修饰成分。这是布依语副词区别于其他词类的最根本特征，也是布依语副词最本质的特征。

二、布依语副词的语法特点

（一）布依语副词的位序特点

1. 前置于中心词

① leu³¹tɕɔŋ³⁵ wei³⁵tɕi³⁵ to⁵³ ma²⁴ ʔa:ŋ³⁵mai¹¹ te²⁴ θen⁵³ʑu³⁵ ða:n¹¹ mo³⁵.

全体　　朋友　都　来　庆贺　　他　乔迁　家　新

（朋友们都来庆贺他乔迁新居。）

② ku²⁴ si³⁵ɕɯ¹¹ pai²⁴.

我　经常　去

（我经常去。）

③ ku²⁴ mi³³ kɯn²⁴ lau⁵³.

我　不　喝　酒

（我不喝酒。）

上文例句中的副词都位于所修饰的中心词之前。如例①中的副词to⁵³"都"位于中心词ma²⁴之前，例②中的副词si³⁵ɕɯ¹¹"经常"位于中心词pai²⁴之前，例③中的副词mi³³位于中心词kɯn²⁴"喝"之前。

2. 后置于中心词

④ nuəŋ³¹ɕiau⁵³xuŋ³¹luəm⁵³kɯ³³.

妹妹　小　红　好看　更

（小红妹妹更好看。）

⑤ va:n¹¹ te²⁴ fuŋ³³tɕin⁵³ ʔdi²⁴ ta¹¹ða:i³¹.

地区 那　风景　　好　的确

（这一带的风景的确优美。）

⑥ po³³ ku²⁴ tɯk³⁵ tɕi⁵³ pi²⁴ lan³¹tɕiu³¹ ʔiə⁵³.

爸爸我　打　几　年　篮球　　曾经

（我爸爸曾经打了几年篮球。）

⑦ te²⁴ ʔju³⁵ pan²⁴kuŋ³³sɿ³¹ ʔiə³⁵ pai⁰.

　他　　在　　　办公室　　已经　了

（他已经在办公室了。）

上文例句中的副词都位于所修饰的中心词之后。其中，例④中的副词kɯ³³、例⑤中的ta¹¹ða:i³¹、例⑥中的ʔiə⁵³都位于句末，例⑦中的ʔiə³⁵位于句末助词pai⁰之前。

3. 可以位于所修饰的中心词之前，也可位于所修饰的中心词之后

⑧ ðe³³ tuə¹¹ma²⁴ ðiəŋ¹¹laŋ²⁴pai²⁴.

　唤　　狗　　随后　　去

（唤狗随后去。）

⑨ ðe³³ tuə¹¹ma²⁴pai²⁴ ðiəŋ¹¹laŋ²⁴.

　唤　　狗　　　去　　随　后

（唤狗随后去。）

ðiəŋ¹¹laŋ²⁴的位置可前可后，不同的位置，强调的意思也不一样。当ðiəŋ¹¹laŋ²⁴位于所修饰的动词之前时，强调的是ðiəŋ¹¹laŋ²⁴，如例⑧强调的是ðiəŋ¹¹laŋ²⁴，当ðiəŋ¹¹laŋ²⁴位于所修饰的动词之后时，强调的是ðiəŋ¹¹laŋ²⁴所修饰的动词，如例⑨强调的是动词pai²⁴。无论ðiəŋ¹¹laŋ²⁴的位置如何，它的语义都指向所修饰的中心词。

4. 意义相近的副词可同时出现

⑩ tsai²⁴ kun²⁴ ʔdet³⁵ʔdeu²⁴ tem²⁴.

　再　　吃　　一点儿　　再

（再吃一点。）

⑪ ku²⁴ ɕiɛn³³ pai²⁴ kon³⁵.

　我　　先　　去　　先

（我自个先去。）

⑫ tu³³ pai²⁴ kuə³³leu³¹ .

　都　　去　　全部

（全部都去。）

⑬ te^{24} ŋɔn^{11}ni^{31} ʔan^{35} ma^{24} mi^{11} ʔdai^{31} ʔba:ŋ^{31} ma^0?

　　他　　今天　大概来　不　　得　　大概

（他今天大概来不了？）

　　例⑩～⑬都是相同语义的副词同时出现的情况，这种现象叫做同义框式强化现象（刘丹青，2001：73-74）。例⑩是表示外加的tsai^{24}"再"和tem^{24}"再"同现，例⑪是表顺序的ɕiɛn^{33}"先"和kon^{35}"先"同现，例⑫是总括范围的tu^{33}"都"和kuə^{33}leu^{31}"全都"同现。其中，tsai^{24}"再"、ɕiɛn^{33}"先"、tu^{33}"都"都借自汉语，tem^{24}"再"、kon^{35}"先"、kuə^{33}leu^{31}"全都"都是布依语固有词，同义框式强化现象中，借自汉语的副词一般位于中心词之前，布依语固有词位于中心词之后。例⑬同时运用了表揣测语气的固有词ʔan^{35}和ʔba:ŋ^{31}。

　　通过以上分析可知，同义框式强化现象是由意义相近的两个副词连用构成的，其中，以借自汉语的副词和布依语固有副词组合而成的居多。同义框式强化词语多一前一后于所修饰的中心词，在句中起强化作用。同义框式强化现象是布依语副词的独特现象。

（二）关于状语和补语

　　从前文（一）中的例句可知，布依语副词有的前置于中心词，有的后置于中心词。无论前置或后置，其功能都是修饰中心词。例如，（一）中的例①～③中的to^{53}"都"、si^{35}ɕɯ^{11}"经常"、mi^{11}"不"分别修饰谓语ma^{24}"来"、pai^{24}"去"、kɯn^{24}"喝"，这些副词在句中作状语。例④～⑥中的kɯ^{33}"更"、ta^{11}ða:i^{31}"的确"、ʔiə^{53}"曾经"、ʔiə^{35}"已经"，分别修饰谓词luəm^{53}"好看"、ʔdi^{24}"好"、tɯk^{35}"打"、ʔju^{35}"在"，这些副词都位于所修饰的中心成分之后。由于这些副词都是对谓词进行修饰，因此都被看作充当状语。我们把对谓词性中心词进行修饰，无论其位于所修饰的谓词性中心词之前或之后的成分都看作状语，而不像传统汉语仅依据词语的位置，把位于谓词性中心词之前的叫作状语，中心词之后的叫作补语。这样处理的原因如下：

　　（1）布依语中对谓词进行修饰限制的成分，有的置于谓词之前，有的置于谓词之后。无论其置于谓词之前还是之后，他们的句法功能都是对谓词进行修饰限制而不是补充说明。根据这一句法特点，笔者把他们都归入状语。

（2）布依语中修饰体词性成分的修饰语，有的位于体词性中心词之前，如 me^{33}kai^{35} "母鸡"；有的位于体词性中心词之后，如 xa:i^{11}mo^{35} "新鞋"。传统布依语没有因修饰成分位于体词性词语之前或之后分为不同的类别，而是统一叫作定语。同理，修饰谓词的修饰语无论其位于中心词之前或之后也应划入一个类别，统一叫作状语，这样有利于保持布依语词类系统的统一性。从语言的系统性来说，既然对体词进行修饰的成分没有因为与中心语语序的或前或后划为两类，那么对谓词进行修饰的成分也不宜因为位置的或前或后划为状语和补语两个类别。

刘丹青（2008：78-79）在论述一些语言的后置状语时曾说过，"既然这些成分（指后置状语，笔者注）确实与结果补语不同，而意义与功能又确实与一般的状语相同，没有理由不将他们看作状语。况且类似的词语在临近的更典型的 SVO 语言如壮语中也都是充当后置状语的"。笔者对布依语后置副词语法功能的界定与刘丹青先生持相同的观点。

（三）副词修饰体词

布依语副词能不能修饰名词短语、数量短语等体词性成分呢。请看下文例句：

① ka^{33} te^{24} pu^{31}to^{33} ma^{24}.

　只　他　一人　来

（只他一个人来。）

② leu^{31}po^{11} to^{53} tau^{53} taŋ^{11}, tam^{31}ka^{33} pa^{31}pa^{33} te^{24} fi^{33} ma^{24}.

　大家　　都　来　到，唯独　　爸爸　他　没　来

（大家都到了，唯独他爸爸没来。）

③ ku^{24}θa:m^{24}pi^{24} ta^{11}ða:i^{31} pai^{0}.

　我　三　岁　的　确　了

（我的确三岁了。）

④ pa^{53}liɛn^{31} ɕat^{35}ɕip man^{11}.

　总共　　　七　十　　元

（总共七十元。）

⑤ te^{24} ma^{24} tɕiə^{11}ni^{31} tsɿ^{24}sau^{53} xa^{53} pi^{24} pai^{0}.

　他　来　　这里　　至少　　五　年　了

（他来这里至少五年了。）

例①中的副词ka^{33}修饰同位短语te^{24}pu^{31}to^{33}"他一个人"，例②中的tam^{31}ka^{33}"唯独"修饰名词短语pa^{31}pa^{33}te^{24}"他爸爸"，例③中的ta^{11}ða:i^{31}"的确"修饰其前面的数量短语θa:m^{24}pi^{24}"三岁"，例④中pa^{53}liɛn^{31}"总共"修饰其后的数量词ɕat^{35}ɕip man^{11}"七十元"，例⑤中的tsɿ^{24}sau^{53}"至少"修饰其后的数量词xa^{53}pi^{24}"五年"。

为了便于分析，笔者把以上例句分为两组：例①和例②划为一组，这组例句中的副词所修饰的成分作主语；例③～⑤划为一组，这组例句中的副词所修饰的成分在句中作谓语。下面分别对这两组句子进行讨论。

张谊生（1990：116）从语义指向的角度分析汉语范围副词修饰体词性成分作主语的情况时提出以下看法："这些范围副词的低层次语义是指向名词后蕴含的数量词词组的，而它的高层次语义则是指向后面的数量词或其他蕴含项的。"分析布依语范围副词修饰作主语的体词时发现，这些范围副词的语义也指向其后体词性成分的数量词。例如，例①中ka^{33}"只"的低层次语义指向同位短语te^{24}pu^{31}to^{33}"他一个人"，而高层次语义指向的是数量词pu^{31}to^{33}"一个人"；例②中tam^{31}ka^{33}"唯独"的低层次语义指向名词短语pa^{31}pa^{33}te^{24}"他爸爸"，高层次语义指向被省略了的数量词pu^{31}to^{33}"一人"。由此推断表示范围的副词高层语义指向其后体词性成分的数量词时就能修饰体词性主语。

例③中的数量短语θa:m^{24}pi^{24}"三岁"作谓语，副词ta^{11}ða:i^{31}"的确"修饰数量短语θa:m^{24}pi^{24}。例④中的数量短语ɕat^{35}ɕip^{33}man^{11}"七十元"作谓语，副词pa^{53}liɛn^{31}"总共"修饰数量短语ɕat^{35}ɕip^{33}man^{11}。例⑤中的xa^{53}pi^{24}"五年"作谓语，副词tsɿ^{24}sau^{53}"至少"修饰数量短语xa^{53}pi^{24}"五年"。例③～⑤中的副词修饰体词的现象与张谊生（1990：115）[1]提到的现象相一致，即这些副词之所以能修饰这些数量短语或数量词，是因为这些词语都位于谓语的语法位置。谓语的这一语法位置赋予了这些数量短语部分谓词性功能，因此能受副词修饰。

---

① 参见张谊生. 副名结构新探. 徐州师范学院学报，1990：115. 张谊生在该文提出"语法位"（grammatical place）这一概念，并指出"当名词及名词性词组进入谓语语法位，取得谓语的部分特点，语法效能发生转化后，自然也可以受到大多数副词的修饰"。

（四）关于副词修饰副词

① ku²⁴ je⁵³ mi¹¹ pai²⁴pe³¹tɕin³³.

  我 也 不 去 北 京

（我不经常去北京。）

② ɕɯ¹¹ni³¹ðau¹¹to⁵³leu³¹tɕai¹¹pai²⁴.

  现在 我们 都 很 想 去

（我们都非常想去。）

例①和例②的结构层次分别是：

① ku²⁴ je⁵³ mi¹¹ pai²⁴ pe³¹tɕin³³.

  我 也 不 去 北 京

② ɕɯ¹¹ni³¹ ðau¹¹ to⁵³ leu³¹ tɕai¹¹ pai²⁴.

  现在 我们 都 很 想 去

表面看例①中副词je⁵³"也"修饰mi¹¹"不"。其实不然，该句的mi¹¹"不"修饰pai²⁴"去"，je⁵³"也"修饰动词短语mi¹¹ pai²⁴"不去"。因此，je⁵³"也"和mi¹¹"不"不直接发生关系，也就不存在修饰关系。表面看例②中的to⁵³修饰leu³¹。其实是leu³¹修饰动词tɕai¹¹，to⁵³修饰短语leu³¹tɕai¹¹pai²⁴，to⁵³和leu³¹不直接发生关系。

③ sen³³ fɯŋ²⁴ tok³⁵ pai，mi¹¹ so³³ pai²⁴ pa:n³⁵ mi¹¹ pan¹¹.

  身份证 掉 了 不 专门 去 办 不 行

（身份证掉了，不专门去办不行。）

④ ku²⁴ fi³³ kuə³³ ku⁵³ma¹¹ ʔdam³¹ʔdit³⁵.

  我 没 做 什么 暗地里

（我没暗地里做什么。）

⑤ te²⁴ ʔua:i³⁵pai²⁴ xan²⁴ le:u³¹.

  他 避开 急忙 很

（他非常急忙地离开了。）

例③是否定副词 mi¹¹ 先修饰方式副词 so³³，然后两者共同修饰中心词 pai²⁴。例④是否定副词 fi³³先修饰方式副词 ˀdam³¹ˀdit³⁵，然后两者共同修饰中心词 kuə³³ ku⁵³ma¹¹。例⑤是程度副词 leːu³¹修饰其前面的方式副词 xan²⁴，两者共同修饰中心词 pai²⁴。表面看这几个例句是"副词修饰副词"，但句中的"副词修饰副词"结构必须依靠后面的动词中心词而存在。换言之，如果没有后面的中心词，"副词+副词"是不能独立存在的，因为位于"中心词"位置的第二个副词实际上没有取得独立的作中心词的资格，都必须依靠后面的中心动词而存在。因此，这两个副词都有明显的修饰色彩，这是副词黏着性强的表现。

综上所述，布依语副词修饰副词，两者共同作修饰成分修饰中心词，副词自己不作中心成分。

（五）关于副词独用

布依语副词不能单独成句，也不能单独回答问题。在对话语体中，似乎存在副词独用或单独回问题的情况。例如：

① A：muŋ¹¹ ɕɯ¹¹ laɯ¹¹ taŋ¹¹?
　　你　什么　时候　到
　　（你什么时候到？）

　 B：ma⁵³saŋ²⁴/pai¹¹ˀdeu²⁴.
　　　马上/马上
　　（马上。）

② A：xo⁵³tɯ²⁴ kɯn⁵³tiŋ²⁴ i²⁴ ka:i³⁵ faŋ³³an²⁴ ni³¹.
　　他们　　肯定　　同意　量词　方案　　这
　　（他们肯定会同意这个方案。）

　 B：mi¹¹ ji³¹tiŋ²⁴.
　　　不　一定
　　（不一定。）

③ A：ka:i³⁵ no³³ ni³¹ li³¹ sooŋ²⁴ kan²⁴ pa?
　　量词　肉　这　有　两　　斤　吧

（这块肉有 2 斤吧？）

B：ta²⁴kai²⁴.

　大　概

（大概吧。）

以上各句的回答粗看都是单个副词独立成句，实际是省略了中心词的简略形式。例①B省略了中心词taŋ¹¹ "到"，例②B省略了中心词tiŋ²⁴ i²⁴ "同意"，例③B省略了中心词li³¹ "有"。因此，以上 B 句中的ma⁵³saŋ²⁴/pai¹¹ʔdeu²⁴、mi¹¹ ji³¹tiŋ²⁴、ta²⁴ kai²⁴仍旧在句中作修饰成分，他们不能独立成句。

综上所述，布依语副词主要的句法功能是作状语，表范围的副词还可作准定语。布依语副词不能独立成句。副词不能独立运用或独立成句与副词只能作修饰成分不能作主干成分的句法功能有关。

通过本章的分析可知，布依语副词的主要特征是作状语。同时，布依语副词还有黏着性强、词汇意义空灵、语法意义突出、个性强于共性、功能和用法复杂多样的特点。

第三章　布依语否定副词研究

第一节　布依语否定副词概况

否定是人类语言的一个基本语法范畴。否定副词是指对动作、行为、性质、状态进行否定，且只能在句中充当状语的词。

研究布依语否定范畴之前，有必要对壮侗语否定范畴的研究成果进行梳理，以期对布依语否定范畴的研究有所裨益。学界有关壮侗语否定范畴的研究成果中，以壮语、仡佬语的研究成果为盛，研究的内容主要涉及单个否定词的语义与语序、近义否定词的比较、不同方言否定范畴的比较及壮泰语否定范畴的比较。李锦芳等（2008）推测现代侗台语否定句语序的演变过程为 V+Neg 型（谓词后型）>Neg$_1$+ V+ Neg$_2$ 型（谓词前后双重否定型）>Neg+ V 型（谓词前型）。覃凤余（2010）提出否定词后置于句尾及双重否定模式极有可能是东南亚语言的一种区域现象，作者还对壮语否定词语序的变化过程作了初步假设。韦尹璇（2012）对武鸣、龙州、剥隘、靖西四地壮语否定词进行了描写分析和比较研究，揭示了这四地否定句的独特面貌。郑贻青（1992）对壮语德靖土语的否定方式进行了描写，张济民（1982）、康忠德（2010a）和吴雅萍（2012）分别对贵州省普定仡佬语的否定副词、居都仡佬语否定句、比工仡佬语否定句的语义和语法进行了研究。至今未见以布依语否定副词为研究对象的专题研究。

从语义角度来看，布依语否定副词可分为三个语义范畴：一般否定、已然否定和祈使否定[①]。其中，mi^{11}、ʔbo^{31}主要表示一般否定、fi^{33}表示已然否定、mjaɯ^{53}表示祈使否定，表示一般否定的mi^{11}也可表示已然否定。mi^{11}、fi^{33}和mjaɯ^{53}都位于所否定的中心词之前，作状语，对动词、形容词进行否定。mi^{11}、fi^{33}、mjaɯ^{53}

[①] 一般否定指对人或事物的意愿、性质的否定，已然否定指对过去时间里发生的事情的否定，祈使否定指祈使句中表示请求、祈求、禁止意义的否定。

是布依语固有词，ʔbo³¹是借自汉语的"不"。

mi¹¹、fi³³和mjaɯ⁵³均可作为构词语素组成新词。由mi¹¹构成的双音节否定副词有 mi¹¹luɯk³³ "别"、mi¹¹li³¹ "没有"、mi¹¹xo⁵³ "不需、不要"。由fi³³构成的双音节否定副词有 fi³³sa:i³³ "尚未"、fi³³ɕa:u³¹ "不曾"、ʔbo³¹fi³³ "尚未"。各合成否定词的语义都与它的构成成分的否定语义有关联。

第二节　mi¹¹和fi³³的语义和语法功能

mi¹¹和fi³³是布依语最常用的两个否定副词，通常用在动词或动词词组、形容词或形容词词组之前表示否定。下面，我们以其能搭配的词语的词性为框架对其进行详细的描写、分析。

一、mi¹¹和fi³³对形容词的否定

（一）"mi¹¹/fi³³+形容词"的语义及语义指向

1. "mi¹¹+形容词"的语义及语义指向

"mi¹¹+形容词"结构中，mi¹¹的语法功能是充当状语，对其后的形容词进行否定。例如：

① pen³⁵ paŋ¹¹ ni³¹ mi¹¹ xa:u²⁴.
　　块　布　这　不　白
　　（这块布不白。）

② toi³¹ ʔa:i²⁴ ni³¹ mi¹¹ wa:n²⁴.
　　碗　米酒　这　不　甜
　　（这碗米酒不甜。）

③ ma³⁵ta:u¹¹ te²⁴ mi¹¹ ʔdiŋ²⁴.
　　桃　子　那　不　红
　　（那桃子不红。）

④ ʔdan²⁴ taŋ²⁴ te²⁴ mi¹¹ ðoŋ³³.
　　盏　灯　那　不　亮
　　（那盏灯不亮。）

⑤ ?dan^{24} çiŋ^{11} ni^{31} pien^{24}xua^{24} mi^{11} la:u^{31}.

　　个　　城　　这　　变化　　不　　大

　　（这座城市变化不大。）

⑥ ka:i^{35} xoŋ^{24} ni^{31} kuə^{33} mi^{11} paŋ^{24}.

　　个　　活　　这　　做　　不　　快

　　（这活做得不快。）

以上各句谓语的抽象结构是"mi^{11}+形容词"，各句中mi^{11}对形容词的否定是一种差等否定，所表达的含义是不及预想的程度。mi^{11}的语义都指向mi^{11}后的形容词。例如，例①中mi^{11}xa:u^{24}"不白"的mi^{11}否定的是xa:u^{24}"白"，语义指向xa:u^{24}"白"。mi^{11}xa:u^{24}"不白"是说"白"没达到预想的程度，但仍旧是白的，白的本义还保留着；例②中 mi^{11}wa:n^{24}"不甜"的"mi^{11}"否定的对象是wa:n^{24}"甜"，mi^{11}的语义指向wa:n^{24}。mi^{11}wa:n^{24}"不甜"是说"甜"没达到预想的程度，但仍是甜的，甜的本义还保留着；例③中mi^{11}?diŋ^{24}"不红"的mi^{11}否定的是"红"的程度，但仍是红的，红的本义还保留着，mi^{11}的语义指向?diŋ^{24}"红"。其余各句情况类似。综上可知，"mi^{11}+形容词"表达的是mi^{11}对形容词的程度的否定，不是对形容词本义的完全否定，因此，形容词所表示的性质依然存在。各句中的mi^{11}的语义都指向其后的形容词。

"mi^{11}+形容词"可充当句子的谓语或补语。如上文例①～④中的"mi^{11}+形容词"在句中充当谓语，例⑤和例⑥中的"mi^{11}+形容词"充当补语。

2. "fi^{33}+形容词"的语义及语义指向

布依语fi^{33}所否定的形容词须是动态形容词，"fi^{33}+形容词"是对形容词动态变化过程的否定。例如：

① ma^{35}ta:u^{11} te^{24} fi^{33} ?diŋ^{24}.

　　桃　子　那　没　红

　　（那桃子没红。）

② ?buɯn^{24} fi^{33} lat^{35} te^{24} çi^{33} ma^{24} pai^{0}.

　　天　　没　黑　他　就　来　了

　　（天没黑他就回来了。）

③ ʔdan²⁴ taŋ²⁴ te²⁴ fi³³ ðoŋ³³.

　　盏　灯　那　没　亮

（那盏灯没亮。）

④ na⁵³ fi³³ ça:u²⁴, ðiəŋ¹¹ pai¹¹çau³¹ tuŋ³¹lum³¹.

　　脸　没　白　和　过去　相　同

（脸没白，和以前一样。）

⑤ te²⁴ fi³³ pjom²⁴, ðiəŋ¹¹ pai¹¹ʔdu³¹ ça³³mi¹¹la:i²⁴.

　　他　没　瘦　跟　之前　差不多

（他没瘦，跟之前差不多瘦。）

fi³³对形容词的否定是对形容词本义的否定，如例①～③中的fi³³否定的是形容词的本义ʔdiŋ²⁴"红"、lat³⁵"黑"、ðoŋ³³"亮"。例④～⑤是fi³³对形容词ça:u²⁴"白"的变化过程和pjom²⁴"瘦"的变化过程的否定，否定形容词的本义ça:u²⁴"白"和pjom²⁴"瘦"。例①～⑤各句的意思分别是：那桃子没红，还是绿色的；天没黑，还是亮的；那灯没亮，还是关着的；脸没变白，还和之前一样黑；你没变瘦，和之前一样胖。由此可知，"fi³³+形容词"表达的或是对形容词本义的否定，或是对形容词动态变化过程的否定，两者都是否定形容词的本义。fi³³的语义都指向所否定的形容词。

从预设①来看，说话者用"fi³³+形容词"的预设是某性质状态应该会出现，而到说话那一刻为止该性质状态暂时没出现，或许将来会出现，与xa³¹fi³³"还没有"差不多。因此，例①～⑤各句有如下预设义：桃子还没红，现在还是绿的，但以后可能会红；天当时没黑，是亮着的，但之后可能会黑；灯现在没亮，还是熄着的，但过会可能会亮；脸现在没白，但将来可能会变白；你现在没变瘦，和之前一样胖，但将来可能会瘦。

（二）mi¹¹和fi³³对形容词的选择倾向

1. mi¹¹和fi³³对动态形容词和静态形容词的选择

mi¹¹对"主语+形容词+吗"的否定回答。例如：

① pen³⁵ paŋ¹¹ ni³¹ ça:u²⁴ me?

　　块　布　这　白　吗

---

① 参见文炼. 蕴涵、预设与句子的理解. 世界汉语教学，2002（3）：9. 预设（presupposition）是说话人对事物的认识或看法，听话人接受了这种看法才能正确理解句子的意思。

（这块布白吗？）

pen³⁵ paŋ¹¹ ni³¹ mi³³ xa:u²⁴.

块　布　这　不　白

（这块布不白。）

例⑫的mi¹¹是对静态形容词xa:u²⁴"白"的否定。mi³³xa:u²⁴"不白"的意思是说这块布白的程度没达到说话者的心理标准，但布仍旧是白的，而不是黑的。也就是说mi¹¹否定的是形容词的量，不是形容词的本义。这种对静态形容词的否定只能用mi¹¹，不能用fi³³。

fi³³对"主语+形容词+leu³¹+吗"的否定。例如：

⑬ pen³⁵ paŋ¹¹ ni³¹ xa:u²⁴ leu³¹me?

块　　布　　这　白　了　　吗

（这块布白了吗？）

pen³⁵ paŋ¹¹ ni³¹ fi³³ xa:u²⁴.

块　　布　　这　没　白

（这块布还没白。）

例⑬的fi³³否定的是"形容词+leu³¹"结构。动态助词leu³¹"了"的语法功能是使事物的性质状态发生变化，所以"形容词+leu³¹"结构表达的是动态的语境。对动态语境中形容词的否定只能用fi³³不能用mi¹¹。反之，对没有带动态助词pai⁰/leu³¹"了"的形容词的否定，只能用mi¹¹否定，如例⑫。

从心理预设来看，上文例①～⑥各句针对的是"白吗/甜吗/红吗/亮吗/大吗/快吗"等静态性状的回答，例⑦～⑪各句针对的是"白了吗/甜了吗/红了吗/亮了吗/瘦了吗"等动态性状的回答。对静态性状的否定都用mi¹¹，对动态性状的否定都用fi³³的情况揭示了mi¹¹和fi³³对形容词的选词倾向。

2. mi¹¹和fi³³对形容词连续量与离散量的选择倾向

石毓智（2001）提出了连续量形容词和离散量形容词①的概念。笔者通过考察

---

① 参见石毓智. 肯定与否定的对称与不对称. 北京：北京语言文化大学出版社，2001：122-122. 石毓智在著作中提出连续量形容词和离散量形容词。连续量形容词指只能用表模糊量的程度词修饰，用程度词切分出来的一系列大小不等的量级之间没有明确的分界线；离散量形容词指形容词后可以跟体标记"了"和数量补语的形容词，这样的形容词具有离散性质。汉语只有连续量形容词及兼有离散量和连续量的形容词两种，没有形容词只有离散性没有连续性。汉语中的"不"用于对连续量形容词的否定，"没"用于对兼有连续量和离散量形容词的否定。

发现，布依语的 mi^{11} 和 fi^{33} 与形容词的组合也体现了形容词的离散性和连续性特点：mi^{11} 只否定连续量形容词，fi^{33} 只否定离散量形容词。连续量形容词最典型的特征是表达了一个连续渐变的过程，这一过程没有明确的界限，用 mi^{11} 否定时是对这一无界的连续过程中一点的否定，因此语义上表现出对程度的否定，形容词的本义还在。例如，例③中的 $mi^{11}?diŋ^{24}$ 是对红的程度的否定，不是对红的本义的否定，该句的意思是"桃子是红的，只是不够红"。由于 fi^{33} 所否定的对象是"形容词+pai/leu^{31}了"①，动态助词"pai/leu^{31}了"使得原本连续无界的连续量形容词变成了有终结点的离散性形容词，因此 fi^{33} 是对有终结点的、形容词的离散性的否定，表现在语义上就是对形容词本义的完全否定。例如，例⑨中 $ma^{35}ta:u^{11}$ te^{24} fi^{33} $?diŋ^{24}$ 的语义是"桃子没红"，也就是说桃子还是绿的，fi^{33} $?diŋ^{24}$ "没红"是对"红"的本义的完全否定，例⑦～⑪的情况类似。通过以上分析可知，mi^{11} 只用于对具有连续性形容词的否定，fi^{33} 只否定形容词的离散性。

从心理预设来看，布依语用 fi^{33} 否定形容词时，所表达的是事物的性质状态到说话者说话那一刻还没发生变化，但心理预设将来可能会发生。mi^{11} 所否定的形容词没有心理预设，只是一种就事论事的陈述。

（三）小结

fi^{33} 和 mi^{11} 否定形容词时有以下不同之处：

（1）否定对象上的区别：mi^{11} 否定的对象是形容词，fi^{33} 否定的对象是"形容词+pai^{0}/leu^{31}了"。

（2）语义上的区别：mi^{11} 否定的是形容词的程度量，形容词的本义还在，fi^{33} 否定了形容词的本义。

（3）对形容词的选择倾向：mi^{11} 只用于否定静态的、没有终结点的连续量形容词；fi^{33} 只用于否定动态的、有终结点的形容词的离散性。能与 fi^{33} 组合的是动态形容词。

（4）心理预设：mi^{11} 没有心理预设，只有就事论事的陈述，fi^{33} 的心理预设是事物的性质状态暂时没出现，但将来可能会出现。

（5）与汉语的对应关系："mi^{11}+形容词"中的 mi^{11} 表示一般否定，类似汉语的"不"；"fi^{33}+形容词"中的 fi^{33} 是对已然的否定，相当于汉语的"没"或"还没有"。

---

① 参见石毓智. 肯定与否定的对称与不对称. 北京：北京语言文化大学出版社，2001：122. 石毓智在该著作中提出汉语中的"形容词+了"中的"了"使"形容词"有了一个明确的终结点。

二、mi¹¹ 和 fi³³ 对动词的否定

布依语动词可分为一般动词、能愿动词、判断动词、心理动词、存在动词五类。本书将分类考察 mi¹¹ 和 fi³³ 否定各类动词时的语义和语法特点。

（一）mi¹¹/fi³³+一般动词

mi¹¹ 和 fi³³ 除了具有[+否定]的语义特征外，还有以下区别性特征：

1. [+主观]和[+客观]

① A：ku²⁴ mi¹¹ kɯn²⁴ lau⁵³.

　　我　不　吃　酒

　　（我不喝酒。）

　B：ku²⁴ fi³³ kɯn²⁴ lau⁵³.

　　我　没　吃　酒

　　（我没/还没喝酒。）

② A：te²⁴ mi¹¹ tan⁵³ pɯə³³xa⁵³.

　　他　不　穿　汉装

　　（他不穿汉装。）

　B：te²⁴ fi³³ tan⁵³（kwa³⁵）pɯə³³xa⁵³.

　　他　没　穿　过　　汉装

　　（他没/还没穿汉装。）

③ A：pau³⁵po³³ te²⁴ mi¹¹ɕɯ³¹pai⁰.

　　父亲　　他　不　买 MP①

　　（他父亲不买了。）

　B：pau³⁵po³³ te²⁴ fi³³ɕɯ³¹pai⁰.

　　父亲　　他　没　买 MP

　　（他父亲没/还没买。）

④ te²⁴ jiə³³ fi³³ θon²⁴ leu³¹.

　　他　也　没　教　完

（他也还没教完。）

⑤ xam³³liən¹¹ku²⁴ mi¹¹ pai²⁴ kə¹¹laɯ¹¹ ɣa⁰.

昨晚　　我　不　去　　哪里　　MP

（昨晚没去哪里。）

例①～③中 A 组例句与 B 组例句唯一的不同之处是所用的否定副词不同。A 组例句都用 mi¹¹ 否定，B 组例句都用 fi³³ 否定。

mi¹¹ 否定动词时可用于两种语境：例①～③中的 A 组例句为一种语境，例⑤为一种语境。A 组例句表示动作行为者主观上没有实施某一行为，否定词 mi¹¹ 否定的是说话者的主观意愿，也就是说 A 组表示主观否定。例如，例①A 句表示"我"主观上不想喝酒，例②A 句表示他主观上不愿意穿汉装，例③A 句表示他父亲主观上不买。例⑤中的 mi¹¹ pai²⁴ kə¹¹laɯ¹¹ ɣa⁰ "没去哪里"是对客观事实的陈述，也就是说 mi¹¹ 还可用于否定客观事实。经过以上分析可知，mi¹¹ 可用于主观否定，也可用于客观否定，即 mi¹¹ 具有 [+主观][+客观] 的语义特征。

B 组例句都用 fi³³ 否定，表示行为者客观上没有实施某一行为。例如，例①B 句是对"我还没喝酒"这一事实的客观陈述。例②B 句是对"他还没穿过汉装"这一事实的客观叙述。例③B 句陈述的是"他父亲还没买"这一客观事实。例④陈述了"他也还没教完"这一客观事实。以上句子所陈述的都是一种客观事实，这些客观事实是不以说话人的意志为转移的，因此，fi³³ 用于客观否定，具有 [+客观] 的语义特征。

通过以上分析可知，布依语的 mi¹¹ 既可表客观否定又可表主观否定，在具体的语言翻译中应译作汉语的"不"还是"没"，一般情况可从上下文的语境及整个句子的语境得到确定。例如：

⑥ ɕin³¹ tɕa³³ xaɯ⁵³ ji²⁴laːn³¹wa³³ ka³³ pai²⁴ ɕo³⁵ ʔdai³³, te²⁴ mi¹¹ ka³³ ɕo³⁵ ʔdi³¹.

行　佳　要　玉兰花　　自　去　放　MP　她　不　自　放　MP

（行佳要玉兰花去放，她不去放。）

⑦ ɕi³³ pau³⁵ ni³¹ mi¹¹ pai²⁴, tsai²⁴ san³³ tsai²⁴sɿ²⁴ tu³⁵ mi¹¹ pai²⁴.

于是　男人　这　不　去　　再　三　再　四　都　不　去

（于是这个男人不去，无论如何都不去。）

⑧ ku²⁴ mi¹¹ peu²⁴ kə³⁵ma¹¹ na:ŋ¹¹ çin¹¹tça³³ le⁰.
　　我　不　得罪　什么　　小姐　行佳　MP
　（我没得罪什么行佳小姐呀。）

⑨ kai³⁵te²⁴ tsuŋ⁵³ko²⁴ luŋ⁵³tuŋ⁵³ tuŋ⁵³tçi²⁴ tau²⁴ mi¹¹ ʔdai³¹ tuŋ⁵³tçi²⁴ kə¹¹laɯ¹¹.
　　那个　整个　笼　统统　计　倒　不　得　统　计　MP
　（各单位的具体统计没做过。）

　　例⑥表达的是行佳主观上"不愿"去放钱，要玉兰花帮她去放，因此只能翻译成汉语的"不"。这里的放钱等于是去下聘礼，下聘礼当然得托人去，不能自己去，所以这句的mi¹¹要理解成汉语的"不"[①]。例⑦中的tsai²⁴ sa:n³³ tsai²⁴sʅ²⁴tu³⁵ mi¹¹ pai²⁴"再三再四都不去"中的"不去"是这个男人主观上的"意愿"，句中的"再三再四"表达了这个男人主观意志的坚决，因此该句的mi¹¹要译作"不"。例⑧和例⑨中的mi¹¹否定的是"没得罪什么行佳小姐"和"没做过各个单位的统计"两件事，这些事情都是客观事实，因此这两例的"mi¹¹"都要译作"没"。

　　综上所述可知，当mi¹¹所在的句子表达一种主观愿望时，mi¹¹相当于汉语的"不"，当其陈述一种客观事实时，相当于汉语的"没"。因此，布依语的mi¹¹既可译作汉语的"不"，也可译作汉语的"没"。

　　fi³³前面可以加 xa³¹ "还"。例如：

⑩ ku²⁴ xa³¹ fi³³ pai²⁴ taŋ¹¹ pa:ŋ³¹ ta³³ tɯk.
　　我　还　没　去　到　河边　打鱼
　（我还没去过河边钓鱼。）

⑪ te²⁴ xa³¹ fi³³ pja:i⁵³ tçi⁵³la:i²⁴ tçai²⁴, çi³³ zo³¹ɲiə²⁴ "jo" jiŋ³³ni³¹ jiŋ²⁴ʔdeu²⁴.
　　他　还　未　走　几　多　远　就　听见　呦音这音一
　（他还没走多远就听"啊"的一声惨叫。）

⑫ pau³⁵la:u³¹ lɯk³³ni³⁵ la:i²⁴ fu²⁴taŋ³³ nak³⁵ xau³¹meu³¹ jou²⁴ pan²⁴ʔdai³¹ nɔi³⁵,
　　老大　孩子　多　负担　重　粮食　又　分　得　少
　xa³¹fi³³ taŋ¹¹ la³¹la:p³³ çi³³ mi¹¹li³¹ xau³¹ kɯn²⁴ pai⁰.
　　还　未　到　腊月　就　没有　粮食　吃　了

[①] 吕叔湘（1980）《现代汉语八百词》和彭平（2002）《亦谈"不"和"没有"》都认为汉语的"不"表主观否定，"没"表示客观否定。

（老大因为孩子多，负担重，分得的粮食又少，所以不到腊月底就没有粮食了）。

例⑩中的xa³¹加在fi³³的前面表示该动作或状态持续不变。例⑪和例⑫中的xa³¹表达了说话者有意把事情往短、小方面说，是一种抑的语气。

综上所述，布依语的mi¹¹既可用于主观否定，也可用于客观否定。因此，mi¹¹具有[+主观][+客观]的语义特征，fi³³只有用于客观否定，因此，fi³³只有[+客观]的语义特征。

2. [+已然]和[+未然]

布依语的体范畴有已然体和未然体，下面考察mi¹¹和fi³³在体范畴上的区别：

① te²⁴ mi¹¹ ma²⁴ .

　　他　　不　来

　　（他不来。）

② te²⁴ fi³³ ma²⁴ .

　　他　　没　来

　　（他没/还没来。）

mi¹¹ ma²⁴表达的是一种主观决定，且说话者是站在事件的起点之前进行陈述。因此，例①是对未然事件的否定，mi¹¹具有[+未然]义；例②的说话者站在事件的终点陈述。该句可分为两种情况：一种是te²⁴在位移终点陈述事件没发生；另一种是te²⁴在位移终点陈述事件没发生，但位移事件将来可能会发生。无论哪种情况，fi³³ ma²⁴的说话人是站在事件的终点进行陈述，所以fi³³有[+已然]的语义。

布依语mi¹¹多数时候表达[+未然]义，有时也能表达[+已然]义。例如：

③ ŋɔn¹¹ɕo³³ ku²⁴ mi¹¹li³¹ kho²⁴ .

　　天　昨　我　不有　课

　　（昨天我没有课。）

④ xam³³liən¹¹ ku²⁴ mi¹¹ pai²⁴ kə¹¹laɯ¹¹ ɣa⁰ .

　　昨　晚　我　不去　　哪里　MP

　　（昨晚没去哪里。）

例③和例④的句子都是已然态，因此，mi^{11}也能表达[+已然]义。

例②没有时间词，我们从说话者所处的终点位置推断fi^{33}表示已然态。对于有明确时间的句子，我们可从句子发生的时间推断fi^{33}的已然性。例如：

⑤ xam^{33} $liən^{11}$ te^{24} $kɯn^{24}$ $ka{:}u^{31}la^{53}la{:}i^{24}$ to^{53} fi^{33} $ʔim^{35}$.
晚上 昨天 他 吃 很多 都 没 饱
（昨天晚上他吃了很多都还没有饱。）

⑥ te^{24} nau^{11}: "ku^{24} $tɕau^{24}$ $taŋ^{11}$ $ɕɯ^{11}ni^{31}$. fi^{33} zan^{24} $pu^{31}lɯ^{11}$ $ʔau^{24}$."
他 说： 我 活 到 现在， 未 见 谁 拿
（他说："我活到现在，还没见谁拿过。"）

⑦ $ŋən^{11}ɕo^{33}$ 8 $tiəm^{53}$ ku^{24} fi^{33} $ðun^{35}$ $mɯŋ^{11}$ pai^{24} jeu^{33} ku^{24}.
明天 8 点 我 未 起来 你 去 叫 我
（明点 8 点我未起来你就来叫我。）

例⑤和例⑥中事件发生的时间分别为过去时和说话的那一刻。例⑤事例发生的时间是"昨天晚上"，从昨天晚上他停止吃的动作开始，"没吃饱"这一动作已经发生，因此，例⑤表达的是已然否定；例⑥的对照时间是"他说"那一刻，相对于"他说"这个时间点而言"没见到谁拿"这一动作已经发生，因此，例⑥是已然否定。fi^{33}用在将来时间的句子也是已然否定。如例⑦，该事件发生的假定时间是"明天 8 点"，这是将来的时间，如果说话者在这个将来的时间点"还没起来"，说话者希望听话者"来叫我"，因此该句是将来时间的已然否定。从说话者所述事件的立足点而言，例⑤~⑦中的说话者也都是站在事件的终点进行陈述。由此可知，无论fi^{33}用于什么时间的句子，都表示在说话的时刻或句中提到的某一时刻，某事已经发生或某种变化已经出现，即fi^{33}都表示[+已然]义。

通过以上分析可知，mi^{11}主要表示[+未然]义，有时表示[+已然]义。表示[+未然]义时相当于汉语的"不"，表示[+已然]义时相当于汉语的"没"；fi^{33}只表示[+已然]义。fi^{33}的[+已然]义又有两种含义：第一种含义表示说话人提到的事情或动作到说话的那一刻为止客观上没有发生，意思与汉语的"没"相近；第二种含义表示说话人提到的事情或动作到说话的那一刻为止没有出现或发生，但暗含将来可能会发生，意思与汉语的"未"相近，通常译作"还没有"。

3. [+过去]、[+现在]和[+将来]

布依语的时范畴（time）有过去时、现在时和将来时。下面考察 mi¹¹ 和 fi³³ 在时范畴上的使用特点：

① ?dai³¹ ?je³³ tu³⁵ mi³¹ nau¹¹ taŋ¹¹ kɯn¹¹ jiaŋ²⁴ kə³⁵ ça³⁵ jaŋ²⁴ mi¹¹ juŋ³³
　　得　过　都　不　说　到　这里　像　那柴刀一样　不　用

te³³ tau³⁵nai³¹ ?də³³ kəi³⁵! ?ɯ³¹!
它　生锈　　　　　MP

（记得都没说到这里，就像柴刀一样不用他会生锈。）

② çɯ¹¹ni³¹ ku²⁴ mi¹¹ tçai¹¹ kɯn²⁴ lau⁵³ .
　　现在　我　不　想　喝　酒

（现在我不想喝酒。）

③ ŋɔn¹¹ço³³ xa:i²⁴wi³⁵ ku²⁴mi¹¹ tshan³³tçia³³.
　　明天　开会　我　不　参加

（明天开会我不参加。）

④ fai³¹çun²⁴ mi¹¹ ma⁵³ ŋa:i³³ to²⁴ fai³¹ jiəŋ³³?ɯn³⁵.
　　椿树　不　长　快　比　树　别的

（椿树不比别的树长得快。）

⑤ te²⁴ mi¹¹ ma:i⁵³ ?au²⁴ θɯ²⁴.
　　他　不　喜欢　要　书

（他不喜欢读书。）

例①的事件发生的时间为过去，因此 mi¹¹ 具有[+过去]义。例②的事情发生的时间为 çɯ¹¹ni³¹ "现在"，因此 mi¹¹ 具有[+现在]义。例③的事情发生的时间（time）为 ŋɔn¹¹ço³³ "明天"，因此 mi¹¹ 具有[将来]义。例④和例⑤表达的是普遍现象和个人爱好，这类句子不需要特定的时间，具有泛时性。通过以上分析可知，mi¹¹ 可用于各种时间的句子，具有[+过去]［+现在]［+将来]的语义特征。

⑥ xam³³ liən¹¹ te²⁴ kɯn²⁴ ka:u³¹la⁵³la:i²⁴ to⁵³ fi³³ ?im³⁵.
　　晚上　昨天　他　吃　很多　都　没　饱

（昨天晚上他吃了很多都还没有饱。）

⑦ te²⁴ nau¹¹: "ku²⁴ tɕau²⁴ taŋ¹¹ ɕɯ¹¹ni³¹. fi³³ zan²⁴ pu³¹laɯ¹¹ ʔau²⁴."

　他　说："我　活　到　现在，未见　谁　拿"

（他说："我活到现在，还没见谁拿过。"）

⑧ ŋɔn¹¹ɕo³³ 8 tiəm⁵³ ku²⁴ fi³³ ðun³⁵ muŋ¹¹ pai²⁴ jeu³³ ku²⁴.

　明天　　8 点　我　未　起来　你　去　叫　我。

（明天8点我未起来你就来叫我。）

例⑥的事情发生的时间为 xam³³ liən¹¹ "昨天晚上"，因此是过去时，fi³³具有[+过去]义。例⑦的事情发生的时间为ɕɯ¹¹ni³¹ "现在"，fi³³具有[+现在]义。例⑧的事情发生的时间为ŋɔn¹¹ɕo³³ 8 tiəm⁵³ "明天八点"，fi³³具有[+将来]义。由此可知，fi³³可用于各种时间的句子，具有[+过去][+现在][+将来]的语义特征。

通过以上分析可知，mi¹¹和fi³³可用于各种时间的句子，具有[+过去][+现在][+将来]的语义特征。

布依语的 mi¹¹和fi³³与汉语的"不""没""未"不是一一对应的关系，而是既有联系，又相区别，详情如图3-1所示：

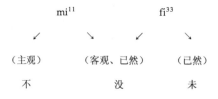

图3-1　mi¹¹、fi³³与"不"和"没"的关系

4. 对经历体的否定

布依语有两种表示经历体的结构，即"V+宾语+ kwa³⁵"和"V+kwa³⁵+（宾语）"，对这两种经历体进行否定是直接在动词前加fi³³或fi³³ʔdai³¹。例如：

1）fi³³+V+宾语+kwa³⁵

① te²⁴ fi³³ ʔdai³¹ ðan²⁴ pau³⁵kuŋ³³ te²⁴ kwa³⁵.

　他　没　有　见　祖父　他　过

（他从来没有见过他祖父。）

② ta²⁴ɕi³¹ to⁵³ fi³³ðan²⁴ pu³¹vun¹¹ ni³¹ kwa³⁵.

　大家　都　未　见　人　这　过

（大家都没有见过这个人。）

③ te²⁴ ʔju³⁵ na⁵³ ku²⁴ fi³³ tɔŋ³¹ taŋ¹¹ mɯŋ¹¹ kwa³⁵.

　他　在　面前　我　未　提　到　你　过

（他在我面前从来没提到过你。）

2）fi³³+V+kwa³⁵+（宾语）

④ ka:i³⁵ pjak³⁵ ni³¹ fi³³ ta:n³¹ kwa³⁵.

　个　菜　这　未　焯　过

（这个菜还没焯过。）

⑤ te²⁴ kɯn²⁴kun²⁴ soŋ²⁴ pi²⁴，ɕuŋ³⁵ tu³⁵ fi³³ ʔdai³¹ tɯk³⁵ kwa³⁵.

　他　当兵　两　年，枪　都　未　得　打　过

（他当兵两年，枪都没打过。）

⑥ te²⁴ fi³³ ðan²⁴ kwa³⁵ pau³⁵nuən³¹ʔa:u²⁴ te²⁴.

　她　未　见　过　小叔子　她

（他还没见过他的小叔子。）

⑦ te²⁴ fi³³ ðan²⁴ kwa³⁵ tiən¹¹nai²⁴.

　他　未　见　过　冰糖

（他还没见过冰糖。）

布依语表示经历体的两种结构中，"fi³³+V+宾语+kwa³⁵"是本族语固有的形式。"fi³³+V+kwa³⁵+（宾语）"与汉语的"没+V+过+（宾语）"结构完全一致。由此推测"fi³³+V+kwa³⁵+（宾语）"结构可能来自汉语。

通过对布依语经历体的考察，发现其有以下特点：第一，结构 2）是布依语的优势结构，其使用频率远远超过结构1）。第二，对布依语经历体的否定只用fi³³不用mi¹¹。fi³³表示已然否定，而"经历体"都是已然态，因此fi³³能用于经历体。第三，fi³³ʔdai³¹与fi³³的区别在于fi³³ʔdai³¹"未、没有"所表达的否定语气更强烈，蕴含"从来没有"之义。

5. mi¹¹和fi³³的[+假设]义

布依语中的mi¹¹和fi³³都可以表示"假设"义。例如：

① pa:i³³kɯn¹¹ mi¹¹/fi³³ xa:i²⁴ pa³⁵ po¹¹te²⁴ mi¹¹ ka:m⁵³ ʔau²⁴.

上级　　　不/没　开　口　他们　不　敢　要

[（假如）上级不/没发话他们不敢要。]

② mi¹¹/fi³³ xaɯ⁵³ te²⁴ ðo³¹ pan¹¹ʔju³⁵?

不/没　给　他　会　怎样

[（假如）不/没给他会怎样？]

③ mi¹¹ ðo³¹ θɯ²⁴ ɕi³³ ka³³ ðo³¹ pai²⁴ pɯən¹¹fɯə³¹ ka:i²⁴ðeŋ¹¹ to³³.

不认识字就只能去　　外地　　卖　力而已

[（如果）不识字就只能到外地去卖力了。]

④ ɕen¹¹ mi¹¹/fi³³ taŋ¹¹ fɯŋ¹¹ te²⁴ mi¹¹ ðo³¹ xa:i²⁴ pa³⁵.

钱　不/没　到　手　他不会　开　口

[（假如）钱不/没到手他不会开口。]

⑤ mɯŋ¹¹ mi¹¹/fi³³ nau¹¹ pjɔŋ⁵³, ðau¹¹ taŋ¹¹ ɕɯ¹¹laɯ¹¹ je⁵³ mi¹¹ðo³¹ tiə⁵³ te²⁴.

你　不/没　说　穿　我们　到　何时　也　不　知　底　他

[（假如）你不/没说穿，我们到什么时候也不知道他的底细。]

以上例句都是蕴含条件、假设关系的"mi¹¹/fi³³…mi¹¹…"和"mi¹¹…ɕi³³/ðo³¹"结构，他们的完整结构分别是：ʔi³⁵nau¹¹mi¹¹"如果不"…mi¹¹"不"，ʔi³⁵nau¹¹fi³"如果没"…mi¹¹"不"，ʔi³⁵nau¹¹mi¹¹"如果不"…ɕi³³"就"/ðo"会"…这三种结构的前半句表示"假设"的条件，在这一假设条件下会发生后半句的结果。例如，例①表示"如果上级不/没发话"他们不敢要。例②表示"如果不/没给他货"会怎么样。例③表示"如果不识字就"只能到外乡去。例④表示"如果钱不/没到手"他不会开口。例⑤指"如果你不/没说穿"我们不知道他的底细。

（二）mi¹¹和fi³³对心理动词、能愿动词、判断动词的否定

mi¹¹和fi³³否定心理动词、能愿动词和判断动词时存在一定的差异。例如：

① ðam³¹ mi¹¹ pan¹¹ kɯn²⁴, fɯn¹¹ mi¹¹ pan¹¹ ɕo³⁵.

水　不　能　喝，柴　不　能　烧

（是水不能喝，是柴不能烧。）

② te^{24} ŋɔn^{11}ni^{31} ma^{24} mi^{11} ʔba:ŋ^{31}.

他 今天 来 不 可能

（他今天不可能来。）

③ ðau^{11} to^{53} mi^{11} ŋa:i^{33} kɯn^{24} tap^{35}.

我们 都 不 爱 吃 肝

（我们都不爱吃肝。）

④ lɯk^{33} te^{24} ʔju^{35} ðo^{33} te^{24} mi^{11} ɕuəŋ^{35} θam^{24}.

儿子 他 在 外面 他 不 放 心

（他儿子在外他不放心。）

⑤ ku^{24} mi^{11} na:n^{11}kwa^{35}, kuən^{53}ɕi^{33} jiəŋ^{33}ma^{11} to^{53} mi^{11} tɕai^{11} kɯn^{24}.

我 不 难过 只是 什么 都 不 想 吃

（我不难过，只是什么都不想吃。）

⑥ po^{11}ðau^{11} tɯk^{33} pu^{31}ʔjai^{31}, mi^{11} tɯk^{33} pu^{31}xa^{53}.

我们 是 布依族 不 是 汉族

（我们是布依族，不是汉族。）

例①~②是由能愿动词组成的句子，表示对可能、意愿的否定。"mi^{11}+能愿动词"作状语有两种位序：一种是"mi^{11}+能愿动词+谓语动词"，如例①；另一种是"谓语动词+mi^{11}+能愿动词"，如例②。其中，第一种位序更常见。

能愿动词一般都能用mi^{11}否定，如mi^{11}ʔan^{35} "不可能"、mi^{11}pan^{11} "不能"、mi^{11}ko^{53}lɯn^{31} "不可能"、mi^{11}jin^{24}kai^{33} "不应该"等，这些词都不能用fi^{33}否定。ðo^{31} "会"和ʔdai^{31} "能"既能用mi^{11}否定，也能用fi^{33}否定。例如：

⑦ ku^{24} pɯn^{53}nau^{11} te^{24} mi^{11} ðo^{31} ma^{24} kə.

我 本 说 他 不 会 来 的

（我本来说他不会来的。）

⑧ kai^{5}ðuŋ^{11} fi^{33} ðo^{31}xan^{24}.

雏鸡 还不 会 打鸣

（雏鸡还不会打鸣。）

例⑦和例⑧分别用mi^{11}和fi^{33}否定ðo^{31}，都表示"不会"之义。其中，例⑦中的mi^{11}ðo^{31}表示"还不会"，但以后可能会，是对可能的否定，是一种客观陈述。例⑧

中的fi³³ðo³¹表达的是"雏鸡还不会打鸣",蕴含雏鸡长大后可能会打鸣的意思,是对某种能力的否定。由此可知,mi¹¹ðo³¹是客观陈述"不会",表示一般否定;fi³³ðo³¹表示直到说话时还不会,蕴含将来可能会之义,fi³³ðo³¹表示已然否定。

人的心理活动一般都是持续性活动,在时间轴上任何一点所处的状态都一样,也就是说心理动词具有恒久性、均衡性、静态性。心里动词的这些特性与表静态否定的mi¹¹[1]的语义相吻合,因此心理动词一般都能用mi¹¹否定。例如,ŋa:i³³"爱"、ɕuəŋ³⁵θam²⁴"放心"、ɕin²⁴zɯn²⁴"信任"、la:u²⁴"怕"、tɕai¹¹"想"、ma:i⁵³/juən³³/ɕu⁴"愿意"都可用否定副词mi¹¹否定,如上文例③~⑤。

布依语表示心理活动的动词中,只有tɕai¹¹"想"、ðo³¹"知道"既可以用mi¹¹否定又能用fi³³否定。但两者的语义不同:mi¹¹表达的焦点是说话者主观上的判断;fi³³表达的焦点是已然否定,有时暗含事件将来可能会发生。

在布依语中,能对teŋ²⁴/tɯk³³"是"进行否定的副词只有mi¹¹,不能用fi³³。由teŋ²⁴/tɯk³³"是"构成的句子,表达的是说话者的一种主观判断或主观认识,那么mi¹¹对teŋ²⁴/tɯk³³"是"的否定,也是对说话者的主观认识的否定性判断,如例⑥。例⑥在语形上表现为mi¹¹对谓语动词teŋ²⁴/tɯk³³"是"的否定,语义上表达的是对整个判断进行否定。例如,例⑥表达了说话者对"我们是汉族"这一判断的否定。mi¹¹的主观性语义特征突出地表现在对teŋ²⁴/tɯk³³"是"字句的否定上。fi³³不能用于对teŋ²⁴/tɯk³³"是"的否定,这与fi³³不能用于主观否定有关。

(三)对存在动词li³¹的否定

布依语中能对存在动词li³¹"有"进行否定的副词只有mi¹¹。"mi¹¹+li³¹"表示对存在、领有的否定,也可表示"不及"之义。例如:

① ʔdaɯ²⁴ ta³³ ni³¹ mi¹¹li³¹ pau²⁴.
　　里　　河　　这　不有　螃蟹
　（小河沟里没有螃蟹。）

② ʔdiən²⁴ ni³¹ ku²⁴ mi¹¹li³¹ ma¹¹ xui²⁴ji²⁴.
　　月　　这　我　不有　什么　会议

---

① 本节的"3. mi¹¹和fi³³对形容词的选择"中对mi¹¹用于静态否定已有详细论述。

（这个月我没有什么会议。）

③ ŋɔn¹¹ɕo³³ ku²⁴ mi¹¹li³¹ kho²⁴.

明天　我　不有　课

（明天我没有课。）

④ kə³⁵ku²⁴ fi³³ li³¹ ja³³ lə³³me⁵³,　muɯŋ¹¹ ɕo³⁵ ku²⁴ jaɯ¹¹ nei⁰ke⁰.

我　　未有妻 MP　你　放我　MP　MP

（我还没有妻子，你就让他来追求我吧！）

⑤ te²⁴ tɕi²⁴su³¹ mi¹¹li³¹ muɯŋ¹¹ θa:ŋ²⁴.

他 技术　不有　你　高

（他技术没有你高。）

li³¹ "有" 表示某处存在某物、某人领有某物，这是一种客观事实。对 li³¹ "有" 字句的否定就是对客观事实的否定，因此是一种客观否定。例如，例①～⑤中的 mi¹¹li³¹ "不有" 都是客观否定。从句子的时态来看，以上句中的事件在说话之时已经实现，都是已然句，因此 mi¹¹ 也能用于已然态。

布依语对存在动词的否定用副词 mi¹¹，这与汉语的情况不同。汉语只能用表示客观、已然否定的"没"和存在动词"有"组合，表示主观否定的"不"不能与存在动词"有"组合。布依语 mi¹¹li³¹ 表示已然性客观否定外，mei³³mi³³、bo³¹mi¹¹ 也表示已然性客观否定。例如：

⑥ θa:m³³ pa³⁵leu³¹ ɕi³³ mei³³mi¹¹ lɯk³³ liŋ³³ kei³⁵,　lɯk³³ mi¹¹ .

三　　妯娌也　没有　儿子全部 MP　儿子没有

（三妯娌也全部没有儿子。）

⑦ nuəŋ³¹ nau¹¹ ʔbo³¹ mi¹¹ pai²⁴.

妹　说　没　有去

（阿妹借故不想走。）

⑧ ʔbo³¹mi¹¹ wa:ŋ³⁵ pai²⁴ ju³¹ ʔdiən²⁴te²⁴.

没　有　空闲　去　玩耍月　那

（没有闲暇去玩耍。）

⑨ ʔbo³¹mi¹¹ lɯk³³ ma:n³³ ɕap³⁵ xau³¹.

没　有　辣　椒　拌　饭

（辣椒拌饭都没有。）

⑩ ʔbo³¹mi¹¹ ka:ŋ⁵³ xau⁵³ɕɯ²⁴ xau⁵³ xo¹¹ ðiəŋ¹¹ pi³¹.

　　不　　是　　讲　　进入　心　进入　脖子　跟　　哥

（跟我讲时真心有真意。）

例⑥中的mei³³mi¹¹表示"没有"之义，例⑦~⑨中的ʔbo³¹mi¹¹也表示"没有"之义。例⑥~⑨中的mei³³mi¹¹和ʔbo³¹mi¹¹的第一个音节 mei³³和ʔbo³¹都表示否定。其中，mei³³和ʔbo³¹分别是借自汉语的"没"和"不"。例⑦和例⑨中的ʔbo³¹mi¹¹后接动词或动词短语，所以这两例中的ʔbo³¹mi¹¹是否定副词。ʔbo³¹mi¹¹除了对存在表示否定，还可以表示否定判断，相当于汉语的"不是"，如例⑩。

mi¹¹ "不" 还可以与其他音节组成合成词。例如：

mi¹¹li³¹没有　　　　mi¹¹xo¹¹不合　　　mi¹¹xaɯ⁵³不让　　　mi¹¹ðo³¹不知道

mjan³¹不然、否则　mi¹¹ʔju³⁵不在　　mi¹¹taŋ³¹ 不停　　　mi¹¹tuən³³不断

mi¹¹tiŋ¹¹不一定　　mi¹¹tɯk不是　　　mi¹¹ʔdai³¹不能　　　mi¹¹juŋ³³不

mi¹¹ʔdi²⁴不好　　　mi¹¹pan¹¹办不成　mi¹¹la⁵³不要　　　　mi¹¹θa:i³³不太

mi²thuŋ³³ 不通　　　ʔbo³¹mi¹¹没有　　ka³³mi¹¹莫不、岂不

以上词语都有否定意义，整个词的含义是mi¹¹后词根的反义词。mi¹¹作为构词语素构成的新词有如下特征：

（1）双音节。由mi¹¹构成的词多为双音节词，这是由布依语词汇双音节化所致。

（2）词根的性质。能与mi¹¹构成合成词的词根，有的是动词性词根，如xo¹¹ "合"、xaɯ⁵³ "给"、ðo³¹ "知道"、ʔju³⁵ "在"、tuən³³ "断" 等，有的是副词性词根，如ʔbo³¹ "不"、ka³³ "不"、tiŋ¹¹ "一定"；有的是形容词性词根，如ʔdi²⁴ "好"。mjan³¹ "不然、否则"是mi¹¹与an³¹通过语音合流变成了一个音节。mi¹¹与an³¹的语音合流除了两者在语音上易于发生融合外，也符合发音的经济性原则。类似情况的还有mjaɯ⁵³。

（3）位置。由mi¹¹构成的合成词，其位置有以下三种情况：mi¹¹多数时候位于第一个音节，如mi¹¹li³¹ "没有"、mi¹¹xo¹¹ "不合"、mi¹¹xaɯ⁵³ "不让"、mi¹¹ðo³¹ "不知道" 等；少数位于最后一个音节，如ʔbo³¹mi¹¹ "没有"、ka³³mi¹¹ "岂不"；mi¹¹有时还位于两个音节中间，如kwa:i²⁴mi¹¹ʔdai³¹ "怪不得"、xa³¹mi¹¹ɕi³³ "还不是" 等。

（4）语义。由mi^{11}构成的合成词，多数表示一般否定，也有表示反问的。如ka^{33}mi^{11}"岂不"；有表示祈使否定的，如mi^{11}xo^{53}"不需、不要"、mjaɯ^{53}"别、勿、莫"、mjaɯ^{53}laɯ^{11}"别、甭"、mi^{11}xaɯ^{53}"别、甭、勿"、mi^{11}la^{53}"不要"、mi^{11}lɯk^{33}"别、勿"；有对存在动词进行否定的，如mi^{11}li^{31}"没有"、ʔbo^{31}mi^{11}"没有"、mei^{33}mi^{11}"没有"。ʔbo^{31}mi^{11}"没有"和mei^{33}mi^{11}"没有"是由借自汉语的否定副词ʔbo^{31}"不"、mei^{33}"没"与布依语否定副词mi^{11}"不、没"组成的。

fi^{33}除了可单独成词表示已然否定外，也可与别的词语构成合成词。从语义上看，由fi^{33}构成的否定副词有三种语义：①表示"没有"，如ko^{35}fi^{33}；②表示"从来没有"，相当于"不曾"，如fi^{33}ɕa:u^{31}；③表示"还没有"，相当于"尚未"，如fi^{33}sa:i^{33}、xa^{31}fi^{33}、ʔbo^{31}fi^{33}。以上同一个意义存在几个不同词形的原因在于这些词的来源不同，有的是布依语固有词，有的借自当地汉语方言。由fi^{33}构成的否定副词都表示已然否定，都位于所修饰的动词或形容词之前对其进行否定，语义也指向这些被否定的成分。

（四）mi^{11}/fi^{33}+动宾/动补

下面将从语义指向和心理预设的角度分析 mi^{11} 或fi^{33} 构成的动补结构。

kɯn^{24}mi^{11}leu^{31}吃不完	nep^{33} mi^{11}ʔdai^{31}赶不上	kuə^{33}mi^{11}pan^{11}做不成
ʔau^{31}mi^{11}kwa^{35}拧不过	tu^{11}mi^{11}ma^{24}kɯn^{11}烧不燃	lai^{24}mi^{11}ʔo^{35}流不出
ȵin^{11}mi^{11}ʔdak^{35}睡不着	xa:m^{53}mi^{11}ʔdai^{31}快不了	ka:ŋ^{53}mi^{11}pan^{11} 讲不成
tɕau^{35}mi^{11}ʔdai^{31}救不了	ɕim^{24}mi^{11}ðan^{24}看不见	nau^{11}mi^{11}tɯ^{11}taŋ^{31} 不停地说
*tai^{24}ti^{24}mi^{11}ʔdai^{31}代替不了		*ta:ŋ^{53}mi^{11}ʔdai^{31}受不了
*ʔau^{24}mi^{11}pan^{11}用不成		*naŋ^{33}mi^{11}pan^{11}

以上短语都是"动词+mi^{11}+补语"结构，其中的mi^{11}否定的是补语，不否定动作行为的发生，"动词+mi^{11}+补语"的心理预设是该动作已经结束了。

"动词+mi^{11}+补语"中的补语，可以是结果补语，如kɯn^{24}mi^{11}leu^{31}"吃不完"、tu^{11}mi^{11}ma^{24}kɯn^{11}"烧不燃"；也可以是趋向补语，如 lai^{24}mi^{11}o^{35}"流不出"；还可以是可能补语，如 kuə^{33}mi^{11}pan^{11}"做不了"、nep^{33} mi^{11}ʔdai^{31}"赶不上"、tɕau^{53}mi^{11}ʔdai^{31}"救不了"等。

"动词+mi^{11}+补语"结构中的例词，除了带"*"的外都可以用fi^{33}否定，构成"fi^{33}+动词+补语"结构。例如：

fi³³kɯn²⁴leu³¹没吃完　　　　fi³³nep³³ʔdai³¹没赶上　　　fi³³kuə³³pan¹¹没做成

fi³³ʔau³¹kwa³⁵没拧过　　　　fi³³nin¹¹ʔdak³⁵　　　　　fi³³xa:m⁵³ʔdai³¹没跨过

fi³³tu¹¹ma²⁴kɯn¹¹没燃起来　fi³³lai²⁴ʔo³⁵没流出　　　fi³³ʔau²⁴pan¹¹没用成

"fi³³+动词+补语"结构的心理预设是动词所表示的动作没完成或没实现只是暂时的，该动作可以继续。例如，fi³³ kɯn²⁴ leu³¹ "还没吃完"是指东西暂时没吃完，说话者的心理预设是吃的动作暂时没完成，但吃的动作需要继续或可以继续。其他各例情况类似。

有的"fi³³+动词+补语"结构可以改成"动词+fi³³+补语"结构，例如：

fi³³tɕau³⁵ʔdai³¹没救成　　fi³³ka:ŋ⁵³pan¹¹没讲成　　　　fi³³ɕi³³ðan²⁴ 没看见

tɕau³⁵fi³³ʔdai³¹救不成　　ka:ŋ⁵³fi³³pan¹¹讲没成　　　ɕi³³fi³³ðan²⁴ 看不见

"动词+mi¹¹+补语"结构与"动词+fi³³+补语"结构的语义有区别。例如，ka:ŋ⁵³ fi³³ pan¹¹ "讲没成"是说暂时还没谈成，还可以或需要继续谈，而 ka:ŋ⁵³ mi¹¹ pan¹¹ "谈不成"指谈判的结果是，失败了。nep³³ fi³³ ʔdai³¹是指"没赶上"，心理预设是还可以继续赶，继续赶或许能赶上。而nep³³ mi¹¹ ʔdai³¹是指赶的结果是赶不上了，赶不上已是事实。

这一组的fi³³有两种位置：一种是置于动词前，另一种是置于补语前。fi³³置于动补结构之前是对"动词+补语"的直接否定，如fi³³ka:ŋ⁵³pan¹¹ "没讲成"的含义是"没谈成"，倾向于表达一种状态。fi³³置于补语前是对补语的直接否定，如ka:ŋ⁵³fi³³pan¹¹的意思是"谈了，还没谈成"，强调一种动态过程。

调查发现，凡是能用fi³³否定的动补结构"fi³³+V+补语"一般都能说成"V+mi¹¹+补语"，但"V+mi¹¹+补语"的动补结构不都能转换成"fi³³+V+补语"。

布依语动宾结构和动补结构中的否定副词 mi¹¹或fi³³ 一般位于述语和数量宾语之间或述语和补语之间，否定的对象是数量宾语的数量或补语所代表的结果，而不是前面的述语所表示的行为。例如，leu³¹ pi²⁴ fi³³ tau⁵³ tɕi⁵³nat³³wɯn²⁴ "整年没下几滴雨"是说下了雨，但下得不多，fi³³否定的是宾语的数量"几滴"而不是动词"下"；fi³³否定述补结构时，否定的对象是补语，例如，te²⁴ fi³³kɯn²⁴ ʔim³⁵ "他没吃饱"否定的是吃的结果"饱"，而不是否定"吃"的动作。

三、mi¹¹和fi³³的其他句法功能

（一）mi¹¹和fi³³用于正反问

吴福祥先生（2008：3）指出，人类语言的疑问句，从功能上看可分为三个主要类别：极性问句（polar question）、特指问句（content question）及选择问句（alternative question）。极性问句的一个显著特点是有正反问句（A-not-A）和是非问句（yes-no question）两种交替形式，而正反问还有 VP-neg 和句尾小词（sentence-final partical）两种形式①。布依语正反问有 "A-not-A" 构式和 "VP-neg" 构式两种，其中的 not 或 neg 由否定副词 mi¹¹或fi³³充当。

1. 正反问构式 "A-mi¹¹/fi³³-A"

① tie³³ muɯŋ¹¹ ʔju³⁵ ða:n¹¹ mi¹¹ ʔju³⁵?

爹　你　在　家　不　在

（你爹在不在家？）

② A：θu²⁴　li³¹ ku⁵³ma¹¹ tɕi²⁴xua²⁴ mi¹¹li³¹?

你们　有　什么　计划　没有

（你们有什么计划没有？）

B：li³¹.

有

（有。）

③ A：ɕi³³　ma²⁴ xo⁵³te²⁴ xam³⁵ li³¹ mi¹¹ li³¹ ne¹¹?

于是来　他们　问　有　不　有 MP

（于是，他们来问有没有？）

B：mi¹¹li³¹.

没有

（没有。）

④ muɯŋ¹¹ xat³⁵ ɕo³³ ma²⁴ mi¹¹ma²⁴?

你　早上　明天来　不　来

---

① 吴福祥. 南方语言正反问句的来源. 民族语文，2008（1）：3. "A" 是正反问的项，一般是动词、动词词组、形容词、形容词词组、副词。本节中的 "A-not-A" 和 "A-mi¹¹/fi³³-A" 都表示正反问句。

（你明天上午来不来？）

⑤ tɕiu²⁴tɕin⁵³ muɯŋ¹¹ nau¹¹ θo³³ mi¹¹θo³³?

究竟　　　你　说　直　不　直

（你究竟直不直说？）

⑥ ma³⁵ta:u¹¹ te²⁴ʔdiŋ²⁴ mi¹¹ʔdiŋ²⁴?

桃　子　那　红　不　红

（那桃子红不红？）

该组例句是由 mi¹¹ 构成的布依语正反问句 "A-mi¹¹-A"，其中的 A 可以是动词、副词、形容词。例如，例①～④中的 A 是动词或动词组，例⑤中的 A 是副词，例⑥中的 A 是形容词。例①～④中的 A 都是及物动词。当 "A-mi¹¹-A" 中的 A 是及物动词时，第一个动词通常要带宾语，第二个动词的宾语会承前省略，如例①和例②的第一个动词分别带了宾语ða:n¹¹ "家" 和tɕi²⁴xua²⁴ "计划"。如果两个及物动词后都没有宾语，那说明两个宾语都省略了。例如，例③和例④都只有及物动词li³¹ "有" 和ma²⁴ "来"，不见宾语。正反问句的回答是直接用正反问中的肯定式或否定式，如例②和例③。

由fi³³构成的正反问，其中的 A 只能是动词，不能是形容词。例如：

⑦ ŋɔn¹¹liən¹¹ te²⁴ ma²⁴ fi³³ ma²⁴?

昨天　　　他　来　没　来

（昨天他来没来？）

⑧ muɯŋ¹¹ xaɯ⁵³ te²⁴ te²⁴ xu³¹ fi³³ xu³¹?

你　　给他　他　接　没　接

（你打给他，他接没接？）

2. 正反问构式 "VP-neg"

当 "A-mi¹¹/fi³³-A" 构式省略了其中的 A 项就产生了正反问构式 "VP-neg"。例如：

⑨ pa³¹pa³³ muɯŋ¹¹ ʔju³⁵ ða:n¹¹ mi¹¹?

爸爸　　你　在　家　不

（你爸爸在家吗？）

⑩ pu³¹ vɯn¹¹ te²⁴ mi¹¹ðo³¹ kho⁴²khau²⁴ mi¹¹?

　　个　人　那　不知　　可靠　　不

　（那个人不知可靠不？）

⑪ θu²⁴ la⁵³ ɕiəŋ²⁴ ka³³ kuə³³ tau³¹wu³³liət³³ mi¹¹?

　　你们　下　节日　自己　做　　血豆腐　　不

　（你们年前自己做血豆腐不？）

⑫ ʔd aɯ²⁴ xa:u³¹fɯəŋ³¹ te²⁴　ɕo³⁵ kwa:m³⁵la:u¹¹ f i³³?

　　里面　　粽子　　那　放　　油渣　　没

　（那粽子里面放油渣了吗？）

⑬ mɯŋ¹¹ ɕɯ³¹ ʔdai³¹ x ua ²⁴fei³¹ f i³³?

　　你　买　得　化肥　没

　（你买到化肥了吗？）

⑭ ʔen³⁵ kɯn²⁴ ɕau¹¹ laɯ¹¹ fi³³?

　　燕　吃　晚饭　或　没

　（燕子吃饭了吗？）

⑮ mɯŋ¹¹ xa¹¹ ðiəŋ¹¹pi³¹ mɯŋ¹¹ pai²⁴ laɯ¹¹ mi¹¹?

　　你　要　跟　哥哥　你　去　或　不

　（你要跟你哥哥去不？）

"VP-mi¹¹/fi³³"构式是省略"A-mi¹¹/fi³³-A"构式中的 A 项形成的。例如，例⑨省略了ʔju³⁵，例⑩省略了kho⁴²khau²⁴，例⑪省略了kuə³³，其他各例依次类推。"VP-neg"还可以看作是在陈述句末尾加上否定副词 mi¹¹或fi³³形成的。例如，例⑨～⑪、例⑮都是在陈述句末加上否定副词 mi¹¹，例⑫～⑭是在陈述句末加上否定副词 fi³³构成的正反问。例⑭和例⑮不仅在句末使用了否定副词fi³³或mi¹¹，还用了选择助词laɯ¹¹，"VP-laɯ¹¹-mi¹¹/fi³³"结构是"VP-mi¹¹/fi³³"构式的一种变体。

布依语正反问有多种省略形式，例①和例②省略了第二个动词的宾语，例③、例④、例⑦和例⑧中的两个宾语都省略了，例⑨～⑭省略了第二个动词的动宾部分。

语言的经济性原则[1]使其承前省略。如果把⑨～⑪的省略部分补充完整就是：

⑯ pa^{31}pa^{33} mɯŋ^{11} ʔju^{35} ða:n^{11} mi^{11} ʔju^{35} ða:n^{11}?

　　爸爸　　你　在　家　不　在　家

（你爸爸在家不在家？）

⑰ pu^{31} vɯn^{11} te^{24} mi^{11} ðo^{31} kho^{42}khao^{24} mi^{11} kho^{42}khao^{24}?

　　个　人　那　不　知　可　靠　　不　可　靠

（那个人不知可靠不可靠？）

⑱ θu^{24} la^{53}ɕiən^{24} ka^{33} kuə^{33} tau^{31}wu^{33}liət^{33} mi^{11} kuə^{33} tau^{31}wu^{33}liət^{3}?

　　你们　下　节日　自己　做　　血豆腐　　不　做　　血豆腐

（你们年前自己做不做血豆腐？）

例⑯～⑱是例⑨～⑪的完整形式，两者的语义都一样。相对于省略形式而言，完整形式复杂得多，从而使得省略形式被广泛使用。

杨荣祥（2007：384）提出"未"早在《史记》中就可以出现在句尾构成正反问句。"如上乃曰：'君除吏已尽未？吾亦欲吏'"，"开始时，这种句尾的'未'仍应看作副词，只是它所修饰的谓词性成分承前省略了。若不省略，'除吏已尽未？'应为'除吏已尽未尽？'"布依语的mi^{11}和fi^{33}用于句末表正反问是承前省略谓词，这一情况与杨荣祥（2007）对"未"用于句末表正反问也省略了谓词的情况一致。mi^{11}和fi^{33}在正反问句中位于句末，这样的特殊位置使他们具有了表疑问语气的功能，似乎可理解为汉语的"吗"。然而，他们与汉语的"吗"有本质的不同。汉语的"吗"已经演变成了一个典型的、纯粹的表疑问语气的语气词，不表示否定，也不能充当句法成分。布依语中的mi^{11}和fi^{33}不仅能用于正反问句，还在句中充当状语对谓词性成分进行否定。因此，我们在翻译布依语的"VP-neg"时，不宜将句末的mi^{11}和fi^{33}译作"吗"，应译作"不"或"没"。因此，位于句末的mi^{11}和fi^{33}是带有疑问语气的否定副词，而不是表示疑问的语气词。

吴福祥（2008）提出了"构式复制"（constructional replication），即一个语言的使用者依据另一种语言的模式，用自己语言的材料构建出与模式语对等的

---

[1] 威廉·克罗夫特. 语言类型学与语言共性. 龚群虎，等译. 上海：复旦大学出版社，2009：120. 该书对经济型原则是这样解释的：经济性原则指表达应该尽可能简洁。

（形态/句法/话语）结构式。比如布依语、回辉话等部分民族语言的使用者利用本族语言的材料复制了汉语"V 不 C"能性述补结构，也就是说布依语的"A-mi^{11}-A"和"A-fi^{33}-A"复制了汉语的"A-not-A"构式。①

（二）mi^{11}和fi^{33}单独回答问题

① A：xo^{53}θu^{24} wei^{24} kə^{35}ma^{11} ɕi^{33} loŋ^{31} mai^{31} ni^{31} ma^{24} le^{0}?

　　　 你们　　为 什么　　就　　拉　女子 这 来 MP

　　　（你们为什么拉这个女子来了？）

　 B：mi^{11} ke^{0}, kwa:n^{24} te^{24} pai^{24} ka^{53} kwa:n^{24} na:ŋ^{11} ɕin^{31}tɕa^{33} xat^{35}liən^{11}.

　　 不 MP　　丈夫　　她 去 杀 丈夫　　小姐　行 佳　昨天早上

　　(不是的，她丈夫昨天早上去杀了行佳小姐的丈夫。)

② A：la:i^{35}nau^{11} te^{24} ?ju^{35} pɯəŋ^{11} pu^{31}ji^{33}tsu^{31} ti^{24}tɕhi^{33} po^{31}ðau^{11} na:n^{11} ɕi^{33}

　　　 以 为　　他 在　地方　布依族　　地区　我们　长　就

　　　ðo^{31} ka:ŋ^{35} ?jai^{31} ?dai^{24}ne^{0}!

　　　会　讲　　布依话　MP

　　　（我以为他在布依族地区时间长就会说布依话的呀。）

　 B：mi^{11}.

　　 不

　　（不是。）

③ A：mɯŋ^{11} kɯn^{24} xau^{31} fi^{33}?

　　　你　吃　饭　没

　　　（你吃饭了没？）

　 B：fi^{33}.

　　 没有

　　（没有。）

　　例①～③B 句中的mi^{11}和fi^{33}表面看是单独回答问题，实际是省略了谓语中心

① 吴福祥. 复制与型变——南方民族语言中接触引发的语法演变. 第二届"汉语史中的语言接触"专题研讨会论文, 2007.

词，例①省略了中心语"无故拉这女子"，例②省略了中心语"在布依族地区时间长就会说布依话"，例③省略了中心语"吃饭"。mi^{11}和fi^{33}的这种用法多用于对话中，表示对上文所说内容的否定。

（三）对差比句的否定

差比句就是两个（或多个）比较对象在数量、程度或性状等方面有差别的句子。差比句由比较对象、参照对象、比词和比较点组成。布依语差比句有多种句法形式，对其进行否定也有多种否定方式。

1. 对由比词to^{24}构成的差比句的否定

由比词to^{24}构成的差比句的肯定句式语序为：比较对象+比较点+比词to^{24}+参照对象，对其进行否定只能用$mi^{11}li^{31}$或$mi^{11}\ lau^{35}$。例如：

① A：$çoi^{31}ni^{35}te^{24}kwa{:}i^{24}to^{24}\ çoi^{31}la{:}u^{31}$.

　　小 孩子这 乖　　比 孩子 大

　　（小的比大的听话。）

　B：$çoi^{31}\ ni^{35}\ te^{24}\ mi^{11}li^{31}\ çoi^{31}\ la{:}u^{31}kwa{:}i^{24}$.

　　小孩子 这 没 有 孩子大　 乖

　　（小的没大的乖。）

② A：$teu^{11}\ ðon^{24}\ ni^{31}\ kau^{11}\ to^{24}\ teu^{11}\ te^{24}$.

　　量词路 这 弯 比 量词那

　　（这条路比那条路弯。）

　B：$teu^{11}ðon^{24}\ ni^{31}\ mi^{11}li^{31}\ teu^{31}\ te^{24}\ kau^{11}$.

　　量词路 这 没 有 量词那 弯

　　（这条路没那条路弯。）

③ A：$ŋon^{11}ʔdi^{24}to^{24}ngonz$.

　　天 好 比 天

　　（一天更比一天好。）

　B：$ŋon^{11}\ mi^{11}li^{31}\ ŋon^{11}\ ʔdi^{24}$.

　　天 没有 天 好

　　（一天不如一天。）

④ A：toŋ⁵³fai³¹ʔbau²⁴to²⁴toŋ⁵³fa¹¹.

　　木　桶　轻　比　铁桶

　　（木桶比铁桶轻。）

　　B：toŋ⁵³fai³¹ mi¹¹li³¹ toŋ⁵³ fa¹¹ ʔbau²⁴.

　　　木　桶　没有　　铁桶　　轻

　　　（木桶不比铁桶轻。）

⑤ A：fai³¹xun²⁴ma⁵³ŋa:i³³to²⁴fai³¹jiaŋ³³ʔɯn³⁵.

　　椿　树　长　快　比　树　别的

　　（椿树比别的树长得快。）

　　B：fai³¹ɕun²⁴ mi¹¹li³¹ fai³¹ jiaŋ³³ʔɯn³⁵ ma⁵³ ŋai³³.

　　　椿　树　没有　　树　别　的　　长　快

　　　（椿树没有别的树长得快。）

⑥ A：ɕoi³¹ni³⁵te²⁴kwa:i³³to²⁴ ɕoi³¹la:u³¹.

　　小孩子这听　话　　比　大孩子

　　（小孩子比大孩子听话。）

　　B：ɕoi³¹ la:u³¹ mi¹¹li³¹ ɕoi³¹ ni³⁵ te²⁴ kwa:i²⁴.

　　　孩子　大　　没有　孩子　小　那　乖

　　　（大孩子没有小孩子乖。）

　　C：ɕoi³¹ ni³⁵ te²⁴ kwa:i²⁴ mi¹¹ lau³⁵ ɕoi³¹ la:u³¹.

　　　孩子　小　那　乖　　不　如　孩子　大

　　　（小孩子不如大孩子听话。）

例①～⑥的 A 句都是由比较词to构成的差比句,例①～⑥的 B 句是用mi¹¹li³¹对 A 句的否定,例⑥的 C 句是用mi¹¹ lau³⁵对 A 句的否定。由此可知,对由比词to构成的差比句的否定用mi¹¹li³¹或mi¹¹ lau³⁵。mi¹¹li³¹表示"不及、不如"之义,是mi¹¹li³¹"没有"意义的引申,mi¹¹ lau³⁵表示"不如"之义。

否定式差比句的语序与肯定式不一样。由mi¹¹li³¹进行否定的差比句语序为:比较对象+mi¹¹li³¹（比词）+参照对象+比较点,如例①～⑥的 B 句。由mi¹¹ lau³⁵构成的差比句的语序为:比较对象+比较点+mi¹¹ lau³⁵（比词）+参照对象,如例⑥的 C 句。

2. 对由 lɯm⁵³ 构成的差比句的否定

由 lɯm⁵³ 构成的差比句有两种结构：（1）简单结构，其句型结构为"比较对象+比词 lɯm⁵³+参照对象"，对简单结构进行否定是直接在比词前加否定词 mi¹¹；（2）复杂结构，其句型结构为"比较对象+比较点+lɯm⁵³（比词）+参照对象"，对其进行否定可以在表示比较点的形容词或动词前加否定词 mi¹¹，也可直接在比词前加否定词 mi¹¹。例如：

① A：te²⁴lɯm⁵³muŋ¹¹.

　　他　像　　你

　　（他像你。）

　 B：te²⁴mi¹¹ lɯm⁵³muŋ¹¹.

　　他　不　像　　你

　　（他不像你。）

② A：te²⁴ na⁵³ lum⁵³ po³³ te²⁴.

　　他　脸　像　爸爸　他

　　（他五官像他爸爸。）

　 B：te²⁴ na⁵³ mi¹¹ lum⁵³ po³³ te²⁴.

　　他　脸　不　像　爸爸　他

　　（他五官不像他爸爸。）

③ A：ka:i³⁵ no³³ ni³¹ nak³⁵　lum⁵³ ka:i³⁵ te²⁴.

　　个　肉　这　重　　像　个　那

　　（这块肉与那块肉一样重。）

　 B：ka:i³⁵ no³³ ni³¹ nak³⁵ mi¹¹　lum⁵³ ka:i³⁵ te²⁴.

　　个　肉　这　重　不　　像　个　那

　　（这块肉不比那块肉重。）

④ A：te²⁴kan⁵³lɯm⁵³muŋ¹¹.

　　她　漂亮　像　　你

　　（她像你一样漂亮。）

B：te²⁴kan⁵³mi¹¹lɯm⁵³muŋ¹¹.

　　她 漂亮 不像 　你

　　（她不像你一样漂亮。）

C：te²⁴mi¹¹kan⁵³lɯm⁵³muŋ¹¹.

　　她 　不 漂亮 像 　你

　　（她没有你那么漂亮。）

⑤ A：ʔaːu²¹ tɕai¹¹lɯm⁵³po³³（tɕai¹¹）.

　　叔叔 　疼爱 像 　　父

　　（叔叔不像父亲一样疼爱我。）

B：ʔaːu²¹ tɕai¹¹ mi¹¹lɯm⁵³po³³（tɕai¹¹）.

　　叔叔 　疼爱 不 　像 　父

　　（叔叔不像父亲一样疼爱我。）

C：ʔaːu²¹ mi¹¹tɕai¹¹ lɯm⁵³po³³（tɕai¹¹）.

　　叔叔 　不 疼爱 像 　父

　　（叔叔像父亲一样疼爱我。）

⑥ A：mɯŋ¹¹θaːŋ²⁴ lɯm⁵³ku²⁴.

　　你 　高 　像 　我

　　（你跟我一样高。）

B：mɯŋ¹¹θaːŋ²⁴ mi¹¹lɯm⁵³ku²⁴.

　　你 　高 　不 像 　我

　　（你没有我高。）

C：mɯŋ¹¹mi¹¹θaːŋ²⁴ lɯm⁵³ku²⁴.

　　你 　不 高 　像 　我

　　（你没有我高。）

例① A 句是由lɯm⁵³构成的简单差比句，对其进行否定是在lɯm⁵³前加否定词mi¹¹，如例①B 句。例②～⑥中的 A 句都是由lɯm⁵³构成的复杂差比句。对复杂差比句进行否定有两种否定方式：一种是在比词前加否定词mi¹¹，如例②～⑥中的 B 句都是在比词lɯm⁵³前加否定词mi¹¹；另一种是在表示比较点的形容词或动词前加否定词mi¹¹，如例④C 句是在表示比较点的形容词kan⁵³前加mi¹¹，例⑤C 句是在表示比较点的动词tɕai¹¹前加mi¹¹，例⑥C 句是在表示比较点的形容词θaːŋ²⁴前加mi¹¹。

3. 对由比词pi⁵³构成的差比句的否定

否定由比词pi⁵³构成的差比句时，可以在pi⁵³前加否定词mi¹¹，也可用mi¹¹li³¹或mi¹¹teŋ²⁴来否定。例如：

① A：ku²⁴ pi⁵³ muŋ¹¹ tsha³³.

      我   比   你   差

      （我比你差。）

   B：ku²⁴ mi¹¹ pi⁵³ muŋ¹¹ tsha³³.

      我   不   比   你   差

      （我不比你差。）

② A：puəŋ¹¹ni³¹pi⁵³puaŋ¹¹ðau¹¹ fa³¹ta³¹.

      地区 这个 比 家乡 我们 发 达

      （这个地区比我们家乡发达。）

   B：puəŋ¹¹ni³¹mi¹¹pi⁵³puaŋ¹¹ðau¹¹ fa³¹ta³¹.

      地区 这个 不 比 家乡 我们 发 达

      （这个地区不比我们家乡发达。）

   C：puəŋ¹¹ni³¹ mi¹¹li³¹ puaŋ¹¹ ðau¹¹ fa³¹ta³¹.

      地区 这个 没有 家乡 我们 发 达

      （这个地区没有我们家乡发达。）

③ A：fai³¹xun²⁴ ma⁵³ŋa:i³³pi⁵³fai³¹jiaŋ³³ʔuɯn³⁵.

      椿树   长 快 比 树 别的

      （椿树比别的树长得快。）

   B：fai³¹ɕun²⁴ mi¹¹li³¹ fai³¹ jiaŋ³³ʔuɯn³⁵ ma⁵³ ŋai³³.

      椿树   没有 树 别 的 长 快

      （椿树没有别的树长得快。）

④ A：ho³⁵te²⁴ pi⁵³ ku²⁴ lau³¹to²⁴ɕip³³ pi²⁴．

      他 们 比 我 大 多 十 年

      （他们比我大十多岁。）

   B：ho³⁵te²⁴ mi¹¹teŋ²⁴ lau³¹to²⁴ ku²⁴ ɕip³³ lai²⁴pi²⁴.

      他 们 不是大 过 我 十 多 岁

（他们不比我们大十多岁。）

否定由pi^{53}构成的差比句有三种方式：第一种是在比词pi^{53}前直接加否定副词mi^{11}，这种否定差比句的位序与肯定式一样。例如，例①B 句和例②B 句都是在pi^{53}前直接加mi^{11}，且例①B 句和例②B 句的语序与例①A 句和例②A 句的语序一样。第二种否定方式是用mi^{11}li^{31}进行否定，否定后结构由肯定式"比较对象+比较点+ pi^{53}（比词）+参照对象"变成了"比较对象+mi^{11}li^{31}（比词）+参照对象+比较点"，如例②C 句和例③B 句。第三种是用mi^{11}teŋ^{24}进行否定，否定后结构由肯定式"比较对象+pi^{53}（比词）+比较基准+比较点+比较结果"变成了"比较对象+ mi^{11} teŋ^{24}+比较点+参照对象+比较结果"，如例④B 句。

4. 对由pe^{33}构成的差比句的否定

由pe^{33}构成的差比句多用于贞丰一带。对于由pe^{33}构成的差比句的否定，是在比较结果前加否定副词mi^{11}。例如：

① A：ʔdan^{24}soŋ^{11}ni^{31}laːu^{31}pe^{33}ʔdan^{24}te^{24}.

　　量词 桌子 这　大　齐　量词 那

　　（这桌子和那桌子一样的。）

　 B：ʔdan^{24}soŋ^{11}ni^{31}mi^{11}laːu^{31} pe^{33}ʔdan^{24}te^{24}.

　　量词 桌子 这 不 大　齐 量词 那

　　（这桌子没有那桌子大。）

② A：ku^{35}la：u^{31}pe^{33}mɯŋ^{11}，ku^{24}ɕi^{33}son^{24}sɯ^{24}pai^{24}o.

　　我 大　齐 你　 我 就 教书 了

　　（我像你一样大的时候，我就教书了。）

　 B：ku^{35}mi^{11}la：u^{31}pe^{33}mɯŋ^{11}，ku^{24}ɕi^{33}son^{24}sɯ^{24}pai^{24}o.

　　我 不 大 齐 你　 我 就 教 书 了

　　（我没有你这么大的时候，我就教书了。）

例①和例②的 A 句都是由pe^{33}构成的差比句，对pe^{33}字句进行否定是在比较结果前加否定副词mi^{11}，该类否定句的语序与肯定式一样，如例①和例②的 B 句都是在pe^{33}前加否定词mi^{11}，且否定式 B 句的语序与肯定式 A 句的语序一样。

通过上文的分析可知，对布依语差比句的否定只能用否定词 mi^{11}，不能用否定词 fi^{33}。比词不同的差比句，其否定方式也不同。详情如下：

（1）对于由比词 to^{24} 构成的差比句，否定时只能用 $mi^{11}li^{31}$ 或 $mi^{11} lau^{35}$。$mi^{11}li^{31}$ 表示"不及"，$mi^{11} lau^{35}$ 表示"不如"。由 $mi^{11}li^{31}$ 否定 to^{24} 字句时，语序由肯定式"比较对象+比较点+比词 to^{24}+参照对象"变成了"比较对象+ $mi^{11}li^{31}$（比词）+参照对象+比较点"，由 $mi^{11} lau^{35}$ 否定 to^{24} 字句时语序变为"比较对象+比较点+ $mi^{11} lau^{35}$（比词）+参照对象"。

（2）由比词 $lɯm^{53}$ 构成的差比句分为简单形式和复杂形式两种，其否定形式也分为两种：第一种是对简单差比句"比较对象+比词 $lɯm^{53}$+参照对象"的否定，是直接在比词前面加否定词 mi^{11}。第二种是对复杂差比句"比较对象+比较点+比词 $lɯm^{53}$+参照对象"的否定，是在表示比较点的形容词或动词前加否定词 mi^{11}，也可直接在比词前加否定词 mi^{11}。这两种否定形式，简单结构的使用频率更高。

（3）对由比较词 pi^{53} 构成的差比句的否定，可在 pi^{53} 前加否定词 mi^{11}，也可用 $mi^{11}li^{31}$ 或 $mi^{11}teŋ^{24}$ 来否定。用 $mi^{11}li^{31}$ 或 $mi^{11}teŋ^{24}$ 否定 pi^{53} 字句时语序与肯定式不一样：用 $mi^{11}li^{31}$ 否定 pi^{53} 字句时，结构由肯定式"比较对象+比较点+比词 pi^{53}+参照对象"变成了"比较对象+比词 $mi^{11}li^{31}$+参照对象+比较点"。由 $mi^{11} teŋ^{24}$ 否定 pi^{53} 字句时，结构由肯定式"比较对象+比词 pi^{53}+比较基准+比较点+比较结果"变成了"比较对象+比词 $mi^{11} teŋ^{24}$+比较点+参照对象+比较结果"。

（4）由 pe^{33} 构成的差比句多用于贞丰一带。对这种差比句的否定是在表示比较点的形容词前加否定词 mi^{11}。

（5）对 kwa^{35} 字差比句的否定是在 kwa^{35} 的前面直接加 mi^{11}，比如：

ta:u²⁴ ka:t³⁵ mi³³ kwa³⁵ tɕeu¹¹，leu¹¹ tɕai¹¹ mi¹¹ kwa³⁵ me³³.

刀　快　不　过　剪刀　婶　爱　不　过　娘

（刀不如剪刀快，婶不如娘爱。）

布依语差比句句型比较多，概括地说，把肯定差比句变成否定差比句有两种方式：第一种是在比较标记前面加否定词 mi^{11}，肯定句就变成了否定句。这类包括由比较标记 lum^{53}、pi^{53}、kwa^{35} 构成的句式。第二种是用合成词 $mi^{11} lau^{35}$、$mi^{11}li^{31}$ 或 $mi^{11}teŋ^{24}$ 否定。这类否定式差比句的语序与肯定式通常不一样。因此还要注意变换语序。$mi^{11}li^{31}$ 否定句是借自汉语的"没有"结构，布依语差比句都可用 $mi^{11}li^{31}$

"没有"来否定。对 to^{24} 字句进行否定时，不能直接在肯定句中加否定词，而需要先将其转换成对应的其他比较标记句后方可进行否定。从使用频率来看，第一种否定差比句在普通百姓中使用得广泛一些，第二种否定差比句在知识分子当中用得广泛一些。

（四）mi^{11}+名词

布依语中"mi^{11}+名词"不太常见，在所调查的语料中只发现以下例句：

① mjaɯ^{53} ma^{24} pɯə^{11}pa^{31} ku^{24}，ku^{24} mi^{11} wa:ŋ^{35}.
　别　　来　　缠　　　我　我　不　空
（不要来缠我，我没空。）

② te^{24} kuə^{33} ka:i^{35}te^{24} mi^{11} wa:ŋ^{35} pai^{24} le^{0}.
　他　做　　那个　　不　空闲　去　了
（他做那个没有空去了。）

③ te^{24} mi^{11} kə^{35}ma^{11} loŋ^{24}，xaɯ^{53} te^{24} tan^{53}pe^{31} tsuŋ^{31}kuan^{33}.
　她　不　什么　错　　　给　她　坦白　　从宽
（她没什么错，　要她坦白从宽。）

④ lɯk^{33} ɣə^{24}，ne^{11}，lɯk^{33} je^{31} luŋ^{11} mi^{11} na^{31}，ku^{35}ma^{11}.
　儿　　MP　MP　儿　也　大舅　没　小舅　什么
（孩子啊，没有大舅小舅。）

⑤ mi^{11} pu^{31} ʔda^{35} lɯk^{33} ʔdi^{24}，mi^{11} laɯ^{11} ti^{11} lɯk^{33} kan^{31}.
　没　人　骂　孩子　好　　没　谁　打　孩子　勤
（乖孩子无人骂，勤的孩子无人打。）

例①和例②中的 mi^{11}wa:ŋ^{35}是指"没有空闲"，mi^{11}是对存在的否定；例③中的 mi^{11}loŋ^{24}表示"没有错"，是对领有的否定；例④中的luŋ^{11}mi^{11} na^{31}是指"没有舅爷舅舅"，表示对领有的否定；例⑤中的 mi^{11}pu^{31}是指"没有人"，表示对存在的否定。

通过上文分析可知，布依语"mi^{11}+名词"中的 mi^{11}都是对存在或领有的否定，表示"没有"之义，作动词。"mi^{11}+名词"中的名词，既可以是抽象名词，如 wa: ŋ^{35}

"空闲"、loŋ²⁴ "错",也可以是具体名词,如luŋ¹¹ "大舅"、na³¹ "小舅"、pu³¹ "人"。调查中只发现 mi¹¹否定名词,未发现fi³³否定名词的现象。

　　语法化的一个重要特性是单向性,即由实词向虚词演变而不是由虚词向实词演变。就如刘丹青(2001:72)提出来的"语法化在单向的道路上是永不休止的。一个实词一旦开始语法化,那么它就踏上了语义虚化、句法泛化、语用淡化、语音弱化的不归路,由不足语法化(保留部分实义的半虚化)、到充分语法化,到过度语法化,直到表义功能趋向于零、句法功能似有似无、语音形式走向消失"。"mi¹¹+动词/形容词"中的 mi¹¹作否定副词,"mi¹¹+名词"中的 mi¹¹作否定动词,因此,mi¹¹兼有动词和副词的属性,由此可知,布依语的 mi¹¹处于不充分语法化阶段。布依语的fi³³只能作否定副词,处于充分语法化阶段。

四、mi¹¹和fi³³的相同点和不同点

　　mi¹¹或fi³³能与不同性质的词语搭配,其搭配详情见表3-1。表3-1 中的"+"表示mi¹¹或fi³³普遍具有该项功能,"−"表示mi¹¹或fi³³具有部分该项功能,空格表示mi¹¹或fi³³没有此项功能。

表3-1　能和mi¹¹或fi³³搭配的词类或结构

词类	动词									形容词	名词
	经历体	能愿动词	心里动词	判断动词	存在动词 li³¹、ʔju³⁵	差比句	动补结构	正反问句	单独回答		
mi¹¹		+	+	+	+	+	+	+	+	+	−
fi³³	+						−	−	+	−	

　　从表3-1 可以看出mi¹¹和fi³³的相同之处有:都能否定动词或形容词,作状语。不同之处有以下三点:

　　第一,mi¹¹和fi³³与动词的组合情况不同。①除经历体外,mi¹¹能与各种动词结构组合。fi³³除了能自由地与经历体组合外,与其他的动词结构要么不能组合,要么很受限制。因此,fi³³的运用不如mi¹¹自由。②mi¹¹既用于主观否定,也可用于客观否定。用于主观否定时相当于汉语的"不",用于客观否定时相当于汉语的"没",如mi¹¹li³¹ "不有";fi³³只用于客观否定,相当于汉语的"未"或"没"。③mi¹¹可用于一般否定,也可用于已然否定。用于一般否定时相当于汉语的"不",用于已然否定时相当于汉语的"没"。fi³³只用于已然否定,相当于汉语的"未"或"没"。

第二，与形容词组合否定的内容不一样。mi^{11}对形容词的否定，否定的是形容词的量，形容词本义还在，相当于汉语的"不"；fi^{33}对形容词的否定，否定形容词的本义，相当于汉语的"未"或"没"。

第三，与名词的组合情况不一样。布依语否定名词时只用mi^{11}。名词前的mi^{11}是个否定动词，相当于汉语的"没有"。由此可见，布依语的mi^{11}有时相当于汉语的"不"，有时相当于语汉语的"没有"或"有"。fi^{33}不能否定名词。"luŋ^{11} mi^{11} na^{31}"结构中mi^{11}既起到连接两个名词的作用，又起到对两个名词进行否定的作用。

五、贵阳地区常用的否定副词ka^{53}、jau^{53}、mi^{11}辨析

贵阳地区的布依族通常使用否定副词ka^{53}、ja^{53}、mi^{11}。这三个否定副词的区别主要有以下两点：

（1）位置。mi^{11}只能置于所否定的中心词之前，如mi^{11} pai^{35}。ka^{53}既可置于所修饰的中心词之前，也可置于所修饰的中心词之后，如ka^{53}pai^{35}、pai^{35}ka^{53}都可以。ja^{53}只能置于所修饰的中心词之后，如 pai^{35}ja^{53}。

（2）语义。mi^{11}表示一般否定，相当于汉语的"不"。ka^{53}根据其位置的不同，语义也不同。置于中心词之前时表示询问语气，如ka^{53}pai^{35}表示"去不"；置于中心词之后表示否定，如 pai^{35}ka^{53}表示"不去"，是直接否定，否定语气比较重；ja^{53}的否定语气比较委婉，例如：

A：ka^{53}kɯn^{35} xau^{31}?

　　不　吃　饭

　（吃饭不？）

B₁：kɯn^{35} xau^{31} ka^{53}.

　　吃　　饭　　不

　（不吃了。）

B₂：kɯn^{35} ja^{53}.

　　吃　　不

　（不吃了。）

ka^{53} kɯn^{35}xau^{31} "吃饭不"是个问句。其中的ka^{53}不表示否定，而表示选择问。当用 kɯn^{35} xau^{31} ka^{53}回答时，是直接的否定，否定语气比较重；当用 kɯn^{35}

ja⁵³回答时，是委婉的否定，等于说"吃过了，不用了"。

第三节　祈使否定副词mjaɯ⁵³

祈使句表达的是说话人要听话人不要实施某一动作行为的命令。mi¹¹ xaɯ⁵³是布依语常用的表示祈使否定的副词。mi¹¹ xaɯ⁵³是由表示一般否定的副词mi¹¹和动词xaɯ⁵³构成的。xaɯ⁵³是动词，有"给""允许""准许""让"等含义。由于mi¹¹和xaɯ⁵³经常连用表示祈使否定，久而久之发生了语音合流，变成了mjaɯ⁵³。

一、mi¹¹xaɯ⁵³的含义

（1）动词词组，表示"不给"之义，可带宾语。例如：

① mi¹¹ xaɯ⁵³ te²⁴ ðo³¹pan²?ju³⁵?

不　　给　他　会　怎样

（如果不给他会怎么样？）

② muɯŋ¹¹ mi¹¹ xaɯ⁵³ ku²⁴，ku²⁴ ?dai³¹ muɯŋ¹¹ ɕi³³ ?jə³⁵.

你　　不　给　我　我　得　你　就　罢

（你不给我，我得到你就可以了。）

（2）动词词组，表示"不允许、不准许"，可带宾语。例如：

① ta²⁴jau²⁴tɕin²⁴ ti³³ sŋ³¹xou²⁴，ɕi³³ nau¹¹nau¹¹ kuŋ³³se²⁴ nau¹¹ xaɯ⁵³ pu³¹

"大跃进"　的　时候　　MP　说　道　公社　　说　给

puɯən³¹，mi¹¹ xaɯ⁵³ nau¹¹ wuɯən²⁴na⁰!

大家　　不　允许　唱　　山歌

（"大跃进"的时候，公社对大家说，不允许唱山歌。）

② kue³¹tɕia³³ ðau¹¹ mi¹¹ xaɯ⁵³ pu³¹laɯ¹¹ ma²⁴ tɕhin³³fan²⁴.

国家　　我们 不 允许　他人　来　侵犯

（我们国家不许他人来侵犯。）

（3）动词词组，表示"不让"之义。例如：

① ðau¹¹ mi¹¹ xaɯ⁵³ te²⁴ pai²⁴, te²⁴ ka³³ kuə³³ðak³⁵ pai²⁴.
　我们　不让　他　去，　他　自己　偷偷　　去
（我们不让他去，他自己偷偷去。）

② te²⁴ ʔdiə³¹ ɕen¹¹ la:u³¹li³³ mi¹¹xaɯ⁵³ fɯə³¹ ðo³¹.
　他　藏　钱　私房　　不让　　别人　知道
（他藏私房钱，不让别人知道。）

③ po¹¹te²⁴ mi¹¹xaɯ⁵³ pu³¹ɕa:m²⁴ xau³¹ xau⁵³ ʔba:n³¹.
　他们　　不让　人　讨　饭　进　村
（他们不许叫花子进村。）

④ mi¹¹ li³¹ tɕiau²⁴ŋan²⁴ ɕi³³ mi¹¹ xaɯ⁵³ pai²⁴ saŋ²⁴kho²⁴.
　没有　　教案　　　就　不让　　去　上课。
（没有教案就不准去上课。）

（4）动词词组，表示"别让"之义。例如：

① mjaɯ⁵³ tuə¹¹θip³⁵ pa:n³³ ma²⁴ kɯn¹¹ ʔda:ŋ²⁴ mɯŋ¹¹.
　别让　　蜈蚣　　爬　来　上　身　你
（别让蜈蚣爬到你身上。）

② mjaɯ⁵³ tuə¹¹ɕiə¹¹ tau⁵³ ʔe³¹ ɕo³⁵ tɕa:ŋ²⁴ðon²⁴.
　别让　　牛　拉　屎　在　半　路
（别让牛在路上拉屎。）

③ ka¹¹ʔdiən²⁴ nau¹¹, mjaɯ⁵³ fɯə³¹ ðo³¹ȵiə²⁴.
　悄　悄　说　别让　别人　听　见
（悄悄说，别让别人听见。）

④ mjaɯ⁵³ tuə¹¹ɕiə¹¹ pai²⁴ kɯn²⁴ ȵut³³ fai³¹.
　别让　　牛　去　吃　树芽
（别让牛去吃树芽。）

⑤ tɕa¹¹man³³ nai³³, m jaɯ⁵³ tuə¹¹ te²⁴ pa:n³¹.
　压　稳　一点，　别让　量词他　挣扎
（压稳一点，别让他挣扎。）

（5）副词，表示"别"的意思。例如：

① kuə³³ vɯɯn¹¹ mjaɯ⁵³ tou³¹kan⁴² la:i²⁴ðau³³.

　做　人　别　　不通情理　太

（做人不要太不给情面。）

② po¹¹ðau¹¹ mjaɯ⁵³ sa:ŋ³⁵ ta:ŋ³³ te²⁴.

　我们　别　上　当　他

（我们别上他的当。）

二、布依语mjaɯ⁵³字句分析

布依语mjaɯ⁵³字句是由"主语+mjaɯ⁵³+述语"构成的，mjaɯ⁵³是否定词，该结构表示的语义是说话人不要听话人实施某个行为。

① tɕa¹¹man³³nai³³, mjaɯ⁵³ tuə¹¹te²⁴ pa:n³¹.

　压　稳　一点，别让　量词 他　挣扎

（压稳一点，别让他挣扎。）

② mɯŋ¹¹mjaɯ⁵³ʔa:m²⁴ nau¹¹.

　你　别　猜　说

（你不要凭空瞎说。）

③ po¹¹ðau¹¹ mjaɯ⁵³ sa:ŋ³⁵ ta:ŋ³³ te²⁴.

　我们　别　上　当　他

（我们别上他的当。）

④ po¹¹ðau¹¹ mjaɯ⁵³ lum¹¹ te²⁴ tɯk³³ vɯɯn¹¹ zɿ³¹pɯn⁵³.

　我们　别　忘　他　是　人　日本

（我们别忘了他是日本人。）

⑤ kuə³³ vɯɯn¹¹ mjaɯ⁵³ pa³¹tau²⁴.

　做　人　别　霸道

（做人不要霸道。）

⑥ mɯŋ¹¹mjaɯ⁵³to³³ɕin³³.

　你们　别　多　心

（你们别多心。）

以上mjaɯ⁵³字句的主语分别为：例①和例⑤的主语没明说，但从句中语义可推知是听话人，是第二人称。例②和例⑥的主语是muɯŋ[11] "你"、muɯŋ[11] "你们"，也是第二人称。例③和例④主语都是第一人称复数。由此可知mjaɯ[53]字句的主语一般是第二人称或者第一人称。由于mjaɯ[53]字句多用于对话中，对话语体及已知的听话者作主语使得主语通常被省略。

例①～⑥各句的述语分别是：例①和例④的述语是主谓短语，例②的述语是动词，例③的述语是动宾短语，例⑤的述语是形容词，例⑥的述语是名词。由此可知，mjaɯ[53]否定的述语可以是动词、形容词、主谓短语或名词。

"mjaɯ[53]+述语" 中的 "述语" 可以是动词短语、形容词短语，下面分别对mjaɯ[53]字句进行讨论。

（一）"mjaɯ[53]+VP" 结构分析

1. "mjaɯ[53]+VP" 中的 V 的义素分析

通过考察布依语mjaɯ[53]字句发现，同时具有[+人][+可控][-褒义]三个义素的动词才能进入mjaɯ[53]字句。例如：

① mjaɯ[53] po[35]ma:u[24].

　别　　吹　牛

（别吹牛。）

② te[24] ʔju[35] ta[42]tsɯn[33], mjaɯ[53] poi[33] te[24].

他　在　打　针，不要　碰　他

（他在打针，别碰他。）

③ tɕiə[11]te[24] pe[31], mjaɯ[53] naŋ[33] tɕiə[11]te[24].

那儿　脏，别　坐　那儿

（那儿脏，别坐在那儿。）

④ mjaɯ[53] ka[24] san[35]pai[0].

　别　发　抖　了

（别发抖了。）

⑤ *mjaɯ[53] tau[53]tɕai[35]!

　别　下　蛋

（别下蛋！）

⑥ *mjaɯ⁵³ ɕoŋ³⁵ tɕuŋ³³.

　别　姓　龚

（别姓龚。）

⑦ *mjaɯ⁵³ θam²⁴tɕai¹¹pɯən¹¹kau³⁵.

　别　热　爱　家乡

（别热爱家乡。）

例①～④都是合格的mjaɯ⁵³字句。这些句子的 V 都有[+人][+可控][-褒义]三个义素。对于非自主但可控的动词，必须是一个短语或在动词后面带上动态助词pai⁰或leu²⁴后才能进入mjaɯ⁵³字结构。例如，例④中的ka²⁴ san³⁵ "发抖"是非自主但可控的动词，带上动态助词pai⁰就能进入mjaɯ⁵³结构。

例⑤～⑦都是不合格的mjaɯ⁵³字句。通过义素分析可知，例⑤的 V 不具备[+人][+可控]这两个义素，例⑥的 V 不具备[+可控]义素，例⑦的 V 不具备[-褒义]义素。也就是说，例⑤～⑦的 V 都不同时具备[+人][+可控][-褒义]这三个义素。由此推断，同时具有[+人][+可控][-褒义]这三个义素的动词才能进入布依语mjaɯ⁵³字句。

为什么只有具有[+人][+可控][-褒义]这三个义素的 V 才能进入mjaɯ⁵³ 字句呢？第一，[+人]义素。"mjaɯ⁵³+VP"结构表达的是说话人要听话人不要实施某一动作行为的命令，因此，说话者发出的这个命令应该是听话者可以"实施"的。mjaɯ⁵³字句的这一语义特点要求被否定的"动作"是与人有关系的，因此，V 必须具有[+人]的义素。例如，例①～④的谓语动词po³⁵ ma:u²⁴ "吹牛"、poi³³ "碰"、naŋ³³ "坐"、ka²⁴ san³⁵ "发抖"都具有[+人]义素，例⑤的听话对象是非人类，不具有[+人] 义素，因此不能用于mjaɯ⁵³字句。第二，[+可控] 义素。mjaɯ⁵³字句所表达的是说话人要求听话人不发出某个动作行为或提醒听话人避免某种通常在无意中发出的动作、行为，因此，只有具有[+可控]义素的动词才能满足这种语义要求，例如，例①～④的谓语动词都具有[+可控]的义素，例⑥的谓语动词虽然有[+人]的义素，但"姓"不具有[+可控]的义素，因此不能用于mjaɯ⁵³字句。第三，[-褒义]义素。我们与人交流时，语用方面的要求是遵循"合作原则"①和"礼貌原则"

---

① Grice，H. P. *Logic and Conversation*，Cambridge：Cambridge University Press，1975. "合作原则"的内容包括：质的准则（Quality Maxim）指所说的话要真实；量的准则（Quantity Maxim）指所说的话要满足当前交际所需要的信息量，但不多余；关联准则（Relevant Maxim）指所说的话要与当前正在进行的谈话有关；方式准则（Manner Maxim）指说话清楚明了而又简洁、有条理。

（politnessprinciple）[①]。这两个交际原则使得发话者一般不会要求听话者去实施对听话者不利的行为。例如，例①~④的谓语动词都有[−褒义]义素，实施这些非褒义的动作行为倾向于产生不利后果，因此发话者要听话者不要实施这些不好的动作或行为，因此例①~④是合格的mjaɯ53字句。例⑦中的动词是褒义动词，发话者要求听话者不去实施正确的动作行为违背了交际的"合作原则"和"礼貌原则"。因此，例⑦一般情况下不成立（特殊情况未列入本书的考察范围）。

由此可知，可控动词才能进入布依语"mjaɯ53+VP"结构。这一结论与邵敬敏（2004：20）提出的单独受汉语"别"否定的是可控动词，而不能是非可控动词的观点一致。

2. "mjaɯ53+VP" 结构的语义

"mjaɯ53+VP"可表达三种语义：一种表示禁止，一种表示劝阻，另一种表示祈求。例如：

① mjaɯ53 ʔju35 tɕiə11ni31 pjɔm53 fai31.
　　别　　在　这里　　砍　树
（禁止在此伐木。）

② tɕiə11ni31 mjaɯ53 pi35 na:i11.
　　这里　　不让　吐　痰
（此地禁止吐痰。）

③ mjaɯ53 tɯk33teu35.
　　别　摔　倒
（别摔倒了。）

④ mɯŋ11mjaɯ53to33ɕin33.
　　你们　别　多　心
（你别多心。）

⑤ tɕau11/ɕa:m24 mjaɯ53 xa:i31pai.
　　求　请　　　别　打　了

[①] Leech，G. *Principles of Pragmatics*. London：Langman Group Ltd，1983. 礼貌原则包括得体原则、慷慨原则、赞誉原则、谦逊原则、一致原则、同情原则。

(求/请别打了。)

⑥ ça:m²⁴mjaɯ⁵³ ðak³³ðai³³ pai⁰.

　　请　　别　　吵嚷　　了

(请别吵了。)

例①～②中的mjaɯ⁵³字句表示禁止,例③～④中的mjaɯ⁵³字句表示提醒或劝阻,例⑤～⑥中的mjaɯ⁵³字句表示请求或祈求。表示请求或祈求的一般需要在mjaɯ⁵³前面加上ça:m²⁴ "请、求" 或 tçau²⁴ "求"。这三种祈使否定句的语气不一样。(1) 表示禁止的否定语气最强,有绝对不容许对方做某事的意味,一般用于上对下、强对弱。(2) 在表示提醒或劝阻的否定语气中,说话者对对方只是一种提醒或劝阻,对方可能听也可能不听。(3) 否定语气最弱的是表示请求或祈求的祈使句,说话者对对方没有什么控制力,大多是下求上、弱求强。表示请求语气的几乎不含祈使语气,而是一种请求的语气。mjaɯ⁵³字句表示禁止还是劝阻需要根据具体的语境而定。

3. "mjaɯ⁵³+ VP ++pai⁰" 结构分析

"mjaɯ⁵³+ VP +pai⁰" 结构可表达两种含义:一层含义指说话人要求听话人停止其正在进行的动作,另一层含义是听话人心理准备做某事,说话人提醒听话人别去做某事。例如:

① mjaɯ⁵³ tɯk³⁵ pai⁰, pɯn⁵³çen¹¹ to⁵³ mi¹¹li³¹ pai⁰.

　　别　　赌　　了　　本钱　　都　　没有　　了

(本钱都没有了,不要赌了。)

② tçau¹¹te²⁴mjaɯ⁵³ xa:i³¹pai⁰.

　　求　他　别　打　　了

(求他不要打了。)

③ mɯŋ¹¹ mjaɯ⁵³ sua⁵³ pa⁴²çi²⁴ pai⁰.

　　你　　别　　耍　把戏　了

(你别耍把戏了。)

④ mjaɯ⁵³　kuə³³na:n¹¹ te²⁴ pai⁰.

　　别　　　为难　　他　了

（别为难他了。）

⑤ çuk^{ʔ}di^{24}，mjaɯ^{53} tuə^{11} te^{24} pi^{35} pai^{0}.
 　捆　 好　　别　　　让他　挣脱　了
（把它捆好，别让它挣脱了。）

例①～⑤各句句末的pai^{0}表示变化或新情况的出现。"mjaɯ^{53}+VP +pai^{0}"结构的第一层含义为：说话者的心理预设是听话人正在做某事，说话人要求听话人停止其正在进行的动作。例如，例①可理解为听话人正在赌钱，发话人看到本钱没了就说"本钱都没有了，不要赌了"，发话人希望听话人停止进行的赌博行为。"mjaɯ^{53}+ VP +pai^{0}"结构的另一层含义是：听话人心理准备做某事，说话人提醒听话人别去做某事。例如，例①可理解为听话人想去赌钱但还没去，说话人说"本钱没了，别赌了"，以此提醒听话人。其他各个例句都可有类似的两种理解，具体的语境会使其语义确定。

4. "mjaɯ^{53}+kuə^{33}+VP" 结构

布依语祈使句除了常用的"mjaɯ^{53}+ VP"结构外，还有"mjaɯ^{53}+kuə^{33}+ VP"结构。例如：

① mjaɯ^{53} kuə^{33} san^{53}fai^{31} to^{31}teŋ^{24} lɯk^{33}lai^{53} mɯŋ^{11}.
　 别　　使　 棍子　 捅着　　　眼珠　 你
（不要让棍子捅着你的眼睛。）

② mjaɯ^{53} kuə^{33} lin^{24} ðam^{31} te^{24} xɯ^{35}.
　 别　　使　槽子　水　那　干涸
（别让水槽干涸。）

例①和例②中的祈使句除了使用祈使标记mjaɯ^{53}外，还用了表示使动的kuə^{33} "使（做）"。"mjaɯ^{53} kuə^{33}"后的名词既是kuə^{33} "使（做）"的宾语，又是后面谓语动词的施事或与事。"mjaɯ^{53}+kuə^{33}+VP"结构的使用频率不如"mjaɯ^{53}+VP"高。

（二）mjaɯ^{53}+Adj

布依语"mjaɯ^{53}+Adj"结构表达的是说话者不希望某件事情发生的主观意愿，

因此，祈使句中的形容词必须具有[+述人] [+可控] [-褒义]这三个义素。例如：

① kuə³³ vɯn¹¹ mjaɯ⁵³ pa³¹tau²⁴.

做　人　别　霸道

（做人不要霸道。）

② mɯŋ¹¹ na:i³³ na:i³³ pja:i⁵³, mjaɯ⁵³ xuaŋ³³.

你　慢　慢　走　别　慌

（你慢慢走，别慌。）

③ mɯŋ¹¹ mjaɯ⁵³ khuaŋ³¹waŋ²⁴.

你　别　狂　妄

（你别狂妄。）

④ mɯŋ¹¹ mjaɯ⁵³ ta²⁴θa:ŋ²⁴.

你　别　眼　高

（你别骄傲。）

⑤* mɯŋ¹¹ mjaɯ⁵³ʔdam³¹ðik³³.

你　别　安　静

（你别安静。）

⑥* mɯŋ¹¹mjaɯ⁵³men⁵³.

你　别　美丽

（你别美丽。）

⑦* mɯŋ¹¹ mjaɯ⁵³ɕi³³ɕin³³.

你　别　虚　心

（你别虚心。）

例①～④是正确的mjaɯ⁵³字句。各句的mjaɯ⁵³否定的是其后的形容词 pa³¹tau³¹ "霸道"、xuaŋ³³ "慌"、khuaŋ³¹waŋ²⁴ "狂妄"、ta²⁴θa:ŋ²⁴ "骄傲"。例⑤～⑦都是病句。进一步考察例①～④和例⑤～⑥中的形容词发现，例①～④中的形容词具有[+述人] [+可控] [-褒义]三个义素，例⑤～⑦中的形容词不具有这三个义素。由此可知，能进入 "mjaɯ⁵³+Adj" 结构的形容词必须具有[+述人] [+可控] [-褒义]三个义素。"mjaɯ⁵³+Adj" 结构中的mjaɯ⁵³否定的是其后的形容词，表示提醒或劝阻听话者不要显示出某种状态或属性，表达了说话者的一种主观意愿。

有[+述人][+可控][+褒义]三个义素的形容词必须在其后加上la:i²⁴方可被mjaɯ⁵³否定。例如：

⑧ mjaɯ⁵³ ŋam¹¹ la:i²⁴.

　　别　　节约　太

　　（别太节约。）

⑨ mjaɯ⁵³ lam³θam²⁴ la:i²⁴.

　　别　　认真　　　太

　　（别太认真。）

⑩ mjaɯ⁵³ ta²⁴faŋ³³ la:i²⁴.

　　别　　大方　　太

　　（别太大方。）

例⑧～⑩都是"mjaɯ⁵³+Adj+la:i²⁴"结构，la:i²⁴表示程度过头，令人感到不如意，褒义形容词加上la:i²⁴就有了贬义色彩。这种结构中的mjaɯ⁵³否定的是整个"Adj+la:i²⁴"。"Adj+la:i²⁴"中的la:i²⁴修饰前面的 Adj，语义指向 Adj。

除了褒义形容词可以进入"mjaɯ⁵³+Adj+la:i²⁴"结构外，贬义形容词也可进入"mjaɯ⁵³+Adj +la:i²⁴"结构。例如：

⑪ ðiən¹¹ pu³¹tɕe³⁵ ka:ŋ⁵³xa:u³⁵ mjaɯ⁵³ pa³⁵θɔm²⁴ la:i²⁴.

　　跟　　老人　　讲话　　别　　嘴尖　太

　　（跟老人讲话不要太过尖刻。）

⑫ mɯŋ¹¹ mjaɯ⁵³ xun³¹ la:i²⁴，ɕa⁵³ po³³ mɯŋ¹¹ ma²⁴ sou³³sɿ³¹ mɯŋ¹¹.

　　你　　别　　浑　太　　等　父亲　你　　来　收拾　你

　　（你别太浑，等你爸来收拾你。）

⑬ mjaɯ⁵³ tɕiau³³ŋau²⁴，mi¹¹ɕi³³ tshɯn³¹tɕi³¹ xa¹¹ ðoŋ¹¹ɕak³⁵.

　　别　　骄傲　　　不然　成绩　　　要　下降

　　（别骄傲，否则成绩要下降。）

⑭ mɯŋ¹¹ mjaɯ⁵³ ŋau²⁴ la:i²⁴.

　　你　　别　　傲　太

　　（你别太傲。）

从例⑪～⑭可知，贬义形容词加上la:i^{24}后消极的程度更深，因此，贬义形容词进入"mjaɯ^{53}+Adj+la:i^{24}"结构后否定的色彩也更强烈。从语义指向来看，"mjaɯ^{53}+Adj +la:i^{24}"结构中的mjaɯ^{53}否定的是整个的"Adj +la:i^{24}"。

"mjaɯ^{53}+Adj"结构还可以加上表程度的la:i^{24}ðau^{33}"这么、那么"来表示程度过头。例如：

⑮ muŋ^{11} mjaɯ^{53} tɕie^{31}jo^{31} la:i^{24} ðau^{33}.

　　你　　别　　节约　　太　　些

　　（你别那么节约。）

⑯ tɕa^{53} mjaɯ^{53} ʔdam^{24} ʔben^{24} la:i^{24} ðau^{33}.

　　秧苗　别　　栽　　稀疏　太　些

　　（秧苗不要栽得太稀。）

la:i^{24}ðau^{33}"这么、那么"的作用跟la:i^{24}相同，都是使积极意义的形容词变成消极意义的形容词，或者让贬义形容词的消极意义更强烈。"mjaɯ^{53}+Adj +la:i^{24}ðau^{33}"结构中的mjaɯ^{53}否定的是整个的"Adj +la:i^{24}ðau^{33}"结构。

袁毓林（1993：120-122）[1]认为能进入汉语"别+Adj[2]"的形容词仅限于具有[+自主][+贬义/褒义]语义特征的形容词，邵敬敏（2004：22）认为能进入汉语"别"字句的形容词有[+人类][+可控]的语义特征。本书考察了布依语"别+Adj"结构后发现，能进入该结构的形容词具有[+述人][+可控][-褒义]的语义特征。

第四节　布依语xaɯ^{53}的语法化及否定副词mjaɯ^{53}的来源

布依语表示祈使否定的副词mjaɯ^{53}是由mi^{11}和xaɯ^{53}组成的。其中，mi^{11}是副词，表示一般否定；xaɯ^{53}兼做动词和介词。mi^{33}和xaɯ^{53}经常一起使用，久而久之语音上出现了合流变成了mjaɯ^{53}，词性也由动词短语变成了副词成否定副词mjaɯ^{53}，除了mi^{11}和xaɯ^{53}语音上能够合流之外，还跟xaɯ^{53}语义的语法化有密切联系。为了了解mi^{11}xaɯ^{53}是如何发展成为否定副词mjaɯ^{53}的，需要先对xaɯ^{53}

---

[1] 袁毓林. 现代汉语祈使句研究. 北京：北京大学出版社，1993：120-122. [+自主]表示自主形容词，自主形容词指某种人自身能够控制的性状。[+贬义/褒义]表示一般情况下是贬义的形容词，偶尔表现出褒义的性质。

[2] 本节出现的"Adj"表示形容词。

的语义特征与语法化进行探讨。

一、xaɯ⁵³的语法化

布依语的xaɯ⁵³兼有动词和介词的语法功能。动词xaɯ⁵³有"给予"和"致使"两个义项，介词xaɯ⁵³用来引进动作的对象、目标、受益者、受害者，即"被动"标记。下面，我们将考察这些义项之间的语义关联及语法化过程。

"'语法化'（grammaticalization）通常指语言中意义实在的词转化为无实在意义、表语法功能的成分这样一种过程或现象。"（周红，2009）。本书认为，语法化过程伴随着人类对世界的认识从一个认知域向另一个认知域、具体事物向抽象事物的转换，在具体的某一语言中经常表现为某个词由于语义的泛化、分化、融合而产生新的词类语法功能。本书将结合人类对xaɯ⁵³认知域的转换和认识视角的变化来分析xaɯ⁵³语法化。

（一）xaɯ⁵³ 在实词范围内的语法化

xaɯ⁵³作为实词有两个义项：一个是"给予"义，另一个是"致使"义。"给予"义是xaɯ⁵³的基本义项。致使义是由表物体位移的给予义发展而来的。下面，讨论xaɯ⁵³的这两个动词义项的演变过程。

1. 动词xaɯ⁵³表示给予义

xaɯ⁵³作动词，其义项之一是表示给予义，"给予"义即使物体位移，可运用于双宾句、连动句和连动兼语句三种句法结构中。

1）双宾语结构

xaɯ⁵³所运用的双宾语句的抽象结构为：Ⅰ NP₁+xaɯ⁵³₁ +NP₂+NP₃。

① muŋ¹¹ xaɯ⁵³ ku²⁴ θoŋ²⁴ nam⁵³ tɕim²⁴.

你　　给　　我　　两　　根　　针

（给我两根针。）

② ça⁵³ xo³⁵ ka:i²⁴ ʔo³⁵pai²⁴ ku²⁴ xaɯ⁵³ muŋ¹¹ thi³¹tshɯn³¹.

等　货　卖　出去　我　给　你　提成

（等货卖出去了我给你提成。）

③ ɕio³¹ɕiau²⁴ xaɯ⁵³ phai²⁴tɕhien⁴²tsɯn²⁴.

　　学校　　　给　　派遣　　　　证

（学校给派遣证。）

④ te²⁴ fi³³ ŋan²⁴ tɕhi³³ xaɯ⁵³ ɕen¹¹.

　　他　没　按　期　给　　钱

（他没有按期给钱。）

⑤ θiən³⁵ pa:n³⁵ ʔdi²⁴ leu⁰，te²⁴ fi³³ xaɯ⁵³ ma¹¹ ka³³ko³⁵.

　　事情　办　好　了，　他　没　给　什么　礼物

（事情办好了，他没给什么礼物。）

"NP₁+xaɯ⁵³₁+NP₁+NP₂"结构所表达的语义是"给予者给予某人某事物"或"使某事物位移到某人"。其中，xaɯ⁵³表示的是"使物体位移"，具有很强的"致移性""空间性"与"方向性"[1]。

"主语+xaɯ⁵³₁+NP₁+NP₂"中的xaɯ⁵³表示"给予"义，"给予"义使得xaɯ⁵³可带双宾语，因此，xaɯ⁵³是一个三价动词，它的支配成分分别是施事（给予动作的发出者）、与事（给予动作的位移对象，即NP₂）、受事（给予事物的接受者，即NP₁）。实际话语中的施事和受事一般是人，与事是具体的事物。例如，例①和例②中的施事分别为mɯŋ¹¹"你"、ku²⁴"我"，受事分别为ku²⁴"我"、mɯŋ¹¹"你"。与事即被给予之物分别为tɕim²⁴"针"和thi³¹tshɯn³¹"提成"（例③中的与事是"提成"，"提成"就是钱，也是具体的事物）。在实际的话语交际中如果受事在上下文语境已经提到或是不言而喻，这时句中可以只出现与事宾语而省略受事宾语。例如，例③～⑤中都只出现了与事宾语phai²⁴tɕhien⁴²tsɯn²⁴"派遣证"、ɕen¹¹"钱"、ka³³ko³⁵"礼物"，受事宾语都省略了。例③～⑤的抽象格式为"NP₁+xaɯ⁵³₁+NP₂"。在对语料的调查中发现Ⅰ结构在布依语中不太常见。

"给予"义xaɯ⁵³使用频率高的是下文将要讨论的Ⅱ和Ⅲ结构。

2）连动句

xaɯ⁵³所运用的连动句的抽象结构为：Ⅱ NP₁+VP₁+NP₂（物）+xaɯ⁵³₂（动词）+NP₃（人）。

---

① 周红. 动词"给"的语法化历程. 殷都学刊，2009：108."致移性"指"致使某具体事物发生空间上位移的性质"，"空间性"指"动作发生在实际的空间中"，"方向性"指"具体事物的位移具有特定的方向"。

① te²⁴ ʔiən³⁵ɕɯ¹¹ tai³⁵ ɕoŋ²⁴ pɯə³³ ʔjɔk³⁵ ɕen¹¹ ʔo³⁵tau⁵³ xaɯ⁵³ ku²⁴.

　他　　　随即　从　口袋　衣服　掏　钱　出来　　给　我

（他随即从衣兜里掏钱出来给我。）

② ku²⁴ pai²⁴ tɕiə¹¹laɯ¹¹ ʔdai³¹ tɕim²⁴ŋan¹¹ xaɯ⁵³ mɯŋ¹¹?

　我　去　哪儿　　　得　金　银　给　你

（我去哪儿拿金银给你。）

③ me³³ te²⁴ kuə³³ xa:i¹¹tuŋ³³ xaɯ⁵³ te²⁴.

　妈妈　他　做　棉鞋　　给　他

（他妈妈给他做棉鞋。）

④ ʔau²⁴ tɕɔŋ³⁵ pɯə³³ xaɯ⁵³ te²⁴ θŋ³⁵ pai²⁴.

　拿　件　衣服　给　他　送　去

（拿衣服给他送去。）

该组例句的抽象格式是"NP₁+VP₁+NP₂（物）+xaɯ⁵³₂（动词）+NP₃（人）"，该结构的语义是给予者通过实施某动作给予某事物给接受者，该结构的句法体现了句法相似性原则。沈家煊（1999）提出，"句法相似性指的是句法成分的排列顺序映照他们所表达的实际状态或事件发生的先后"。例如，例①第一个动作ʔjɔk³⁵"掏"最先发生，ʔjɔk³⁵"掏"了之后接着发生第二个动作xaɯ⁵³"给"，该句词语的排列顺序与动作发生的先后一致，因此体现了句法相似性原则。II结构还有变化形式NP₁+VP₁+NP₂（物）+xaɯ⁵³₂（动词）+NP₃（人）+VP₃。

II结构中接受者对事物的支配是潜在的，当这种支配转为显现的功能时，就需要用III结构来表达。

例①～④中的动词xaɯ⁵³"给"所表达的都是具体物体的传递。随着人类认知的发展，xaɯ⁵³"给"的意义发生了引申，具体表现为：传递物由具体物体扩展为抽象事物；给予动作xaɯ⁵³由实际给予动作扩展为抽象给予；给予空间由物理空间认知域扩展为心理空间认知域。例如：

⑤ te²⁴ ɕon³³ tiə⁵³　xaɯ⁵³ ku²⁴.

　他　透露　底细　给　　我

（他露底给我。）

⑥ te²⁴ ðo³³ çon¹¹ xa:u³⁵ xaɯ⁵³ pa:i³³fɯə³¹.

　　他　泄露　句　话　　给　　对方

（他把话泄露给对方的人。）

⑦ mɯŋ¹¹ θaɯ⁵³ çon¹¹xa:u³⁵ pai²⁴ xaɯ⁵³ te²⁴.

　　你　捎　　句　话　　去　给　　他

（你帮我捎话去给他。）

例⑤~⑦中xaɯ⁵³"给"的给予物tiə⁵³"底细"、çon¹¹xa:u³⁵"话"都是抽象事物。从例①~④到⑤~⑦体现了人们对具体有形物体的传递经验通过隐喻的方式投射到抽象无形的经验上，将抽象、无形的经验处理为离散、有形的实体。这时动词xaɯ⁵³"给"表达的是抽象事物发生"心理空间位移"，而不再是"物理空间位移"。动词xaɯ⁵³"给"由表"具体物体"的"物理空间位移"发展到"抽象事物"的"心理空间位移"是动词xaɯ⁵³"给"在实词范围内的语法化。

　　3）连动兼语句

xaɯ⁵³所运用的连动兼语句的抽象结构为：Ⅲ NP₁+VP₁+NP₂（物）+xaɯ⁵³₃（VP₂）+NP₃（人）+VP₃。

① te²⁴ ʔau²⁴ tçau⁵³tuə³³ xaɯ⁵³ tuə¹¹mu²⁴ kɯn²⁴.

　　他 拿　豆腐渣　　　给 量词　猪　吃。

（他拿豆腐渣给猪吃。）

② ku²⁴ ða²⁴ xoŋ³³ ʔbau²⁴ xaɯ⁵³ mɯŋ¹¹ kuə³³.

　　我　找　活　轻松　　给　　你　　做

（我找轻松活给你做。）

③ te²⁴ θoŋ³⁵ xau³¹ŋa:i¹¹ pai²⁴ po²⁴ xaɯ⁵³ pu³¹ kuə³³xoŋ²⁴ kɯn²⁴.

　　他 送　早饭　　　去 山　给　人 干　活　吃

（他送早饭上山给干活的人吃。）

④ ʔau²⁴ fa³³ta:u²⁴ ma²⁴ xaɯ⁵³ ku²⁴ tçiəm¹¹ paŋ¹¹.

　　拿　剪刀　　来　给　我　剪　布

（拿剪刀来给我剪布。）

例①~④的抽象格式是"NP₁+VP₁+NP₂（物）+xaɯ⁵³₃（VP₂）+NP₃（人）+VP₃"，其中的xaɯ⁵³除了表达"给予"义外，还暗含有"允许某人做某事"之义。因此，Ⅲ结构表达了施事通过实施某动作给予受事某东西并使受事实施某一动作，或者说施事允许受事做某事。III结构包括两个部分：第一部分由NP₁、VP₁、NP₂（物）、xaɯ⁵³和NP₃（人）组成，VP₁和动词xaɯ⁵³都是由同一个大主语NP₁发出的，因此这一部分是连动结构，和II结构一样。例如，例①的ʔau²⁴"拿"和xaɯ⁵³"给"都是由同一个主语te²⁴"他"发出来的，是一个连动结构；第二部分由xaɯ⁵³、NP₂（物）和VP₃组成。NP₂既是动词xaɯ⁵³的受事者，又是VP₃的施事者，因此这部分是一个兼语结构。例如，例①中的tuə¹¹mu²⁴"猪"既是前一个动词xaɯ⁵³"给"的受事，同时又是后一个动词kɯn²⁴"吃"的施事，因此该部分是一个兼语结构。其他各例情况类似。由此可知，III结构是一个连动套兼语的复杂结构。

4）xaɯ⁵³所在的双宾、连动和连动兼语结构之间的关系

xaɯ⁵³的"给予"义决定了其常出现于双宾结构，也就是I结构。I结构的xaɯ⁵³只是一个比较概括的给予动作，而人类有时还需要表达更加具体的给予动作和位移过程，这样双宾结构就发展成连动结构，也就是II结构。连动结构中的VP₁都是表具体意义的动作。由于人类表达的需要，连动结构中的宾语NP（人）可以作为施事发出某一动作，这样连动结构就可以发展成连动兼语结构。因此，本书推断作为"给予"义xaɯ⁵³的三个句型的演变过程应该为：

（1）双宾语结构：I NP₁+xaɯ⁵³₁（动词）+NP₂+NP₃

↓

（2）连动结构：II NP₁+VP₁+NP₂（物）+xaɯ⁵³₂（动词）+NP₃（人）

↓

（3）连动兼语结构：III NP₁+VP₁+NP₂（物）+xaɯ⁵³₃（动词）+NP₃（人）+VP₃

2. xaɯ⁵³表致使、允许、听任义

xaɯ⁵³作动词还可表示致使、允许、听任的意思，该义运用于句型IV：xaɯ₄⁵³（动词）+NP+VP₂。

① ka:i³⁵ xoŋ²⁴ ni³¹ xaɯ⁵³ pau³⁵po³³ mɯŋ¹¹ ma²⁴ kam²⁴.
　个　活　这　让　父亲　你　来　主持
　[这桩活让你父亲来主持。（致使）]

② te²⁴ xaɯ⁵³ ku²⁴ pai²⁴ tshan³³tɕia³³ kuŋ³³tso³¹tsu⁴².
　他　让　我　去　参加　工作组
　[他让我去参加工作组。（致使）]

③ vɯn¹¹la:i²⁴ lɯŋ⁵³ xa:n²⁴ nau¹¹ xaɯ⁵³ te²⁴ pai²⁴.

　人家　　　　才　答　应　让　他　去

［人家才答应让他去。］

④ ðau¹¹ mi¹¹ xaɯ⁵³ te²⁴ pai²⁴, te²⁴ ka³³ kuə³³ðak³⁵ pai²⁴.

　我们　不　让　他　去　他　自己　偷偷　去

［我们不让他去，他自己偷偷去。（容许）］

⑤ te²⁴ xaɯ⁵³ lɯk³³ni³⁵ te²⁴ kɯm²⁴ ka³¹.

　他　让　孩子　他　吃　肉

［他让他的小孩吃肉。（容许、听任）］

⑥ te²⁴ xaɯ⁵³ tuə¹¹ma²⁴ ʔdon³¹ tai³⁵ kɔŋ³¹kɔŋ³³ te²⁴ kwa³⁵ pai²⁴.

　他　让　狗　　钻　从　圈子　那　过　去

［他让狗从那个圈子钻过去。（听任）］

该组例句的抽象格式是"xaɯ⁵³₄（动词）+NP+VP₂"，NP 是动词xaɯ⁵³₄的受事，同时又是其后动词 VP₂ 的施事，因此结构IV是一个兼语结构。例如，例②中的xaɯ⁵³要求宾语ku²⁴"我"实施tshan³³tɕia³³ kuŋ³³tso³¹tsu⁴²"去参加工作组"这一动作，ku²⁴"我"是一个兼语成分。其他各句情况类似。例①和例②中的xaɯ⁵³表示致使义，例③和例④中的xaɯ⁵³表容许义，例⑤和例⑥中的xaɯ⁵³表示听任义。

3. "致使" 义xaɯ⁵³的产生

IV结构中xaɯ⁵³的"致使"义项都是由III结构中xaɯ⁵³的"给予"义引申而来的。推导过程如下：Ⅰ、Ⅱ、Ⅲ结构中的xaɯ⁵³都表示"物体"的实际位移。Ⅲ结构与Ⅰ和Ⅱ结构的不同在于其中的xaɯ⁵³除了表示"给予"之义外，也还蕴含有"允许某人做某事"的"许可"之义。IV结构中的xaɯ⁵³表示"致使""允许""听任"，统称为"致使"义。"致使"义动词的动作性都较弱，且都蕴含有"许可"之义。由此推断，IV结构的xaɯ⁵³是III结构中表示"物体空间位移"的xaɯ⁵³通过隐喻转换到表示"心理空间的位移"，这样xaɯ⁵³由表示"给予"义发展到表示"致使"义。

xaɯ⁵³的"给予"义和"致使"义都是动词，因此xaɯ⁵³由表示"给予"之义向表示"祈使、允许、听任"义的发展体现了xaɯ⁵³的语义在实词内部的泛化。

（二）从实词向虚词的语法化

xaɯ⁵³ "给" 由（一）中的动词演变为（二）中的介词，体现了动词由实词向虚词的演变。介词 xaɯ⁵³ "给" 有两种句法功能：一种是作为方向性标记词，表示朝、向、对之义。我们把这一语义所使用的句型结构概括为：Ⅴ VP+xaɯ⁵³₅（介词）+NP；介词 xaɯ⁵³ 的另一语义是作为目标标记词，引进动作的受益者。把这一语义所适用的句型结构可概括为：Ⅵ xaɯ⁵³₆（介词）+NP+VP。下面分别对其进行分析。

1. Ⅴ VP+xaɯ⁵³₅（介词）+NP

① ʔau²⁴ xo⁴²tɕhiɛn³¹jiən³³ xaɯ⁵³ ku²⁴.

  拿 火钳 递 给 我

  （拿火钳递给我。）

② te²⁴ xui²⁴khuan⁵³ xaɯ⁵³ ku²⁴.

  他 汇 款 给 我

  （他汇款给我。）

③ pu³¹ɕo¹¹ ʔwa:i²⁴ taŋ³⁵ xaɯ⁵³ pu³¹tɕe³⁵.

  年轻人 让 座 给 老年人

  （年轻人给老年人让座。）

这组例句中的 xaɯ⁵³ 前面都有动作动词，例①~③的动作动词分别为 jiən³³ "递"、xui²⁴khuan⁵³ "汇款"、ʔwa:i²⁴taŋ³⁵ "让座"，其中的 xaɯ⁵³ 不再表示 "物体传递的实际动作"，而是表示 "物体传递的方向"。因此，xaɯ⁵³₅ 是介词，作前面动词的补语，成为表方向性的标记词。这些例句中 xaɯ⁵³ "给" 的方向分别为 ku²⁴ "我"、pu³¹tɕe³⁵ "老年人"，xaɯ⁵³ "给" 的受事都是 "人"。

④ ka:i³⁵ xoŋ²⁴ ni³¹ ʔau²⁴ xaɯ⁵³ tɕoŋ³⁵ lɯk³³ɕo¹¹ pai²⁴ kuə³³.

  个 活 这 拿 给 们 小伙子 去 做

  （这种活拿给小伙子们去做。）

⑤ ku²⁴ ʔau²⁴ ka:i³⁵ θiən³⁵ ni³¹ wəi⁵³tho³¹ xaɯ⁵³ mɯŋ¹¹.

  我 拿 件 事情 这 委托 给 你

  （我把这事委托给你。）

⑥ ðau¹¹ tɯk³⁵tɕhiu³¹ pa:i³³ xaɯ⁵³ po¹¹te²⁴ pai⁰.

我们　打球　　　输　给　他们　了

（我们打球输给他们了。）

⑦ mɯŋ¹¹ ka:u³⁵ xaɯ⁵³ po³³me³³ te²⁴ ðo³¹.

你　告诉　给　父母　他　知道

（你告诉他的父母亲。）

⑧ mɯŋ¹¹ fi³³ nau¹¹ xaɯ⁵³，kwa:i²⁴ mi¹¹ ʔdai³¹ ðau¹¹ mi¹¹ ðo³¹.

你　没　说　给　怪　不　得　我们　不　知道

（你没说，怪不得我们不知道。）

⑨ tɕiə¹¹ni³¹ mi¹¹ ðan²⁴ ðoŋ³³，ʔau²⁴ taŋ²⁴ ma²⁴ xaɯ⁵³.

这里　不见亮　拿　灯　来　给

（这儿不见亮，拿灯过来。）

这组例句中的xaɯ⁵³"给"都用来引出事物传递的方向。例④～⑥中的给予物不是具体的事物，而是抽象的事物。例如，例④～⑥中的给予物分别为"活"、"事情"、"输球"。这类位移不是发生在物理空间，而是心理空间。例④～⑥位移的事物虚化程度依次增强。

例⑦和例⑧中的表言说的动词ka:u³⁵"告诉"、nau¹¹"说"后都带有表方向的介词xaɯ⁵³，这是布依语言说动词的独特之处。导致这一现象的原因可能有二：其一是xaɯ⁵³加在言说动词后可使信息传递的方向得到凸现，另一种解释是"告诉"类词语受到其他的"动词+xaɯ⁵³"类推作用的影响所致。布依语表话语传递的其他词语后也都可带xaɯ⁵³：taŋ³⁵xaɯ⁵³、nau¹¹xaɯ⁵³、ka:ŋ⁵³xaɯ⁵³。有时候即使动词后没有受事宾语，动词后仍带介词xaɯ⁵³，如例⑧和例⑨。

2. Ⅵ xaɯ⁵³₆（介词）+NP+VP

① te²⁴ xaɯ⁵³ ɕoi³¹lɯk³³ la:u³¹ te²⁴ phan³¹lau⁵³.

他　给　儿子　大　他　办酒（举办婚礼）

（他给他大儿子办酒。）

② lau⁵³sɿ³³ xaɯ⁵³ ðau¹¹ tɯ¹¹ ðam³¹.

老师　给　我们　提　水

（老师给我们提水。）

xaɯ⁵³₆既是目标标记词，也是引进动作的受益者。如例①和例②中的xaɯ⁵³的受益者分别是çoi³¹lɯk³³la:u³¹"大儿子"、ðau¹¹"我们"，接受者都是有生命的人，且都是受益者。"xaɯ⁵³₆（介词）+NP+VP"中的施事者实行某行为是为了帮助受事者。

3. 介词xaɯ⁵³₆的出现

句型 V 和 VI 中的xaɯ⁵³都是介词，或作为方向标记词，或作为目标标记词。我们说 V 结构来源于 II 结构。推导过程如下：当说话双方已知 II 结构中的传递物NP（物）时，那么这个 NP（物）就可能被省略，II 结构"NP₁+VP₁+NP₂（物）+xaɯ⁵³₂（动词）+NP₃（人）"就可以发展成"NP₁+VP₁+xaɯ⁵³₂（动词）+NP₂（人）"。由于"VP₁"经常在句中起主要动词的作用，久而久之，因此"NP₁+VP₁+xaɯ⁵³₂（动词）+NP₂（人）"中的xaɯ⁵³₂就会趋向虚化，演变成一个只表示方向的介词xaɯ⁵³₅，于是结构 II 就发展成了结构 V。

结构 V "NP₁+VP₁+xaɯ⁵³₅（动词）+NP₂（人）"中的xaɯ⁵³₅专门表示动作的方向，而 V 中的"xaɯ⁵³₅+NP（人）"移位到 VP₁前可以起到使动作的传递对象得到突显的作用，移位后的结构"xaɯ⁵³+NP+VP"能起到与结构 V 不一样的作用，于是其就有了存在的价值和意义，这样结构 VI 就产生了。因此，结构 VI 由结构 V 发展而来。

4. 介词xaɯ⁵³₇

介词xaɯ⁵³表示"被"之义，是施事标记词。其所运用句型的抽象结构为 VII xaɯ⁵³₇（介词）+NP+ VP。

① lɯ⁵³ðaŋ²⁴ ku²⁴ xaɯ⁵³ te²⁴ çɯ³⁵ pai²⁴ leu⁰.
筛子　　我　给　他　借　走　了
（我的筛子让他借走了。）

② leu³¹po¹¹ lɯk³³sɯ²⁴ to⁵³ mi¹¹juən³³ xaɯ⁵³ te²⁴ pai²⁴ son²⁴.
全部　　学生　都　不　愿　给　他　去　教
（全体学生都不愿让他教。）

xaɯ53₃表达了施事者有意识地给予受事某事物并容许受事者支配该事物，这时的xaɯ53₃是一个有意识的动作。该组例句中的xaɯ53₇不表示一个有意识的动作，而是作为被动标记用来引出施事者使整个结构变成一个被动结构。例①和例②中的"xaɯ53₇+NP+VP"分别表示"被他借走""被他教"。xaɯ53₇的"被动义"可以看作xaɯ53₆引进动作受益者中的另一个小类。

另外，布依语的xaɯ53被动义也还可能由其致使义演变而来。上文我们已经介绍过"结构Ⅳ"中的xaɯ53表示致使义。例如：

③ te24 xaɯ53 tɕoŋ35 lɯk33θɯ24 ʔdun24 pan11 koŋ11.

　　他　让　们　学生　站　成　圈

　　[他让学生们站成圆圈。（xaɯ53：表使令）（致使结构）]

④ ðau11 mi11 xaɯ53 te24 pai24，te24 ka33 kuə33ðak35 pai24.

　　我们　不　让　他　去　他　自己　偷偷　去

　　[我们不让他去，他自己偷偷去。（xaɯ53：表容许）（致使结构）]

⑤ te24 xaɯ53 ɕoi31lɯk33 pa:i53.

　　他　让　儿子　打

　　[他让他儿子打。（xaɯ53：表听任或被动）（致使结构/被动结构）]

⑥ te24xaɯ53 lɯk33ni35 ðan24.

　　他　让　小孩子　看见

　　[他允许小孩子看见/被小孩看见。（xaɯ53：表示允许、听任或被动）（致使结构/被动结构）]

⑦ lɯ53ðaŋ24 ku24 xaɯ53 te24 ɕɯ35 pai24 le:u0.

　　筛子　我　让　他　借　走　了

　　[我的筛子让他借走了。（xaɯ53≈被）（被动结构）]

例③～⑦中"xaɯ53"的意义的转变过程可表示为：

使令　允许　听任　≈被

_____

致使　　　　　　被动

例③～⑦显示了xaɯ53由"致使"义向"被动"义的发展过程可知，该过程说明xaɯ53的使动意义依次减弱，被动意义依次加强。例③和例④中的xaɯ53表示致使义，动作性比较强，发展到例⑤和例⑥，xaɯ53成了致使义与使动义的"复合体"，到了例⑦xaɯ⁵³已是一个完全的被动标记了。由此推测，布依语xaɯ⁵³的被动义由其致使义发展而来的可能性较大。也就是说结构Ⅶ是由结构"Ⅳxaɯ₄⁵³（动词）+NP+VP₂"发展而来的可能性很大。其实，洪波（2004）在论述汉语"给"字的语法化时明确指出"汉语的'给''与''交''让'等含[给予]语义特征的动词都先后发展出使役和被动义"。通过上文分析可知，布依语xaɯ⁵³的被动义来源于其"致使"义，与汉语"给"的被动义来源于其"使役"义的情况十分相似。

通过以上分析得出xaɯ⁵³的语法化过程如图3-2所示：

$$xaɯ^{53}_1$$
（动词，使物体位移）
mɯŋ¹¹xaɯ⁵³ku²⁴ θoŋ²⁴nam⁵³ tɕim²⁴.　（你给我两根针。）

↓

$$xaɯ^{53}_2$$
（动词，使物体位移）
te²⁴pan²⁴ʔiən²⁴θan⁵³xaɯ⁵³pu³¹xe³⁵.　（他给客人分烟。）
他　分　卷　烟　给　客人。

$$xaɯ^{53}_3$$
（动词，使物体位移暗含允许某人做某事）
te²⁴ʔau²⁴tɕau⁵³tuə³³xaɯ⁵³tuə¹¹mu²⁴kɯn²⁴.
他　拿　豆腐渣　给　猪　吃
（他拿豆腐渣给猪吃。）

↓

$$xaɯ^{53}_4$$
（动词，致使、允许、听任）
ðau¹¹ xaɯ⁵³te²⁴pai²⁴。
我们　给　他　去
[我们让他去。（允许）]
te²⁴xaɯ⁵³tɕoŋ³⁵lɯk³³sɯ²⁴ʔdun²⁴pan¹¹kɔŋ¹¹.
他　给　们　学生　站　成　圈
[他让学生站成圈。（致使）]
te²⁴xaɯ⁵³lɯk³³ni³⁵te²⁴kan³¹.
他　给　小孩　他　摔跤
[让他的小孩摔跤。（听任）]

↓

$$xaɯ^{53}_7$$
（介词，引进施事）
lɯ⁵³ðaŋ²⁴ku²⁴xaɯ⁵³te²⁴ɕɯ³⁵pai⁰leu⁰.
筛　子　我　给　他　借　走　了
（我的筛子让他借走了。）

$$xaɯ^{53}_5$$
（介词，方向性标记词）
mɯŋ¹¹θoŋ³⁵ xaɯ⁵³ku²⁴ θoŋ²⁴nam⁵³tɕim²⁴.
你　送　给　我　两　根　针
（你送给我两根针。　）

↓

$$xaɯ^{53}_6$$
（介词，目标标记词）
te²⁴ xaɯ⁵³ɕoi³¹lɯk³³la:u³¹te²⁴phan³¹lau⁵³.
他　给　儿　子　大　他　办酒
（他给大儿子办酒。）

图3-2　xaɯ⁵³的语法化过程

二、mjaɯ⁵³的来源

xaɯ⁵³是一个独立的词语，可作动词和介词。动词xaɯ⁵³有四个义项：给予、致使、容许、听任，介词xaɯ⁵³有引进交付或传递的接受者、引进动作的受益者、朝或向或对、表被动。xaɯ⁵³语义的演变趋可能有两条线路：

（1）使物体位移（动）→致使、容许、听任（动词）→朝或向或对（介词）→引进动作的受益者（介词）；

（2）使物体位移（动）→致使、容许、听任（动词）→被动义（介词）。

在xaɯ⁵³诸多的义项中，动词xaɯ⁵³₄有"使令""允许""听任"三个义项。"使令""允许""听任"三个义项与否定副词mi¹¹组合后语义分别为"不要""不允许""不让"，这三个否定义项都有禁止的意味。

祈使否定作为人类语言中一个基本的语义范畴，许多语言都有专门表达祈使否定的词汇或语法形式。缺乏形态变化的布依语，其语法范畴主要靠语序和虚词来表达，比如说，布依语的一般否定和已然否定分别用mi¹¹和fi³³两个副词来表达，作为布依语中一个基本的语义范畴，祈使否定自然也需要一个语汇形式来表示这一语法范畴。在众多的词语中，mi¹¹ xaɯ⁵³最后承担了布依语祈使否定的功能，本书认为有如下原因：①xaɯ⁵³是布依语中使用频率很高的一个词语，其否定形式mi¹¹ xaɯ⁵³使用频率也很高。②mi¹¹ xaɯ⁵³的"不要""不允许"和"不让"三个动词义项都含有禁止的意味。一个本来就为人们所熟悉且其本义就蕴含有禁止意味的词汇形式被人们用来表达祈使否定是一件自然的事情。随着mi¹¹ xaɯ⁵³对实意动词或动词短语进行禁止否定的使用频率越来越高，那么mi¹¹和xaɯ⁵³就容易演变成一个具有否定功能的副词。③从mi¹¹和xaɯ⁵³现有的组合上来看，存在mi¹¹ xaɯ⁵³、mi¹¹ xaɯ⁵³和mjaɯ⁵³三种形式，他们之间的发展过程应该是这样的：mi¹¹ xaɯ⁵³→mi¹¹ xaɯ⁵³→mjaɯ⁵³。这三种语汇形式显示mi¹¹和xaɯ⁵³的关系从左到右越来越紧密，直到最后通过语音合流演变成一个词语，即mjaɯ⁵³。当mi¹¹和xaɯ⁵³由起初各自独立使用的两个词语发展演变成一个独立的词语mjaɯ⁵³时，各组成部分的词汇意义和语法功能都发生了质的变化。mi¹¹xaɯ⁵³已不再是两者语义的简单相加，而是由一个动词短语演变成一个否定副词，专门负责禁止否定。后来mi¹¹xaɯ⁵³语义进一步泛化，除了表示禁止否定外，还可表示提醒和祈求。禁止、提醒和祈求就是我们现在看到的布依语否定副词mjaɯ⁵³的语义和句法功能。

布依语mjaɯ⁵³的演变，还可以从汉语表示祈使否定的"别"的来源得到佐证。吕叔湘先生（1985）认为表示祈使的"别"是由"不要"合音演变而成的。从上文分析可知布依语的mjaɯ⁵³也是由mi³³和xaɯ⁵³合音演变而来的，mi¹¹xaɯ⁵³也有"不要""不允许"和"不让"之义。这说明布依语mjaɯ⁵³的来源和汉语"别"的来源存在异曲同工之妙。

第五节　本 章 小 结

布依语否定副词有如下基本特征：

（1）在语音上，否定副词存在合音现象，如mjaɯ³⁵"别"是mi¹¹"不"和xaɯ⁵³"准许"合音形成的。

（2）语义上，mi¹¹"不、没"主要表示一般否定，也可表示已然否定。fi³³只表示已然否定，是"没有"或"还没有"的意思。mjaɯ³⁵"别"表示祈使否定，表示禁止、提醒或劝阻。mi³³能与各种动词、动词结构、形容词及部分名词组合，fi³³能与部分动词、形容词组合。能作mjaɯ³⁵"别"字句谓语中心词的词语需具有[＋人][＋可控][－褒义]三个义素。

（3）在组合功能构词上，表示一般否定和已然否定的合成词多含有表示否定的语素mi¹¹"不"或fi³³"没"。表示言说的动词可与表方向的介词xaɯ⁵³组合，动词不带宾语仍可带介词xaɯ⁵³，这是布依语动词的独特之处。

（4）在位序和语义指向上，布依语否定副词都位于被否定的动词、形容词之前，语义一般指向动词或形容词。若中心词后有补语的，否定副词一般指向补语。

（5）本章对fi³³、mi¹¹、mjaɯ³⁵的语法化过程进行了探讨。fi³³的语法化比较彻底，因为其只能作否定副词。mi¹¹除了能作状语外，还能带宾语，具有动词的特征，因此mi¹¹的语法化不彻底，尚处于语法化过程中。mjaɯ⁵³可作动词、介词和副词，说明mjaɯ⁵³还处于语法化过程中。

通过分析，本书认为，布依语xaɯ⁵³的演变过程有两条路径：①"给予"义（动）＞"致使"义（动词）＞"朝、向、对"（介词）＞引进动作的受益者（介词）；②"给予"义（动）＞"致使"义（动词）＞"被"动义（介词）。xaɯ⁵³的演变过程伴随词法由表示核心功能的动词逐步演变成表示辅助功能的介词，伴随着词汇意义由表示实在意义的"给予"逐渐弱化、虚化为"致使"义，"致使"义一方面虚化为引进动作的受益者，另一方面虚化为引进动作的受事，即"被"动标记。

第四章　布依语范围副词研究

第一节　布依语范围副词分类

我们把布依语中从范围上对事物和动作行为进行限定、句法上只充当状语的词称作范围副词。

布依语范围副词与汉语范围副词有许多相似之处，所以汉语范围副词的分类对布依语范围副词的分类有很好的借鉴作用。李运熹（1993：4）根据范围副词不同的句法结构和语义特点，把汉语范围副词分为总括类、限定类和外加类三类。杨荣祥（1999：80）根据汉语范围副词的功能特征把它们分为总括副词、统计副词、限定副词三个类别。本书依据布依语范围副词自身的句法语义特点，将其分为总括副词、统计副词、限定副词、类同副词和外加副词五类。其中，总括副词有 to^{53} "都"、leu^{31} "全"、 $\varphi i\eta^{33}$ "尽是、全是"、$ma^{11}li\eta^{33}/\varphi i\eta^{33}\varphi i\eta^{33}$ "全都"、$t\varphi i\vartheta^{11}t\varphi i\vartheta^{11}$ "处处"、$t\varphi i\vartheta^{11}la\mu^{11}$ "到处"；统计类有 $pa^{53}li\epsilon n^{24}$ "把连"、$t\varphi uk^{35}t\varphi uk^{35}$ "足足"；限定副词有 $\varphi a:u^{31}$ "只"、$tam^{31}ka^{33}$ "唯独"、$tsui^{24}to^{33}$ "最多"、$tsi^{24}sau^{53}$ "至少"、$t\varphi hi^{42}ma^{42}$ "起码"；类同副词有 je^{53} "也"；外加副词有 $nin^{24}wai^{24}$ "另外"、$lia\eta^{24}$ "另外"、$ta:u^{35}$ "再"、tem^{24} "再"、jou^{24} "又"、$lu\mu\eta^{53}$ "还"。

分析布依语副词与其他相关成分的语义关系时，本书将从语义指向视角进行分析。为此，先简要介绍一下语义指向理论。

第二节　语义指向理论

语义指向分析起源于 20 世纪 60 年代，成型于 20 世纪 80 年代。20 世纪 60 年代之前，我国汉语语法研究经历了只注重意义和只注重形式两个阶段。这两个阶段中的汉语语法研究关注的重点虽然不同，但共同点是都忽略了语法形式和意义之间的关系。到了 20 世纪 70 年代，我国语法研究有了新的发展，形式和意义相结合的原则得到了学界共识，语义指向分析理论就是在这样一种背景下应运而生并得到发展的。

关于"语义指向"术语的产生，学界有两种观点：一种是刘宁生（1984）在其论文《句首介词结构"在……"的语义指向》中第一次完整使用"语义指向"这个术语；另一种观点则认为"指向"是吕叔湘在审阅沈开木（1983）的《表示"异中有同"的"也"字独用的探索》文章时提到过，后来邵敬敏（1985）在《副词在句法结构中的语义指向初探》一文中提出"语义指向"这一术语。邵敬敏（1987）评述 20 世纪 80 年代副词研究的四个新突破时指出，"对副词语义指向而引起的歧义的研究"和"对语境影响副词的语义指向和句式结构的探索"与语义指向分析有直接关系。自此之后，"语义指向"这一术语得到语法界的广泛认同，许多学者自觉运用语义指向的分析方法分析汉语语法现象。

关于"语义指向"的定义，不同的学者从不同的角度进行了探讨。周刚（1998：27）认为"所谓语义指向就是指句子中某一个成分跟句中或句外的一个或几个成分在语义上有直接联系，其中包括一般所认为的语义辖域"。陈昌来（2000：94）认为，"语义指向是指句法结构中的某一成分跟另一成分或几个成分在语义上的直接关联性"。周国光（2006：42）认为，"在句法结构中，句法成分之间具有一定方向性和一定的语义联系叫做语义指向。句法成分的语义联系的方向称为'指'，句法成分的语义指向的目标叫做'项'"等。许多学者对语义指向的定义进行了界定，他们对语义指向定义的表述虽然各异，但都认为语义指向是指句中各成分之间的语义关系。语义指向分析就是运用语义指向来说明、解释语法现象。税昌锡（2004：65）指出副词语义指向研究的一个特点是同时引进了蕴含、焦点、预设、句重音、辖域等语用概念，研究的热点主要集中在表示范围或关系意义的副词及否定副词的否定中心和否定范围上。陆俭明和沈阳（2003：381）合著的《汉语和汉语研究十五讲》对语义指向理论（semantic orientation）的形成背景、主要内容、语义指向对汉语句法结构和语义关系的描写解释作用进行了全面、详细的介绍，可以说该著作是对语义指向理论的全面概括和总结。运用语义指向理论对汉语副词进行实例分析的学者及其主要观点有：肖奚强（2001：111-117）讨论协同副词的语义指向时指出协同副词要求与之搭配的名词性成分必须是复数，其语义大都前指。前指时语义既可以指向动作的发出者也可以指向动作的承受者；既可以仅指向主语、介词宾语或兼语，也可以同时指向主语和宾语、主词和介词宾语、主语和宾语及介词宾语、主语和兼语或兼语和介词宾语。协同副词的语义也可以后指。当协同副词所在的动词短语在句中充当定语时，协同副词的语义有两个指向：既指向前面的介词宾语或主语又指向后面的中心语。徐以中（2003：2）对副词"只"的语义指向进行了分析，指出副词"只"位于"主语前"时只能指向其后的主语部分，不能指向其余成分，位于主语后则只能后指不能前指。文章还考察了"只"的语用歧义问题，指出"只"字句的歧义取值范围可用下式表示：$q > P \leqslant 2n-m-F-1$。杨亦鸣和徐以中（2004：19-23）对汉语副词"幸亏"的语义指向进行了分析，指出"幸亏"的语义可以指向不止一个成分，因而"幸亏句"有"语用歧义"，"幸亏"的语用前提不同是导致语义指向不同的深层原因，另外"幸亏"的位置不同，其意义和用法也是有差别的。邵敬敏（2000：226）提出汉语副词语义指向的"指""项""联"三个定义。"指"是指副词语义联系所指向的方向，分为单指与双指，单指又可分为前指与后指；"项"是指能跟该副词在语义上发生联系的数项，分为单项副词和多项副词；"联"是指副词在语义上同时联系的对象。本书将借助于这些概念对布依语副词进行语义指向分析。

第三节　布依语范围副词的分类描写及语义指向分析

一、总括类范围副词

总括类范围副词是用来总括句中某个词语的范围。布依语总括类副词有to⁵³"都"、leu³¹/kuə³³leu³¹ "全"、ɕiŋ³³"尽是、全是"、ma¹¹liŋ³³/ɕiŋ³³ɕiŋ³³ "全都"、tɕiə¹¹tɕiə¹¹ "到处"。他们所总括的对象是整个范围内的全体，且所总括的对象个个都有谓语所述的特征，语义涉及对象的全部。

（一）to⁵³ "都"

1. 多数成分＋ to⁵³ "都"

① leu³¹tɕɔŋ³⁵ wei³⁵tɕi³⁵ to⁵³ ma²⁴ ʔa:ŋ³⁵mai¹¹ te²⁴ θen⁵³ʔu³⁵ ða:n¹¹mo³⁵.
全体　　朋友　都　来　庆贺　他　乔迁　　新房
（朋友们都来庆贺他乔迁新居。）

② $\theta o \eta^{24} \delta a{:}n^{11} te^{24} to^{53} tuuk^{33} po^{33}me^{33} pau^{33}pan^{24}.$

两　　家　那　都　是　父母　　包办

（那两家都是父母包办的。）

③ $ku^{24} pa^{53} phin^{31}ko^{53} to^{53} kuun^{24} pai^0.$

我　把　苹果　　都　吃　了

（我把苹果都吃了。）

④ $phin^{31}ko^{53} to^{53} t\varepsilon o^{11} ku^{24} kuun^{24} pai^0.$

苹果　　都　被　我　吃　了

（苹果都被我吃了。）

⑤ $phin^{31}ko^{53} to^{53} \varepsilon di\eta^{24} pai^0.$

苹果　　都　红　了

（苹果都红了。）

⑥ $xo^{53}te^{24} to^{53} xa^{53}\varepsilon ip^{33} la{:}i^{24} pi^{24} pai^0.$

他们　　都　五十　　多　岁　了

（他们都50多了。）

以上各句的结构都是"多数成分+to^{53}（都）"。其中的多数成分分别是：$leu^{31}t\varepsilon o\eta^{35}wei^{35}t\varepsilon i^{35}$"朋友们"、$\theta o\eta^{24}\delta a{:}n^{11}te^{24}$"那两家"、$phin^{31}ko^{53}$"苹果"、$xo^{53}te^{24}$"他们"，多数成分都在句中作主语，$to^{53}$"都"总括的对象总是这些多数成分，语义也指向这些多数成分。例①和例②中的to^{53}"都"，其语义指向的成分都是施事，例③和例④中的to^{53}"都"，其语义指向的成分是受事。

to^{53}"都"只能位于谓语之前，作状语，如例①～⑥中的to^{53}。to^{53}"都"字句的谓语可以是动词结构，如例①～④；可以是形容词，如例⑤；还可以是数量成分，如例⑥；这些例句所总括的对象都共享谓语部分的特征。

通过以上分析可知，to^{53}"都"所总括的对象都要放在to^{53}"都"前，因此to^{53}"都"是前指副词。此外，to^{53}"都"一般需重读。

⑦ $t\varepsilon i^{53} kuu\vartheta^{11} ni^{31} te^{24} to^{53} ma^{24} \varepsilon i\vartheta^{35}.$

几　处　这　他　都　去　过

（这几个地方他都来过。）

⑧ tɕiə¹¹ ni³¹ po¹¹te²⁴ to⁵³ ma²⁴ ʔiə³⁵.

地方 这 他们 都 来 过

（这个地方他们都来过。）

⑨ tɕi⁵³ ʔdan²⁴ θɯn⁵³ ni³¹ po¹¹te²⁴ to⁵³ ma²⁴ ʔiə³⁵.

几 个 省 这 他们 都 来 这里

（这几个省他们都来过。）

例⑦～⑨中的to⁵³"都"的语义都指向体词性成分中的多数形式。例如，例⑦的体词部分只有一个多数形式tɕi⁵³ kɯə¹¹ ni³¹"这几个地方"，to⁵³的语义就指向这个多数形式"这几个地方"。所以说该句中的to⁵³是单项副词；例⑧中体词部分只有一个多数形式po¹¹te²⁴"他们"，to⁵³的语义就指向po¹¹te²⁴"他们"。因此，该句中的to⁵³是单项副词；例⑨有两个多项形式tɕi⁵³ ʔdan²⁴ θɯn⁵³ ni³¹"这几个省"和po¹¹te²⁴"他们"，to⁵³的语义同时指向这两个多数形式。因此例⑨中的to⁵³是多项副词。布依语表达去过某些地方，不用动词pai²⁴而是用动词ma²⁴。如例⑦和例⑧都是用ma²⁴表示去过某些地方。

⑩ te²⁴ pa:i³¹ŋɔn¹¹ to⁵³ ʔju³⁵ thu³¹su³³kuan⁵³ to³³ θɯ²⁴.

他 每天 都 在 图书馆 看 书

（他每天都在图书馆看书。）

⑪ te²⁴ pi²⁴taŋ¹¹xam³³ to⁵³ mi¹¹ ʔju³⁵ ða:n¹¹.

他 一整年 都 不 在 家

（他一整年都不在家。）

例⑩和例⑪中的to⁵³总括的对象是时间状语pa:i³¹ŋɔn¹¹"每天"、pi²⁴taŋ¹¹xam³³"整年"，to⁵³作状语修饰句中的谓语动词。例⑩和例⑪中的动作在这些时间段里一直持续进行着。

通过上文分析可知，总括类范围副词语义指向的"项"与前面的体词性成分的多数形式有关。

2. 疑问代词+to⁵³"都"

① te²⁴ tɕik³⁵ pan¹¹ kwa:n³³, jiən³³ma¹¹ to⁵³ ɕio³¹ mi¹¹ ðo¹¹.

他 懒 成 习惯 什么 都 学 不 会

（他懒惰成性，什么都学不会。）

② te²⁴ ku⁵³ ta¹¹ða:i³¹, pu³¹laɯ¹¹ to⁵³ ʔa:u³¹ mi¹¹ kwa³⁵.

他　犟　太　谁　都　拗　不　过

（他脾气很犟，谁都拧不过他。）

③ pai¹¹ni³¹ ðau¹¹jiəŋ³³jiəŋ³³ to⁵³ li³¹ pai⁰.

现在　我们　样样　都　有　了

（我们现在什么都有了。）

④ ka:i³⁵ ðin²⁴ ni³¹ tɕiə¹¹laɯ¹¹ to⁵³ li³¹, li³¹ ma¹¹ pan¹¹peŋ¹¹ le⁰.

种　石头　这　哪里　都　有　有什么　珍贵　嘞

（这种石头哪儿都有，有什么珍贵的。）

例①～④中的jiəŋ³³ma¹¹"什么"、pu³¹laɯ¹¹"谁"、jiəŋ³³jiəŋ³³"样样"、tɕiə¹¹laɯ¹¹"哪里"都是表示任指的疑问代词与to⁵³配合运用，表示某一范围内的每个成员都具有某一特性，具有周遍意义。这类to⁵³的语义均指向前面的疑问代词。如例①中的to⁵³"都"指向疑问代词jiəŋ³³ma¹¹"什么"；例②中的to⁵³指向疑问代词pu³¹laɯ¹¹"谁"ʔa:u³¹只用于否定句，指某人性格过于倔强而无法说服；例③中的to⁵³指向代词jiəŋ³³jiəŋ³³"样样"，例④中的to⁵³指向疑问代词tɕiə¹¹laɯ¹¹"哪里"。以上各句中的to⁵³位于谓语之前，作状语修饰谓语，指向语义表示任指的代词。

3. 数量短语+to⁵³+否定

① te²⁴ ʔdan²⁴ θɯ²⁴ ʔdeu²⁴ to⁵³ mi¹¹ ða:i¹¹.

他　个　字　一　都　不　写

（他一个字都不写。）

② ku²⁴ ʔom³⁵ ðam³¹ ʔdeu²⁴ to⁵³ mi¹¹ ʔdot³⁵.

我　口　水　一　都　不　喝

（我一口水都不喝。）

③ ʔdaɯ²⁴ tɕiau²⁴sɿ³¹ pu³¹ vɯn¹¹ ʔdeu²⁴ to⁵³ mi¹¹li³¹.

里　教室　个　人　一　都　没有

（教室里一个人都没有。）

④ ku²⁴ fan²⁴ ɕen¹¹ ʔdeu²⁴ to⁵³ mi¹¹ tɯ¹¹.

　我　分　钱　一　都　不　带

（我一分钱都没带。）

"数量短语+to⁵³+否定"中的to⁵³位于数量结构之后。这种结构的数词通常是ʔdeu²⁴"一"，通过否定最小量"一"来否定全量。例如，例①通过否定"一个字不写"来表达他完全不写字；例②通过否定"一口水都不喝"来表达我完全不喝水；例③通过否定教室里"一个人都没有"来表示教室是空的；例④通过否定"一分钱都不带"来表达我完全没有钱。例①～④中的to⁵³的语义都指向句中的数量短语，他们分别是ʔdan²⁴ θɯ²⁴ ʔdeu²⁴、ʔom³⁵ ðam³¹ ʔdeu²⁴、pu³¹ vɯn¹¹ ʔdeu²⁴、fan²⁴ ɕen¹¹ ʔdeu²⁴。当to⁵³总括的对象是由ʔdeu²⁴构成的数量短语时，to⁵³后须带否定词，否则句子不成立。

通过分析以上例句可知，表总括的布依语副词to⁵³"都"有以下几个特点：①其语义总是指向总括的对象，总括的对象包括多数形式的词语、疑问代词、数量短语。总括的对象都在句中充当主语。②这些被总括的对象都置于to⁵³之前，因此to⁵³是前指副词。③to⁵³的语义不指向句中的谓语动词或形容词。④总括对象是疑问代词或数量短语时，句子有两个主语。疑问代词或数量短语是小主语，小主语一般是谓语动词的受事，大主语一般是表人的名词或代词。⑤to⁵³的语义指向对象可以是单项的，也可以是多项的。

（二）leu³¹"完全"

leu³¹、kuə³³leu³¹、ɕiŋ³³、ɕiŋ³³ɕiŋ³³表示总括全部，相当于汉语的"完全"，位于句末或助词pai⁰之前。例如：

① ʔdan²⁴ma³⁵ nau³³ leu³¹ pai⁰.

　果子　　腐烂　全　了

（果子全腐烂了。）

② xau³¹meu¹¹ tɕaŋ²⁴ ɕo³⁵ ʔdaɯ²⁴ θa:ŋ³³θe⁵³ leu³¹ pai⁰.

　粮食　　　装进　里　边　大囤箩　全　了

（粮食全部装进大囤箩里去了。）

③ ʔbaɯ²⁴fai³¹ tɔk³⁵ leu³¹ pai⁰.

　树叶　　掉　全　了

（树叶全掉光了。）

④ jiŋ²⁴ pam³¹ leu³¹ pai⁰.

声音 安静 全 了

·（完全静下来了。）

⑤ pau³⁵la:u³¹ɕi³³ nau¹¹ haɯ⁵³ pau³⁵ŋi³³ n̻iə²⁴ kuə³³leu³¹ .

老大 就 说 给 老 二 听 完全

（老大就全部说给老二听。）

⑥ pɯn⁵³ θɯ²⁴ ni³¹ mi¹¹ teŋ²⁴ mo³⁵ kuə³³leu³¹.

本 书 这 不 是 新 全

（这本书不全是新的。）

⑦ te²⁴ kɯn²⁴ ka:i³⁵-ʔdi²⁴ ɕiŋ³³.

他 吃 的 好 尽

（他尽吃好的。）

⑧ te²⁴ tan⁵³ ka:i³⁵peŋ¹¹ ɕiŋ³³ɕiŋ³³.

他 穿 的 贵 全

（他全都穿的是贵的。）

⑨ te²⁴ mi¹¹ nau¹¹ ɕɔn¹¹ kə³⁵ma¹¹liŋ³³.

他 不 说 句 什么 完全

（他完全不说什么。）

leu³¹ "完全"总括全部，且句末都有pai⁰，pai⁰表示一种状态的变化或动作的完成。例①的leu³¹位于句末时态助词pai⁰之前；"完全"语义指向ʔdan²⁴ "果子"；例②的leu³¹的语义指向xau³¹meɯ¹¹ "粮食"，位于pai⁰之前；例③和例④的leu³¹都位于pai⁰之前，语义都指向主语ʔbaɯ²⁴fai³¹、jiŋ²⁴；例⑤的kuə³³leu³¹位于句末，语义指向nau¹¹ haɯ⁵³ pau³⁵ŋi³³ n̻iə²⁴；例⑥的kuə³³leu³¹位于句末，语义指向mo³⁵。综上所述，leu³¹ "完全"位于句末或者表示完成的时态助词pai⁰之前，语义指向句首主语。

例①有两种理解：一种指"所有的果子完全腐烂了"；另一种指"这个果子完全烂了"。从语义指向来看，第一种含义的leu³¹指向主语"果子"，该"果子"是指"所有的果子"，因此该句的意思为"所有的果子全都烂了"；第二种含义的leu³¹

也指向主语"果子"，但该果子指"这个果子的每一部分"，该句的意思为"这个果子的每一部分都烂了"。因此该句的leu³¹指向的对象"果子"具有"可分性"。通过分析可知，leu³¹所指的对象可以是单数形式，实指该单数形式的各个部分。

如例⑤和例⑥，用kuə³³leu³¹总括全部，其位于句末。例⑦用表示总括的 ɕiŋ³³ "全是"，ɕiŋ³³位于句末，作状语修饰 kɯn²⁴ka:i³⁵-ʔdi²⁴。例⑧中的 ɕiŋ³³ɕiŋ³³是 ɕiŋ³³的重叠式，作状语修饰 tan⁵³ ka:i³⁵peŋ¹¹，位于句末。ɕiŋ³³ɕiŋ³³比 ɕiŋ³³的总括意味更强，更强调没有例外。例⑨中的ma¹¹liŋ³³表示总括，位于句末，作状语修饰 mi¹¹ nau¹¹ ɕɔn¹¹ kə³⁵。

to⁵³常与leu³¹、kuə³³leu³¹连用，连用时的总括语气比只用一个总括副词的总括语气要强。例如：

⑩ʔdan²⁴ma³⁵ to⁵³ nau³³ leu³¹ pai³³.

　　果子　　都　腐烂　全　了

　　（果子全腐烂了。）

⑪ ʔdɯ²⁴ ða:n¹¹ to⁵³ piəŋ³⁵ leu³¹ pai³³.

　　里　　家　都　空　　全　了

　　（屋里全空了。）

⑫ te²⁴ nau¹¹ka:i³⁵ xa:u³⁵ te²⁴ ku²⁴ to⁵³ nen²⁴ ʔdai³¹ leu³¹ pai³³.

　　他　说　个　话　那　我　都　记　得　全　了

　　（他讲的话我全记下来了。）

⑬ siən³⁵ ni³¹ to³³ tɯk³³ pi³¹pɯə³¹ ku²⁴ kuə³³ leu³¹.

　　事情　这　都　是　　嫂子　我　做　全

　　（这件事都是我嫂子做的。）

⑭ pau³⁵la:u³¹ɕi³³ tɯ¹¹ la:i²⁴jiaŋ³³ tɕa⁵³ta:ŋ³⁵ tu³³ ha³³ pai²⁴ kuə³³leu³¹.

　　老大　　就　把　多样　　家当　　都　霸占去　全部

　　（老大就把许多家当全都霸占去了。）

⑮ ʔdak³⁵ʔdak³⁵ to³³ tɯk³³ ʔdak³⁵zin²⁴ kuə³³leu³¹.

　　块　　块　　都　是　　石头　　全部

（每一块都是石头。）

⑯ tɕi⁵³ ʔdan²⁴ tai³³ te²⁴ tɯ¹¹ ma²⁴ te²⁴ to³³ tɕaŋ²⁴ ðim²⁴ leu³¹.

几 只 口袋 他 带 来 那 都 装 满 全部

（所带去的口袋全部装得满当当的。）

to⁵³和leu³¹连用或to⁵³与kuə³³leu³¹连用时，比只用一个总括副词的总括意味更强烈，周遍意义也更强。to⁵³与leu³¹或kuə³³leu³¹共用时，to⁵³需位于所修饰的中心之前，leu³¹或kuə³³leu³¹位于句末或语气词之前，他们的语义都指向句中的多数成分。例如⑩～⑫中的to⁵³位于所修饰的中心词之前，leu³¹位于句末语气词pai³³之前，to⁵³、leu³¹和to⁵³的语义分别指向句中的多数主语ʔdan²⁴ma³⁵、ʔdaɯ²⁴ ða:n¹¹、te²⁴ nau¹¹ka:i³⁵ xa:u³⁵ te²⁴。例⑬～⑯中的to⁵³位于所修饰的中心词之前，kuə³³leu³¹或leu³¹位于句末，他们都修饰句中的谓语中心词，语义指向句中的多数主语siən³⁵ni³¹、la:i²⁴jiaŋ³³ tɕa⁵³ta:ŋ³⁵、ʔdak³⁵ʔdak³⁵、tɕi⁵³ ʔdan²⁴ tai³³ te²⁴ tɯ¹¹ ma²⁴ te²⁴。

（三）tɕiə¹¹tɕiə¹¹ "处处"、tɕiə¹¹laɯ¹¹ "到处"

tɕiə¹¹tɕiə¹¹ "处处"、tɕiə¹¹laɯ¹¹ "到处" 用在动词短语或形容词短语前表示动作行为或性质状态的范围。例如：

① xoŋ⁵³ ta³³ ni³¹ puŋ³³vɯn²⁴ tɕiə¹¹tɕiə¹¹ to⁵³ li³¹ ðam³¹ tɔk³⁵ ta:t³⁵.

山谷 河 这 雨季 处 处 都 有 水 落 岩

（这条河谷雨季到处都是瀑布。）

② ʔba:n³¹ ni³¹ tɕiə¹¹laɯ¹¹ to⁵³ li³¹ ma²⁴je³¹.

寨子 这 哪里 都 有 野狗

（这里到处都是野狗。）

③ xen¹¹ ðɔn²⁴ tɕiə¹¹laɯ¹¹ to⁵³ li³¹ ma³⁵ tum³³.

边 路 哪里 都 有 果 草莓

（路边到处都有野草莓。）

④ tuə¹¹pat³³ ɕi³³san³³ tɕiə¹¹tɕiə¹¹ to⁵³ tuk³³ pu³¹ɕun¹¹nen³³ luən³³ kwet³⁵.

佛像 西山 处处 都 被 人 旅游 乱 刻画

（西山上的佛像到处都被游客乱刻乱画。）

⑤ tɕa⁵³xat³⁵ ðun³⁵ tau⁵³, tɕiə¹¹laɯ¹¹ to⁵³ kuə³³moŋ²⁴moŋ²⁴ te²⁴.

　　早上　　起　来　到处　都　做　灰蒙蒙　的

（早上起来，到处一片灰蒙蒙的。）

tɕiə¹¹tɕiə¹¹"处处"和tɕiə¹¹laɯ¹¹"到处"总括处所范围，常与表示总括的范围副词 to⁵³连用，如例①～⑤。tɕiə¹¹tɕiə¹¹"处处"和tɕiə¹¹laɯ¹¹"到处"被总括的对象都是处所，这些处所有的在句中出现，也可不在句中出现。例①～④被总括的处所在句子中出现，例①所总括的对象是xoŋ⁵³ ta³³ ni³¹"这条河谷"，例②所总括的对象是ʔba:n³¹ ni³¹"寨子"，例③所总括的对象是xen¹¹ ðɔn²⁴ tɕiə¹¹laɯ¹¹"路边"，例④所总括的对象是tuə¹¹pat³³ ɕi³³san³³"西山上的佛像"，例⑤所总括的对象没出现，因为其总括的范围是泛指的，无需标出来。tɕiə¹¹tɕiə¹¹"处处"和tɕiə¹¹laɯ¹¹"到处"与表示总括的范围副词to⁵³连用时都位于所修饰的中心词之前，作状语，例①～④中的 tɕiə¹¹laɯ¹¹和to⁵³的语义分别指向句中的处所名词xoŋ⁵³ ta³³ ni³¹、ʔba:n³¹ ni³¹、xen¹¹ ðɔn²⁴ tɕiə¹¹laɯ¹¹、tuə¹¹pat³³ ɕi³³san³³。

布依语总括副词有以下特点：

（1）语序上，借自汉语的总括副词都位于谓语之前，如to⁵³"都"、tɕiə¹¹tɕiə¹¹"处处"；布依语固有词都位于句末或pai³³之前，如leu³¹"全"、ɕiŋ³³ɕiŋ³³"全都"。

（2）句法功能上，总括副词都在句中作状语，修饰动词、形容词，部分可修饰数量词，都不能修饰名词，总括的对象都位于总括副词的前面。

（3）语义指向上，总括副词的语义一般不指向句中的谓语动词或形容词，而是指向谓语的相关成分，即施事和受事。这些施事或受事都是体词性成分，都充当句子的主语或宾语。

二、统计类范围副词

统计副词语义上表示对事物的数量或动作行为的次数的统计。布依语的统计副词有pa⁴²liɛn²⁴"把连"、tɕuk³⁵tɕuk³⁵"足足"。他们一般修饰动词短语、数量短语，语义指向数量短语。例如：

（一）pa⁵³liɛn³¹"总共"

① pa⁵³liɛn²⁴ ɕat³⁵ɕip³³ man¹¹.

　　把连　　七　十　元

（总共七十元。）

② taŋ¹¹ pja:i²⁴pi²⁴, kɔk³⁵ pja:i²⁴ te²⁴ pa⁵³liɛn³¹ ʔdai³¹ θoŋ²⁴ ɕiən²⁴ ɕen¹¹.

到　　年底　　本　息　他　把连　得　　两　千　元

（到年底他本息一共收两千元。）

③ θoŋ²⁴ ʔba:n³¹ ni³¹ pa⁵³liɛn³¹ li³¹ɕiən²⁴ la:i²⁴ vɯn¹¹.

两　　寨子　这　把连　有　千　多　人

（这两个寨子总共有一千多人。）

pa⁵³liɛn³¹"把连"总括全部，其总括的对象是数量短语。例①中的pa⁴²liɛn²⁴"把连"位于数量词ɕat³⁵ɕip³³"七十元"前面，修饰该数量词，语义也指向该数量词。例②中的pa⁴²liɛn²⁴修饰谓语动词 ʔdai³¹"得"，其总括的对象是数量词θoŋ²⁴ɕiən²⁴ɕen¹¹"两千元"，语义也指向该数量词而不是谓语动词。例③中的pa⁵³liɛn³¹修饰动词li³¹，语义指向数量词ɕiən²⁴la:i²⁴"一千多"。这些数量词在句中可充当不同的句法成分。例①中的数量词作谓语，例②中的数量词充当宾语，例③中的数量词作定语。pa⁴²liɛn²⁴的语义都指向这些数量词。

（二）tɕuk³⁵tɕuk³⁵"足足"

tɕuk³⁵tɕuk³⁵"足足"常用于对数量进行总括，位于所修饰的数量词或动词之前，作状语。例如：

① ða:p³⁵ pɯn³³ ni³¹ tɕuk³⁵tɕuk³⁵ θoŋ²⁴ twa³³ θɿ³⁵.

挑　　粪　这　足足　　二　百斤　四

（这挑粪足足240斤。）

② ða³⁵ wɯn²⁴ ni³¹ tɕuk³⁵tɕuk³⁵ tau⁵³ θa:m²⁴ ka:i³⁵ ɕiau⁵³sɿ³¹。

阵　雨　这　足足　　下　　3　个　小时

（这阵雨足足下了3个小时。）

③ ʔdan²⁴ kua¹ka:n³³ ni³¹ tɕuk³⁵tɕuk³⁵ li³¹ θoŋ²⁴ teu³³ nak³⁵.

个　　南瓜　这　足足　　有二十斤重

（这个南瓜足足有20斤重。）

tɕuk³⁵表示吼叫，tɕuk³⁵重叠成 tɕuk³⁵tɕuk³⁵后表示对数量进行总括。如例①

中 tɕuk³⁵tɕuk³⁵ "足足" 的语义指向数量短语 θoŋ²⁴twa³³θi³⁵ "二百四十斤"，例② 中的 tɕuk³⁵tɕuk³⁵ "足足" 指向数量补语 θa:m²⁴ ka:i³⁵ ɕiau⁵³sɿ³¹，例③中的 tɕuk³⁵tɕuk³⁵ "足足" 指向数量宾语 θoŋ²⁴ teu³³ nak³⁵。

综上所述，统计范围的副词具有如下特点：（1）只能修饰动词和数量词，不能修饰名词和形容词。（2）从总体上对数量进行概括，因此语义指向数量短语，语义后指。（3）统计副词所修饰的数量短语可以充当句子的主语，也可以充当句子的谓语和宾语。

三、限定类范围副词

限定类范围副词用来限定句中某个词语的范围或数量，表示仅仅限于该词语所说的范围或数量之内，突出被修饰物的少。布依语限定类范围副词包括 ɕa:u³¹ "只"、ka³³ "只有、只是"、tam³¹ "只"、tam⁴³¹ka³³ "唯独"、tsui²⁴to³³ "最多"、tsi²⁴sau⁵³ "至少" 等。

（一）ɕa:u³¹ "才，只，仅仅"

① ɕa:u³¹ li³¹ θan⁵³ pi¹¹ ʔdeu²⁴ to³³.
　 只　有　支　笔　一　而已
　（只有一支笔。）

② ʔdaɯ²⁴ ʔda:ŋ²⁴ te²⁴ ɕa:u³¹ li³¹ ŋi³³ɕip³³ man¹¹ ɕen¹¹.
　 上　　身　他　只　有　二　十　元　钱
　（他身上只有 20 元钱。）

③ te²⁴ ɕa:u³¹ ðo³¹ ʔun²⁴ vɯn²⁴la:i²⁴.
　 他　只　会　抱怨　别人
　（他只会抱怨别人。）

④ te²⁴ ɕa:u³¹ ʔiət³⁵na:i³⁵ ʔdai³¹ŋon¹¹ ʔdeu²⁴.
　 他　只　休息　得　天　一
　（他只休息了一天。）

⑤ ɕa:u³¹ tɕi⁵³ ŋon¹¹ te²⁴ ɕi³³ pjom²⁴ tɕi⁵³ kan²⁴ pai⁰.
　 只　几　天　他　就　瘦　几　斤　了
　（只几天时间他就瘦了几斤。）

ça:u^{31}有只、才、仅仅三个义项，限定句中某个词的范围。ça:u^{31}的语义指向与其所限定成分的性质有密切的关系。（1）如果句中宾语带有数量词，ça:u^{31}"只"限定的是句中的动词短语带数量宾语，ça:u^{31}语义指向其中的数量词。例①和例②中 的 ça:u^{31} 分 别 限 制 li^{31} θan^{53} pi^{11} ʔdeu^{24} to^{33} " 有 一 支 笔 "、li^{31}ŋi^{33}çip^{33} man^{11} çen^{11}"有二十元钱"，ça:u^{31}的语义都分别指向其中的数量词。（2）ça:u^{31}加在能愿动词前表示动作行为的唯一可能性，也可表示只具备实施这种动作行为的能力，其作状语修饰"能愿动词+动词短语"，语义指向能愿动词后的短语。例如③中的ça:u^{31}修饰的是ðo^{31}ʔun^{24}vɯn^{11}la:i^{24}"会抱怨别人"，语义指向的是ʔun^{24}vɯn^{11}la:i^{24}。（3）ça:u^{31}可限定由数量词充当的补语，语义指向作补语的数量词。例如④中的ça:u^{31}只限定ʔiət^{35}na:i^{35} ʔdai^{31} ŋon^{11} ʔdeu^{24}"休息了一天"，语义指向数量短语ŋon^{11}ʔdeu^{24} "一天"。（4）例⑤中的ça:u^{31}限定由数量成分充当的状语tçi^{53}ŋon^{11} "几天"，语义指向该数量成分。

通过以上分析可知，ça:u^{31}"只"限定的成分在其后，这些被限定的成分多数是带数量词的短语，ça:u^{31}的语义也指向这些数量成分，因此，ça:u^{31}"只"是后指副词。ça:u^{31}"只"后可连接能愿动词、数量词、存在动词和一般动词。

下面讨论ka^{33}的意义和用法。例子如下所示：

① ka^{33} ða:n^{24} soŋ^{24} ta^{24} te^{24} pau^{31}li^{53}lan^{33}.
　　只　见　两只眼睛　她　圆溜溜
　　（只见她的两只眼睛圆溜溜的。）

② pu^{31}ʔjai^{31} bɯaŋ^{11}ni^{31}ka^{33}li^{31}bu^{31}je^{35} lɯŋ^{53} ðo^{31} ka:ŋ^{53}ʔjai^{31}.
　　布依族　一带这只有人老　才　会　讲布依语
　　（这一带的布依族只有老人才会讲布依语。）

③ te^{24} çiaŋ^{31} sa:m^{24} çoi^{31} lɯk, ka^{33}li^{31} çoi^{31} tɔ^{33} tɯk^{33} lɯk^{33}ʔu^{24}.
　　他　养　三　个　儿子只有　个　一　是　亲生子
　　（他养了三个儿子，只有一个是亲生子。）

④ te^{24} jiaŋ^{33}ma^{11} to^{53} mi^{11} kɯa^{33}, ka^{33} ðo^{31} kɯa^{33}ɳa:ŋ^{33}.
　　他　什　么　都　不　干　只　会　发牢骚
　　（他什么也不干，只会发牢骚。）

⑤ ka³³ pau³⁵lun¹¹ te²⁴ʔju³⁵ ða:n¹¹ kuə³³ xoŋ²⁴.

　　只　幺兄弟　他在家　干　农活

　　（只有他的幺兄弟在家干农活。）

⑥ ka³³ ku²⁴ pjɯ³⁵ to²⁴ fɯa³¹.

　　只　我　没出息　比　别人

　　（只有我比别人都没出息。）

⑦ ka³³ te²⁴ tai¹¹tu³³ to²⁴ leu³¹tɕoŋ³⁵.

　　只　他　重　比　所有人

　　（他比所有人都要重。）

⑧ ka³³ te²⁴ bu³¹to³³ ʔju³⁵ ða:ŋ¹¹ taɯ¹¹tau³³.

　　只　他　一人　在　家　看家

　　（只有他一人在家看家。）

ka³³可修饰动词，也可修饰名词或代词。例①～④中的ka³³修饰动词，位于所修饰动词的前面，语义指向其后的数量词或名词soŋ²⁴ ta²⁴ te²⁴、bu³¹je³⁵、ɕoi³¹ tɔ³³、ðo³¹ kuə³³ɳa:ŋ³³，例⑤～⑧中的ka³³修饰名词或代词pau³⁵lun¹¹ te²⁴、ku²⁴、te²⁴、te²⁴ bu³¹to³³，ka³³的语义也指向这些名词或代词，属于后指副词。

（二）tam³¹ka³³ "唯独"

① leu³¹po¹¹ to⁵³ tau⁵³ taŋ¹¹, tam³¹ka³³ te²⁴ fi³³ ma²⁴.

　　大家　都来到　唯独　他没来

　　（大家都到了，唯独他没来。）

② te²⁴ pu³¹laɯ¹¹ to⁵³ la:u²⁴, tam³¹ka³³ mi¹¹ la:u²⁴ nuən³¹ te²⁴.

　　他　谁　都怕　唯独　不怕　妹妹他

　　（他谁都怕，唯独不怕他妹妹。）

③ tam³¹ka³³ ða:n¹¹ ni³¹ ʔiə²⁴ kho⁵³khau²⁴.

　　唯独　家这　药可靠

　　（唯独这一家的药可靠。）

tam³¹ka³³ "唯独"限定范围，表示"只"义，多修饰名词、代词，语义指向其后的名词或代词。如例①和例③中的tam³¹ka³³都修饰体词te²⁴、ða:n¹¹ ni³¹ʔiə²⁴，语义也指向这些体词。例②中的tam³¹ka³³修饰动词短语 mi¹¹ la:u²⁴ nuəŋ³¹ te²⁴，语义指向体词nuəŋ³¹ te²⁴。

（三）tsui²⁴to³³ "最多"

tsui²⁴to³³ "最多"借自汉语，表示说话人对某种状况最充分的估计，相当于"充其量"。

① ku²⁴ tsui²⁴to³³ ʔju³⁵ θa:m²⁴ ŋon¹¹.

　　我　　最多　　住　　三　　天

（我最多住三天。）

② ku²⁴ tsui²⁴to³³ ɕɯ³³ ta:u³⁵ ʔdeu²⁴ tem²⁴.

　　我　　最多　　试　　次　　一　　再

（我最多再试一次。）

③ pu³¹ vɯn¹¹ ʔdeu²⁴ tsui²⁴to³³ tɕau²⁴ ʔdai³¹ pa³⁵ pi²⁴.

　　个　人　　一　　最多　　活　得　百　年

（一个人最多不过活 100 年。）

④ ku²⁴ ta:u³⁵ ʔdeu²⁴ tsui²⁴to³³ kɯn²⁴ θoŋ²⁴ ʔdan²⁴ phin³¹ko⁵³.

　　我　次　一　　最多　　吃　两　个　苹果

（我一次最多吃两个苹果。）

tsui²⁴to³³ "最多"位于谓语动词之前，修饰该动词，作状语。tsui²⁴to³³ "最多"的语义指向其后的数量短语：如例①中的tsui²⁴to³³ "最多"指向θa:m²⁴ŋon¹¹ "三天"，例②中的tsui²⁴to³³指向ta:u³⁵ʔdeu²⁴ "一次"，例③中的tsui²⁴to³³指向pa³⁵pi²⁴ "百年"，例④中的tsui²⁴to³³指向θoŋ²⁴ʔdan²⁴phin³¹ko⁵³ "两个苹果"。tsui²⁴to³³的语义都后指，是后指副词。

（四）θeu⁵³nau¹¹ "至少"、tsɿ²⁴sau⁴² "至少"

θeu⁵³nau¹¹ "至少"、tsɿ²⁴sau⁴² "至少"表示对事物的数量或动作情况作最低限度的估计或要求。

① te²⁴ fɯ³¹ xau³¹ ʔdeu²⁴ θeu⁵³nau¹¹ kɯn²⁴ θoŋ²⁴ toi³¹.

　　他　顿　饭　一　　至少　　吃　两　碗

（他一餐至少吃两碗饭。）

② te^{24} ma^{24} tɕiə^{11}ni^{31} θeu^{53}nau^{11} xa^{53} pi^{24} pai^{0}.

　他　来　　这里　　至少　　五　年　了

（他来这里至少五年了。）

③ ka:i^{35} θiən^{35} ni^{31} θeu^{53}nau^{11} muŋ^{11} ma^{53} ðiəŋ^{11} ku^{24} nau^{11} nau^{11}.

　件　事情　这　至少　　　你　要　跟　我　说　说

（这件事你至少应该跟我说说。）

④ tsɿ^{24}sau^{42}, muŋ^{11} xa:i^{31} pai^{11} tiɛn^{24}xua^{24} ʔdeu^{24} xaɯ^{53} te^{24}.

　至少，　　你　打　次　　电话　　一　给　他

（至少，你要给他打一个电话。）

⑤ muŋ^{11} tsɿ^{24}sau^{42} xa:i^{31} pai^{11} tiɛn^{24}xua^{24} ʔdeu^{24} xaɯ^{53} te^{24}.

　你　　至少　　打　次　　电话　　一　给　他

（你至少要给他打个电话。）

⑥ bu^{31}ʔdeu^{24}tsɿ^{24}sao^{42} ma^{53} ɕɯ^{31} soŋ^{24} jian^{33}.

　人　一　至　少　要　买　两　样

（每人至少要买两样。）

θeu^{53}nau^{11}"至少"是布依语固有词，tsɿ^{24}sau^{42}借自汉语。例①中的θeu^{53}nau^{11}用在动词前，作状语，修饰动词kɯn^{24} θoŋ^{24} toi^{31}，语义指向动词后的数量短语θoŋ^{24}toi^{31}"两碗"。例②中的θeu^{53}nau^{11}用在数量词前面，作状语，修饰谓语xa^{53}pi^{24}"五年"，语义指向数量短语xa^{53}pi^{24}。例③中的θeu^{53}nau^{11}修饰主谓短语muŋ^{11} ma^{53} ðiəŋ^{11} ku^{24} nau^{11} nau^{11}，语义指向 nau^{11} nau^{11}"说说"。例④中的tsɿ^{24}sau^{42}用在句首，作状语，语义指向数量短语tiɛn^{24}xua^{24}ʔdeu^{24}"一个电话"。例④中的tsɿ^{24}sau^{42}从主语前移到主语后就成了例⑤。θeu^{53}nau^{11}不能用于句首，tsɿ^{24}sau^{42}可以置于句首。因此，除例④外，其他各句中的tsɿ^{24}sau^{42}和θeu^{53}nau^{11}"至少"可直接替换，不会引起语气或语义的变化。

通过以上分析可知tsɿ^{24}sau^{42}和θeu^{53}nau^{11}有如下特征：布依语副词tsɿ^{24}sau^{42}的位置可前置于主语，也可置于主语之后、谓语之前。不管其位置如何，都作状语修饰谓语。θeu^{53}nau^{11}只能位于谓语前主语后。tsɿ^{24}sau^{42}和θeu^{53}nau^{11}的谓语部分如有数量短语，两者tsɿ^{24}sau^{42}的语义一般指向该数量短语；若没有数量短语

则指向谓语部分。tsʅ²⁴sau⁴²和θeu⁵³nau¹¹的语义都后指，是后指副词。

（五）tɕhi⁵³ma⁵³ "起码"

tɕhi⁵³ma⁵³ "起码" 借自汉语，表示最低的限度，相当于 "至少"。

① ku²⁴ tɕhi⁴²ma⁴² pai²⁴ θoŋ²⁴ ʔdiən²⁴.
　我　　起码　　去　两　　月
　（我起码去两个月。）

② tai³³ xau³¹ ni³¹ tɕhi⁵³ma⁵³ xa⁵³ teu³³ nak³⁵.
　袋　粮食　这　起码　　五　十斤　重
　（这袋粮食起码50斤重。）

③ ka:i³⁵ θiən³⁵ ni³¹ tɕhi⁵³ma⁵³ mɯŋ¹¹ ma⁵³ ðiən¹¹ ku²⁴ nau¹¹ nau¹¹.
　件　事情　这　起码　　你　要　跟　我　说　说
　（这件事你起码应该跟我说一声。）

例①～③各句的tɕhi⁴²ma⁴²都作状语修饰其后的谓语部分。从语义指向来看例①和例②的谓语都有数量短语，tɕhi⁵³ma⁵³的语义指向这些数量短语θoŋ⁵³ ʔdiən⁵³、xa⁵³ teu³³ nak³⁵。例③的谓语没有数量短语，tɕhi⁴²ma⁴²的语义指向主谓短语。

（六）小结

从以上分析可知，限定类副词有以下特点：

（1）限定类副词从在句法上，限制名词、代词、数量词、动词的范围或数量，一般不修饰形容词。这些被限定的成分能在句中作主语、谓语或宾语。

（2）限定类副词从在语义上，多指向句中的数量词，也可指向句中的名词、代词、动词。指向数量词是对数量的限定，指向其他词语是对范围的限定。被限定的词都位于限定副词之后，所以说限定副词的语义后指，是后指副词。

四、类同副词

布依语中表示类同的副词只有je⁵³。

① mɯŋ¹¹ ma:i⁵³ nau¹¹wɯan²⁴ ta¹¹ða:i³¹, te²⁴ je⁵³ ma:i⁵³ nau¹¹wɯan²⁴ ta¹¹ða:i³¹.
　你　喜欢　唱　歌　最　她也喜欢　唱　歌　最

（你最喜欢唱歌，她也最喜欢唱歌。）

② $\eta o\eta^{11}ne^{31}$ $mu\eta^{11}$ li^{317} $et^{35}?de:u^{24}$ $\eta a:i^{35}$, te^{24} je^{53} li^{31} $et?de:u^{24}$ $\eta a:i^{35}$.
　天　今　你　有　一点　累　　他　也　有　一点　累
（今天你有点累，他也有点累。）

③ $ka:i^{35}$ $sia\eta^{35}$ ni^{31} te^{24} $mi^{11}li^{31}$ $pa^{42}wo^{31}$, ku^{24} je^{53} $mi^{11}li^{31}$ $pa^{42}wo^{31}$.
　件　事情　这　他　没有　把握　我　也　没有　把握
（这件事情他没有把握，我也没有把握。）

④ $\eta on^{11}ne^{31}$ $mu\eta^{11}$ $tsuan^{33}mu\eta^{31}$ pai^{24} $t\varepsilon e^{31}$ $ta:u^{35}$ $?de:u^{24}$, ku^{24} je^{53} $tsuan^{33}mu\eta^{31}$ pai^{24}
　今天　你　专门　去　街　趟　一　我　也　专门　去
$t\varepsilon e^{31}$ $ta:u^{35}$ $?de:u^{24}$.

街　趟　一
（今天你专门去了趟集市，我也专门去了趟集市。）

表类同的je^{53}"也"字句，在话语中一般不孤立出现，常会有一定的句子伴随，而且je^{53}"也"总是出现在后一个表述中。为了便于描述，把带有je^{53}"也"字的叫作本句，先于je^{53}"也"字句的叫做先行句。先行句与"也"字句是整齐对应的。例①中，先行句与je^{53}"也"字句类同的部分是谓语$ma:i^{53}nau^{11}wuan^{24}$ $ta^{11}\delta a:i^{31}$，只有体词$mu\eta^{11}$"你"和te^{24}"他"不同，je^{53}"也"的语义指向te^{24}"他"。例②中，先行句与"也"字句类同的部分是谓语部分$li^{317}et^{35}?de:u^{24}$ $\eta a:i^{35}$和$\eta o\eta^{11}ne^{31}$"今天"，体词$mu\eta^{11}$"你"和te^{24}"他"不同，je^{53}"也"的语义指向te^{24}"他"。例③中的ku^{24}"我"与te^{24}"他"相比具有同类的行为指向即$mi^{11}li^{31}$ $pa^{42}wo^{31}$"没把握而"，je^{53}"也"的语义指向ku^{24}"我"。例④先行句与je^{53}"也"字句有类同行为$tsuan^{33}mu\eta^{31}$ pai^{24} $t\varepsilon e^{31}$ $ta:u^{35}$ $?de:u^{24}$，"也"的语义指向ku^{24}"我"。通过以上分析可知，je^{53}"也"的语义指向本句中与先行句不同的部分。

在实际的语言使用中，有时会省略先行句，只出现本句，但可以根据语境将潜在的先行句补充完整。例如：

⑤ $pu^{31}kwa:i^{24}$ je^{53} δo^{31} li^{31} εu^{11} $lo\eta^{24}$.
　人　聪明　也　会　有　时候　错
（聪明人也会有做错事的时候。）

⑥ pu³¹ŋɔk³⁵ je⁵³ ðɔ³¹ li³¹ ɕɯ¹¹ kwa:u²⁴.

　　傻瓜　　也　会　有　时候　聪明

（傻瓜也会有聪明的时候。）

⑦ pe³³nau¹¹ mɯŋ¹¹ ma¹¹, je⁵³ mi¹¹tiŋ³³ ɕu³¹ ʔdai³¹ te²⁴ ta:u³⁵.

　　即使　　你　来　也　不一定　接　可以　他　回

（即使你来，也不一定能把他接回去。）

⑧ pa⁵³nau¹¹ ku²⁴ fi³³ pai²⁴, ku²⁴ je⁵³ ðɔ³¹ te²⁴ nau¹¹ ku⁵³ma¹¹.

　　虽说　　我　没　去　我　也　知道　他　说　什么

（虽说我没去，我也知道他说什么。）

　　例⑤只出现本句，省略了先行句。可以根据本句把先行句补充出来，先行句应即为 pu³¹ŋɔk³⁵ ðɔ³¹ li³¹ ɕɯ¹¹lɔŋ²⁴。本句 je⁵³的语义指向 pu³¹kwa:i²⁴ "聪明人"。例⑥只出现了本句，先行句应该为 pu³¹kwa:i²⁴ ðɔ³¹ li³¹ kwa:u²⁴，本句 je⁵³的语义指向 pu³¹ŋɔk³⁵ "傻瓜"。例⑦只出现了本句，先行句应该为 mɯŋ¹¹ mi¹¹ ma¹¹ mɯŋ¹¹ mi¹¹ ɕu³¹ ʔdai³¹ te²⁴ ta:u³⁵，je⁵³的语义指向 mɯŋ¹¹ ma¹¹ "你来"。例⑧只出现了本句，先行句应该为 ku²⁴ pai²⁴ ku²⁴ ðɔ³¹ te²⁴ nau¹¹ ku⁵³ma¹¹，je⁵³的语义指向为 ku²⁴ fi³³ pai²⁴ "我没去"。

五、外加副词

　　外加范围副词表示在已有对象范围上新增加或补充。布依语外加副词有 nin²⁴wai²⁴ "另外"、liən²⁴ "另外"、ta:u³⁵/tem²⁴/ lɯŋ⁵³/ ðiən¹¹/tsai²⁴ "再"、jou²⁴ "又、还"、mo³⁵ "重新"、sai²⁴ "再"。

（一）nin²⁴wai²⁴/liən²⁴ "另外"

① ku²⁴ ʔau²⁴ pɯn⁵³ ʔdeu²⁴ xaɯ⁵³ te²⁴ liən²⁴.

　　我　拿　本　一　　给　他　另外

（我另外拿本给他。）

② ku²⁴ ve³³ ʔbaɯ²⁴ ʔdeu²⁴ xaɯ⁵³ te²⁴ liən²⁴.

　　我　画　张　一　　给　他　另外

（我另外画一张给他。）

③ ku²⁴ nin²⁴wai²⁴ ʔau²⁴ θoŋ²⁴ ɕiən²⁴ ɕen¹¹ xaɯ⁵³ te²⁴.

　我　另外　拿　两　千　钱　给　他

（我另外给他两千元钱。）

liəŋ²⁴"另外"是布依语固有词，位于句末，修饰其前面的动词。例①中，liəŋ²⁴"另外"位于句末，作状语修饰限制其前面的谓语动词ʔau²⁴"拿"。从语义指向来看，例①的liəŋ²⁴"另外"的语义可以有很多指向：（1）liəŋ²⁴的语义可以指向动词ʔau²⁴"拿"，表示我借了一本书给他，另外还拿了一本书给他；（2）liəŋ²⁴的语义可以指向宾语puɯ⁵³ ʔdeu²⁴"一本"，这里用数量短语puɯ⁵³ ʔdeu²⁴"一本"指代一本书。当liəŋ²⁴"另外"指向宾语puɯ⁵³ ʔdeu²⁴"一本"时，该句表示我给了他其他东西再加上一本书；（3）liəŋ²⁴的语义可以指向宾语 te²⁴"他"，表示给了其他人一本书，又给了他一本书；（4）liəŋ²⁴还可同时指向多个对象，成为多项副词。如果liəŋ²⁴同时指向ʔau²⁴"拿"和puɯ⁵³ ʔdeu²⁴"一本"，则表示我拿给其他人其他东西外，又给了他一本书；假如liəŋ²⁴同时指向ʔau²⁴"拿"和te²⁴"他"，则表示我借给了其他人一本书，另外拿给了他一本书。

例②中的liəŋ²⁴位于句末，作状语修饰限制其前面的谓语动词ve³³"画"。例②的liəŋ²⁴的语义可以有以下几种指向：（1）liəŋ²⁴"另外"的语义可以指向动词ve³³"画"，表示我画了一张画给其他人，又画了一张画给他；（2）liəŋ²⁴可以指向宾语ʔbaɯ²⁴ʔdeu²⁴"一张"，句中的ʔbaɯ²⁴ʔdeu²⁴"一张"指代一张画，句子表示我给了其他人其他东西，又画了一张画给他。（3）liəŋ²⁴"另外"还可以同时指向多个对象，同时指向ve³³"画"和ʔbaɯ²⁴ʔdeu²⁴"一张"，表示我买了一张画给别人，另外画了一张画给他。

nin²⁴wai²⁴"另外"借自汉语，其语义和用法与汉语的"另外"相同，如例③中的nin²⁴wai²⁴"另外"指向θoŋ²⁴ɕiən²⁴ɕen¹¹"两千元"。

jou²⁴"又"、luŋ⁵³"还"也可以表示外加。例如：

④ te²⁴ jou²⁴ ða²⁴ ʔdai³¹ pu³¹ ʔdeu²⁴ .

　他　又　找　得　人　一

（他们又找了一个人。）

例④中的jou²⁴"又"表示外加，修饰动词，作状语。副词jou²⁴的语义指向其后的数量短语pu^{31}?deu^{24}"一人"。

（二）lɯŋ^{53}、nai^{33} ta:u^{35}、tem^{24}、jou^{24}都表示"再"

1. 表示某一动作重复发生

① ku^{24}　pi^{24}mo^{35} ku^{24} lɯŋ^{53} pai^{24} ɕim^{24} mɯŋ^{11}.

　我　　明年　　我　再　去　看　你

（明年我再去看你。）

② mɯŋ^{11}ðiaŋ^{11} pɔ^{11}ðau^{11} pai^{24} ta:u^{35}　?de:u^{24} tem^{24}.

　你　　跟　　我们　　去　次　一　再

（你跟我们再去一次。）

③ ta:u^{35} ni^{31} mi^{11} va:ŋ^{35}, ?an^{31} lɯŋ^{53} nai^{33} pai^{24} jeu^{35} mɯŋ^{11}.

　次　这　没　空，　以后　再　再　去　看　你

（这次没空，以后再去看你。）

④ ku^{24}　pao^{42}tsɯn^{24} mi^{11} pai^{24} ða^{24} mɯŋ^{11} ta:u^{35} tem^{24}.

　我　　保证　　不　去　找　你　　再　再

（我保证不再去找你。）

⑤ lɯk^{33}ni^{35} fi^{33} ɕiə^{35} ?dai^{31} fa^{33}ɕaŋ^{33},　pau^{35}ŋi^{33} jou^{24} nau^{11} te^{24} ta:u^{35}

　小儿子　未　借　得　秤　　　老二　又　叫　他　回

pai^{24} ?au^{24} mo^{35}ŋ

　去　拿　再

（小儿子没有借到秤，老二又叫他回去借。）

⑥ pi^{31}ta:i^{33} te^{24} mi^{11} sin^{35},　tɕa:n^{24}nau^{11} te^{24} fi^{33} kɯn^{24} ?im^{35}, ɕi^{33} jou^{24} ?au^{24}

　哥　　他　不　信，　误以为　　他　未　吃　饱，　就　又　拿

soŋ^{24}?dan^{24} hau^3 ^{1}ɕi^{11} ni^{35} hau^{53} te^{24} tem^{24}. lɯk^{33}ni^{35} te^{24} ta:u^{35} ma^{24} sa:m^{24}.

　两　个　　糍粑　小　给　他　再　孩子　小　那　回　来　三

（他哥哥不信，误以为他没吃饱，就又拿两个小糍粑给他。）

⑦ ta:u^{35} ŋon^{11} ta^{11}θa:m^{24} ɕi^{33} ta:u^{35}pai^{24} jiaŋ^{33}kau^{35}. pai^{24} taŋ^{11} θa:i^{24}

　次　天　第三　　就　回　去　依旧　　去　到　再

nau^{11} ɕɔn^{11} ha:u^{35} te^{24} mo^{53}tuan^{33}.

说　　句　　话　　那　　又

（于是，第三天他们又去了，还是那些话。）

　　这组例句的"再"表示某一动作将重复出现。例①中，蕴含有pai^{24}ɕim^{24} muŋ^{11} "去看你"的活动发生过一次，pi^{24}mo^{35} "明年"会重复发生，因此用luŋ^{53} "再"表示pai^{24}ɕim^{24} muŋ^{11} "去看你"活动的重复发生，luŋ^{53}置于所修饰的中心词pai^{24} "去"之前。luŋ^{53} "再"修饰动词pai^{24} "去"。（1）luŋ^{53} "再"的语义可以指向"我"，表示其他人看过你之后，我再去看你；（2）可以指向pi^{24}mo^{35} "明年"，表示今年我看过你了，明年再去看你；（3）可以指向ɕim^{24} "看"，表示我将通过其他方式先联系你，然后再去看你；可以指向muŋ^{11} "你"，表示我先去看别人，然后再去看你。

　　例②表示之前已经跟我们去过一次了，句中的tem^{24} "再"表示重复pai^{24} "去"一次，tem^{24}置于句末，修饰动词pai^{24} "去"。tem^{24} "再"的语义可以指向muŋ^{11} "你"，表示其他人跟我们去过一次了，你再跟我们去一次；可以指向 pai^{24} "去"，表示你跟着去了，希望再跟着去；也指向 ta:u^{35} ʔde:u^{24} "一次"，表示你自己去过了，但希望你跟着我们去了一次，再去一次。

　　例③蕴含了jeu^{35} "看"的动作ʔan^{31} "以后"要发生，这次没计划好的jeu^{35}因为mi^{11} vaēŋ^{35} "没空"，没发生，但ʔan^{31} "以后"会发生，因此用luŋ^{53} nai^{33} "再再"表示pai^{24} "去"的重复发生。luŋ^{53}和nai^{33}都置于所修饰的中心词pai^{24} "去"之前，因此，luŋ^{53}和nai^{33}是前置词。其语义也指向pai^{24} "去"。

　　例④表示之前我已经找过你了，但是现在我保证不去找你了，用意义相同的副词 ta:u^{35} "再"和 tem^{24} "再"的叠用表示动作 ða^{24} "找"不会重复发生，ta:u^{35} "再"和 tem^{24} "再"均置于句末，修饰动词 ða^{24} "找"，语义也都指向 ða^{24} "找"。

　　例⑤表示小儿子没借到秤，老二又重新叫他回去借秤。用同义副词jou^{24} "又"和 mo^{35} "再"的连用表示动作nau^{11} "叫"的重复。"jou^{24}'又'… mo^{35}'再'"共同修饰动词nau^{11} "叫"，语义也都指向nau^{11} "叫"。

　　例⑥表示他哥哥给过那小孩一次糍粑，可那小孩又来了，他哥哥以为小孩没吃饱，就再一次给小孩糍粑。该句连用同义副词jou^{24} "又"和tem^{24} "再"表示动作soŋ^{24} "拿"的重复。这里的jou^{24} "又"和 tem^{24} "再"共同修饰动词soŋ^{24} "拿"，语义也都指向soŋ^{24} "拿"。

　　例⑦ "θa:i^{24}'再'… mo^{53}tuan^{33}'又'"，表示重复，重复的是 nau^{11} ɕɔn^{11}

ha:u³⁵ te²⁴ "说那些话"。"θa:i²⁴'再'… mo⁵³tuan³³'又'"修饰
nau¹¹ ɕɔn¹¹ ha:u³⁵ te²⁴ "说那些话",其语义可指向nau¹¹ "说",也可指向
ɕɔn¹¹ ha:u³⁵ te²⁴ mo⁵³tuan³³ "那些话"。

这组例句中,表重复意义的外加副词连用的句子有例③④⑤,本书将在下文
中进一步阐释外加副词的连用。

2. tem²⁴ "再" 修饰动词表示继续

① ðau¹¹ xam³³ni³¹ tshai⁵³phai³¹ ta:u³⁵ ʔdeu²⁴ tem²⁴.
　我们　今晚　　彩排　次　一　再
　(我们再彩排一次。)

② muɯŋ¹¹ pai²⁴ ta:u³⁵ ʔdeu²⁴ tem²⁴.
　你　去　次　一　再
　(你再去一次。)

③ ðiən¹¹ po¹¹ðau¹¹ pai²⁴ ta:u³⁵ ʔdeu²⁴ tem²⁴.
　再　我们　去　次　一　再
　(再跟我们去一次。)

④ kwa³⁵teu¹¹ta³³ni³¹, tsai²⁴pja:i⁵³sa:m²⁴ɕiən²⁴li⁵³zɔn²⁴tem²⁴.
　过 条 河 这 再 走 三 千里 路 再
　(过了红水河,再走三千里,又会遇到一座大火山。)

tem²⁴ "再" 修饰动词表示 "继续",是因为这一动作或动作所形成的情状可
以延续。例如,例①中的tem²⁴ "再" 表示tshai⁵³phai³¹ta:u³⁵ ʔdeu²⁴ "彩排一次"
的继续发生。tem²⁴位于句末,修饰动词短语tshai⁵³phai³¹ta:u³⁵ ʔdeu²⁴"彩排一次",
语义也指向tshai⁵³phai³¹ta:u³⁵ ʔdeu²⁴ "彩排一次"。

例②的tem²⁴ "再" 表示pai²⁴ta:u³⁵ ʔdeu²⁴ "去一次" 的继续,tem²⁴位于句
末,修饰动词pai²⁴ "去",语义也指向pai²⁴ "去"。 例③的 "ðiən¹¹'再'…tem²⁴
'再'" 表示pai²⁴ta:u³⁵ ʔdeu²⁴ "去一次" 的继续。ðiən¹¹和tem²⁴同时在句首和句
尾出现,是布依语外加副词的连用,修饰动词短语pai²⁴ta:u³⁵ ʔdeu²⁴ "去一次",
其语义都指向动词短语pai²⁴ta:u³⁵ ʔdeu²⁴ "去一次"。例④中白胡子老人告诉茫耶
先走三千里,过了这条河,要继续走三千里,这一句的 "tsai²⁴'再'…tem²⁴'再'"
表示pai²⁴sa:m²⁴ɕiən²⁴li⁵³zɔn²⁴ "走三千里" 的继续,两者都修饰动词短语pai²⁴

sa:m²⁴ɕiən²⁴li⁵³zɔn²⁴"走三千里",语义也指向动词短语pai²⁴sa:m²⁴ɕiən²⁴li⁵³zɔn²⁴"走三千里"。

3. 表示"添加"

① ʔi³⁵nau¹¹ su²⁴ mi¹¹ sin³⁵, ku²⁴ tsai²⁴ hau⁵³ su²⁴ ta:u³⁵tɕi³³hui²⁴ ʔdeu²⁴ tem²⁴.

　如果　你们　不　信，我　再　给　你们　次　机会　一　添

（如果你们不相信,我再给你们一次机会。）

② xau³¹ fi³³ ɕuk³³, ʔdɯŋ³¹　　tɕi⁵³ pan⁵³ fi³³ tem²⁴.

　饭　没　熟　加大火力　几　把　火　再

（饭没有熟,再加几把火。）

③ po³³me³³ ɕe²⁴ hau⁵³ θa:m²⁴ pi³¹ nuaŋ³¹ ðau¹¹ tɕi⁵³ ða:i³³ ði³³na¹¹, tsai²⁴ pai²⁴

　父母　留　给　三　兄　弟　我们　几　块　田地　再　去

ha:i²⁴θak³⁵noi³³ ði³³ fɯə¹¹.

　开　少　许　地　荒

（他想,自家原来就有父母留下来的几亩地,再去开一点荒地,把这些地都种好了。）

④ jin³³wei²⁴ woi³⁵ ða:i³¹ taŋ¹¹ ʔba:n³¹ po¹¹ðau³¹ ɕiaŋ⁵³tɕe³⁵ nau¹¹ nau¹¹ ʔju³⁵ wən³¹

　因为　我　写　到　寨子　我们　他们　说　道　在"文化大革命"

ke³¹ti³³ sɿ³¹həu²⁴, ha³¹ lɯŋ³⁵ li³¹ tsɿ³³tɕhian³¹ tem²⁴ pai⁰ ta²⁴jau²⁴tɕin²⁴ ti³³ sɿ³¹

　的　时候　还　再　有　之前　再　MP　"大跃进"的　时

hou²⁴, ɕi³³ nau¹¹nau¹¹ kuŋ³³se²⁴ nau¹¹ hau⁵³ pu³¹pɯən³¹, mi¹¹ hau⁵³ nau¹¹.

　候　MP　说　道　人民公社　说　给　大家　不　　给　唱　wɯən²⁴,

na⁰! 山歌 MP

（我听见我们寨上的老人说"文化大革命"的时候,还有"文化大革命"之前,"大跃进"的时候,人民公社要求大家不准唱山歌,有这回事吗?）

⑤ miau³¹tsu³¹ ni³⁵ ji³¹ faŋ³³mian²⁴ tai²⁴piau⁵³ miau³¹tshu³¹, tsai²⁴ ji³¹ ko²⁴ tɕhi³¹

　苗族　MP　一　方面　代表　　苗族　　再　一个　其

tha³³ sau⁵³su²⁴ min³¹tsu³¹ kuə³³ mi¹¹ ðo³¹ ɣe³³.

　他　少　数　民　族　　做　不　知道

（苗族作为少数民族的代表,一方面代表苗族自己,另一个方面代表其他

少数民族。)

⑥ çi³³ ma²⁴ ho⁵³te²⁴ ham³⁵ li³¹ çon¹¹ liaŋ³³ tem²⁴ mi¹¹ li³¹ ne¹¹.

于是 来 他们 问 有 句 另外 再 不 有MP

(于是，他们又问那女子还有什么要说的没有。)

⑦ "a:i³⁵pu³¹ kam²⁴ taŋ³⁵ naŋ³³ʔdei³³mu⁰ çi³³naʔ¹!" teu²⁴ ça³³ ʔdeu²⁴ ta³¹ ço³⁵ θa:i²⁴

好像 握 凳 坐 MP EP 根 绳 一 捆 放 脖子

ho¹¹ tem²⁴, ðeu⁵³ pa:i³³laŋ²⁴ ta²⁴tça²⁴ ço³⁵ mo⁵³tuan³³. lo⁵³, çi³³ mai³¹ θai²⁴

绕 再 边 后 交叉 放 最终 SP 于是 女子 再

nau¹¹mo⁵³tuan³³.

说 最终

("绳索倒背捆竟然说是坐在凳子上呢。"于是再拿一根绳子套住她的脖子，
再绕到后面交叉起来。)

例①表示我已经给对方一次机会，由于对方不信，于是我想再给对方一次机
会，该句的"tsai²⁴'再'…tem²⁴'再'"表示添加，要添加的是 ta:u³⁵tçi³³hui²⁴
ʔdeu²⁴"一次机会"。tsai²⁴"再"前置，tem²⁴"再"后置，tsai²⁴"再"和tem²⁴
"再"都修饰动词短语haɯ⁵³su²⁴ ta:u³⁵tçi³³hui²⁴ ʔdeu²⁴"给你们一次机会"，语
义也指向该动词短语。 例②表示火已经烧着了，因为饭还没熟，所以要添加几
把火，这一句的tem²⁴"再"表示添加，要添加的是 tçi⁵³ pan⁵³ fi³³"几把火"。
tem²⁴"再"修饰动词短语ʔdɯŋ³¹ tçi⁵³ pan⁵³fi³³"加几把火"，语义也指向动词
短语ʔdɯŋ³¹tçi⁵³pan⁵³fi³³"加几把火"。

例③的tsai²⁴"再"要添加的是"一些荒地"，该句的语义是三兄弟已经有父
母留给的田地，再添加一些荒地，三兄弟的粮食就够了。tsai²⁴"再"前置，修饰
动词短语pai²⁴ ha:i²⁴θak³⁵noi³³ ði³³ fɯə¹¹"去开一点荒地"，语义也指向它。例④
是意义相同的外加副词lɯŋ³⁵和 tem²⁴的连用，lɯŋ³⁵… tem²⁴表示添加，添加的是
ta²⁴jau²⁴tçin²⁴ ti³³ sɿ³¹hou²⁴"'大跃进'的时候"。例⑤用外加副词tsai²⁴"再"表
示添加，添加的是ji³¹ ko²⁴ tçhi³¹tha³³ sau⁵³su²⁴ min³¹tsu³¹ kuə³³ mi¹¹ ðo³¹ ɣe³³
"代表其他少数民族"。

例⑥用了两个表示外加的副词 liaŋ³³"另外"和tem²⁴"再"的连用，连用时，liaŋ³³
位于tem²⁴之前。liaŋ³³"另外"和tem²⁴"再"表示添加，添加的是li³¹ çon¹¹ liaŋ³³

"什么话"。liaŋ³³ "另外" 和tem²⁴ "再" 都修饰li³¹ çon¹¹ liaŋ³³ "还有什么话"，语义也指向 li³¹çon¹¹lian³³ "还有什么话"。

例⑦第一个tem²⁴ "再" 修饰动词ta³¹，表示添加。该句的语义是之前已经把这个女子捆了一道，由于这女子嘴硬，差役接着就又捆她的脖子。θai²⁴ "再" 也表示外加，指这个女子之前说过一次话，现在再一次说话了。

4. 表示某一动作将在另一动作结束后出现，相当于"然后"

① meu¹¹la:u³¹ θiu²⁴ taŋ¹¹ ða:n¹¹, ða:u¹¹ ta:u³⁵ ʔa:n²⁴ meu¹¹ni³⁵.
　　大季　　　收　到　家　我们　又　安排　小季
　（大季收回家，我们又安排种小季。）

② ma²⁴ ða:n¹¹ naŋ³³ ʔet³⁵ lɯŋ⁵³ pai²⁴.
　　来　家　坐　一会　再　走
　（到家里来坐一会儿再走。）

③ to⁵³ pau³⁵ kon³⁵, ðau¹¹ lɯŋ⁵³ kɯn²⁴ xau³¹.
　　敬　祖宗　先　我们　再　吃　饭
　（先敬祖宗，然后我们再吃。）

④ θu²⁴ pai²⁴ nin¹¹ kon³⁵, pu³¹ ʔdeu²⁴ nin¹¹ tɕau⁵³ ʔdeu²⁴, ku³⁵ tem²⁴ ku²⁴ pai²⁴
　　你们　去　睡　先　人　一　睡　头　一　一会儿再　我　去
　　ðiaŋ¹¹nuaŋ³¹ ni³⁵ nin¹¹ tɕau³⁵ ʔdeu²⁴.
　　跟　妹　小　睡　头　一
　（等后我去与我小妹妹睡一头。）

⑤ ʔju³⁵ kɯə¹¹ne³¹ ça:u³¹ za:n¹¹lɯŋ⁵³ pai²⁴ wa:n¹¹ po³³me³³
　　在　这里　造　家　再　去　还　父母
　（咱们就在此安家，日后再报父母恩。）

这几例的"再"表示某动作活动完成了后开始另一动作活动，因此有"然后"义。例①中，第一个活动θiu²⁴taŋ¹¹ ða:n¹¹ "收到家"完成之后，开始另一个活动ʔa:n²⁴ meu¹¹ni³⁵ "安排小季"，因此ta:u³⁵ "再"有"然后"义。ta:u³⁵ "再"修饰动词ʔa:n²⁴ "安排"，语义也指向ʔa:n²⁴ meu¹¹ni³⁵ "安排小季"。例②中第一个活动naŋ³³ "坐"完成之后，开始另一活动pai²⁴ "走"，因此，lɯŋ⁵³ "再"有"然后"义。lɯŋ⁵³ "再"修饰动词pai²⁴ "走"，语义也指向pai²⁴ "走"。例③中用kon³⁵ "先"

表示第一个活动to^{53}pau^{35}完成之后，第二个活动kɯn^{24} "吃" 才开始，因此，lɯŋ^{53} "再" 有 "然后" 义。句中的 "kon^{35} '先' … lɯŋ^{53} '再'" 使得句中这两个动作的先后关系一目了然。lɯŋ^{53} "再" 位于所修饰动词kɯn^{24} "吃" 之前，语义也指向kɯn^{24} "吃"。例④表示第一个活动 "你们睡" 完成之后，第二个活动 "我去与小妹妹睡" 才开始。kon^{35} "先" 与 tem^{24} 连用，把两个动作的先后关系清楚地表达出来了。因此，句中的tem^{24} "再" 表示 "然后" 之义。例⑤第一个活动ɕa:u^{31} za:n^{11} "造家" 完成之后，第二个活动wa:n^{11} po^{33}me^{33} "还父母" 才开始，因此，句中的lɯŋ^{53} "再" 表示 "然后"。

（三）"重新"

表示 "重新" 义的副词有tshuŋ^{31}ɕin^{33}、ta:u^{35}、ta:u^{35}mo^{35}，这些词表示动作行为再一次或重复多次发生，可译作 "重新"。

① ðam^{31} ta^{33} ta:u^{35} ðim^{24} θiəŋ^{24}, ðam^{31} mɯəŋ^{24} ta:u^{35} ðim^{24} toŋ^{33}.
　水　河　重新　满　深潭　　水　沟　重新　满　田坝
　（河水重新满深潭，沟水重新满田坝。）

② ku^{24} tshuŋ^{31}ɕin^{33} ɕɯ^{31} mo^{35}.
　我　　重新　　买　重新
　（我重新再买。）

③ lau^{53}sɿ^{33} xaɯ^{53} ku^{24} kuə^{33} ta:u^{35}mo^{35}.
　老师　　让　我　做　　重新
　（老师让我重新做。）

④ zuŋ^{24} to^{53}si^{35} to^{3} ha^{53} mi^{11} taŋ^{11}, zau^{11} na:i^{33} ʔjaŋ^{24} zuŋ^{24} mo^{35}.
　煮　吊四　吊五　不　够　我们　慢　估计　煮　新
　（煮十四五筒都不够，我们再来煮新的。）

tshuŋ^{31}ɕin^{33} "重新" 借自汉语，ta:u^{35}、ta:u^{35}mo^{35}是布依语固有词。ta:u^{35}mo^{35}、mo^{35}需后置于所修饰的动词，tshuŋ^{31}ɕin^{33}和ta:u^{35}都须前置于所修饰的动词。各例句中的tshuŋ^{31}ɕin^{33}、ta:u^{35}、ta:u^{35}mo^{35}都表示动作的重复，他们只能修饰句中的谓语动词，语义指向这些动词。如例①的ta:u^{35} "重新" 表示河水和沟水再一次满了，ta:u^{35}表示动作ðim^{24} "满" 的重复，其语义指向动词ðim^{24} "满"。例②中

的"tshuŋ³¹ɕin³³··· ta:u³⁵mo³⁵"是两个表示重新意义的副词连用，其表示动作ɕɯ³¹"买"的重复，tshuŋ³¹ɕin³³和 ta:u³⁵mo³⁵的语义都指向动词ɕɯ³¹"买"。例③用 ta:u³⁵mo³⁵"重新"表示动作kuə³³"做"的重复，ta:u³⁵mo³⁵"重新"的语义指向动词kuə³³"做"。例④用mo³⁵"重新"表示动作zuŋ²⁴"煮"的重复，mo³⁵"重新"的语义指向动词zuŋ²⁴"煮"。

（四）sai²⁴"再"的兼类现象

布依语 sai²⁴"再"除了作副词外，还可作数词，表示两次或多次。例如：

① ɕi³³ mai³¹ ta¹¹θoŋ²⁴ sai²⁴ nau¹¹ θa:u¹¹ni³¹ jiaŋ³³kau³⁵.

　　于是 女子 第二 再 说 如此 依旧

　　（于是女子再次依旧这样说。）

② haɯ⁵³ ðiaŋ¹¹laŋ²⁴ pai²⁴. lo³⁵ ɕi³³ ðiaŋ¹¹laŋ²⁴ pai²⁴ ðaɯ³¹ðaɯ³¹. ɕi³³ sai²⁴ pai²⁴

　　让 跟 后 去 SP 就 跟 后 去 直 直 就 再 去

　　taŋ¹¹ tɕa:ŋ²⁴ ʔba:n³¹, ham³⁵ pai⁰.

　　到 中间 寨子 问 MP

　　（让他跟在后面，他就直接跟着去了，他们就再次来到宅子中间。）

③ ɕi³³ pau³⁵ ni³¹ mi¹¹ pai²⁴, sai²⁴ sa:n³³ sai²⁴sɿ²⁴ tu³⁵ mi¹¹ pai²⁴, fuŋ²⁴ mo³⁵ taŋ²⁴

　　于是男人这不 去 再三 再四 都不 去 封 新 到

　　mo³⁵ pai⁰.

　　又 MP

　　（于是这男人不去，无论如何都不去。）

④ ɕi³³ pau³⁵ni³¹ ɕi³³ sai²⁴sa:n³³ sai²⁴sɿ²⁴ tu³⁵ tɕai¹¹ ðan²⁴

　　于是男人这 就 再三 再四 都 想 见

　　ɕoi³¹ kua:n²⁴ te²⁴.

　　个 夫 她

　　（李黄保无论如何坚持要看行佳小姐的丈夫一眼。）

例①中的 sai²⁴ 是数词，表示"第二次"，该句表示那女子第二次依旧这样说。例②中的 sai²⁴表示"第二次"，指老人第二次来到寨子中间， 他跟着老人第二次来到寨子中间。

例③和例④中的tsai^{24} sa:n^{33} tsai^{24}sɿ^{24}是由sai^{24}"再"构成的四音格，其中的sai^{24}"再"表示多次。

第四节　布依语外加副词的强化现象

语法化中的强化（reinforcement）指在已有的词虚语素上再加上同类或相关的虚化要素，使原有虚化单位的句法语义作用得到加强。Lehmann（1995：22）指出虚化成分过分弱化时，更新和强化是保存语法力量的两种选择。换言之，强化也是抵消语法化损耗的有用机制（刘丹青，2001：74）。布依语表示外加的副词有 sai^{24}、tem^{24}、luɯŋ^{53}、tsai^{24}、nin^{24}wai^{24}、liən^{24}lian^{33}、mo^{35}、mo^{53}tuan^{33}，他们在使用过程中通常会使用两个虚化的外加词语。根据语法化中强化方式的不同，语法化中的强化又可分为具体强化、同义强化、连接强化。同义强化有的是同义并列强化，即将几个同义的虚词加在一起构成一个同义的新虚词，另一类是同义框式强化，由一前一后两个虚词强化成框式结构。布依语外加副词的强化主要是同义框式强化。

一、外加副词相叠使用

① ta:u^{35} ni^{31} mi^{11} va:ŋ^{35}, ʔan^{31} luɯ^{53} nai^{33} pai^{24} jeu^{35} muɯ^{11}.
　次　这　没　空，　以后　再　再　去　看　你
（这次没空，以后再去看你。）

② çi^{33} ma^{24} ho^{53}te^{24} ham^{35} li^{31} çɔn^{11} liaŋ^{33} tem^{24} mi^{11} li^{31} ne^{11}.
　于是　来　他们　问　有　句　另外　再　不　有　MP
（于是，他们又问那个女子还有什么要说的没有。）

例①和例②是外加副词相叠使用的句子。例①是luɯŋ^{53}和nai^{33}构成的同义强化结构，两者都表示"再"的意思。luɯŋ^{53}和nai^{33}都是前置词，所以两者都前置于所修饰的中心词pai^{24}"去"之前。luɯŋ^{53}和nai^{33}都能单独使用表示"再"，但语用中更多时候同时luɯŋ^{53}和nai^{33}的相叠使用，更常见，语气也更完整。

例②是表示添加义的副词liaŋ^{33}和tem^{24}构成的同义框式强化结构。该句中的"liaŋ^{33}…tem^{24}"表示添加，添加的是"要说的话"。liaŋ^{33}和tem^{24}都是后置词，

所以两者都位于所修饰的中心词之后。"liaŋ³³… tem²⁴"框式结构比只用一个 liaŋ³³或tem²⁴的意思更确定，语气更完整。

二、外加副词一前一后于所修饰的中心词

① kwa³⁵teu¹¹ta³³ni³¹, tsai²⁴pja:i⁵³sa:m²⁴çiən²⁴li⁵³zɔn²⁴tem²⁴.

过 条 河 这 再 走 三 千 里 路 再

（过了红水河，再走三千里，又会遇到一座大火山。）

② luɯk³³ni³⁵ fi³³ çiə³⁵ ʔdai³¹ fa³³çaŋ³³, pau³⁵ɲi³³ jou²⁴ nau¹¹ te²⁴ ta:u³⁵ pai²⁴

小儿子 未 借 得 秤 老二 又 叫 他 回 去

ʔau²⁴ mo³⁵.

拿 再

（小儿子未借得秤，老二又叫他回去再拿。）

③ pi³¹ta:i³³ te²⁴ mi¹¹ sin³⁵, tça:n²⁴nau¹¹ te²⁴ fi³³ kɯn²⁴ ʔim³⁵, çi³³ jou²⁴ ʔau²⁴

哥 他 不 信 误以为 他 未 吃 饱 就 又 拿

soŋ²⁴ʔdan²⁴hau³ ¹çi¹¹ ni³⁵ haɯ⁵³ te²⁴ tem²⁴ŋ luɯk³³ni³⁵ te²⁴ ta:u³⁵ ma²⁴ sa:m²⁴.

两 个 糍粑 小 给 他 再 孩子 小 那 回 来 三

（他哥哥不信，误以为他没吃饱，就又拿两个小糍粑给他。）

④ ta:u³⁵ ŋɔn¹¹ ta¹¹θa:m²⁴ çi³³ ta:u³⁵pai²⁴ jiaŋ³³kau³⁵. pai²⁴ taŋ¹¹ θa:i²⁴

次 天 第三 就 回去 依旧 去 到 再

nau¹¹ çɔn¹¹ ha:u³⁵ te²⁴ mo⁵³tuan³³.

说 句 话 那 又

（于是，第三天他们又去了，还是那些话。）

⑤ mɯŋ¹¹ tɯ¹¹ θan⁵³ pi¹¹ ni³¹ pai²⁴, ku²⁴ luŋ⁵³ li³¹ θan⁵³ ʔdeu²⁴ tem²⁴.

你 拿 支 笔 这 去 我 再 有 只 一 再

（这支笔你拿去吧，我另外还有一支。）

⑥ ʔi³⁵nau¹¹ su²⁴ mi¹¹ sin³⁵, ku²⁴ tsai²⁴ haɯ⁵³ su²⁴ ta:u³⁵tçi³³hui²⁴ ʔdeu²⁴ tem²⁴.

如果 你们 不 信， 我 再 给 你们 次 机会 一 添

（如果你们不相信，我再给你们一次机会。）

⑦ jin³³wei²⁴ woi³⁵ ða:i³¹ taŋ¹¹ ʔba:n³¹ po¹¹ðau³¹ çiaŋ⁵³tçe³⁵ nau¹¹ nau¹¹ ʔju³⁵ wən³¹

因为 我 写 到 寨子 我们 他们 说 道 在 "文化大革

ke^{31}ti^{33} sŋ^{31}həu^{24}, ha^{31} luŋ^{35} li^{31} tsŋ^{33}tɕhian^{31} tem^{24} pai^0 ta^{24}, jau^{24}tɕin^{24} ti^{33} sŋ^{31}

命”的　时候　还再有　之前　再　MP“大跃进”的　时

hou^{24}, ɕi^{33} nau^{11}nau^{11} kuŋ^{33}se^{24} nau^{11} haɯ^{53} pu^{31}pɯəŋ^{31}, mi^{11} haɯ^{53} nau^{11}

候　MP　说　道　公社　说　给　大家　不　给　唱

wɯən^{24},　na^0!

山歌　MP

（我听见我们寨上的老人说“文化大革命”的时候，还有“文化大革命”之前，“大跃进”的时候，公社要求大家不准唱山歌，有这回事吗？）

⑧ te^{24} jou^{24} ða^{24} ʔdai^{31} pu^{31} ʔdeu^{24} liən^{24}.

他　又　找　得　人　一　另外

（他们又另外找了一个人。）

⑨ ku^{24} tshuŋ^{31}ɕin^{33} ɕɯ^{31} mo^{35}.

我　重新　买　重新

（我重新再买。）

　　例①是由外加副词 tsai^{24}“再”和 tem^{24}“再”构成的同义框式强化结构，本句中的“tsai^{24}… tem^{24}”表示继续，继续走“三千里”。tsai^{24}借自汉语的“再”，是前置词，因此位于所修饰的中心词之前，tem^{24}是后置词，位于句末。

　　例②是 jou^{24}“又”与 mo^{35}“再”构成的同义框式强化结构。jou^{24}借自汉语，是前置词，因此位于所修饰动词之前，mo^{35}“再”是布依语固有词，是后置词，因此位于句末。“jou^{24}…mo^{35}”是由一前一后两个外加副词强化而成的框式结构，该框式结构比单独只用一个 jou^{24}或 mo^{35}的意思更确定，语气更完整。

　　例③是外加副词 jou^{24}和 tem^{24}构成的同义框式强化结构。“jou^{24}…tem^{24}”框式结构比只用其中一个副词更复合布依族人的使用习惯。

　　例④中 θa:i^{24}“再”和 mo^{53}tuan^{33}“又”都表示外加，构成同义框式强化结构。θa:i^{24}和 mo^{53}tuan^{33}都是布依语固有词，θa:i^{24}是前置词，因此置于所修饰的中心词之前；mo^{53}tuan^{33}是后置词，因此至于句末。“θa:i^{24}…mo^{53}tuan^{33}”框式结构比单独只用一个 θa:i^{24}或 mo^{53}tuan^{33}的语气更完整。

　　例⑤是表示外加的副词 lɯŋ^{53}和 tem^{24}构成的同义框式强化结构。例⑤中的 lɯŋ^{53}是前置词，所以位于所修饰的中心词 li^{31}之前，tem^{24}是后置词，位于句末。例④和例⑤的框式结构比单独只用一个外加副词更符合布依族人的语感。

例⑥是由外加副词tsai²⁴和 tem²⁴构成的同义框式强化结构，"tsai²⁴… tem²⁴"中的 tsai²⁴是前置词，所以位于所修饰的中心词之前，tem²⁴是后置词，位于句末。"tsai²⁴… tem²⁴"框式结构比单独只用一个tsai²⁴或tem²⁴的意思更确定，语气更完整。

例⑦是外加副词lɯŋ³⁵和 tem²⁴ 构成的同义框式强化结构，"lɯŋ³⁵…tem²⁴"中的 lɯŋ³⁵和 tem²⁴ 都表示"再"，lɯŋ³⁵是前置词，位于所修饰的中心词之前，tem²⁴是后置词，位于所修饰的中心词之后。

例⑧是表示外加的副词jou²⁴和liəŋ²⁴构成的同义框式强化结构。例④中"jou²⁴…liəŋ²⁴"中的jou²⁴，是前置词，因此位于所修饰的中心词之前；liəŋ²⁴是后置词，因此位于句末。

例⑨是由两个表示"重新"义的tshuŋ³¹ɕin³³和mo³⁵构成的同义框式强化结构，例⑨也可省略其中一个"重新"义副词而只用一个。

综上所述，布依族在交流中，外加副词同义框式强化结构的表义更清晰，语气更完整，使用频率更高，也更符合布依族人的思维习惯。

第五节　本　章　小　结

布依语时间副词的分类、各次类对被饰成分的选择及语义指向等方面所表现的特征可归纳为表 4-1。表 4-1 中，"+"表示该类副词普遍具有此功能，空格表示该类副词全无此项功能，"#"表示该类副词中少数副词具有该项功能，黑体字表示该词语置于中心词之后。具体内容见表 4-1。

表 4-1　布依语范围副词表

副词次类		被饰成分				语义指向				词例
		V	A	Nu mP	NP	VP	S	AP	Nu mP	NP	
范围 副词	表总括	+	+						+	+	to⁵³"都"；leu³¹ **全**；ɕin³³/ɕin³³ɕin³³"尽是，全是"；tɕiə¹¹tɕiə¹¹/tɕiə¹¹laɯ¹¹"到处"
	表统计	+		+					+		pa⁴²lien²⁴"把连""一共"；tɕuk³⁵tɕuk³⁵"足足"
	表限定	+		+	+	#			+	+	ɕa:u³/ka³³tam³¹"只"；tam⁴³¹ka³³"唯独"；tsui²⁴to³³"最多"；tɕi²⁴sau⁵³"至少"；tɕhi⁴²ma⁴²"起码"
	表外加	+	#	#					+	#	nin²⁴wai²⁴/liəŋ²⁴**另外**"再"；ta:u³⁵/tem²⁴"再"；jou²⁴"又"；lɯŋ⁵³"还"
	表类同	+							+		jiə³³"也"

布依语范围副词的特点如下：

（1）布依语一共有 22 个范围副词，其中 15 个位于所修饰的成分之前。leu^{31}、çiŋ^{33}、çiŋ^{33}çiŋ^{33}、liəŋ^{24}、tem^{24}五个位于所修饰的中心之后；çiŋ^{33}çiŋ^{33}是çiŋ^{33}的重叠式。

（2）范围副词都可修饰动词、数量词。此外，表示限定还都可修饰名词，表示总括和外加的还可以修饰形容词。能修饰数量词和名词是范围副词的一个独特之处。

（3）语义指向。范围副词多数可以修饰句中的谓词性谓语，其语义一般不指向句中的谓词性谓语，而是指向句中的体词，包括数量词、名词或代词。当范围副词修饰的是名词时，语义也指向该名词。从指向的方向看，总括类、类同类范围副词语义都前指，统计类、限定类范围副词语义都后指向，外加类副词有的前指，有的后指。范围副词语义指向体词性成分是范围副词的又一独特之处。

（4）同一意义的范围副词多数可形成同义框式结构。表示外加的范围副词的同义框式现象最普遍。例如：

tsai^{24} ðiəŋ^{11} po^{11}ðau^{11} pai^{24} ta:u^{35} ʔdeu^{24} tem^{24}.

再　　跟　　我们　　去　　次　　一　　再

（再跟我们去一次。）

该句是表示外加的ðiəŋ^{11}"再"和tem^{24}"再"相叠使用形成同义框式结构，"ðiəŋ^{11}…tem^{24}"的相叠使用比独用一个外加副词的外加意味更明确，语气更完整，也更符合布依族的语言使用习惯。

布依语范围副词有：tsai^{24}…tem^{24}、jou^{24}…mo^{35}、jou^{24}…tem^{24}、θa:i^{24}…mo^{53}tuan^{33}、luɯ^{53}…tem^{24}、tsai^{24}…tem^{24}、luɯ^{35}…tem^{24}、jou^{24}…liəŋ^{24}、tshuŋ^{31}çin^{33}…mo^{35}、tshuŋ^{31}çin^{33}…mo^{35}等。

第五章 布依语时间副词研究

第一节 布依语时间副词概貌

宇宙万事万物无一不在一定的时间中运动变化，表现在语言上，各种语言无一不存在时间范畴。不同的语言，时间范畴的表现形式不完全相同。布依语表现时间范畴的方式主要有时间名词和时间副词。时间名词如 ŋɔn¹¹liən¹¹ "昨天"、ŋɔn¹¹ni³¹ "今天"、ŋɔn¹¹ŋɔn¹¹ "天天" 等，表示时间意义的副词如 ka:n³³ "正在"、ʔiə³⁵ "曾经" 等。布依语表示时间意义的词语的主要区别在于语法功能方面：①时间名词能作定语和主语，如 θiən³⁵ŋɔn¹¹liən¹¹ "昨天的事情"，ŋɔn¹¹liən¹¹ ŋɔn¹¹tɕe³¹ "昨天赶场天"。②时间副词只能作状语，如 te²⁴ to³³θɯ²⁴ taŋ¹¹ka:n³³ "他正在读书"。通过比较布依语时间副词与表时间的其他词语的语法功能，本书对布依语时间副词界定如下：

（1）表示动作行为或事物发生变化的时间、频率，只能在句中作修饰限制作用的词语称为时间副词。

（2）布依语时间副词的数量较多，它们在语义和功能上存在较大的差别，有必要对其作进一步分类。根据时间副词所表示的时间意义是有定的还是无定的，可分为定时时间副词和不定时时间副词两类。定时时间副词只能用于某一个特定时间存在或发生的事，这个特定的时间可以是说话时间之前（过去时），也可以是说话之时（现在时），还可以是说话之后（将来时）；不定时时间副词既适用于过去的事，也可用于将来的事。

第二节 布依语时间副词分类描写及分析

一、定时时间副词

根据布依语定时时间副词运用时表现出来的时态特点，其可分为用于过去时的定时时间副词和用于将来时的定时时间副词两种。

（一）用于过去时的定时时间副词

用于过去时的定时时间副词有 $ʔiə^{35}$ "曾经"、$liŋ^{33}$ "从来"。

1. $ʔiə^{35}$ "曾经"

$ʔiə^{35}$ "曾经" 表示某种行为动作或事情在说话之前存在或发生过。

① po^{33} ku^{24} $tɯk^{35}$ $tɕi^{53}$ pi^{24} $lan^{31}tɕhiu^{31}$ $ʔiə^{35}$.

　爸爸　我　打　几　年　篮球　　曾经

（我爸爸曾经打了几年篮球。）

② li^{31} $vɯn^{11}$ $ðan^{24}$ $sa{:}u^{11}$ $tɕhin^{31}tɕin^{53}$ ni^{31} $ʔiə^{35}$.

　有　人　看　样子　情景　　这　曾经

（有人曾经看到过这样的景象。）

③ ku^{24} $ɲam^{31}ɲa{:}ŋ^{33}$ $nɯ^{33}$ $taŋ^{11}$ $ka{:}i^{35}$ $tian^{24}sɿ^{24}$ ku^{24} phe^{31} $ʔiə^{35}$ te^{24}.

　我　突然　　　想　起　个　电视　我　拍　曾经　那

（我突然想起我曾经拍过的那部电视。）

④ $pan^{11}lum^{53}$ $po^{11}ku^{24}$ $ðiəŋ^{11}$ $ɕu^{11}po^{33}$ $suai^{24}$ $tiə^{53}$ te^{24}, $θoŋ^{24}po^{33}lɯk^{33}$,

　好像　　我们　和　叔父亲　帅　下方那　两　父子

$ʔdai^{31}$ toi^{35} $hun^{11}la{:}i^{24}$ $ʔiə^{35}$ $ni^{35}ɕi^{33}$,

　得　对　人家　曾经　MP

（就像我和坎下的阿帅的父亲那样，我们叔侄曾经跟别人对过歌。）

⑤ te^{24} $ʔon^{35}$ $ta^{11}ða{:}i^{31}$ $ʔiə^{35}$.

　他　胖　很　曾经

（他曾经很胖。）

ʔiə³⁵ "曾经"只能在句中充当状语，修饰动词或形容词，位于句末或句末语气词前，如例①、例②、例④、例⑤。例①中的动词tɯk³⁵后不能加pai⁰，因为ʔiə³⁵ "曾经"与 pai⁰ "了"不能同现。例③中的ʔiə³⁵没有位于句末，原因在于 "ka:i³⁵…te²⁴"是一个固定词组，且指示代词te²⁴须位于句末，所以该句中的ʔiə³⁵位于te²⁴之前。

从语义指向来看，ʔiə³⁵ 的语义都指向句中的谓语动词或形容词。如例①中的ʔiə³⁵ 指向谓语中心词tɯk³⁵ "打"，例②中的ʔiə³⁵指向谓语中心词ðan²⁴ "看"，例③中的ʔiə³⁵指向中心词phe³¹ "拍"，例④中的ʔiə³⁵ 指向中心词 toi³⁵ "对歌"，例⑤中的ʔiə³⁵ 指向谓语中心词ʔɔn³⁵ta¹¹ða:i³¹。ʔiə³⁵表示过去的经历，动态助词kwa³⁵也表示过去的经历，但是ʔiə³⁵与kwa³⁵不能在句中同现，因此以下句子都是病句：

①* po³³ ku²⁴ tɯk³⁵ tɕi⁵³ pi²⁴ lan³¹tɕhiu³¹ kwa³⁵ ʔiə³⁵.
　　爸爸 我 打　几年　　篮球　　过 曾经
②* li³¹ vɯn¹¹ ðan²⁴ sa:u¹¹tɕhin³¹tɕin⁵³ ni³¹ kwa³⁵ ʔiə³⁵.
　　有 人 看 样子 情景　　这 过 曾经
③* ku²⁴ ɲam³¹ɲa:ŋ³³ nɯ³³taŋ¹¹ ka:i³⁵ tiɛn²⁴sɿ²⁴ ku²⁴ phe³¹ kwa³⁵ ʔiə³⁵ te²⁴.
　　我　突然　想 起 个 电视 我 拍 过 曾经 那
④* pan¹¹lum⁵³ po¹¹ ku²⁴ ðiəŋ¹¹ ɕu¹¹po³³suai²⁴ tiə⁵³ te²⁴，θoŋ²⁴po³³lɯk³³，
　　好像　　我们　和 叔父亲 帅 下方 那 两 父子
ʔdai³¹ toi³⁵ hun¹¹la:i²⁴ kwa³⁵ ʔiə³⁵ ni³⁵ ɕi³³.
　　得 对 人家 过 曾经 MP
⑤* θa:m²⁴ po³³ lɯk³³ nau¹¹ wɯən²⁴ ku²⁴ to⁵³ ʔdai³¹ pai²⁴ ka:i³⁵ɲiə²⁴ kwa³⁵ ʔiə³⁵.
　　三　父子　唱 歌 我 都 得 去 听 过 曾经

ʔiə³⁵ "曾经"是布依语固有词，使用频率高。ʔiə³⁵虽译作 "曾经"义，但与汉语的 "曾经"还是有些区别。汉语的 "曾经"能够与表示结束或完成的时态助词 "过""了"搭配使用。例如：

⑥ 他爸爸曾经打了几年篮球。
⑦ 白莽并没有这么高傲，他曾经到过我的寓所来。(鲁迅《为了忘却的纪念》)

⑧ 他也曾经找过小福子的丈夫，人家根本就不承认他这么个老丈人，别
　 的话自然不必再说。（老舍《骆驼祥子》）

汉语的"曾经"表示说话之前某一动作或情况存在或发生过，具有终结性的
时间特征，常与表示完成体的助词"过""了"连用，如例⑥~⑧。布依语的ʔiə³⁵
也表示说话之前某一动作或情况存在或发生过，但不能与表示完成的助词kwa³⁵
"过"、pai⁰"了"搭配使用，因此例①*~⑤*都是病句。至于其原因有待进一步
探索。

除了ʔiə³⁵表"曾经"义外，布依语还用借自汉语的tshɯn³¹tɕin³³来表达"曾
经"义，ʔiə³⁵的使用频率很高，tshɯn³¹tɕin³³的使用频率不高。tshɯn³¹tɕin³³"曾
经"的语义和语法与汉语的"曾经"相似。

⑨ te²⁴ tɯk³³ pu³¹kuə³³ xoŋ ʔiə³⁵, tap³³ tɕik³⁵ ʔiə³⁵, ka:i²⁴ ɕɯ³¹ ʔiə³⁵,
　 他　是　人　做　活儿　曾经，　砌　砖　曾经，　做　生意　曾经，
　 je⁵³ ʔju³⁵ ða:n¹¹ piəŋ³⁵ ʔiə³⁵.
　 也　在　家　空着　曾经
　 （他曾经当过农民，做过泥匠，摆过地摊，也在家闲过一阵。）

⑩ te²⁴ pai²⁴ mei⁵³kue³¹ ʔiə³⁵, je⁵³ pai²⁴ fei³³tsou³³ ʔiə³⁵, xa³¹li³¹ pai²⁴
　 他　去　美国　曾经，　也　去　非洲　曾经，　还有　去
　 tshau³¹ɕiən³³ ʔiə³⁵.
　 朝鲜　　曾经
　 （他曾经去过美国，也去过非洲，还去过朝鲜。）

⑪* te²⁴ tɯk³³ pu³¹ kuə³³xoŋ ʔiə³⁵, tap³³tɕik³⁵, ka:i²⁴ɕɯ³¹, je⁵³ ʔju³⁵
　 他　是　人　做　活儿曾经　砌　砖　做　生意　也　在
　 ða:n¹¹ piəŋ³⁵.
　 家　空着
　 （他曾经当过农民，做过泥匠，摆过地摊，也在家闲过一阵。）

⑫* te²⁴ pai²⁴ mei⁵³kue³¹ ʔiə³⁵, je⁵³ pai²⁴ fei³³tsou³³, xa³¹li³¹ pai²⁴ tshau³¹ɕien³³.
　 他　去　美国　曾经，也　去　非洲　还　有　去　朝鲜
　 （他曾经去过美国，也去过非洲，还去过朝鲜。）

例⑨有三个ʔiə³⁵，例⑩也有三个ʔiə³⁵，每一个ʔiə³⁵ "曾经" 强调所做过的一种活或去过的一个地方。如果例⑨和例⑩都只保留第一个ʔiə³⁵，就变成了例⑪~⑫，例⑪和例⑫各句都只是强调ʔiə³⁵ "曾经" 所在的分句的谓语，其他分句的谓语不被一一强调。

ʔiə³⁵ "曾经" 蕴含有事情终结之义。既然是终结了的事情，因此这些事情可以重复。例如：

⑬ lau⁵³sŋ³³ na:u¹¹ tɕi⁵³la:i²⁴ ta:u³⁵ ʔiə³⁵, nau¹¹ te²⁴ ða:i¹¹ sɯ²⁴ lum⁵³ kai³⁵ θua:i³⁵.

　　老师　说　多少　回　曾经，说　他　写　字　像　鸡　扒

　　（老师曾经多次批评他字写得潦草。）

⑭ jaŋ³¹jaŋ³¹ʔdai³¹ tɕi⁵³ ta:u³⁵ kuan²⁴tɕin³³ ʔiə³⁵.

　　阳　阳　得　几　回　冠军　曾经

　　（阳阳曾经获得几次冠军。）

例⑬和例⑭中的na:u¹¹、ʔdai³¹tɕi⁵³ ta:u³⁵kuan²⁴tɕin³³所表示的动作或事情都可以重复，因此都能用ʔiə³⁵修饰。

2. liŋ³³/tshuŋ³¹lai³¹ "从来"、ni³¹lai³¹ "历来"

liŋ³³/tshuŋ³¹lai³¹ "从来" 只用于否定句，强调行为或状态一直是这样。liŋ³³/tshuŋ³¹lai³¹ "从来" 所表示的时间起讫点一般不明确，终结点是明确的，即现在。liŋ³³是布依语固有词，置于句末，tshuŋ³¹lai³¹借自汉语，语序和用法与汉语的 "从来" 一样。

① te²⁴ mi¹¹ ma²⁴ ða²⁴ ku²⁴ liŋ³³.

　　他　不　来　找　我　从来

　　（他从来不来找我。）

② te²⁴ mi¹¹ pa:ŋ²⁴ ku²⁴ jiən³³ma¹¹ liŋ³³.

　　他　不　帮　我　什么　从来

　　（他从来不帮我什么。）

③ po³³ te²⁴ fi³³ pai²⁴ vai²⁴ sɯn⁵³ kwa³⁵ liŋ³³.

　　父　他　没　去　外　省　过　从来

（他爸爸从来没去过外省。）

④ ku²⁴ fi³³ ʔju³⁵ ku³⁵ saŋ²⁴ pan³³ tɕhin⁵³ tɕia⁵³ liŋ³³.

　我　没　在　时　上　班　请　假　从来

（我从来没在上班时间请过假。）

⑤ me³³ te²⁴ fi³³ xa:i³¹ te²⁴ liŋ³³.

　母亲　他　未　打　他　从来

（他妈妈从来没打过他。）

例①～⑤的谓语都是"mi¹¹/fi³³+动词短语+liŋ³³"结构，由此可知布依语的liŋ³³"从来"只能用于否定句。从语义指向来看，各句中liŋ³³的语义都指向"mi¹¹/fi³³+动词短语"结构。例如例①中的liŋ³³的语义指向mi¹¹ ma²⁴ ða²⁴ ku²⁴"不来找我"，例②中的liŋ³³的语义指向mi¹¹ pa:ŋ²⁴ ku²⁴ jiən³³ma¹¹"不帮我什么"，其他各句的情况类似。

3. ni³¹lai³¹ "历来"

ni³¹lai³¹ "历来"一词借自汉语，表示某种行为或状态从过去到现在一直是这样。布依语日常交流中用得不多。

te²⁴ kuə³³ θiən³⁵ ni³¹lai³¹ to⁵³ fi³³ ðiən¹¹ ku²⁴ saŋ³³liaŋ³¹ kwa³⁵.

他　做　事　历来　都　不　跟　我　商量　过

（他做事历来都不跟我商量。）

通过对本部分的分析可知，布依语表示过去时的定时时间副词，有的是布依语固有词，如ʔiə³⁵"曾经"、liŋ³³"从来"，有的借自汉语，如tshuŋ³¹lai³¹"从来"、ni³¹lai³¹"历来"，布依语固有词位于句末，借自汉语的置于所修饰的中心词之前。从语义指向来看，布依语表示过去时的定时时间副词的语义都指向所修饰的中心词。

（二）用于将来时的定时时间副词

表示将来时的时间副词有ɕau³¹kwa:i¹¹"早晚"、xat³⁵xam³³"早晚"、ɕau¹¹lot³⁵"迟早"。"早晚、迟早"义副词蕴含了说话以深信事情最后会发生的意思。

① te²⁴ ɕau³¹kwa:i¹¹ ðo³¹ ma²⁴ ða²⁴ muŋ¹¹.

　他　早晚　　　会　来　找　　你

（他早晚会来找你。）

② luɯk³³ʔbɯk³⁵ ɕau³¹kwa:i¹¹ ðo³¹ ka:i²⁴ ʔo³⁵ ða:n¹¹.

　女孩子　　　　迟早　　　会　卖　出家

（女孩子迟早是会嫁人的。）

③ po¹¹ðau¹¹ ɕau³¹kwa:i¹¹ ʔan³⁵ ða²⁴ ðan²⁴ te²⁴.

　我们　　　迟早　　　一定　找　见　他

（我们迟早会找到他。）

④ ka:i³⁵ wɯn²⁴thi³¹ ni³¹ ɕau¹¹lot³⁵ pan¹¹ kai⁵³tɕie³¹.

　个　　问题　　这　迟早　会　　解决

（这种问题迟早要解决。）

⑤ θoŋ²⁴ ðau¹¹ xat³⁵xam³³ to⁵³ ʔdai³¹ tuŋ³¹ ðan²⁴.

　俩　我们　早晚　　都　得　相互　见

（我们俩早晚都能相见。）

ɕau³¹kwa:i¹¹使用频率高，ɕau¹¹lot³⁵使用频率不高，主要是老年人使用。ɕau³¹kwa:i¹¹可与ɕau¹¹lot³⁵自由替换而不引起语气或语义的改变。例如①～③中的ɕau³¹kwa:i¹¹都可用ɕau¹¹lot³⁵替换，例④中的ɕau¹¹lot³⁵也可用ɕau³¹kwa:i¹¹替换。

xat³⁵xam³³本义指早上和晚上，引申为"早晚"之义。如例⑤中的xat³⁵xam³³就是"早晚"之义。

用ɕau³¹kwa:i¹¹"迟早"的句子一般都有能愿动词。如例①、例②、例④、例⑤分别有能愿动词ðo³¹"会"、ʔdai³¹"得"、pan¹¹"会"、ðo³¹"会"，这些能愿动词表示对某事情发生可能性的确信。ɕau³¹kwa:i¹¹"迟早"不能直接用于动词前，也不能修饰形容词。

表示事情一定会发生的"迟早"义副词都位于所修饰动词之前，作状语。如例①～⑤中的ɕau³¹kwa:i¹¹、xat³⁵xam³³、ɕau¹¹lot³⁵都位于所修饰的动词之前。例④不光用了表示事情一定会发生的时间副词ɕau³¹kwa:i¹¹"迟早"，还用了表示确定语气的副词ʔan³⁵"一定"一起加强肯定的语气。

ɕau³¹kwa:i¹¹"迟早"的语义都指向句中的谓语，语义后指。如例①中的

çau³¹kwa:i¹¹ "迟早" 的语义指向谓语 ma²⁴ða²⁴muŋ¹¹ "来找你"，例②中的 çau³¹kwa:i¹¹"迟早"的语义指向ka:i²⁴ ʔo³⁵ ða:n¹¹"嫁出家"，例③中的çau³¹kwa:i¹¹ "迟早" 的语义指向述宾短语ða²⁴ te²⁴ "找到他"，例④中的çau¹¹lot³⁵ "迟早" 的语义指向kai⁵³tçie³¹ "解决"，例⑤中的 xat³⁵xam³³的语义指向tuŋ³¹ða²⁴ "见面"。

二、不定时时间副词

布依语不定时时间副词既可以用于表述过去的事，也可用于表述未来的事，因此布依语不定时时间副词可用于各种时间的句子。根据不定时时间副词所表示的语义及语法特征的不同，将他们分成表示已然态、未然态、进行态、短时、突发、先后、常偶、永暂、延续九类。下面对这些不定时时间副词进行描写。

（一）表示已然

表示已然的不定时时间副词有ʔiə³⁵ "已经"、ji⁵³tçin³³ "已经" 和çau³¹çi³³ "早就"，他们表示某行为动作或情况在说话之前，或者在某一特定时间之前，或者在另一行为动作（情况）之前进行、完成（发生、存在）了。

1. ʔiə³⁵/ji⁵³tçin³³ "已经"

ʔiə³⁵ "已经"、ji⁵³tçin³³ "已经" 都表示已然，与完成性相关，动态助词leu⁰ "了"、pai⁰ "了" 也表示已然。因此，ji⁵³tçin³³ "已经" 常与表示已然的leu⁰ "了"、pai⁰ "了" 同现。例如：

① te²⁴ taŋ¹¹ ʔiə³⁵ leu⁰.

　他　 到　 已经　了

　（他已经到了。）

② te²⁴ tçie³¹waŋ²⁴ ʔiə³⁵ pai⁰.

　他　　绝望　　 已经　 了

　（他已经绝望了。）

③ ku²⁴ ðiəŋ¹¹ te²⁴ nau¹¹ θaɯ²⁴ ʔiə³⁵ pai⁰.

　我　 跟　 他　说　清楚　已经　了

　（我已经跟他说清楚了。）

④ te²⁴ ʔju³⁵ pan²⁴kuŋ³³sɿ³¹ ʔiə³⁵ pai⁰.

　　他　在　　办公室　　已经　了

　（他已经在办公室了。）

⑤ po¹¹ te²⁴ ʔju³⁵ tɕiə¹¹ni³¹ xa:i²⁴ ʔdai³¹ tɕi⁵³ pi²⁴ ʔiə³⁵ pai⁰.

　　他们　　在　　这里　开采　有　几　年　已经　了

　（他们已经在这里开采几年了。）

ʔiə³⁵ "已经" 是布依语固有词，老年人用得较多，年轻人多用借自汉语的 ji⁵³tɕin³³ "已经"。ʔiə³⁵须位于动宾或动补之后，句末语气词leu⁰ "了"、pai⁰ "了" 之前，如例①～⑤。ʔiə³⁵ "已经" 作状语修饰谓语动词时，语义也指向所修饰的谓语动词。例如，例①中的ʔiə³⁵，其语义指向动词taŋ¹¹ "到"，例②中的ʔiə³⁵ 的语义指向tɕie³¹waŋ²⁴ "绝望"，例③中的ʔiə³⁵的语义指向nau¹¹θaɯ²⁴ "说清楚"，例④中的ʔiə³⁵的语义指向ʔju³⁵ "在"，例⑤中的ʔiə³⁵的语义指向 ʔdai³¹ tɕi⁵³ pi²⁴ "有几年"。

tɯk³³…ʔiə³⁵ "已经是……" 表示已然事态，但判断动词tɯk³³ "是" 后不能加动态助词leu⁰ "了" 和pai⁰ "了"，布依语关系类动词也都有这个特点。

ji⁵³tɕin³³ "已经" 借自汉语，其语法、语用与汉语 "已经" 相近。例如：

⑥ te²⁴ ji⁵³tɕin³³ pai²⁴ pai⁰.

　　他　已经　去　　了

　（他已经走了。）

⑦ te²⁴ ji⁵³tɕin³³ kɯn²⁴ pai⁰.

　　他　已经　吃　　了

　（已经吃了。）

⑧ ku²⁴ ji⁵³tɕin³³ ɕim²⁴ pɯn⁵³ θɯ²⁴ ni³¹ pai⁰.

　　我　已经　看　本　书　这　了

　（我已经看过这本书了。）

ʔiə³⁵/ji⁵³tɕin³³ "已经" 强调在某一点之前，某事已经发生或存在，它与时间参照点密切相关。

"V+（数量补语）+pai⁰" 与 "ʔiə³⁵/ji⁵³tɕin³³+V+（数量补语）+pai⁰" 的区别

在于前者是一般陈述，后者侧重于动作行为的结果。例如：

⑨ A：pai²⁴ pai⁰.
　　走　了
　　（走了。）

　 B：ji⁵³tɕin³³ pai²⁴ pai⁰.
　　已 经　走　了
　　（已经走了。）

⑩ A：ɕim²⁴ pai⁰.
　　看　了
　　（看了。）

　 B：ji⁵³tɕin³³ ɕim²⁴ ʔdai³¹.
　　已 经　看　了
　　（已经看了。）

⑪ A：ɕo³¹ θoŋ²⁴ ka:i³⁵ ɕiau⁵³sɿ³¹ pai⁰.
　　学　两　个　小时　了
　　（学了两小时。）

　 B：ji⁵³tɕin³³ ɕo³¹ ʔdai³¹θoŋ²⁴ka:i³⁵ɕiau⁵³sɿ³¹ pai⁰.
　　已 经　学　了 两 个 小 时 了
　　（已经学了两个小时了。）

⑫ A：ku²⁴ ɕim²⁴ puɯn⁵³ θuɯ²⁴ ni³¹.
　　我　看　本　书　这
　　（我看过这本书。）

　 B：ku²⁴ ɕim²⁴ puɯn⁵³ θuɯ²⁴ ni³¹ ʔiə³⁵.
　　我　看　本　书　这 已 经
　　（我已经看过这本书了。）

　　A 组例句与 B 组例句的意思差不多，都表示已然态。不同之处为：A 组与 B 组的重音和语义不同。A 组的重音是动词或补语，B 组的重音是 ji⁴²tɕin³³ 或 ʔiə³⁵。从语用来看，A 组只是陈述一个事实，B 组在事实陈述的基础上，增加对事态已然性的确认，强调事情的结果。

2. ɕau³¹ɕi³³ "早就"

ɕau³¹ɕi³³是由形容词ɕau³¹ "早" 和副词ɕi³³ "就" 组成的。ɕau³¹ɕi³³强调事情发生得早，离现在已经有一段时间了，只用于动词或动态形容词之前，作状语。例如：

① te²⁴ ɕau³¹ɕi³³ ðo³¹ ta³¹ŋa:n²⁴ leu³¹.
　他　早　就　知　道　答案　了
（他早就知道答案了。）

② ku²⁴ ɕau³¹ɕi³³ mi¹¹tsan²⁴tshɯn³¹te²⁴taŋ⁵³ni³¹kuə³³.
　我　早　就　不　赞　成　他　这　么　做
（我早就不赞成他这么做。）

③ ku²⁴ la:ŋ³⁵ ðɔn²⁴ leu⁰, mi¹¹ ɕi³³ ɕau¹¹ɕi³³ taŋ¹¹ pai⁰.
　我　走　错　路　了　不　就　早　就　到　了
（我走错了路，要不早就到了。）

④ ʔdan²⁴ ða:n²⁴ te²⁴ɕau³¹ɕi³³va:i³³pai⁰.
　个　　房子　那　早　就　破　了
（那幢房子早就破了。）

⑤ ʔdan²⁴ tɕai³⁵te²⁴ɕau³¹ɕi³³fa:ŋ¹¹pai⁰.
　个　　蛋　那　早　就　坏　了
（那鸡蛋早就坏了。）

副词ɕau³¹ɕi³³ "早就" 表示事情发生得早。例①～③中的ɕau³¹ɕi³³ "早就" 修饰动词ðo³¹、mi¹¹tsan²⁴tshɯn³¹、taŋ¹¹，作状语，位于所修饰的谓语之前。语义也指向这些动词。例④和例⑤中的ɕau¹¹ɕi³³ "早就" 作状语修饰动态形容词va:i³³、fa:ŋ¹¹，语义也指向这些形容词。ɕau¹¹只能修饰动态形容词，因此形容词后一般都有表示变化的助词pai⁰。

（二）表示将来、未然

布依语表示未然义的时间副词，主要有表示 "马上、立刻" 义的ðiəŋ¹¹ɕɯ¹¹、ɕiən²⁴ɕɯ¹¹、ma⁴²saŋ²⁴、tɕak³⁵jau²⁴、jiən³⁵、ŋan³³ŋan³³、ŋan³³pai¹¹、la⁵³和 "快要、将要" 义的xa³¹，这些词语表示一个动作或现象接近于发生或出现。

1. ŋan³³ŋan³³ "即将、马上"、tɕak³⁵jau²⁴ "立刻、马上"

ŋan³³ŋan³³ "即将、马上"和tɕak³⁵jau²⁴ "立刻、马上"都表示动作或现象在短时间内会发生。两者的不同在于语序，前者须置于句末或句末语气词前，后者可置于句首或谓语动词前。例如：

① ðau¹¹ pai²⁴ ŋan³³ŋan³³.
　我们　去　　马上
　（我们马上走。）

② ka:i³⁵ no³³ma²⁴ ni³¹ la:n³³ ŋan³³ŋan³³ pai⁰.
　个　狗肉　这　熟　　马上　　了
　（这狗肉马上熟了。）

③ tɕak³⁵jau²⁴ ɕɯ¹¹ ɕi³³ ðoŋ³³.
　马　上　　时　就　亮
　（马上天就亮。）

④ te²⁴ ta:u³⁵ ta:u³⁵ ʔdai³¹ ɕen¹¹ to⁵³ ðiən¹¹ɕɯ¹¹ juŋ³³leu³¹.
　他　次　次　得　钱　都　立即　用　完
　（他每次得钱都立即用完。）

例①～③中的"马上"都表示事情就要发生。例④中的ðiən¹¹ɕɯ¹¹ "立即"表示紧接另一件事情发生。

"马上"义副词只能修饰句中的动词、动态形容词或主谓短语，语义也指向句中的谓语中心词。例如，例①中的ŋan³³ŋan³³ "即将、马上"作状语修饰动词pai²⁴ "去"，语义也指向动词pai²⁴ "去"；例②中的ŋan³³ŋan³³ "即将、马上"作状语修饰动态形容词la:n³³ "熟"，语义也指向该形容词。例③中的tɕak³⁵jau²⁴ "马上"位于句首，作状语修饰主谓短语ɕɯ¹¹ɕi³³ðoŋ³³ "天就亮"，tɕak³⁵jau²⁴ "马上"的语义指向主谓短语的谓语ðoŋ³³ "亮"；例④中的ðiən¹¹ɕɯ¹¹ "立即"修饰动补短语juŋ³³leu³¹ "用完"，ðiən¹¹ɕɯ¹¹的语义指向juŋ³³leu³¹ "用完"。

布依语表示"马上"义的副词有九个，它们的语义基本一样，主要区别有：（1）来源或使用地区不一样。ðiən¹¹ɕɯ¹¹多用于望谟的农村，ɕiən²⁴ɕɯ¹¹多用于望谟城区，ma⁴²saŋ²⁴借自汉语，年轻人用得多，tɕak³⁵jau²⁴、jiən³⁵、ŋan³³ŋan³³、ŋan³³pai¹¹多用于贵阳。（2）语序不一样。其中，tɕak³⁵jau²⁴、ma⁴²saŋ²⁴、ɕiən²⁴ɕɯ¹¹、 ðiəŋ¹¹ɕɯ¹¹、jiən³⁵、ma:ŋ¹¹须前置于所修饰中心词，ŋan³³ŋan³³、ŋan³³须后置于所修饰的中心词语。（3）ŋan³³ŋan³³可用于句中也可单独使用，ŋozn³³pozi¹¹只能单独使用。

2. xa³¹ "快要、将要"

① te²⁴ xa³¹ ma²⁴ taŋ¹¹ pai⁰.
他　快要　来　到　了
（他快要来到了。）

② ɕim²⁴ pai²⁴ pan¹¹lum⁵³ xa¹¹ tau⁵³ vɯn²⁴.
看　　去　　好像　　快要　下　雨
（看上去好像要下雨。）

③ ɕɯ¹¹ xa¹¹ ðoŋ³³ pai⁰.
时　快要　亮　了
（马上天就亮。）

④ xa⁵³ taŋ¹¹ ɕiən²⁴ pai⁰, ku²⁴ jiən³³ma¹¹ to⁵³ fi³³ ɕɯ³¹.
要　到　节日　了　我　什么　都　没　买
（快过年了，我什么都没买。）

⑤ ðau¹¹ xa¹¹ pai²⁴ ŋan³³ŋan³³.
我们 快要　去　马上
（我们马上就要走。）

xa³¹ "快要、将要"表示动作或现象快要发生了，都只能修饰动词或动态形容词，且都位于所修饰的动词或形容词之前，语义指向该动词或形容词。如例①、例②、例④、例⑤中的xa³¹/xa¹¹ "快要、将要"分别修饰句中的动词ma²⁴taŋ¹¹、tau⁵³vɯn²⁴、taŋ¹¹ɕiən²⁴、pai²⁴，语义也指向这些动词。例③中的xa¹¹ "快要"修饰形容词ðoŋ³³，语义也指向该形容词。例⑤同时使用两个意义相近的xa³¹ "快要"和ŋan³³ŋan³³ "即将、马上"形成同义框式结构，共同修饰pai²⁴，它们的语义也都指向pai²⁴。xa³¹ "将要、快要"有时变读为xa¹¹。

（三）表示进行

taŋ¹¹ka:n³³ "正在"表示行为动作或状态在说话时，或在另一行为动作发生、进行、完成时进行着或持续着。例如：

① xa:n¹¹ te²⁴ kɯn²⁴ xau³¹ taŋ¹¹ka:n³³.

　　家　他　吃　饭　　正在

（他家正在吃饭。）

② ŋon¹¹liən¹¹ pai¹¹ ku²⁴ tɯk³⁵ tɕhiu³¹ taŋ¹¹ka:n³³ te²⁴ ɕiau³¹lin³¹ ma²⁴ ða²⁴ ku²⁴.

　昨天……时候 我 打　球　　正在　　那 小林 来 找 我

（昨天小林来找我时我正在打球时。）

③ ŋon¹¹ɕo³³ ɕɯ¹¹ ni³¹ ku²⁴ saŋ²⁴kho²⁴ taŋ¹¹ka:n³³，va:n³³ ɕɯ¹¹ mo³⁵ pa⁰.

　明天　　时 这 我 上课　　正在，　　换 时 重新 吧

（明天这个时候我正在上课呢，换个时间吧。）

taŋ¹¹ka:n³³ 须位于句末，只能修饰动词短语，语义也指向所修饰的动词短语。如例①～③中的 taŋ¹¹ka:n³³ "正在" 分别修饰谓语动词 kɯn²⁴xau³¹、tɯk³⁵tɕhiu³¹、saŋ²⁴kho²⁴，语义也指向这些动词。

taŋ²²ka:n³³ "正在" 表示进行态，既可用于现在时，如例①，也可用于过去时，如例②，还可用于将来时，如例③。taŋ²²ka:n³³ "正在" 所在句子需有时间词语，否则句子不成立。这些时间词语可以显现，也可以隐含。例如，例①动作发生的时间虽没明说但从上下文可推测是说话的时间；例②动作发生的时间是 "小林来找" 的时候；例③动作发生的时间 "明天" 这个时候在句中明确标示了。

"pai¹¹+V+te²⁴" 表示 "……的时候"，常与 taŋ²²ka:n³³ 正在同现。

（四）表示短时的时间副词

1. pai¹¹pan³³、ɕa:u³¹ "刚刚"

pai¹¹pan³³ "刚才"、ɕa:u³¹ "刚刚" 表示某行为动作或状况在说话之前不久发生，或是紧挨另一行为动作发生，强调前后两个动作相隔的时间很短。

① te²⁴ ɕa:u³¹ pai，mɯŋ¹¹ pai²⁴ nep³³ te²⁴ xan²⁴ ne³³.

　他　刚　走　你　去　追　他　快　吧

（他刚走，你快去追她。）

142

② te²⁴ pai²⁴ pai¹¹pan³³, mɯŋ¹¹ pai²⁴ nep³³ te²⁴ xan²⁴ ne³³.
　　他　走　刚　　　你　去　追　他　快　吧
（他刚走，你快去追她。）

③ te²⁴ ça:u³¹ pai²⁴ pai¹¹pan³³, mɯŋ¹¹ pai²⁴ nep³³ te²⁴ xan²⁴ ne³³.
　　他　刚　走　刚　　　你　去　追　他　快　吧
（他刚走，你快去追她。）

④ ðau¹¹ ça:u³¹ çoi³³ ʔdi²⁴　te²⁴ çi³³ ma²⁴ kuə³³ wa:i³³.
　　我们　刚　修　好　他　就　来　破　坏
（我们刚修好，他就来破坏。）

⑤ ðau¹¹ çoi³³ ʔdi²⁴ pai¹¹pan³³ te²⁴ çi³³ ma²⁴ kuə³³ wa:i³³.
　　我们　修　好　刚　　他　就　来　破　坏
（我们刚修好，他就来破坏。）

⑥ ku²⁴ ça:u³¹ nau²¹ pai¹¹pan³³mɯŋ　ðo³¹n̠iə²⁴pai²⁴ fi³³ ？
　　我　刚　说　刚　　　　你　听　到　了　吗
（我刚说的你听到了吗？）

⑦ ka:i³⁵ pjak³⁵ ni³¹ ça:u³¹ ça:u⁵³，çim²⁴ pa⁰.
　　个　菜　这　刚　炒　尝尝　吧
（这碗菜刚炒的，尝尝吧。）

⑧ xok³⁵tuə³³ ni³¹ ça:u³¹ çɯ⁵³ çuk³³, çiau⁵³min³¹ çi³³ ma²⁴ pai⁰.
　　豆英　这　刚　煮　熟　小　明　就　来　了
（豆英刚煮熟小明就来了。）

从位序来看，pai¹¹pan³³可置于所修饰的中心词之后，句中或置于句尾，ça:u³¹"刚"须前置于所修饰的中心词。例如，例②和例③中的pai¹¹pan³³置于句末，例⑤和例⑥中的pai¹¹pan³³置于所修饰的中心词之后，例①、例④、例⑥、例⑦、例⑧中的ça:u³¹"刚"置于所修饰的中心词之前。日常交际中，ça:u³¹多与pai¹¹pan³³一起使用，也可省略其中一个。例如，例①和例④只使用了ça:u³¹，例②和例⑤只用了pai¹¹pan³³，例③和例⑥是ça:u³¹与pai¹¹pan³³一起使用。例⑦和例⑧中的ça:u³¹不能用pai¹¹pan³³替换。

ça:u³¹"刚刚"或pai¹¹pan³³"刚才"可表达两种语义：一种表示动作在说话

前不久发生。如例①～③中的ɕa:u³¹都表示"他走"的动作在说话前不久发生；另一种表示某一动作紧挨在另一动作发生之前不久发生，后面常用ɕi³³"就"呼应，一起构成"ɕa:u³¹/pai¹¹pan³³…ɕi³³"结构。例如，例⑤中的pai¹¹pan³³"刚"引导动词短语ɕoi³³ʔdi²⁴，ɕi³³"就"引导动词短语kuə³³wa:i³³"破坏"。

从语义来看，ɕa:u³¹"刚刚"或pai¹¹pan³³"刚才"虽然都可以表示动作在说话前不久发生，但意思略有区别。ɕa:u³¹表示的动作紧挨着说话时间，离说话时间最短，相当于汉语的"刚刚"，pai¹¹pan³³表示的动作可能离说话时有些时间了，相当于汉语的"刚才"。例⑦中的ɕa:u³¹表示"刚刚"炒的菜，紧挨着说话的时间，因此热乎乎的正好可以吃了，例⑧中的ɕa:u³¹"刚"表示豆荚"刚刚"fa³³"熟"，热乎乎的正好可以吃了。两句的ɕa:u³¹"刚刚"若改成pai¹¹pan³³"刚才"，紧挨着说话的时间，因此则表示菜或豆荚出锅离说话有些时间了，可能都冷了。因此，例⑦和例⑧中的ɕa:u³¹不宜换用pai¹¹pan³³。ɕa:u³¹还可表示"早义"

从功能上看，以上句子中的ɕa:u³¹、pai¹¹pan³³"刚"都作状语，修饰句中的动词或动词短语，语义指向所修饰的动词或动词短语。从语用来看，pai¹¹pan³³使用频率最高。

2. luɯŋ⁵³ "才"、laŋ⁵³ɕi³³ "才"

① te²⁴ luɯŋ⁵³ tai³⁵ mei⁵³kue³¹ ta:u³⁵ ma²⁴.

　他　才　从　美国　回　来

（他才从美国回来。）

② ku²⁴ pi²⁴mo³⁵ luɯŋ⁵³ɕi³³ pi³¹nie³¹.

　我　明年　才　　毕业

（我明年才毕业。）

③ muɯŋ¹¹ ɕɯ¹¹laɯ¹¹ luɯŋ⁵³ khai³³xua²⁴ lum⁵³ te²⁴.

　你　什么时候　才　　开化　　像　他

（你什么时候才像他那样开化。）

④ θan⁵³ ni³¹ luɯŋ⁵³ pet³⁵ xau³¹.

　根　这　才　八　米

（这根才有八米。）

布依语表示"才"义的有lɯŋ⁵³"才"、laŋ⁵³ɕi³³"才"，前者使用频率高，后者使用频率低。lɯŋ⁵³"才"有的地方发音为laŋ⁵³或laŋ²⁴。

本组例句的lɯŋ⁵³"才"作时间副词，表达了三种语义：第一种表示某事在不久前发生，第二种表示某行为动作或情况发生、进行或完成得晚，第三种表示数量最少。这三种语义由不同的结构来表达：例①和例②谓语的抽象结构为（1）"（时间词语）+lɯŋ⁵³+动词（宾语）"中的lɯŋ⁵³是时间副词，可表示某事在不久之前发生，如例①；也可表示事情发生进行得晚，如例②；（2）"疑问词语+lɯŋ⁵³+动词（宾语）"表示事情发生进行得晚，如例③；（3）"lɯŋ⁵³+数量短语"中的lɯŋ⁵³是一个语气词，表示数量少或不够，如例④。通过以上分析可知当lɯŋ⁵³"才"位于动词短语前作状语时是时间副词，其语义也指向所修饰的动词短语，当它位于数量短语前时是语气副词。

lɯŋ⁵³ɕi³³/lɯŋ⁵³"才"还可作关联副词用来引出某一结果，该结果是在前一分句所表示的条件下产生的。前一分句有时使用关联词语，有时不用关联词语。如：

⑤ ka³³li³¹ ðau¹¹ ðak³⁵ðeŋ¹¹ kuə³³, lɯŋ⁵³ɕi³³ li³¹ kɯn²⁴ li³¹ tan⁵³.
　　只 有 我们 努力 做 才 有 吃 有 穿
　　（只有努力去做，才能有吃有穿。）

⑥ ka³³ pu³¹vɯn¹¹ lɯŋ⁵³ ðo³¹ juŋ³³ fi¹¹.
　　只 人 才 会 用 火
　　（只有人才会用火。）

⑦ te²⁴ ma⁵³ kɔŋ³⁵tɕau⁵³ lɯŋ⁵³ kwa³⁵ ʔdai³¹ pa³⁵tu²⁴.
　　他 必须 勾头 才 过 得 门
　　（他必须弯腰才能进门。）

⑧ ʔom²⁴ no³³ ʔau²⁴ ɕo³⁵lɯk³³xau³⁵ lɯŋ⁵³ xom²⁴.
　　炖 肉 要 放 草果 才 香
　　（炖肉要放草果才香。）

例⑤～⑧是由不同的关联词与lɯŋ⁵³搭配形成的条件句子。其中例⑤和例⑥是由 ka³³li³¹/ka³³…lɯŋ⁵³"只有……才"形成的条件句，例⑦是ma⁵³…lɯŋ⁵³"必须……才"形成的条件句，例⑧是由ʔau²⁴…lɯŋ⁵³"要……才"形成的条件句。

有的句子不出现第一个关联词，只出现lɯŋ⁵³。例如：

⑨ ka:i³⁵ θiən³⁵ ni³¹ pu³¹la:u³¹ lɯŋ⁵³ kuə³³ ʔdai³¹.

个　事情　这　大人　才　做　得

（这件事只有大人才做得成。）

⑩ te²⁴ la:u²⁴ pu³¹ʔiən²⁴ ma²⁴ ða²⁴ lɯŋ⁵³ ʔdiə³¹ ʔju³⁵ tɕiə¹¹ni³¹.

他　怕　仇人　来　找　才　躲　在　这里

（他怕仇人来找才躲在这儿。）

例⑨和例⑩的第一个关联词语隐含不现，只出现后一个表示关联的副词lɯŋ⁵³。对于隐含不现的关联词语，可通过句子的语义关系推导出来。如例⑨是个条件句，前面隐含了 ka³³li³¹ 或 ka³³；例⑩是一个因果句，前面隐含了 wəi²⁴ "因为"。

laŋ⁵³ɕi³³与lɯŋ⁵³的意义和用法一样，都只能在句中作状语，修饰动词或动态形容词，语义指向所修饰的动词或形容词。

3. 表示 "就" 义的 ɕi³³ 和表示 "赶快" 义的 waŋ²⁴ma:u¹¹、ða:i³¹、xan²⁴n̪oi³³（xan²⁴n̪ai³³）、pau³³ mja:ŋ¹¹、ða:i³¹

这组时间副词表示某行为动作在说话之后或另一行为动作之后紧接着进行、发生或完成，强调相隔的时间很短。

1）ɕi³³ "就"

① pai²⁴ θoŋ²⁴ ŋon¹¹ ɕi³³ ta:u³⁵，mjaɯ⁵³ ðau¹¹ tso³¹tɕi³¹.

去　两　天　就　回　别让　我们　着急

（去两天就回，别让我们着急。）

② taŋ¹¹ ʔdiən²⁴ laŋ²⁴ ʔdɔ³⁵va²⁴ ɕi³³ pai²⁴　pai⁰.

到　月　后　花　就去　了

（下个月花就凋谢了。）

③ kwa³⁵ θoŋ²⁴ pi¹¹ po²⁴ ɕi³³ mi¹¹ ðan²⁴ pai⁰.

过　两　座　山　就　不　见　了

（一眨眼过两座山就不见了。）

④ ku²⁴ɕi³³ma²⁴.

我　就来

（我就来。）

⑤ mɯŋ¹¹ pɯəŋ⁵³ va²⁴ɕa:u³¹ ɕi³³ ðan²⁴ pjak³⁵ pai⁰.

　　你　　打开　　锅盖　　就　看见　菜　　了

（你揭开锅盖就看见菜了。）

⑥ ɕau³¹ ɕi³³ ʔdi²⁴ pai⁰.

　　早　　就　好　了

（早就好了。）

"ɕi³³+动"表示事情在短时间内即将发生。句中有时有表示时间的词语，如例①中的θoŋ²⁴ŋɔn¹¹，例②中的ʔdiən²⁴laŋ²⁴。有时没有表示时间的词语，而是用表示"立刻、马上"义的ɕi³³"就"表示时间。例如，例④没有专门表示时间的词语，但知道动作ma²⁴"来"会在很短时间内发生，原因在于句中用了表示短时之义的ɕi³³"就"。"ɕi³³+动"表示动作会在"短时间内"发生，这个"短时间"既可以是例①中的θoŋ²⁴ŋon¹¹"两天"，也可以是例②中的ʔdiən²⁴laŋ²⁴"下一个月"，还可以是例④中的kwa³⁵"一眨眼"工夫。这些时间的实际长短差别非常大，但在说话人看来都是"短时间"，因此ɕi³³"就"所表示的这个"短时间"带有说话者的主观色彩，表达的是说话者的主观看法。

ɕi³³"就"表示在说话者看来某行为动作（情况）发生、进行（完成）得或早或快，因此句末常用leu⁰、pai⁰"了"。例⑤中的ɕi³³"就"连接了两个连续动作，表示两件事紧挨着发生，该句的ɕi³³"就"还有关联作用。ɕi³³"就"只能修饰动词或动态形容词，语义指向所修饰的动词或动态形容词。

2）"赶快"义

布依语表示"赶快"义的时间副词有 waŋ²⁴ma:u¹¹、ða:i³¹、xan²⁴ȵoi³³（xan²⁴ȵai³³）、pau³³mja:ŋ¹¹，除了pau³³mja:ŋ¹¹前置于所修饰的动词之外，其余的词语都位于所修饰动词之后。例如：

① te²⁴ le¹¹ waŋ²⁴ma:u¹¹ pai⁰.

　　他　跑　赶快　　　了

（他赶紧跑了。）

② mɯŋ¹¹ pja:i⁵³ ða:i³¹ （noi³³）!

　　你　　走　赶紧　　些

（你快些走！）

③ kuə³³ ða:i³¹（nai³³）！

做　赶快　点

（快点做！）

④ muɯŋ¹¹ ma²⁴ xan²⁴（nai³³），ku²⁴ pai²⁴ pa³⁵ tɕe³¹ ɕa⁵³ muɯŋ¹¹.

你　来　赶紧　些　我　去　口　街　等　你

（你赶紧来，我去街口等你。）

⑤ pau³³mja:ŋ¹¹ tuŋ²⁴ tɕiə¹¹ ɕoŋ³³ pjoŋ⁵³ te²⁴.

赶紧　堵　处　洞　漏　那

（赶紧把漏洞堵上。）

⑥ kɯn²⁴ xan²⁴（nai³³），mi¹¹ɕi³³ pjak³⁵ xap³³ pai⁰.

吃　赶紧　些　不然　菜　凉　了

（赶紧吃，要不菜凉了。）

pau³³mja:ŋ¹¹、waŋ²⁴ma:u¹¹常用于贵阳地区，xan²⁴ nai³³、ða:i³¹、pau³³常用于望谟地区。ða:i³¹除了有"赶快"义外，还可作语气副词相当于"真的"。

布依语表示"赶紧"义的时间副词多修饰动词、动词短语，表示情势需要，不容迟缓，因此常用于祈使句。例如，例②～⑥都是祈使句，表示催促，也可用于陈述句，如例①。ða:i³¹"赶快"、xan²⁴"赶快"等词之后还可以带补语nai³³"一些"，有的地方变读为noi³³。祈使句加上补语后，祈使、命令的语气变得舒缓一些，如例②、例③、例④、例⑥。

以上各句中的waŋ²⁴ma:u¹¹、xan²⁴ nai³³、ða:i³¹、pau³³mja:ŋ¹¹可相互替换，不会引起语义变化。"赶紧"义时间副词都只能修饰动词，语义也指向所修饰的动词。

（五）表示突发

布依语表突然或忽然的词语有 tam³¹tɯt³⁵、tɕam³³tɕap³⁵、ɕik³⁵ɕɯ¹¹。"突发"义时间副词表示事情来得迅速而又出乎意料，都置于所修饰的中心词之前。例如：

① li³¹ pu³¹ vɯn²⁴ ʔdeu²⁴ tam³¹tɯt³⁵ tai³⁵ xen¹¹ ðɔn²⁴ ʔo³⁵ tau⁵³.

有　个　人　一　突然　从　边　路　出来

（有一个人突然从路边出来。）

② te²⁴ tɕam³³tɕap³⁵ tai³⁵ pa:i³³laŋ²⁴ ʔiət³⁵ fɯŋ¹¹ ma²⁴ kwat³⁵ ku²⁴.

　　他　　忽然　　从　　面后　　伸　手　来　抱住　我

（他忽然从后边伸手抱住我。）

③ tam³¹tɯt³⁵ li³¹ ða³⁵ θɯɯ¹¹ la:u³¹ ʔdeu²⁴ pɯt³⁵ ma²⁴.

　　突然　　有　阵　风　大　一　刮　来

（忽然有一阵风刮来。）

④ ʔbɯn²⁴ tam³¹tɯt³⁵ lap³⁵ pai⁰.

　　天　　突然　　黑　了

（天突然黑了。）

⑤ ʔdan²⁴ taŋ²⁴ te²⁴ tam³¹tɯt³⁵ va:i³³ pai⁰.

　　盏　灯　那　突然　　坏　了

（那盏灯突然坏了。）

⑥ tam³¹tɯt³⁵ ʔbɯn²⁴ jeu²⁴ pai⁰.

　　突然　　天色　青　了

（突然天色昏暗起来。）

布依语突发意义的时间副词有三个，它们的使用频率不同，其中，tam³¹tɯt³⁵使用频率高，ɕik³⁵ɕɯ¹¹使用频率低。由于"忽然"表示情况的变化，因此只能修饰的动词或动态形容词。tam³¹tɯt³⁵、tɕam³³tɕap³⁵都位于所修饰的动词或动态形容词之前，语义也指向这些动词或动态形容词。如例①～③中的tam³¹tɯt³⁵、tɕam³³tɕap³⁵、tam³¹tɯt³⁵分别修饰动词ʔo³⁵ tau⁵³、ʔiət³⁵ fɯŋ¹¹ ma²⁴ kwat³⁵、pɯt³⁵ ma²⁴，语义也分别指向这些谓语动词。例④～⑥中的tam³¹tɯt³⁵修饰形容词 lap³⁵、va:i³³、jeu²⁴。lap³⁵、va:i³³、jeu²⁴ 都是静态形容词加上表示变化的助词pai⁰后都具有了动态形容词的属性。

（六）表示先后

1. kon³⁵ "先"

kon³⁵ "先"表示动作发生或完成在先，置于所修饰的中心词之后。例如：

① xa:n¹¹ te²⁴ jeu³³ thui²⁴tɕhin³³ kon³⁵.

　　家　他　喊　退亲　　先

（他家先喊退亲的。）

② li³¹ ma¹¹ θiən³⁵ ðau¹¹ tɕi⁵³pu³¹ tuŋ³¹θuən⁵³ kon²⁴.

有 什么 事 我们 几个 商量 先

（有什么事情我们几个先商量。）

③ θa:u³⁵ ðam³¹ kon²⁴ luɯŋ⁵³ pat³⁵ ða:n¹¹.

洒 水 先 再 扫 地

（先洒水再扫地。）

④ ʔdan²⁴ taŋ²⁴ te²⁴ va:i³³ kon²⁴.

盏 灯 那 坏 先

（那盏灯先坏。）

例①～③中的kon²⁴修饰动词，例④中的kon²⁴修饰形容词。例③是kon²⁴…luɯŋ⁵³ "先……然后……" 一起运用表示动作的先后顺序。以上各句中的kon²⁴都作状语，修饰动词或动态形容词，位于句末，语义指向所修饰的动词或动态形容词。

2. ðiəŋ¹¹laŋ²⁴/laŋ²⁴ "随后" 和ʔiən³⁵ɕɯ¹¹ "随即"

laŋ²⁴/ðiəŋ¹¹laŋ²⁴ "随后"、ʔiən³⁵ɕɯ¹¹ "随即" 都表示某动作或行为接着前面的动作、行为发生。其中，laŋ²⁴使用频率最高。

① muɯŋ¹¹ pai²⁴ kon³⁵, ku²⁴ ðiəŋ¹¹laŋ²⁴ ma²⁴.

你 走 先 我 随后 来

（你先走，我随后就来。）

② muɯŋ¹¹ pai²⁴ kon³⁵, ku²⁴ ma²⁴ laŋ²⁴.

你 走 先 我 来 随后

（你先走，我随后就来。）

③ muɯŋ¹¹ na:i³³na:i³³ ðiəŋ¹¹laŋ²⁴ ma²⁴ xa⁰.

你 慢慢 随后 来 哈

（你随后慢慢来哈。）

④ muɯŋ¹¹ na:i³³na:i³³ ma²⁴ laŋ²⁴ xa⁰.

你 慢慢 来 随后 哈

（你随后慢慢来哈。）

⑤ ðe³³ tuə¹¹ma²⁴ ðiəŋ¹¹laŋ²⁴pai²⁴.

   唤　　狗　　随后　　去

（唤狗跟在他后面去。）

⑥ ðe³³ tuə¹¹ma²⁴pai²⁴ ðiəŋ¹¹laŋ²⁴.

   唤　　狗　　　去　随　　后

（唤狗随后去。）

⑦ te²⁴ θwa:i³¹ ʔdai³¹ θan⁵³ θa:u³¹ ʔdeu²⁴ ɕi³³ lai³³ laŋ²⁴ pai⁰.

  他　抄　　到　　根　竿子　一　　就　追　随后　了

（他抄起一根竿子就随后追去。）

ðiəŋ¹¹laŋ²⁴的位置可前可后，不同的位置，强调的意思也不一样。当ðiəŋ¹¹laŋ²⁴位于所修饰的动词之前时强调的是ðiəŋ¹¹laŋ²⁴，如例①、例③、例⑤强调的都是ðiəŋ¹¹laŋ²⁴，当ðiəŋ¹¹laŋ²⁴位于所修饰的动词之后时，强调的是ðiəŋ¹¹laŋ²⁴所修饰的动词，如例⑥强调的是动词pai²⁴。无论ðiəŋ¹¹laŋ²⁴的位置如何，它的语义都指向所修饰的中心词。

laŋ²⁴只能位于句末或句末语气词之前，如例②中的laŋ²⁴位于句末，例④和例⑦中的laŋ²⁴分别位于句末语气词xa⁰、pai⁰之前。

（七）表示常偶

1. "经常" 义时间副词ɕɯ¹¹ɕɯ¹¹、ɕu³¹、ðaŋ¹¹、θi³⁵ɕɯ¹¹、ðaɯ³¹

ɕɯ¹¹ɕɯ¹¹、ðaɯ³¹、ɕu³¹、ðaŋ¹¹、θi³⁵ɕɯ¹¹表示某行为动作或情况经常不断进行、发生，相当于汉语的"经常"。例如：

① te²⁴ pai²⁴ ɕim²⁴ pau³⁵tɕe³⁵ te²⁴ ðaɯ³¹.

  他　去　看　老人　　那　常常

（他常常去看那位老人。）

② te²⁴ ɕɯ¹¹ɕɯ¹¹ mi¹¹ ta:u³⁵ pai²⁴ ða:n¹¹ kɯn²⁴ xau³¹.

  他　常常　　不　回　去　家　吃　　饭

（他常常不回家吃饭。）

③ te²⁴ ɕu³¹ ma²⁴ ða²⁴ ku²⁴ kuə³³ɕam¹¹.

　他 经常 来 找 我 玩

（他经常来找我玩。）

④ pu³¹tɕe³¹ nau¹¹ ðaŋ¹¹.

　老人 说 常常

（老人常说。）

⑤ te²⁴ θi³⁵ɕɯ¹¹ to³³θɯ²⁴ taŋ¹¹ tɕa:ŋ²⁴xɯn¹¹.

　他 经常 读 书 到 半夜

（他经常读书到半夜。）

ɕɯ¹¹ɕɯ¹¹、ɕu³¹、ðaŋ¹¹、θi³⁵ɕɯ¹¹、ðaɯ³¹都表示"常常"义其中，望谟地区经常使用ɕɯ¹¹ɕɯ¹¹、ɕu³¹、θi³⁵ɕɯ¹¹、ðaɯ³¹，不常使用ðaŋ¹¹，贵阳地区经常用ɕɯ¹¹ɕɯ¹¹、ɕu³¹、ðaŋ¹¹，不太常用θi³⁵ɕɯ¹¹、ðaɯ³¹。除ðaɯ³¹和ðaŋ¹¹位于句末外，其余的都位于所修饰的动词之前。

2. "偶尔"义时间副词kuə³³ɕɯ¹¹、tam³¹tu³⁵、lɔŋ²⁴liən³⁵、θak³⁵ɕɯ¹¹、kuə³³ji³⁵

kuə³³ɕɯ¹¹、tam³¹tu³⁵、lɔŋ²⁴liən³⁵、θak³⁵ɕɯ¹¹、kuə³³ji³⁵都表示"偶尔"或"有时"的意思。例如：

① te²⁴ kuə³³ɕɯ¹¹ ma²⁴ pai¹¹ʔdeu²⁴ ɕi³³ ta:u³⁵pai²⁴.

　他 偶尔 来 一下 就 回去

（他偶尔来一下就回去。）

② ku²⁴ lɔŋ²⁴liən³⁵ ðan²⁴ te²⁴ ta:u³⁵ ʔdeu²⁴.

　我 偶尔 见 他 次 一

（我偶尔见他一次。）

③ ʔdan²⁴ taŋ²⁴ te²⁴ kuə³³ji³⁵ mi¹¹ ðoŋ³³，kuə³³ji³⁵ ðoŋ³³ ta¹¹ða:i³¹。

　盖 灯 那 有时 不 亮 有时 亮 非常

（这盏灯有时不亮，有时非常亮。）

④ te²⁴ kuə³³ji³⁵ ʔja³⁵ ta¹¹ða:i³¹.

　他 有时 凶 很

（他有时很凶恶。）

kuə³³ɕɯ¹¹、θak³⁵ɕɯ¹¹"偶尔、有时"常运用于望谟地区，θak³⁵ɕɯ¹¹、tam³¹tu³⁵、lɔŋ²⁴liən³⁵、kuə³³ji³⁵常运用于贵阳地区。"偶尔"义时间副词都位于所修饰的动词或形容词之前，表示某行为动作或情况的进行或发生是少见、偶发的，其语义都指向所修饰的动词或形容词。例如，例①和例②中的kuə³³ɕɯ¹¹和lɔŋ²⁴liən³⁵分别指向动词短语ma²⁴ pai¹¹ ʔde:u²⁴和ðan²⁴ te²⁴ta:u³⁵ʔdeu²⁴，例③和例④中的kuə³³ji³⁵分别指向形容词短语mi¹¹ðoŋ³³、ʔja³⁵、ta¹¹ða:i³¹。

（八）表示永暂

表示永暂的时间副词可分为"永远"义和"暂时"义。

1. 布依语"永远"义时间副词na:u³⁵、na:u³⁵na:u³⁵、kuə³³na:u³⁵、na:u³⁵ɕeu³³

布依语"永远"义时间副词有na:u³⁵、na:u³⁵na:u³⁵、kuə³³na:u³⁵、na:u³⁵ɕeu³³，他们表示某行为动作或状况在一个很长的时间里进行或存在。例如：

① te²⁴ pai²⁴ na:u³⁵ mi¹¹ ta:u³⁵ pai⁰.
　　他 去　永远 不 回来 了
　　（他去了，永远不会来了。）

② ta¹¹ ɕim²⁴ ta:u³⁵ ʔdeu²⁴ ɕi³³ nen²⁴ ʔdai³¹ kuə³³na:u³⁵ pai⁰.
　　他 见 次　一　就 记 得　永远　了
　　（只见过一次就永远记住了。）

③ ku²⁴ xa¹¹ ʔju³⁵ tɕiə¹¹ni³¹ na:u³⁵na:u³⁵, tɕiə¹¹laɯ¹¹ to⁵³ mi¹¹ pai²⁴.
　　我 要 在　这里　永远　　哪儿 都 不 去
　　（我要长期住在这儿，哪儿也不去。）

④ xaɯ⁵³ te²⁴ na:u³⁵ɕeu³³ vɯən⁵³ ʔda:ŋ²⁴ mi¹¹ ʔdai³¹.
　　让 他 永世　翻 身 不 得
　　（让他永世不得翻身。）

从使用频率看，na:u³⁵的使用频率最高，na:u³⁵na:u³⁵、kuə³³na:u³⁵不常用。na:u³⁵ɕeu³³运用于贵阳地区，望谟地区不用。例①～③中的"永远"义时间副词可以相互替换。na:u³⁵ɕeu³³"永世"带有贬义色彩，因此，例④中的na:u³⁵ɕeu³³"永世"不与其他"永远"义时间副词互换。

na:u³⁵、na:u³⁵ɕeu³³置于所修饰的中心词之前。例如，例①中的na:u³⁵位于所修饰的中心词mi¹¹ta:u³⁵之前，例④中的na:u³⁵ɕeu³³位于所修饰的中心词vɯən⁵³ʔda:ŋ²⁴ mi¹¹ ʔdai³¹之前。kuə³³na:u³⁵、na:u³⁵na:u³⁵位于句末或句末语气词之前。例如，例②中的kuə³³na:u³⁵置于句末语气词 pai⁰ 之前，例③中的na:u³⁵na:u³⁵位于所在分句的句末。na:u³⁵na:u³⁵是na:u³⁵的重叠式，表示"永永远远"之义，所强调的时间比na:u³⁵长。

2. tsan²⁴sɿ³¹ "暂时"

tsan²⁴sɿ³¹ "暂时"借自汉语，其语义和用法与汉语的"暂时"类似，都表示某行为动作或状况只是在一个短时间内进行或存在着。例如：

① ku²⁴ puŋ³³ni³¹ tsan²⁴sɿ³¹ mi¹¹ ʔo³⁵tu²⁴.
　　我　这段时间　暂时　不　出门
　　（我这段时间暂时不出门。）

② țe²⁴ mi¹¹li³¹ ɕen¹¹, tsan²⁴sɿ³¹ mi¹¹ ɕɯ³¹ ɕie²⁴.
　　他　没有　钱　暂时　　不　买　车
　　（他没有钱，暂时不买车。）

3. "总是"义副词 ɕiŋ³³ɕiŋ³³、liŋ³³、ɕan³³和"一直"义副词 ðaɯ³¹ðaɯ³¹、pin³⁵、ji³¹tsɿ³¹

布依语表示"总是"义的时间副词有 ɕiŋ³³ɕiŋ³³、liŋ³³、ɕan³³，"一直"义时间副词 ðaɯ³¹ðaɯ³¹、pin³⁵、ji³¹tsɿ³¹表示动作行为或状态持续不变，可修饰动词或状态形容词。例如：

① ɕan³³ ða²⁴ mi¹¹ ʔdai³¹ țe²⁴.
　　总是　找　不　到　他
　　（总是找不到他。）

② ve³³ mi¹¹ lum⁵³ ɕiŋ³³ɕiŋ³³.
　　画　不　像　总是
　　（老是画不像。）

③ te²⁴ θuən³⁵ tai³⁵ tɕiə¹¹ ku²⁴ ʔau²⁴ ka:i³⁵kɯn²⁴ liŋ³³.

　　他　算计　从　处　我　拿　吃的　　总是

（他老是算计着从我这儿要吃的东西。）

④ pin³⁵ taŋ¹¹ ɕɯ¹ni³¹ ku²⁴ lɯŋ⁵³ ðo³¹ po³³ te²⁴ kwa³⁵ta²⁴.

　　一直　到　现在　我　才　知道　父亲　他　去世

（直到现在我才知道他父亲去世。）

⑤ ʔdan²⁴ taŋ²⁴ te²⁴ ðoŋ³³ ta¹¹ða:i³¹ ðaɯ³¹ðaɯ³¹。

　　盏　灯　那　亮　非常　　一直

（这盏灯一直非常亮。）

从位序来看，"总是"义时间副词ɕan³³位于所修饰的动词之前，如例①。ɕiŋ³³ɕiŋ³³、liŋ³³位于句末，如例②和例③；从使用频率看，ɕiŋ³³ɕiŋ³³、liŋ³³使用频率高，ɕan³³使用频率较低；从程度看，ɕiŋ³³ɕiŋ³³比liŋ³³的程度强一些。例①可用ɕiŋ³³ɕiŋ³³或liŋ³³替换，例②可用liŋ³³替换，例③可用ɕiŋ³³ɕiŋ³³替换。

"一直"义时间副词ðaɯ³¹ðaɯ³¹、pin³⁵是布依语固有词，ji³¹tsɿ³¹借自汉语，年轻人喜欢用 ji³¹tsɿ³¹。ji³¹tsɿ³¹、pin³⁵位于所修饰的动词之前，如例④；ðaɯ³¹ðaɯ³¹位于句末，如例⑤。

（九）"延续"义时间副词jiəŋ³³jiən³⁵、luŋ⁵³li³¹、tsau²⁴jaŋ²⁴、xa¹¹ɕi³³

　　（xa³¹ɕi³³）

表示延续的时间副词有jiəŋ³³jiən³⁵"还、仍旧"、luŋ⁵³li³¹"还是、还有"和tsau²⁴jaŋ²⁴"照样"、xa¹¹ɕi³³（xa³¹ɕi³³）"还是"。其中，luŋ⁵³li³¹、tsau²⁴jaŋ²⁴、xa¹¹ɕi³³的使用频率高一些，jiəŋ³³jiən³⁵的使用频率较低，年轻人多使用tsau²⁴jaŋ²⁴，中老年多喜欢用luŋ⁵³li³¹、xa¹¹ɕi³³。tsau²⁴jaŋ²⁴是借自汉语的"照样"，xa¹¹ɕi³³是借自汉语的"还是"，有的地方发成xa³¹ɕi³³。延续义时间副词表示动作行为继续进行或状态保持不变。例如：

① te²⁴ phan³¹suan²⁴ kuə³³ŋon¹¹ xa¹¹ɕi³³ fi³³ ka:i²⁴ tɔk³⁵.

　　他　盘算　半天　还是　没　卖　掉

（他盘算半天还是没有卖掉。）

② pu³¹tɕe³⁵ pu³¹ʔjai³¹ luŋ⁵³li³¹ kwa³⁵ ŋɔn¹¹ lum⁵³ ɕɯ¹¹ɕau³¹ .

　　老年人　布依族　仍旧　　过　日子　像　　过去

（布依族老年人仍旧保持着许多本民族的传统习俗。）

③ mi¹¹ xɯ⁵³ te²⁴ pai²⁴, te²⁴ŋɔn¹¹ŋɔn¹¹ pai²⁴ jiən³³jiən³⁵.

　　不　让　他　去　　他　天　天　去　仍　旧

（不让他去，他天天照样去。）

④ θa:u³³lɯ¹¹ pi²⁴ kwa³⁵ pai²⁴, tɕiə¹¹ni³¹ xai³¹sɿ³³ xo⁵³ tɕa¹¹ɕi¹¹.

　　多少　　　年　过去　了，　这里　　还　是　穷　很

（多少年过去了，这里还是很穷啊。）

　　例①~③是"'延续'义副词 +VP"，表示动作行为继续进行。例④谓语部分的结构是"'延续'义副词+Adj"，表示状态持续。"延续"义副词能够修饰动词、状态形容词，其语义也指向所修饰的动词或状态形容词。luŋ⁵³li³¹、xa¹¹ɕi³³、tsau²⁴jaŋ²⁴位于所修饰的动词或形容词之前，例如，例①中的xa¹¹ɕi³³位于所修饰的fi³³ ka:i²⁴ tɔk³⁵之前，例②中的luŋ⁵³li³¹位于所修饰的kwa³⁵ ŋɔn¹¹ lum⁵³ ɕɯ¹¹ɕau³¹之前，例④中的xai³¹sɿ²⁴位于所修饰的xo⁵³ tɕa¹¹ɕi¹¹之前。jiən³³jiən³⁵位于句末，如例③。

第三节　本　章　小　结

　　本书把布依语时间副词的分类、各次类对被饰成分的选择、时间副词的语义指向所具有的特征汇集在表5-1。

　　从表5-1可知布依语时间副词有如下特点：

　　（1）布依语一共有92个时间副词，其中25个置于句末或句末语气词之前。比如，ʔiə³⁵"曾经"、liŋ³³"从来"、ʔiə³⁵"已经"、ŋan³³ŋan³³"马上"、taŋ¹¹ka:n³³/ka:n³³/ta:i²⁴ka:n³³"正在"、ðaɯ³¹/ðaŋ¹¹"常常、往往"、ða:i³¹/xan²⁴/ pau³³mja:ŋ¹¹/tuŋ³¹ðiəŋ¹¹/waŋ²⁴ma:u¹¹"赶紧、赶快"、ɕiŋ³³ɕiŋ³³/liŋ⁵³"老是"、ðaɯ³¹ðaɯ³¹/pin³⁵"一直"、luŋ⁵³li³¹/jiən³³jiən³⁵"还是"位于所修饰的中心词之后。na:u⁵³、na:u³⁵na:u³⁵、ðiə¹¹laŋ¹¹"随后"可位于所修饰的中心词之前，也可位于所修饰的中心词之后、句末或句末语气词之前。

表 5-1　布依语时间副词表

时间副词		被饰成分		语义指向					词例
		V	A	VP	NP	AP	S	NumP	
定时时间	过去时	+	#	+			+		ʔiə³⁵/ tshuɯ³¹tɕin³³ "曾经"; liŋ³³ "从来"; ni³¹lai³¹ "历来"; tshuŋ³¹lai³¹ "从来"
	将来时	+		+					ɕau³¹kwa:i¹¹/ɕau³¹lot³⁵/ xat³⁵xam³³/ɕau³¹/kwa:i¹¹ "迟早"
不定时时间副词	已然	+	+	+				+	ji⁵³tɕin³³/ʔiə³⁵ "已经"; ʔdai³¹/ ɕau³¹ɕi³³ "早就"
	将来、未然	+	+	+		+		+	ma⁵³saŋ²⁴/ mja:ŋ¹¹/ɕiən²⁴ɕɯ¹¹/jiən³⁵/ŋan³³/ pai¹¹ʔdeu²⁴/ŋan³³ŋan³³/tɕak³⁵jau²⁴ "马上"; la⁵³/xa³¹/xa¹¹ "快要"
	表进行	+	#	+			+		taŋ²⁴sๅ³¹ "当时"; taŋ¹¹ka:n³³/taŋ¹¹ka:n³³/ka:n³³/ta:i²⁴ka:n³³/tsən²⁴tsai²⁴ "正在"
	表短时	+	#	+					laŋ⁵³/luŋ⁵³/*laŋ⁵³ɕɐu³¹*/tam³¹/pai¹¹pan³¹/laŋ⁵³ɕa³¹/luŋ⁵³ɕi³³/luŋ⁵³/ja⁵³pan³¹/ji³⁵pan³³/ɕa:u³¹/ɕa⁴pan³³ "才、刚"; ɕi³³ "就"; ða:i³¹/ xan²⁴/ pau³³mja:ŋ¹¹/tuŋ³¹ðiən¹¹/waŋ²⁴ma:u¹¹ "赶紧、赶快"
	表突发	+	+	+			+		tam³¹tuɯt³⁵/tɕɔk³³/ let³⁵/ lam³¹let³⁵/ ŋam³³ŋa:n³³/thu³¹zan³¹/ ɕam¹¹ɕwa³³ "突然"; tɕam³³tɕap³⁵/θam³¹θa:t³⁵/θam³¹θuɯt³⁵/ θuɯt³⁵/tam³¹tu³⁵/ta¹¹let³⁵/ŋam³³ŋa:ŋ³³ "忽然"; kɔŋ⁵³ka:ŋ⁵³/kɔŋ³³ŋa:ŋ³³ "突然、猛然"
	表先后	+	+	+			#		kon³⁵ "先" /*laŋ²⁴*/ðiə¹¹*laŋ¹¹* "随后"; *ʔiən³⁵ɕɯ¹¹* "随即"
	表常偶	+	+	+			#		kuə³³ɕɯ¹¹/θak³⁵/tam³¹tu³⁵/lɔŋ²⁴liən³⁵/lɔŋ²⁴liə³⁵ "偶尔"; ɕɯ¹¹ɕɯ¹¹/ɕu³¹ma²⁴/θi³⁵ɕɯ¹¹/ðaɯ³¹ðaŋ¹¹ "常常、往往"; lap³³ji³⁵ "经常"
	表永暂	+	+	+			#		*naːu⁵³*na:u³⁵na:u⁵³/kuə³³na:u³⁵/na:u³⁵ɕeu³³ "永远"; tsan²⁴sๅ³¹ "暂"; ɕan³³/ɕiŋ³³ɕiŋ³³/liŋ⁵³ "老是"; ðaɯ³¹ðaɯ³¹/pin³⁵ "一直"
	表延续	+	+	+			+		xa¹¹ɕi³³/xa³¹ɕi³³/luŋ⁵³li³¹/jiən³³jiən³⁵ "还是"; tsau²⁴jaŋ²⁴ "照样"

注：表中"+"表示该类时间副词多数具有此功能，空格表示该副词全无此项功能；"#"表示该类时间副词中少数副词具有此项功能；黑体字的词语是后置词，非黑体的词语是前置词，黑体且斜体的副词可位于所修饰的中心词之前，也可位于句末或句末语气词之前。

　　（2）时间副词都能作状语修饰动词，多数时间词语能修饰形容词。除了表示"永暂"和"延续"义的时间副词能修饰静态形容词外，其余的时间副词都只能修饰动词或动态形容词。时间副词修饰动态形容词时，句末一般要有表示情况变化的助词pai⁰或leu⁰。时间副词的语义一般指向句中的谓语动词或形容词。"已然"义和"未然"义时间副词可以修饰数量词，语义也指向所修饰的数量词。

　　（3）重叠词。重叠结构的时间副词有ŋan³³ŋan³³、na:u³⁵na:u³⁵，他们的基式分别为θuɯt³⁵、ŋan³³、na:u³⁵。重叠式的语义比基式更强。

第六章　布依语方式副词研究

第一节　布依语方式副词

布依语方式副词是指描写动作变化的方式、情态、状态，且只在句中作状语修饰动词、形容词的词语。方式副词与其他副词同时修饰动词时，一般紧靠所修饰的中心词。依据布依语方式副词在语义和语法方面所表现出来的特点，将其细分为同独类、状态类、情状类、依照类、意志类五个次类。

第二节　布依语方式副词分类描写及分析

一、同独类

这类方式副词对动作实施者进行单数或复数的修饰，可分为单独类（有时是单个群体①）和共同类。

（一）单独类

单独类表示施动者单独进行某一活动，主语可以是单数，也可以是一个整体。布依语单独类方式副词包括ka³³"单独"、ka³³ toi³⁵"单独"、tan³³tu³¹"单独"、tɕhin³³tsɿ²⁴"亲自"、ɕin²⁴fuŋ¹¹"亲手"、ɕin²⁴ta²⁴"亲眼"。

① te²⁴ mi¹¹ ðo³¹ jiŋ³³ju⁵³, ka³³（pu³¹ to³³）o³⁵ pai²⁴ na:n³³ pja:u¹¹.
　　他　不　懂　英语，　独自（一人）　出　去　困难　很
　　（他不懂英语，单独出去很困难。）

---

① 单个群体指数量上是两个以上的人，他们是作为一个整体实施同一个动作。

② te²⁴ ŋaːi³³ ka³³（pu³¹ to³³）ɕa³⁵ ʔdaːŋ²⁴.

他　喜欢　独自（人　一）　行　动

（他喜欢单独行动。）

③ te²⁴ ka³³ kuə³³ ka³³ kɯŋ²⁴.

他　单独　做　单独　吃

（他自己做自己吃。）

④ mɯŋ¹¹ ka³³ toi³⁵ mjian³³ ʔdaːŋ²⁴ kau³⁵ naːn¹¹ naːn¹¹ ʔdai³¹ mi¹¹?

你　单独　对　面　身　自　久　久　呆　不

（你能长时间单独面对自己吗？）

⑤ ɕo⁵³ te²⁴ ne³³ ka³³ ɕiŋ⁵³ mɯŋ¹¹ pu³¹ to³³ kɯŋ²⁴ ɕau³¹.

他们　想　单独　请　你　人　一　吃

（他们想单独请你吃饭。）

⑥ ku²⁴ tɕai¹¹ tan³³tu³¹ ðiəŋ¹¹ mɯŋ¹¹ tuŋ³¹kaːŋ⁵³.

我　想　单　独　跟　你　讲话

（我想单独和你讲话。）

⑦ ɕen¹¹ ka³³ ðeŋ¹¹ te²⁴ ʔau²⁴ ka³³ suaːn³⁵ lian²⁴.

钱　　　他要　单独　算　另外

（他的工资需要单独算。）

ka³³除了表示"独自"外还有"自个儿"的意思。tan³³tu³¹借自汉语。从语义来看，"单独"义时间副词可表达两种语义：一种表示动作行为由自己一个人实施。如例①中的ka³³表示出去的行为由他自己一个人实施，例②中的ka³³表示他喜欢的行动是由他自己实施，例③中的ka³³表示做和吃的动作由他自己实施，例④中的ka³³ toi³⁵表示长时间面对自己的行为是由你自己实施。当"单独"义时间副词可表示动作行为由自己一个人实施时，ka³³后可加上 pu³¹ to³³，且主语只能是单数，如例①和例②；"单独"义时间副词还可表示不跟别的合在一起。例如，例⑤中的ka³³表示只请你一个人吃饭，不与别人合在一起请，例⑥中的tan³³tu³¹ 表示特意跟你一个人讲话，不要其他人参与，例⑦中的ka³³表示他的工资要另外算，不与其他人的工资放在一起算。

从语义指向来看，当"单独"义副词表示动作行为由自己一个人实施时，"单独"义副词都指向主语。例如，例①～③中的ka³³"独自"语义都指向句中的主语te^{24}，例④中的 ka^{33} toi^{35}的语义指向句中的主语mɯŋ^{11}；当"单独"义副词表示不跟别的合在一起时，其语义指向谓语部分。例如，例⑤中的 ka^{33}指向 ɕiŋ^{53} mɯŋ^{11} pu^{31} to^{33} kɯn^{24} ɕau^{31}，例⑥中的tan^{33}tu^{31}指向 ðiən^{11} mɯŋ^{11}tuŋ^{31}ka:ŋ^{53}，例⑦中的 ka^{33}指向 sua:n^{35}。

tɕhin^{33}tsɿ^{24} "亲自"、ɕin^{24}fɯŋ^{11} "亲手"、ɕin^{24}ta^{24} "亲眼" 类副词强调事情由自己直接去做或自己直接看到。如：

⑧ po^{11}θu^{24} tɕhin^{33}tsɿ^{24} θoŋ^{35} xau^{31} ma^{24} xaɯ^{53} ku^{24}.
你们　　亲自　　送　饭　来　给　我
（你们亲自给我送饭来。）

⑨ mɯŋ^{11} ʔdai^{31} ɕin^{24}ta^{24} ðan^{24} te^{24} ʔau^{24} laɯ^{11}fi^{33}?
你　得　亲眼　看　他　拿　或　没
（你亲眼看见他拿了没有？）

⑩ ku^{24} ɕin^{24}fɯŋ^{11} jiən^{33} xaɯ^{53} te^{24}.
我　亲手　递　给　他
（我亲手递给他。）

tɕhin^{33}tsɿ^{24} "亲自"、ɕin^{24}fɯŋ^{11} "亲手"、ɕin^{24}ta^{24} "亲眼" 类副词的主语都是单数或单个群体，它们只能修饰动词，语义都指向主语。例如，例⑧～⑩中的"亲自"类副词的语义分别指向主语po^{11}θu^{24}、mɯŋ^{11}、ku^{24}。

（二）共同类

共同类副词要求两个以上的主体同时实施某一动作，因此主语必须是复数。布依语共同类方式副词包括pai^{11}to^{33}/pai^{11}ʔdeu^{24} "共同、一起"、tuŋ^{31} "相互、一起"、kuə^{33}toi^{33}/tuŋ^{31}pa:n^{31}/kuə^{33}ʔdeu^{24} "一道，一起"。共同类方式副词表示不同主体同时同地实施某动作行为。例如：

① kɯn^{11}ʔbɯn^{24} li^{31} θoŋ^{24} tɕa^{35} fei^{33}tɕi^{33} pai^{11}ʔdeu^{24} ʔbin^{24} kwa^{35}pai^{24}.
天上　　有　两　架　飞机　　一起　　飞　过去
（天上有两架飞机一起飞过去。）

② ðau¹¹ θoŋ²⁴ pu³¹ kuə³³toi³³ pai²⁴.

我们 两 人 一起 去

（我们俩一道去。）

③ te²⁴ ðeu³¹ ku²⁴ pai¹¹to³³ pai²⁴ xau⁵³ tɕe³¹.

他 和 我 一起 去 赶 集

（他和我一起去赶集。）

④ leu³¹po¹¹ tuŋ³¹ ðua:m²⁴ ço³⁵, tui³³ tuə¹¹ ma³¹luaŋ¹¹ te²⁴ pai²⁴ tɕa:ŋ³³pjaŋ³³.

大家 一起 抬 体貌词 推 匹 马 铜 那 去 中间 坪地

（大家一起把那匹铜马推到坪地中间去。）

⑤ pau³⁵su⁵³ mi¹¹ ɕau⁵³ tɕa³¹tɕin³³ ðiaŋ¹¹ pu³¹ɕe³⁵ pai¹¹to³³ kɯn²⁴.

财主 不 让 甲 金 跟 人客 一起 吃饭

（财主不让甲金跟客人一起吃饭。）

⑥ ɕam³³-lian¹¹ ðau¹¹ pai¹¹to³³ pai²⁴ nen³³ tiɛn²⁴ tin⁴².

昨天 晚上 我们 一起 去 看 电影

（昨天晚上我们一起去看电影了。）

⑦ ðɔk³³xa:n³⁵ja:ŋ¹¹ kuə³³tɕɔŋ³⁵ pai¹¹to³³ ʔbin²⁴ pai²⁴ pa:i³³na:m¹¹.

大雁 成群结队 一起 飞往 边南

（大雁成群结队一起飞往南边。）

布依语表"一起"义的 kuə³³pai¹¹to³³、tuŋ³¹（pa:n³¹）、kuə³³toi³³、kuə³³ ʔdəu²⁴、pai¹¹ʔdeu²⁴（pai¹¹to³³）等词语可以相互替换。

"一起"义和"各自"义方式副词要求句子中的施事者是复数形式。有的句子的施事直接用复数形式，如例①、例②、例④、例⑥、例⑦的施事分别是 θoŋ²⁴ tɕa³⁵ fei³³tɕi³³ "两架飞机"、ðau¹¹ θoŋ²⁴ pu³¹ "我们两人"、leu³¹po¹¹ "大家"、ðau¹¹ "我们"、ðɔk³³xa:n³⁵ "大雁"。有的句子的施事用介词短语形式构成复数形式，如③中的 te²⁴ ðeu³¹ ku²⁴ "他和我们"，例⑤中的 tɕa³¹tɕin³³ ðiaŋ¹¹ pu³¹ɕe³⁵ "甲金跟客人"。

例①～⑦中的方式副词修饰的是其后的动词，语义却都指向句中的主语或施事。例如，例①～④中的方式副词 pai¹¹ʔdeu²⁴、kuə³³toi³³、pai¹¹to³³、tuŋ³¹分别修饰动词 ʔbin²⁴、pai²⁴、pai²⁴ xau⁵³ tɕe³¹、ðua:m²⁴，语义却分别指向施事 θoŋ²⁴tɕa³⁵fei³³tɕi³³

"两架飞机"、ðau^{11} θoŋ^{24} pu^{31} "我们两人"、te^{24} ðeu^{31} ku^{24} "他和我"、leu^{31}po^{11} "我们"。其他各例的情况类似。

共同类方式副词的主语或施事必须是复数，都位于所修饰的中心词之前，语义却指向句中的主语或施事。

二、状态类

状态类方式副词是对动作的状态进行描写，可分为弱量和强量两类。

（一）弱量类

弱量类方式副词所表示的动作程度量比较弱小。从语义来看，弱量类包括"悄悄"义、"默默"义、"偷偷"义和"低声"义。

"悄悄"义方式副词有 liəm^{11}、liəm^{11}liəm^{11}、ka^{11}diəŋ^{24}、θa^{53}liəm^{11}、diəŋ^{24}diəŋ^{24}、ðiŋ^{35}、ðum^{33}ðiŋ^{35}，"轻轻、慢慢"义方式副词有na:i^{33}na:i^{33}。

① la^{53}lau^{11} li^{31} vɯn^{11} ʔju^{35}, mɯŋ^{11} na:i^{33}na:i^{33} pja:i^{53}.
　　楼下　　有人　　住　你　轻　轻　走
（楼下有人住，你轻轻走。）

② taŋ^{11}laŋ^{24} te^{24} na:i^{33}na:i^{33} ɕio^{31} ðo^{31} ka:ŋ^{53} ʔjai^{31} pai^{0}.
　　后来　　他　慢　慢　学　会　讲　布依语　了
（后来他慢慢学会讲布依语了。）

③ ka^{11}ʔdiəŋ^{24} nau^{11}, mjaɯ^{53} fɯə^{31} ðo^{31}n̠iə^{24}.
　　悄悄　　　说　别让　别人　听见
（悄悄说，别让别人听见。）

④ ku^{24} ʔdiəŋ^{24}ʔdiəŋ^{24} pai^{24} θi^{24} laŋ^{24} te^{24}.
　　我　悄悄　　去　顺　后　他
（我悄悄跟着他去。）

"悄悄"义词语只能修饰动词或动词短语，位于所修饰的动词之前，不用结构助词，语义指向所修饰的动词。例如，例①中的na:i^{33}na:i^{33}修饰pja:i^{53}，置于pja:i^{53}之前，语义也指向pja:i^{53}。其他各例情况一样。liəm^{11}liəm^{11}是liəm^{11}的重叠形式，liəm^{11}liəm^{11}的程度比liəm^{11}更轻，有偷偷摸摸的意味，带有贬义的色彩。

ka¹¹ʔdiəŋ²⁴使用频率不高。望谟地区不用θa⁵³liəm¹¹和ʔdiəŋ²⁴ʔdiəŋ²⁴，其他的悄悄义副词都用。

　　"默默"义方式副词表示动作行为不出声地进行。"静静、默默"义词语有ʔdam³¹、ʔdam³¹ʔdam³¹、tɕam³¹tɕa:ŋ⁵³，ʔdam³¹还有"暗暗"义。望谟地区常用ʔdam³¹、ʔdam³¹ʔdam³¹，不常用tɕam³¹tɕa:ŋ⁵³。

　　⑤ te²⁴ ka³³ pu³²to³³ ʔju³⁵ tɕiə¹¹te²⁴ kɯn²⁴ ʔdam³³ʔdam³³.
　　　 他　独自　一人　在　那儿　吃　静　静
　　（他独自一人在那静静地吃。）

　　⑥ te²⁴ tɕam³¹tɕa:ŋ⁵³ naŋ³³ xen¹¹ʔdeu²⁴, mi¹¹ ka:ŋ⁵³ xa:u³⁵.
　　　 他　默默　坐　一边　不　讲　话
　　（他默默地坐在一边不说话。）

　　"默默"义词语都只能修饰动词，语义指向所修饰的动词，如例⑤和例⑥。ʔdam³¹、ʔdam³³ʔdam³³位于所修饰动词之后，如ðiu²⁴ʔdam³¹"暗笑"、kuə³³ʔdam³¹"默默做"及例⑤，tɕam³¹tɕa:ŋ⁵³位于所修饰动词之前，如例⑥。ʔdam³³ʔdam³³是ʔdam³³的重叠形式，重叠式比基式的程度更重。

　　ðak³³ðem³¹、θa⁵³liəm¹¹、kuə³³ðak³⁵可表达两种语义：（1）表示"悄悄"义。如例⑦⑧。（2）表示"偷偷"义。当它们当"偷偷"义词语表示动作行为的实施者有意让自己的动作行为在不被人察觉的情况下进行时是"偷偷"义，如例⑨。从位序看ðak³³ðem³¹、θa⁵³liəm¹¹、kuə³³ðak³⁵位于所修饰的动词之前，语义也指向所修饰的动词。例如：

　　⑦ te²⁴ ðak³³ðem³¹ ðiəŋ¹¹ ku²⁴ nau¹¹.
　　　 他　悄悄　跟　我　说
　　（他悄悄跟我说。）

　　⑧ te²⁴ θa⁵³liəm¹¹ ma²⁴, θa⁵³liəm¹¹ pai²⁴, mi¹¹li³¹ pu³¹laɯ¹¹ ðo³¹.
　　　 他　悄悄　来　悄悄　去　没有　谁　知道
　　（他悄悄来悄悄去，没人知道。）

　　⑨ ðau¹¹ mi¹¹ xaɯ⁵³ te²⁴ pai²⁴, te²⁴ ka³³ kuə³³ðak³⁵ pai²⁴.
　　　 我们　不　让　他　去　他　自己　偷偷　去
　　（我们不让他去，他自己偷偷去。）

表示"低声"义的词语有ʔo³¹ʔje³¹"低声"、ʔdam³¹ʔdit³⁵"暗地里",它们都位于所修饰的动词之后,语义也指向所修饰的动词。例如:

⑩ ço³⁵vɯən¹¹ ʔa:ŋ³⁵ ʔdam³¹ʔdit³⁵.

祖王　　　高兴　暗地里

(祖王暗自高兴。)

⑪ θoŋ²⁴ pau³⁵ te²⁴ ʔju³⁵ pa:i³³ʔun³¹ ka:ŋ⁵³ ʔo³¹ʔje³¹.

两　男人　那　在　那边　　讲　低声

(那两个男的在那边低声讲话。)

表示"缓慢"义的副词有tçan³³tçan³³"渐渐"、na:i³³na:i³³"慢慢、渐渐"、na:i³³ma²⁴na:i³³ma²⁴"渐渐地",它们表示程度或数量缓慢地、连续地增加或减少。例如:

⑫ tçan³³tçan³³ çim²⁴ ðan²⁴ xen¹¹ ðɔn²⁴ li³¹ ko²⁴fai³¹ pai⁰.

渐渐　　　看　见　边　路　有　树　了

(渐渐看到路边有树了。)

⑬ tçan³³tçan³³ tɔk³⁵ xen¹¹ ðam³⁵.

渐渐　　　来到　边　泗城府

(渐渐来到泗城府边。)

⑭ ʔbɯn²⁴ tçan³³tçan³³ ðoŋ³³ pai⁰.

天　渐渐　　　亮　了

(天渐渐亮了。)

⑮ nai²⁴ tçan³³tçan³³ la:u³¹ pai⁰.

雪　渐渐　　　大　了

(风雪渐渐大了。)

例⑫和例⑬是"渐渐+动词"结构,例⑭和例⑮是"渐渐+形容词+pai⁰"结构,该结构表示状态的变化。"缓慢"义副词修饰动词和形容词,语义也指向所修饰的动词或形容词,位于中心词之前。

(二)强量类

表示强量的方式副词有kɔŋ³³ŋa:ŋ³³/ʔjɔŋ²⁴ʔja:ŋ²⁴"猛然(起身)"、man³³

man^{33} "紧紧"。"猛然"类表示动作迅速而突然,"紧紧"义表示动作力量大。

① te^{24} kɔŋ^{33}ŋa:ŋ^{33} ðun^{35} tai^{35} kɯn^{11} taŋ^{35} te^{24} ma^{24} kɯn^{11}.

　　他　猛然　　起　从　上　凳子那　来　上

　　(他猛然从凳子上起来。)

② te^{24} ʔjɔŋ^{24}ʔja:ŋ^{24} ðun^{35} ma^{24} ɕi^{33} teu^{11} pai^{0}.

　　他　　猛然　　起　来　就　跑　了

　　(他猛然起身就跑了。)

③　te^{24} tɕɔt^{35} xo^{11} ku^{24} man^{33}man^{33}.

　　他　箍住　脖子　我　紧　紧

　　(他紧紧地箍住我的脖子。)

表示强量的方式副语都只能修饰动词,语义指向所修饰的动词,置于中心词之前。例①和例②的"猛然"分别修饰动词ðun^{35} "起"和ðun^{35}ma^{24} "起身","猛然"的语义也指向这两个动词。例③中的man^{33}man^{33}修饰动词tɕɔt^{35} "箍",置于句末。

三、情状类

情状类方式副词可分为"白白"义和"急忙"义两个小类。

(一)"白白"义

"白白"义副词表示所得没有付出代价,或付出代价而没有收获,或者没实现应有的价值。从音节结构来看,"白白"义副词可分为单音节和双音节两种。单音节的有la:ŋ^{35}、ʔda^{31}、ʔdoi^{24},双音节的有ʔda^{31}la:ŋ^{35}、ʔda^{31}ʔda^{33}。单音节的都可译作"白",双音节的可译作"白白",la:ŋ^{35}和ʔdoi^{24}除了可译作"白白"外还可译作"空着手"。

① te^{24} ʔju^{35} ða:n^{11} naŋ^{33} la:ŋ^{35} kɯn^{24} la:ŋ^{35}.

　　他　在　家　坐　闲　吃　白

　　(他在家闲坐着白吃。)

② te^{24} ta:u^{35}tɕe^{31} pja:i^{53} la:ŋ^{35}.

　　他　赶集回来　走　白

　　(他空着手赶集回来。)

③ ʔdiən²⁴ŋɔn¹¹ kwa³⁵pai²⁴ ʔda³¹.

日子　　 过　去　白

（时间白白地流逝。）

④ kɯn²⁴ ʔdoi²⁴ kɯn²⁴ la:ŋ³⁵.

吃　 白　吃　白

（白吃。）

⑤ pai²⁴ ʔdoi²⁴ pai²⁴ ʔda³¹.

去　 白　去　白

（空手而去。）

⑥ ka:i³⁵ ɕen¹¹ mɯŋ¹¹ ɕe²⁴ ʔda³¹la:ŋ³⁵ pai.

个　 钱　你　 丢　白白　 了

（你那点钱白白地丢了。）

⑦ ma²⁴ ta:u³⁵ ʔdeu²⁴ ʔda³¹ʔda³³.

来　 回　一　　白白

（白来一趟。）

　　从语义来看，例①和例④中的"白白"义副词表示没有付出代价而有所获，例②、例⑦中的"白白"义副词表示付出代价而没有所获，无报偿。例③⑥中的"白白"义副词表示没有实现应有的价值。从音节来看，例④和例⑤是由两个"白吃"和"白去"构成的，例⑥和例⑦中的ʔda³¹la:ŋ³⁵和ʔda³¹ʔda³³是两个"白"的相叠运用，ʔda³¹ʔda³³中的第二个音节ʔda³³是ʔda³¹的重叠变调。从位置和语义来看，例①～⑦中的"白"义副词都位于句末或句末语气词之前，语义也都指向所修饰的中心词。

（二）"急忙"义

　　"急忙"义方式副词表示因着急而加快动作，包括θi¹¹θiə³³、n̩am¹¹n̩a:ŋ³³、fɔŋ³³feŋ³³、ɕap³³ɕwa³¹、kɔŋ³³ŋa:ŋ³³、piən³³piən³³、fau³¹fam³³、θi¹¹θa:n¹¹、let³⁵。

① te²⁴ ðun³⁵tin²⁴ pai²⁴ θi¹¹θa:n¹¹.

他　 起身　走　 急忙

（他急忙起身走了。）

② tam³¹ ɕim²⁴ ðan²⁴ ku²⁴ te²⁴ ɕi³³ teu¹¹ fɔŋ³³feŋ³³ leu⁰.
一   看   见   我   他   就   溜掉   急忙   了
（一看见我他就急忙溜掉了。）

③ te²⁴ kɔŋ³³ŋa:ŋ³³ lai³³ tuə¹¹ɕiə¹¹ pai²⁴ po²⁴ .
他   急忙   赶   牛   去   山
（他急忙把牛赶上山。）

④ te²⁴ le¹¹ kwa³⁵ pai²⁴ fau³¹fam³³.
他   跑   过   去   急忙
（他急忙跑过去。）

⑤ te²⁴ au²⁴ ɕen¹¹ ɕaɯ⁵³ te²⁴ soŋ³⁵ pai²⁴ piən³³piən³³.
他   拿   钱   给   他   送   去   急忙
（他急忙拿钱给他送去。）

⑥ ta¹¹ jeu³³ te²⁴ ɕi³³   ȵam¹¹ȵa:ŋ³³ ʔo³⁵ma²⁴ pai⁰.
喊   他   就   急   忙   出   来   了
（一喊他就急忙出来了。）

从使用场合看，θi¹¹θa:n¹¹常用于《摩经》，现代生活中不使用。从使用地区来看，θi¹¹θiə³³、ȵam¹¹ȵa:ŋ³³、fɔŋ³³feŋ³³、kɔŋ³³ŋa:ŋ³³、piən³³piən³³、let³⁵常用于望谟和贵阳地区，此外，贵阳地区还用ɕap³³ɕwa³¹、fau³¹fam³³，望谟地区不用。从程度来看，θi¹¹θiə³³的程度最高，piən³³piən³³比θi¹¹θiə³³慢一点，ȵam¹¹ȵa:ŋ³³、fɔŋ³³feŋ³³和let³⁵"急忙"的程度中等，ɕap³³ɕwa³¹的程度最弱。除kɔŋ³³ŋa:ŋ³³、ȵam¹¹ȵa:ŋ³³外，其他"急忙"义副词都位于句末或句末语气词之前，语义指向句中的动词。例如，例①中的θi¹¹θa:n¹¹"急忙"位于句末，修饰动词ðun³⁵tin²⁴"起身"，语义也指向ðun³⁵tin²⁴；例②中的 fɔŋ³³feŋ³³"急忙"位于句末语气词leu⁰之前，修饰动词 teu¹¹"溜掉"，语义也指向teu¹¹"溜掉"；例③中的kɔŋ³³ŋa:ŋ³³"急忙"位于所修饰的动词 lai³³ tuə¹¹ɕiə¹¹"赶牛"之前，语义也指向"赶牛"；例④fau³¹fam³³"急忙"位于句末，修饰le¹¹ kwa³⁵ pai²⁴"跑过去"，语义也指向"跑过去"，其他各例句的情况类似。能受"急忙"义方式副词修饰的动词都是可控动词，如ðun³⁵tin²⁴ pai²⁴、teu¹¹、lai³³ tuə¹¹、le¹¹ kwa³⁵ pai²⁴、au²⁴、ʔo³⁵ma²⁴。

四、依照类

依照类副词都有[+凭借]这一义素，表示动作所凭依的时间或标准。依照类方式副词可分为"按时"义和"依次"义。

（一）"按时"义

"按时"义表示按照规定的时间或日期做某事，包括ŋan²⁴sɿ³¹ "按时"、ŋan²⁴tɕhi³³ "按期"、tiŋ³⁵ɕɯ¹¹ "定时"、tɕi³¹sɿ³¹ "及时"，它们都借自汉语。

① po¹¹θu²⁴ ma⁵³ ŋan²⁴sɿ³¹ taŋ¹¹.
你们　要　按时　到
（你们要按时到。）

② te²⁴ fi³³ ŋan²⁴tɕhi³³ xaɯ⁵³ ɕen¹¹.
他　没　按期　给　钱
（他没有按期给钱。）

③ tiŋ³⁵ɕɯ¹¹ me³¹ lɯk³³.
定时　喂奶　孩子
（定时给孩子喂奶。）

④ te²⁴ tɕi³¹sɿ³¹ ma²⁴ taŋ¹¹, mi¹¹ɕi³³ ðau¹¹ tu³³ mi¹¹ ðo³¹ taŋ⁵³laɯ¹¹ kuə³³.
他　及时　来　到　要不　我们　都　不　知道　怎么　做
（他及时到，要不我们都不知怎么办。）

能受"按时"义副词修饰的动词须是可控动词，如例①～④中的动词分别为taŋ¹¹、xaɯ⁵³、me³¹、ma²⁴，都是可控动词。例①～④中的方式副词ŋan²⁴sɿ³¹、ŋan²⁴tɕhi³³、tiŋ³⁵ɕɯ¹¹、tɕi³¹sɿ³¹都位于所修饰的谓语动词之前，语义也都指向所修饰的谓语动词。

（二）"依次"义

"依次"义表示不同主体按照某一顺序分别实施某动作行为，包括na:p³³ "依次"、tuŋ¹¹wa:n³³（tuŋ³¹va:n³³、tuŋ³¹ ta:m²⁴）"轮流"。使用了"依次"义副词的句子，句中的主语或施事须是复数形式。例如：

① po¹¹θu²⁴ na:p³³ pai²⁴ tuŋ³¹ ta:m²⁴.
你们　依次　去　轮　流
（你们依次紧跟着走。）

② po¹¹te²⁴ θoŋ²⁴ pi³¹nuəŋ³¹ tuŋ¹¹wa:n³³ pai²⁴ taɯ¹¹ðam³¹.

他们 两 兄弟 轮流 去 守 水

（他们兄弟俩轮流去守水。）

③ ta⁵³tɕoŋ³⁵ san³³liəŋ³¹，θa:m²⁴ pi³¹nuəŋ³¹ tuŋ³¹ ta:m²⁴ ta:ŋ²⁴.

大家 商量 三 兄弟 轮流 接着 当

（大家商量决定三兄弟轮流着。）

④ pu³¹siəŋ²⁴ nau¹¹："mi¹¹ ha:i³¹ tu³³ ʔdai³¹, mi¹¹kwa³⁵ soŋ²⁴ ʔdan²⁴ ta²⁴

布香 说："不 打 都 得， 不过 两 个 太

ŋɔn¹¹ ni³¹ ʔau²⁴ tuŋ³¹va:n³³ ʔo³⁵."

阳 这 要 轮换 出"

（布香说："不打也行，不过这两个太阳必须轮流出。"）

tuŋ¹¹wa:n³³有的地方发成tuŋ³¹va:n³³或tuŋ³¹ ta:m²⁴。例①～④都用了"依次"义副词，它们的主语分别为po¹¹θu²⁴"我们"、po¹¹te²⁴"他们"、θa:m²⁴ pi³¹nuaŋ³¹"三兄弟"、soŋ²⁴ ʔdan²⁴ ta²⁴ŋɔn¹¹"这两个太阳"，都是复句。同样表示"依次"义的副词na:p³³"依次"和tuŋ¹¹ta:m²⁴"轮流"可同时出现在同一个句子中，如例①。

五、意志类

布依语表示专门为了某件事情而有意识地做某事的副词有ɕiəŋ³³ʔi³⁵"特意、故意"、tsuan³³mɯn³¹"专门"、pa³¹waŋ¹¹"罢意"三个。ɕiəŋ³³ʔi³⁵"特意、故意"是布依语固有词，tsuan³³mɯn³¹"专门"借自汉语，pa³¹waŋ¹¹"罢意"借自当地方言，相当于"特意"。反之，对意志没有要求而是趁着做某事的方便做另一件事的方式副词有ðiəŋ¹¹fɯŋ¹¹"随手"、sun²⁴piɛn²⁴"顺便"。意志类方式副词都位于所修饰动词之前，语义指向所修饰的动词。例如：

① te²⁴ ɕiəŋ³³ʔi³⁵/pa³¹waŋ¹¹ ma²⁴ tɕiə¹¹ni³¹ ɕim²⁴ mɯŋ¹¹.

他 特意 / 罢意 来 这里 看 你

（他特意来这儿看你。）

② te²⁴ tsuan³³mɯn³¹ ma²⁴ tɕiə¹¹ni³¹ ɕim²⁴ mɯŋ¹¹.

他 专门 来 这里 看 你

（他专门到这里来看你。）

③ ɕiŋ⁵³ mɯŋ¹¹ ðiən¹¹fɯŋ¹¹ xap³⁵ tu²⁴ pai¹¹ʔdeu²⁴.

　　请　你　随手　关　门　一下

（请你随手关一下门。）

④ mɯŋ¹¹ sun²⁴piɛn²⁴ pa:ŋ²⁴ ku²⁴ tɯ¹¹ θoŋ²⁴pa³⁵ ɕen¹¹ pai²⁴ xaɯ⁵³ te²⁴.

　　你　顺便　帮　我带　两　百　钱　去　给　他

（你顺便帮我带两百块钱去给他。）

　　意志类方式副词都只能修饰动词，位于所修饰的动词之前，语义指向句中的施事。例如，例①和例②中方式副词ɕiən³³ʔi³⁵/pa³¹waŋ¹¹、tsuan³³mɯn³¹的语义分别指向te²⁴；"顺便"义方式副词只能修饰动词，位于所修饰的动词之前，语义指向句中的动词，如例③和例④的方式副词ðiən¹¹fɯŋ¹¹、sun²⁴piɛn²⁴都指向施事mɯŋ¹¹"你"。

第三节　本 章 小 结

　　布依语方式副词的分类、各次类所修饰的被饰成分的性质、语义指向的特征归纳为表6-1。其中，"+"表示该类方式副词普遍具有此功能，空格表示该方式副词全无此项功能，"#"表示该类方式副词中少数副词具有此项功能。黑体词语表示该方式副词位于所修饰的中心词之后，非黑体表示该词语位于所修饰的中心词之前，具体内容见表6-1。

　　布依语方式副词的特点如下：

　　（1）方式副词的语义表示动作行为进行时或进行后的情景状态、方式、形式、手段等，相对于其他类副词来说意义更实在。

　　（2）布依语一共有66个方式副词，其中有19个须置于所修饰的中心词之后，后置率为31%。这一研究结果与李云兵（2008）在其《中国南方民族语言语序类型研究》中提出的"AM+V是布依语动词与方式副词的基本语序"的观点基本一致。[①]

　　（3）布依语方式副词多数只能修饰动词，且是可控动词，少数能修饰动态形容词，都不能修饰静态形容词、数词。方式副词一般紧随所修饰的动词或形容词。

---

① 李云兵. 中国南方民族语言语序类型研究. 北京：北京大学出版社，2008. "AM"表示方式副词，笔者注。

表 6-1　布依语方式副词表

方式副词词类	被饰成分			语义指向					词例
	V	A	NumP	VP	AP	NP	S	NumP	
同独类	+	#		+	#		+		tan³³tu³¹/ ka³³ "单独"; ɕin²⁴ta²⁴ "亲眼", ɕin²⁴fuŋ¹¹ "亲手", ɕuəŋ³⁵ʔda:ŋ²⁴ /tɕhin³³tsʅ²⁴ "亲自"; pai¹¹to³³/pai¹¹ʔdeu²⁴/ɕai¹¹tuŋ⁴ʔju³⁵/kuə³³tɔi³³/tuŋ³¹/kuə³³ʔdeu²⁴ "一起、一道"
状态类	+	#		+	#				ʔdiəŋ²⁴ʔdiəŋ²⁴/ liəm¹¹/ ðiŋ³⁵liəm¹¹liəm¹¹/ka¹¹ʔdiəŋ²⁴"悄悄"; θa⁵³liəm¹¹/ θim³³/ðak³³ðem³¹/kuə³³ðak⁷tɕam⁴tɕa:ŋ³⁵ʔdam³¹/ʔdam³¹dam³¹; ʔdam³¹ʔdit³⁵ "暗地里"; man³³man³³ "紧紧"; ʔjɔŋ²⁴ʔja:ŋ²⁴/kɔŋ³³ŋa:ŋ³³ "偷偷、悄悄"; tɕan³³tɕan³³/na:i³³na:i³³/ na:i³³ma²⁴na:i³³ma²⁴"渐渐地"; kɔŋ³³ŋa:ŋ³³/ʔjɔŋ²⁴ʔja:ŋ²⁴ "猛然"
情状类	+	#		+	+				mo³⁵/ta:u³⁵/ta:u³⁵mo³⁵/tshuŋ³¹ɕin³³ "重新"; ʔda³¹la:ŋ³⁵/ʔda⁴la:ŋ³⁵/ʔda³¹ʔda³³/ʔdɔi²⁴ "白、白白地"; kɔŋ³³ŋa:ŋ³³/θi¹¹θa:n¹¹/ɳam¹¹ɳa:ŋ³³/piən³³piən³³/ɕap³³ɕwa³¹/fau³¹fam³³/θi¹¹θiə³³/pau³³ɳa:ŋ³¹/fɔŋ³³feŋ³³/let³⁵ "急速"; waŋ²⁴ma:u¹¹ "赶忙"
依照类	+			+					ŋan²⁴sʅ³¹ "按时", ŋan²⁴tɕhi³³ "按期"; na:p³³ "依次", tuŋ¹¹wa:n³³ "轮流"
意志类	+		#	+		#		#	ku²⁴ji²⁴/ ɕuəŋ³⁵ʔi³⁵/ʔan³⁵suɯ⁵³/ ɕiəŋ³³ʔi³⁵ "故意、特意", tsuan³³muɯn³¹ "专门", pa³¹waŋ¹¹ "罢意"; sun²⁴piən²⁴ "顺便"; ðiəŋ¹¹fuŋ¹¹ "随手"; ma:i⁵³ "一定"

（4）重叠式丰富。方式副词有五个重叠词：liəm¹¹liəm¹¹是liəm¹¹的重叠式、ʔdam³¹ʔdam³¹是ʔdam³¹的重叠式、ʔdiəŋ²⁴ʔdiəŋ²⁴是ʔdiəŋ²⁴的重叠式、ʔda³¹ʔda³³是ʔda³¹的重叠式。叠音词有man³³man³³、na:i³³na:i³³、tɕan³³tɕan³³。方式副词是重叠式最多的一类副词。

（5）从语义指向来看，对动作施动者的数量进行修饰的方式副词，其语义都指向句中的主语，其他的方式副词的语义都指所修饰的中心语。

（6）部分语义相同的方式副词可同时出现在一个句子里，形成同义框式结构。例如：

po¹¹θu²⁴ na:p³³ pai²⁴ tuŋ³¹ ta:m²⁴.

你们　依次　去　轮流

（你们依次紧跟着走。）

该句子同时出现了表示"依次"的方式副词na:p³³和tuŋ³¹ta:m²⁴，它们一前一后修饰中心词pai²⁴，共同修饰pai²⁴，语义也都指向pai²⁴。

第七章　布依语程度副词研究

第一节　布依语程度副词的概貌及分类

一、布依语程度副词的定义

程度量是人类对客体所具有的性状通过比较或主观认定得出的量级差别。关于程度量级的表示，不同的语言采用不同的方式。在有形态变化的语言中，这种量级主要通过形容词的"级"的语法形式来体现，如英语一般是通过在单音节形容词后附加后缀 er、est 或者在双音节形容词前加上表量级的虚词 more、most 来表达不同的量级。布依语没有形态变化，主要通过程度副词这一语法手段来表现程度量。本书把布依语中语义上表达程度量，句法功能上充当谓词性成分的状语的词语叫程度副词。

布依语程度副词表示布依语程度的量。布依语程度副词置于形容词、动词（主要是心理动词）的前面或后面对形容词、动词所表达的性质、状态的程度进行确定，使连续的程度量相对有界化。布依语程度副词的内部成员数量有限，是一个相对封闭的类。

二、布依语程度副词的分类

关于汉语程度副词的内部分类，学界已从不同的角度进行过多种研究。王力（1985：131）根据有无明确的比较对象，将现代汉语程度副词分为"相对程度副词"与"绝对程度副词"分类方法得到学界的广泛认可。相对程度副词是"凡有所比较者"，绝对程度副词是"无所比较，但泛言程度者"。王力划分程度副词所依据的"比较"可看成句法和语义的统一体。马真（1988：80-89）结合具体的比较句式，从形式上证明了王力分类的合理性。后来，张桂宾（1997：92）设计了五个标准句式，用形式和意义相结合的更为具体详细的方法区分相对和绝对程度副词。

相对程度副词是通过与同性质的客观事物相比较来体现程度差别，在句式上表现为能进入比较句式。绝对程度副词没有一个明确的比较对象，它是与由人们的经验性主观认识形成的心理标准相比较体现出来的程度差别。绝对程度副词不能像相对程度副词那样进入比较句式。

由于相对程度副词和绝对程度副词的分类方法既参照了许多句法标准，又结合了意义标准，且操作性强，因此被研究汉语的学者广泛采纳。从类型学的角度考察，相对程度副词和绝对程度副词的分类方法适用于布依语程度副词的分类。因此，本书借鉴这一分类方法把布依语程度副词分为相对程度副词和绝对程度副词。有无比较对象是区别相对程度副词和绝对程度副词的标准。根据这一思想，笔者设计了鉴别相对程度副词和绝对程度副词的五种句式十个句子，对布依语程度副词的归属进行判断：

 Ⅰ A：$NP_1+ +F +VP +to^{24}$（多）$+NP_2$。（两比）①

   B：$NP_1+ VP+F +to^{24}$（比）$+NP_2$。（两比）

 Ⅱ A：$NP_1 +F+VP+ to^{24}mai^{33}\varsigma au^{31}$（比以前）。（时比）②

   B：$NP_1 +VP+F +pi^{53}mai^{33}\varsigma au^{31}$（比以前）。（时比）

 Ⅲ A：NP_1、$NP_2 +NP_3$，NP_1+F+VP。（多比）③

   B：NP_1、$NP_2 +NP_3$，NP_1+VP+F。（多比）

 Ⅳ A：$\delta iaŋ^{11}$（跟）$ŋɔn^2la:ŋ^5$（平常）pi^{53}（比），NP_1+F+VP。（平比）④

   B：$\delta iaŋ^{11}$（跟）$ŋɔn^2la:ŋ^5$（平常）pi^{53}（比），$NP_1 +VP+F$。（平比）

 Ⅴ A：$tuŋ^{31}pi^{53}ma^{24}$（相比之下），$NP+F+VP$。（略比）⑤

   B：$tuŋ^{31}pi^{53}ma^{24}$（相比之下），$NP +VP+F$。（略比）

句中的符号 NP 代表名词或名词性短语，VP 代表谓词或谓词性短语，F 代表程度副词。由于相对和绝对程度副词的典型区别在于是否有明确的比较对象，因此以上五个基本句式都具有明确的比较对象，是典型的比较句式。每一组中，A和 B 的唯一区别在于程度副词与被修饰的中心词位置不一样，A 句式的程度副词

---

① 两比是指两项的比较。

② 时比是指从时间的角度进行比较。

③ 多比是指多项比较。

④ 平比是指与平常比较。

⑤ 略比是指概略地比较。

在被饰的成分之前，B 句式的程度副词在被饰的成分之后。

以上五种句式的共同点是都有明确的比较对象，不同点为比较的对象有差异。其差别表现在：句式Ⅰ用于两项之间的比较；句式Ⅱ用于跟以前的情况相比；句式 Ⅲ用于三项或三项以上的比较；句式Ⅳ表示跟平常一般情况相比；句式Ⅴ用于跟前面分句中提到的对象进行比较，后一分句的 VP 后可以带数量补语nai^{33}"一些、一点儿"。根据这五个句型可以鉴定区别布依语相对和绝对程度副词。具体的做法是把能进入其中之一者称为相对程度副词，不能进入任何句式的称为绝对程度副词。

布依语一共有 39 个程度副词，这些程度副词的内部差别除了表现在有无比较对象外，还表现在程度量的高低上。形容词的程度量级是一个连续量。不同程度的程度副词可以对形容词的程度量进行切分和确定，使每一个程度的量有一个相对确定的起讫点。本书根据布依语相对程度副词所表示的程度将其分为两个量级：最高级（$tsui^{24}$"最"义）和高量级（$ku\uu^{33}$"更"义）。绝对程度副词分为超高级（$kwa^{35}la{:}i^{11}$"太"义）、极高级（$\text{ç}au\uu^{11}$"极"义）、次高级（$ta^{11}\eth a{:}i^{31}$"非常"义）、较低级（$li^{31}ne^{33}$"有一点"义）五个量级，它们所表示的程度由高到低依次为：$kwa^{35}la{:}i^{11}$"太"$>\text{ç}au\uu^{11}$"极"$>ta^{11}\eth a{:}i^{31}$"非常"$>li^{31}ne^{33}$"有一点"。分类详情见表 7-1：

表 7-1　布依语程度副词表

程度副词	相对程度副词	最高级	$tsui^{24}$"最"；$pja{:}u^{11}$"最"
		更高级	$ku\uu^{33}$"更、更加"；$ku\uu n^{24}$"更"；nan^{31}"更、较"；$ku\uu n^{24}\text{tç}ia^{33}$"更加"；$to^{24}la{:}i^{24}$"更多、更加"
	绝对程度副词	超高级	kwa^{35}"太、过于"；$kwa^{35}la{:}i^{11}$"太"；$la{:}i^{24}\eth au^{33}$"太"；tai^{41}"过度的"；$ko^{24}ji^{31}$"过于"；$la{:}i^{24}$"太、过于"；$la{:}i^{24}la{:}i^{24}$"过于"；$\text{tç}a^{11}\text{ç}i^{11}$"太"
		极高级	$\text{ç}ot^{33}$"非常、极了"；$li^{11}lan^{33}$"极度"；$\text{ç}au\uu^{11}$"极了、不得了"
		次高级	$ta^{11}\eth a{:}i^{31}$"非常"；$\eth au^{33}$"很、非常"；$\text{ç}ai^{11}$"很、非常"；$ko^{11}\text{ʔ}ja^{35}$"很（多）"；$\text{ʔ}i^{31}\text{ʔ}a{:}u^{31}$"非常、十分"；$\text{tç}a^{11}\text{ç}i^{11}$"非常"；$\text{tç}i^{53}pe^{33}$"几多、很多"；$la{:}i^{24}$"非常"；$la{:}i^{24}la{:}i^{24}$"过于、非常"；$leu^{31}$"非常、很"；$\text{ʔ}ja{:}i^{35}$"很（长）"；$\text{ç}ia\eta^{33}ta\eta^{33}$"相当"；$the^{31}pie^{31}$"特别"
		较低级	jai^{31}"有一点"；$li^{31}ne^{33}$"有一点"；$li^{31}pan^{11}$"有一点"；$mi^{11}\theta a{:}i^{33}$"不太、不怎么"；$mi^{11}\text{ç}a{:}\eta^{11}$"不经常、很少"；$\text{ʔ}et^{35}\text{ʔ}deu^{24}$"有点儿、少许"

第二节　布依语程度副词分类描写及分析

一、相对程度副词分析

张桂宾（1997：92）认为，"当与客观的同性质事物相比较而体现出来的程度差别是相对程度性差别，表示相对性差别的程度副词就是相对程度副词"。这一定义有三个含义：第一，相对程度副词体现出来的程度差别是相对性的差别；第二，相对程度副词的比较对象必须是具体、有定或潜在的，即无论比较对象出现在句式中，还是隐含在语义中，相对程度副词都要求有比较对象。反过来说，相对程度副词须在具体、有定或潜在的比较对象中句子的语义才完整。第三，相对程度副词体现了客观的语义特点。

布依语相对程度副词一共有九个。这些程度副词都至少能用于上文十个句子中的一个。相对程度副词都有明确的比较对象，根据其所表示的程度量级的差别，将布依语相对程度副词分为最高级相对程度副词和更高级相对程度副词两个次类。

（一）最高级相对程度副词

布依语最高级相对程度副词有 $tsui^{24}$ 和 $pja:u^{11}$。$tsui^{24}$ 借自汉语，其语义和语用同汉语的"最"，$pja:u^{11}$ 是布依语固有词，后置于中心词。考察发现，$tsui^{24}$、$pja:u^{11}$ 能进入比较句式Ⅲ，不能进入句式Ⅰ、Ⅱ、Ⅳ、Ⅴ。例如：

① $çiau^{53}xuŋ^{31}$ $çiau^{53}xua^{33}$ $ðiəŋ^{11}$ $çiau^{53}mei^{53}$ $θa:m^{24}$ $pi^{31}nuəŋ^{31}$ ni^{31}, $çiau^{53}xuŋ^{31}$
　小 红　小 花　和　小 美　三　姊妹　这　小 红
$tsui^{24}$ $luəm^{53}$.
最　美
（小红、小花和小美这三姊妹，小红最美。）

② $çiau^{53}xuŋ^{31}$ $çiau^{53}xua^{33}$ $ðiəŋ^{11}$ $çiau^{53}mei^{53}$ $θa:m^{24}$ $pi^{31}nuəŋ^{31}$ ni^{31}, $çiau^{53}xuŋ^{31}$
　小 红　小 花　和　小 美　三　姊妹　这　小 红
$luəm^{53}$ $pja:u^{11}$.
美　最
（小红、小花和小美这三姊妹，小红最美。）

③* $nuəŋ^{31}$ $çiau^{53}xuŋ^{31}luəm^{53}$ $pja:u^{11}$ to^{24} $çiau^{53}xuŋ^{31}$.
　妹妹　小 红 美　最　多　小 红
（小红妹妹比小红最美。）

④* $nuəŋ^{31}$ $çiau^{53}xuŋ^{31}$ $luəm^{53}$ $pja:u^{11}$ $to^{24}pai^{11}çau^{31}$（$çɯ^{11}$ $çau^{31}$）.
　妹妹　小 红 美　最　多　以前　（以前）

（小红妹妹比以前最美。）

⑤* ðiəŋ¹¹ ku²⁴na:u³⁵jiə³³（ŋɔ²la:ŋ⁵）pi⁵³，nuəŋ³¹ ɕiau⁵³xuŋ³¹ luam⁵³ pja:u.

　　跟　　平常　　　（平常）　　比　妹妹　小红　好看　最

（跟平常比，小红妹妹最好看。）

⑥* tuŋ³¹pi⁵³ma²⁴，nuəŋ³¹ɕiau⁵³xuŋ³¹ luəm⁵³pja:u¹¹.

　　相比之下　　妹妹　小　红　　好看　最

（相比之下，小红妹妹最好看。）

除了例①和例②是正确的外，例③*～⑥*都是病句，因此表示最高级的tsui²⁴、pja:u¹¹只能用于句式 III。例①中的tsui²⁴借自汉语，其意义和用法与汉语的"最"相似，也位于被修饰成分之前，例②中的pja:u¹¹位于所修饰的形容词luəm⁵³"美"之后。

tsui²⁴"最"、pja:u¹¹"最"除了可修饰形容词外，还可修饰心理动词，表示心理动词的程度级别。例如：

tsui²⁴tɕai¹¹（最想）　　tɕai¹¹pja:u¹¹（最想）　　tsui²⁴ma:i⁵³（最喜欢）　　ma:i⁵³pja:u¹¹（最喜欢）

最　想　　　　　　　想　最　　　　　　　最　喜欢　　　　　喜欢　最

tsui²⁴mɯəŋ³³（最希望）　mɯəŋ³³pja:u¹¹（最希望）　tsui²⁴ la:u²⁴（最怕）　la:u²⁴pja:u¹¹（最怕）

最　希望　　　　　　　希望　最　　　　　　　最　怕　　　　　怕　最

tsui²⁴/pja:u¹¹"最"是用于多项比较的最高级。tsui²⁴/pja:u¹¹"最"的语义要求比较对象可以是具体明确的，也可以被隐含。当比较对象具体、有定时，tsui²⁴/pja:u¹¹"最"的语义会兼顾比较对象和程度量级。例如，例①中的tsui²⁴的语义，既涉及了比较对象小红、小花和小美这三姐妹，也涉及比较结果，即小红最美。当比较对象隐含时，其语义重心则从比较对象转移到程度级别，这种句型中的tsui²⁴/pja:u¹¹"最"表达一种强烈的感情。例如，"ku²⁴ma:i⁵³pja:u¹¹tɯk³⁵tɕhiu³¹. 我最喜欢打球。"表达了说话者对"喜欢打球"的强烈肯定。

例⑦和例⑧考察tsui²⁴"最"的句法位置和语法功能。

⑦ ʔju³⁵ pan³³ ðau¹¹，te²⁴ tsui²⁴ tsən³³sou⁴² tɕi⁵³li³¹.

　　在　班　我们，他　最　　遵守　　纪律

（在我们班，他最遵守纪律。）

⑧ ku²⁴ tɕai¹¹ pja:u¹¹ pai²⁴ kui³³jaŋ³¹.

　　我　　想　　最　　去　　贵阳

（我最想去贵阳。）

"tsui²⁴（最）+动词"或"动词+pja:u¹¹"可以作谓语。布依语普通动词只有在组成动宾短语后才能受程度副词 pja:u¹¹/tsui²⁴"最"的修饰，且"tsui²⁴（最）+一般动词"或"一般动词+pja:u¹¹"中的程度副词tsui²⁴或pja:u¹¹修饰的是整个动词短语而不是其中的动词。比如，例⑦中tsui²⁴修饰的是整个动宾短语tsən³³sou⁴²tɕi⁵³li³¹"遵守纪律"而不是动词tsən³³sou⁴²"遵守"。"pja:u¹¹/tsui²⁴（最）+心理/能愿动词"时pja:u¹¹/tsui²⁴"最"修饰的是心理或能愿动词，如例⑧中的pja:u¹¹修饰的是心理动词tɕai¹¹。

"tsui²⁴+动词+宾语"或"动词+宾语+pja:u¹¹"结构表示极高的程度。该结构由于程度副词tsui²⁴的修饰作用使得被修饰的动词短语具有性状义，动词的时间性和宾语的空间性反而很弱。从上文的例句可知，与布依语pja:u¹¹/tsui²⁴"最"组合的动词可以是一般动词，如tsən³³sou⁴²"遵守"，也可以是心理动词，如tɕai¹¹"想"。

⑨ teu¹¹ ɕa³³ ni³¹ man³³ pja:u¹¹.

　　根　　绳子　这　结实　最

（这根绳子最结实。）

⑩ ʔju³⁵ tsui²⁴ pa:i³³la⁵³ ʔdan²⁴ɕwa:n³³ tɯk³³ ʔdan²⁴ɕa:u³⁵.

　　在　　最　　下面　　　木架　　是　　锅

（在木架的最下面是锅。）

pja:u¹¹/tsui²⁴"最"还可以用于形容词、方位词的前面，对其所表示的程度进行修饰。例如，例⑨中的pja:u¹¹修饰的是形容词man³³，例⑩中的tsui²⁴修饰的是方位名词pa:i³³la⁵³。

（二）更高级相对程度副词

布依语更高级相对程度副词有kɯn²⁴（kɯ³³）"更"、nan³¹"更、较"、kɯn²⁴tɕia³³"更加"、to²⁴la:i²⁴"更加"四个，它们都表示程度的增加，且蕴含事物原来也有一定的程度。kɯn²⁴（kɯ³³）"更"和kɯn²⁴tɕia³³"更加"借自汉语，置于所修饰的中心词之前，nan³¹"更、较"、to²⁴la:i²⁴"更加"是布依语固有词，都位于所修饰的词语之后。布依语kɯ³³"更"表示两者之间的比较，具有强烈的比较意味，

可以进入句式 Ⅰ、Ⅲ、Ⅳ、Ⅴ。例如：

① nuəŋ³¹ ɕiau⁵³xuŋ³¹ kan³¹ kɯ³³ pi⁵³ ɕiau⁵³xuŋ³¹.

　　妹妹　　小红　　勤快　更　比　　小红

　　（小红妹妹比小红更勤快。）

② ɕiau⁵³xuŋ³¹ kuə³³ ʔdai³¹ ʔdi²⁴ kɯ³³ to²⁴ pai¹¹ɕau³¹ pai⁰.

　　小红　　　做　得　好　更　比　以前　　了

　　（小红比以前表现更好了。）

③ tuŋ³¹ pi⁵³ ma²⁴, ɕiau⁵³xuŋ³¹ kwa:i²⁴ kɯ³³.

　　相互　比　来，　　小红　　　聪明　更

　　（相比之下，小红更聪明。）

④ ðiəŋ¹¹ ɕɯ¹¹ʔɯn³⁵ pi⁵³, ɕiau⁵³xuŋ³¹ ŋon¹¹ni³¹ kan³¹ to²⁴la:i²⁴.

　　跟　　平时　　比　　小红　　　今天　勤快　更加

　　（跟平时相比，小红今天更勤快。）

⑤* ɕiau⁵³xuŋ³¹ ɕiau⁵³xua³³ ðiəŋ¹¹ ɕiau⁵³mei⁵³ θaěm²⁴ pi³¹nuəŋ³¹ ni³¹, ɕiau⁵³xuŋ³¹

　　小　红　小　花　和　小　美　三　　姊妹　　这　小　红

　　luəm⁵³ kɯ³³.

　　美　　更

　　（小红、小花和小美这三姊妹，小红更美。）

例①是两比的句子，两个比较项分别是"小红妹妹"和"小红"；例②是从时间的角度进行比较，两个比较项分别是"以前的小红"和"现在的小红"，"现在的小红"虽没明说但可从句中的语义推导出来；例③是略比，两个比较项分别是"小红"和"其他人"，"其他人"是说话双方心中都明确的那些人，他们形成一个总的比较项；例④是平比，两个比较项分别是"平时的小红"和"今天的小红"；例⑤是多比，是小红、小花和小美一起比较，kɯ³³ "更"不能用于该句。通过以上分析，可知kɯ³³ "更"只用于两项相比的句子，不能用于多的句子。布依语的 kɯ³³ "更"义副词都是后置副词，须置于所修饰的中心词之后，如例①~④。

kɯ³³ "更"通常与表示模糊量的 nai³³ "一些、一点儿"连用，如 ka:i³⁵ni³¹θa:ŋ²⁴ kɯ³³ nai³³ "这个更高一些"、ka:i³⁵ni³¹ luəm⁵³ kɯ³³ nai³³ "这个更漂亮一些"、ka:i³⁵ni³¹ ʔdi²⁴ kɯ³³ nai³³ "这个更好一些"。kɯ³³ "更"不与表示

精确的数量短语连用，例如，不能说θa:ŋ^{24} kɯ^{33} xa^{53}kuŋ^{33}fɯn^{33} "更高 5 公分"、ço^{11} kɯ^{33} θoŋ^{24}pi^{24} "更年轻两岁"。

nan^{31}、to^{24}la:i^{24}与kɯ^{33}的语义一样，都表示更高级程度，都位于所修饰成分之后。不同之处为kɯ^{33} "更"、to^{24}（更）可以单用，la:i^{24}须与to^{24}组成 to^{24}la:i^{24}才表示"更"的意思。例如：

① çen^{11} te^{24} la:i^{24} nan^{31}.

　钱　他　多　更

　（他的钱更多。）

② teu^{24} ta^{33} ni^{31} ðai^{11} to^{24} nan^{31}.

　条　河　这　长　多　更

　（这条河更长。）

③ teu^{11} da^{33} ni^{31} ðai^{11} to^{24}la:i^{24}.

　条　河　这　长　更

　（这条河更长。）

④ ʔbɯn^{24} çeŋ^{31} ʔja^{35} to^{24} la:i^{24} pai^{33}.

　天气　冷　厉害　更　了

　（天气冷得更厉害了。）

⑤ ʔdo^{35}va^{24} ʔdaɯ^{24} θiən^{24} çau^{33}ʔdi^{24} to^{24}la:i^{24}.

　花　　里边　花园　好看　　更

　（园子里的花更加美丽。）

⑥ tça^{53} ʔdaɯ^{24} na^{11} mi^{11}dan^{24} fi^{33} da:i^{24}ðɔ^{11}, ta:u^{35} ma^{53} ʔdai^{31} ʔdi^{24} to^{24}.

　秧苗　里面　田　不但　没死枯　反而　长　得　好　更

　（田里面的秧苗不但没枯死，反而长得更好。）

⑦ pi^{24}ni^{31} wɯn^{24}ðam^{31}ʔdi^{24}, xau^{31}na^{11} mi^{11}tan^{24} θiu^{24} mi^{11} la:i^{24}, ta:u^{35} θiu^{24}

　今年　　雨水　好　水稻　不但　收　不　多　反而　收

　ʔdai^{31} θeu^{53} to^{24}.

　得　少　更

　（今年风调雨顺，水稻不但不多收，反而收得少了。）

⑧ çoi³¹ni³⁵ te²⁴ kwa:i²⁴lin⁵³ kɯ³³.

个　孩子那　机灵　　　更

（小的那个孩子更机灵。）

⑨ çiao⁵³xoŋ³¹kua:i²⁴kɯ³³.

小　　红　聪明　更

（小红更聪明。）

后置的"更"义副词有to²⁴、kɯ³³和to²⁴la:i²⁴，它们有以下区别：to²⁴、kɯ³³都是单音节词，to²⁴la:i²⁴是双音节词；to²⁴la:i²⁴和to²⁴是布依语固有词，kɯ³³借自汉语，但其位序与汉语的"更"不一样，布依语的kɯ³³也是后置副词，与to²⁴la:i²⁴和to²⁴一样都置于句末；从语气来看，to²⁴和 kɯ³³的语气差不多，la:i²⁴的语气比to²⁴和 kɯ³³更强。因此，例⑥和例⑦中的to²⁴都可改用kɯ³³，例⑧和例⑨中的kɯ³³都可改用to²⁴。

二、绝对程度副词分析

张桂宾（1997：92）认为，"不与客观的同性质事物相比较，而与思想上的属性概念本身相比较而体现出来的程度差别是绝对性的差别，表示绝对性差别的程度副词就是绝对程度副词"。该定义蕴含三层意义：第一，比较对象不明确。从广义的角度来看，绝对程度副词也有比较的意味，只是这种"比较"不是与具体有定的对象相比较，而是与主观上的经验相比较。第二，主观性。绝对程度副词的量级不是通过客观比较得出，而是基于主观认定的程度量，在话语中多多少少总是含有说话人"自我"的表现成分①，因此绝对程度副词的主观色彩比较浓。第三，绝对性。相对于相对程度副词有明确的比较对象而言，绝对程度副词的比较对象不明确，因此具有绝对性。绝对程度副词是主观上、思想上的判断，它们和形容词或心理动词组合后语义是完整的。根据绝对程度副词的不同量级与特征，绝对程度副词内部可各分为超高级、极高级、次高级和较低级四个量级。下面将从语义、词语搭配和语法功能的角度对布依语绝对程度副词进行考察。

（一）超高级绝对程度副词

1. 超高级绝对程度副词的语义及句法特点

布依语中的kwa³⁵/la:i²⁴/kwa³⁵la:i²⁴ "太、过于"、la:i²⁴ðau³³/la:i²⁴la:i²⁴/

① Lyons，J. *Semantics*. Cambridge: Cambridge University Press，1977，2：739.

ko²⁴ji³¹ "过于"、kwa³⁵fan "过于" 所表示的程度超过一般、正常的心理限度，感情强烈而夸张。kwa³⁵、la:i²⁴、kwa³⁵la:i²⁴、la:i²⁴la:i²⁴、la:i²⁴ðau³³这五个超高级绝对程度副词都只修饰动词或形容词，位于所修饰的动词、形容词之后。la:i²⁴ðau³³、la:i²⁴la:i²⁴、ko²⁴ji³¹、kwa³⁵fan多用于否定句。ko²⁴ji³¹ "过于" 借自汉语，其语义和语用与汉语的 "过于" 类似。下面将对布依语超高级绝对程度副词进行分析。

① te²⁴ ɳum³¹ na⁵³ nak³⁵ kwa³⁵la:i²⁴.

　她　妆　脸　浓重　太

（她脸上的妆画得过于浓重。）

② na:i³⁵ kwa³⁵la:i²⁴, te²⁴ mi¹¹na:n¹¹ çi³³ ta:i²⁴ pai⁰.

　劳累　过于，　他　不久　就　死　了

（他太劳累了，不久就死了。）

③ mjaɯ⁵³ nɯ³³ kwa³⁵la:i²⁴ pu³¹ʔɯn³⁵ taŋ⁵³laɯ¹¹ çim²⁴ mɯŋ¹¹.

　别　想　过　于　别人　怎么　看　你

（不要过多考虑别人怎么看你。）

④ te²⁴ çɯ²⁴nak³⁵ kwa³⁵la:i²⁴.

　他　心重　太

（他心太重。）

⑤ pu³¹to³³ ʔju³⁵ tçie¹¹ni³¹, ʔbɯə³⁵ la:i²⁴ pai⁰.

　人一个　住　这里　孤独　太　了

（一个人住这里太孤独了。）

⑥ po¹¹ ðau¹¹ kan⁵³tɔŋ²⁴ la:i²⁴ pai⁰.

　我们　　感动　太　了

（我们太感动了。）

⑦ te²⁴ mi¹¹ça:ŋ¹¹ tsao²⁴ku²⁴ te²⁴ la:i²⁴.

　你　不　照顾　他　太

（你太不照顾他了。）

超高级绝对程度副词可修饰形容词，如例①、例②、例⑤；也可修饰动词，如和例③、例⑥、例⑦；还可修饰主谓短语，如例④。根据与超高级绝对程度副词搭配的词语的色彩及整个结构所表示的程度是否符合说话者的心理标准，超高级绝对程度副词可表达两种语义：一种表示程度过头，另一种表示程度极高。

A. 表示程度过头，多用于不如意的事情

① te²⁴ nap³⁵ni³⁵ kwa³⁵fan，lum⁵³ lɯk³³ʔbɯk³⁵ jiən³³ʔdeu²⁴.

　他　　细心　　过于　　像　女孩　　一样

（他太细心了，就像个女人。）

② ku¹¹ wa²⁴ te²⁴ lum⁵³ kwa³⁵la:i²⁴，lum⁵³ wa²⁴ tɕa⁵³.

　束　花　那　漂亮　太　　像　花　假

（那束花太漂亮了，像假花。）

③ muŋ¹¹ sin³⁵ te²⁴ kwa³⁵la:i²⁴，naŋ⁵³ ɕi³³ pan¹¹ taŋ⁵³ni³¹.

　你　相信他　过于　　所以　才　成　这样

（你太相信他了，所以才导致这种结果。）

④ te²⁴ ma:i⁵³ san²⁴ kwa³⁵fan³³，lum⁵³ pu³¹ pan¹¹piŋ³³.

　他　爱　干净　过于　　像　人　有　病

（他太爱干净了，都有洁癖了。）

A 组例句中的超高级绝对程度副词都表示程度过量，表达说话者不满的语气。能进入"形/动+超高级绝对程度副词"结构中的形容词都是非贬义的，动词是非消极意义的。当非贬义形容词或非消极动词进入"形/动+超高级绝对程度副词"结构后，非贬义形容词或非消极意义的动词表示的程度超过了说话者的心理限度，表达的是不如意的感情色彩。如例①～④中的形容词或动词（动词短语）分别为非贬义的 nap³⁵ni³⁵ "细心"、lum⁵³ "漂亮"、sin³⁵ "相信"、ma:i⁵³san²⁴ "爱干净"，当它们加上超高级程度副词后所表达的程度超过了说话者的承受限度而引起说话者的不满。kwa³⁵fan³³、kwa³⁵ la:i²⁴ 都表示超高级，相当于汉语的"过于"。kwa³⁵fan³³ 表示程度过头时，蕴含不如意的语义色彩。

B. 表示程度高

① te²⁴ nap³⁵ni³⁵ kwa³⁵la:i²⁴，kuə³³ θiən³⁵ kuə³³ ʔdai³¹ ʔdi²⁴.

　他　细心　　太　　做　事　做　得　好

（他太细心了，做事做得很好。）

② te²⁴ ma:i⁵³san²⁴ kwa³⁵la:i²⁴, ʔdaɯ²⁴ ða:n²⁴ mi¹¹li³¹ mok³⁵mon³⁵ liŋ³³.

　　他　爱　干净　太　　里　家　没有　灰尘　从来

（他太爱干净了，家里一尘不染。）

③ ku¹¹ wa²⁴ te²⁴ lum⁵³ ta¹¹ða:i³¹, pu³¹laɯ¹¹ ðan²⁴ tu⁵³ ma:i⁵³.

　　束　花　那　漂亮　太　　谁　　见　都　喜欢

（那束花太漂亮了，谁见了都会喜欢。）

④ ʔaŋ³⁵ muŋ¹¹ la:i²⁴ pai.

　　感激　你　太　了

（他太感激你了。）

⑤ te²⁴ xa:i²⁴ ȵam¹¹ ta¹¹ða:i³¹, tshi²⁴tɕi³¹ tɕa¹¹ɕi¹¹.

　　他　开　快　太　　　刺激　太

（他开得太快了，太刺激了。）

⑥ taŋ⁵³ni³¹ kuə³³ laŋ²⁴fei²⁴ sɿ³¹tɕien³³ kwa³⁵la:i²⁴.

　　这样　做　浪费　时间　太

（这样做太浪费时间了。）

⑦ pu³¹tɔ³³ ʔju³⁵ tɕiə¹¹ni³¹, ʔbɯa³⁵ la:i²⁴ pai.

　　人　单独　在　这里　孤独　太　了

（一个人住这里太孤独了。）

⑧ ðiəŋ¹¹ pu³¹tɕe³⁵ ka:ŋ⁵³xa:u³⁵ mjaɯ⁵³ pa³⁵θɔm²⁴ la:i²⁴.

　　跟　老人　讲话　别　尖刻　太

（跟老人讲话不要太过尖刻。）

⑨ mjaɯ⁵³ pja:i⁵³ ȵam¹¹ la:i²⁴ðau³³.

　　你　别　快　太

（你别走得太快。）

⑩ θu²⁴ mjaɯ⁵³ ka:ŋ⁵³ jiŋ²⁴ la:u³¹ la:i²⁴ðau³³.

　　你们　别　讲　话　大声　太

（你们讲话声音别太大。）

　　B 组例句中例①和例②是"形+超高级绝对程度副词"结构，例③和例④是"动+超高级绝对程度副词"。例句中表示程度高的 kwa³⁵la:i²⁴、kwa³⁵、la:i²⁴、tɕa¹¹ çi^{11}所修饰的形容词可以是褒义的形容词或积极意义的动词。例如，例①～⑤中的nap^{35}ni^{35}"细心"、lum^{53}"漂亮"、sin^{35}"相信"、ma:i^{53} san^{24}"爱干净"、ʔaŋ^{35}"感激"、ȵam^{11}"快"，这类语境多表示肯定或赞扬；"形/动+超高级绝对程度副词"中的"形/动"也可以是贬义或中性的词语，如例⑥～⑩中的laŋ^{24}fei^{24}"浪费"、ʔbɯa^{35}"孤独"、pa^{35}θɔm^{24}"尖刻"、ȵam^{11}"快"、la:u^{31}"大声"，这类语境表示的是高程度的消极意义，贬义色彩浓厚。虽然例⑤和例⑨都是"ȵam^{11}+超高级程度副词"结构，由于说话者的心理期待不同，形成了不同的语义色彩，例⑤中的ȵam^{11}是说话者所期待的，所以带有褒义色彩；例⑨中的ȵam^{11}不是说话者所期待的，所以带有贬义色彩。超高级程度副词la:i^{24}ðau^{33}也表示程度过量，多用于祈使句，如例⑨和例⑩。例①～②中的kwa^{3}ulaÐi^{2}t，当其后面带上语气词pai^{33}"了"时，所表达的程度更深，语气更完整。

布依语中表示程度过量的超高级绝对程度副词都可译作"过于"，它们都置于所修饰的形容词或动词之后，语义指向所修饰的形容词或动词，如 A 组各句。布依语中表示程度高的超高级绝对程度副词都应译作"太"，其修饰动词或形容词，语义也都指向所修饰的形容词或动词，如 B 组各例句。

2. 超高级绝对程度副词 la:i^{24}用于否定句

la:i^{24}可用于否定句构成"mi^{11}＋形容词/动词+la:i^{24}"结构，它有两种结构层次。例如：

① te^{24}　mi^{11}　fu^{24}tsɯ^{31}　la:i^{24}　pai.

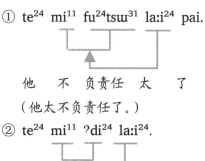

　他　　不　负责任　太　　了
（他太不负责任了。）

② te^{24}　mi^{11}　ʔdi^{24}　la:i^{24}.

　他　　不　好　太
（他太不好了。）

③ te²⁴ mi¹¹ nap³⁵ni³⁵ kwa³⁵la:i²⁴.

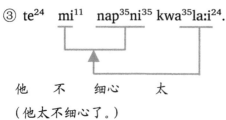

他　　不　　细心　　　太

（他太不细心了。）

④ mɯŋ¹¹ mi¹¹ tsao²⁴ku²⁴ te²⁴ la:i²⁴.

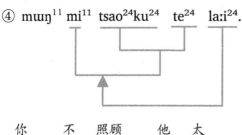

你　　不　　照顾　　他　　太

（你太不照顾他了。）

⑤ te²⁴ mi¹¹ ʔdi²⁴ ʔju³⁵ la:i²⁴.

他　　不　　舒服　　太

（他太不舒服了。）

例①～⑤各句的结构层次应该为"（mi¹¹+形容词/动词）+la:i²⁴"，其中（mi¹¹+形容词/动词）为第一层结构，la:i²⁴再修饰（mi¹¹+形容词/动词）。因此，例①～⑤各句只能理解为"（太不）+形容词/动词"，而不能理解为 mi¹¹+（形容词/动词）+la:i²⁴，即不能理解为 mi¹¹+形容词+la:i²⁴。

布依语表示"不太"之义时，不是在"太"前直接加否定词"不"，而是用表示"不太"义的 mi¹¹ta:ŋ³⁵和 mi¹¹θa:i³³，如下文各例句：

⑥ taŋ⁵³ni³¹ kuə³³mi¹¹ta:ŋ³⁵ xɔ¹¹.

　样 这 做 不太 合适

（这样做不太合适。）

⑦ taŋ⁵³ ni³¹ kuə³³ mi¹¹ ta:ŋ³⁵ ʔdi²⁴.

　样　这　做　不　太　好

（这样做不太好。）

⑧ ɕɯ¹¹-te²⁴ pu³¹wɯn¹¹ mi¹¹θa:i³³ ðɔ³¹ kuə³³meu¹¹.

　时　那　人　类　不　够　知道　种　庄稼

（那时人类还不怎么会种庄稼。）

⑨ ka:i³⁵ sɯ³¹ ni³¹ mi¹¹ta:ŋ³⁵ ʔdi²⁴ ðɔ³¹.

　本　书　这　不　太　　好　懂

（这本书不太好懂。）

⑩ te²⁴ mi¹¹sa:i³³ ma:i⁵³ ʔju³⁵ tɕiə¹¹ni³¹.

　他　不够　　喜欢　在　这里

（他不太愿意住在这儿。）

例⑥～⑩各句用 mi¹¹ta:ŋ³⁵ "不太" 和 mi¹¹θa:i³³ "不够" 表达 "不太……" 之意。例⑥～⑩分别表示不太合适、不太好、不太知道、不太好懂、不太喜欢。布依语中表达 "不太" 义时都用固定词语 mi¹¹ta:ŋ³⁵ "不太" 和 mi¹¹θa:i³³ "不够"，后面多接褒义词，而不是用 "mi¹¹ '不' + la:i²⁴ '太'" 词组。

综上所述，布依语超高级绝对程度副词有如下特点：①表达的是主体对事物性状所进行的主观判断，具有 "过量" 和 "程度高" 两种含义。判别 "褒超高级副词+褒义词" 的这两种语义的依据是事物的性状是否合乎主体需求。当这种性状合乎主体需求时，超高级绝对程度副词表示 "高程度"，可译作 "太"；当这种性质状态不合乎主体需求时，超高级绝对程度副词表示 "过量"，可译作 "过于"。②超高级绝对程度副词都能修饰心理动词或形容词，语义指向所修饰的动词或形容词。③超高级绝对程度副词都位于句末或助词pai⁰之前。

（二）极高级绝对程度副词

极高级绝对程度副词表示的程度是在人的正常心理范围之内的极点，因此具有比较强烈的感情色彩。布依语表达极高级的绝对程度副词有li¹¹lan³³ "极度"、ɕot³³ "极了、不得了"、ɕaɯ¹¹ "极了"。其中，li¹¹lan³³用于《摩经》中，口语里不用，ɕot³³表示的程度极其高，常用于口语。ɕaɯ¹¹虽然也表示极高的程度，但比ɕot³³稍微弱一些。

① tai^{53} tɔk^{35}ɕɯ^{24} ɕot^{33}.

　哭　　伤心　　极度

（极度伤心地哭。）

② te^{24}　tɔk^{35} na:i^{35}　ɕot^{33}.

　他　失望　　　极度

（他极度失望。）

③ te^{24}　xɔ^{11}xɯ^{35}　ɕot^{33}.

　他　口渴　　　极度

（他极度口渴。）

④ te^{24}　xɔ^{53}　ɕot^{33}.

　他　缺乏　极度

（他生活极度苦难。）

⑤ te^{24}　pai^{11}ni^{31}　ʔja^{53}ʔju^{35}　ɕot^{33}.

　他　　现在　　　痛苦　　　极度

（他现在极度痛苦。）

⑥ leu^{31}tɕɔŋ^{35} to^{53} ʔa:ŋ^{35} ɕaɯ^{11}.

　大家　　　都　高兴　极

（大家都高兴得不得了。）

⑦ tɕiə^{11}ni^{31}　lɔ^{31}xəu^{24}　ɕot^{33}.

　这里　　　落后　　　极度

（这里极度落后。）

⑧ θan^{53} fai^{31} ni^{31} nuŋ^{53}ɕaɯ^{11}.

　根　木　这　绵　极　　（绵：方言，指有韧性）

（这木棍很有韧性。）

⑨ me^{33} wa:i^{11} ni^{31} kuə^{33}ðo^{33} ʔdi^{24} ɕaɯ^{11} pai^{0}.

　头　母水牛　这　繁殖　　好　极　　了

（这头水牛的繁殖能力极好。）

⑩ ʔdi^{24} ɕot^{33} leu^{0}.

　好・极　了

（好极了，非常好。）

以上各句中的ɕot³³、ɕaɯ¹¹都表示极高程度。布依语极高级程度副词有如下特征：

（1）ɕot³³可修饰动词，位于所修饰的中心词之后。例如，例①～⑤，ɕot³³修饰的是动词tok³⁵ɕɯ²⁴、tok³⁵ na:i³⁵、xo¹¹xɯ³⁵、xo⁵³、ʔja⁵³ʔju⁵³，语义也指向这些动词。ɕot³³所修饰的可以是心理动词，如例①～③，也可以是普通动词，如例③和④。例①～⑤各句中的ɕot³³都作状语修饰其前面的动词。

（2）ɕot³³、ɕaɯ¹¹还可修饰形容词，例如，例⑦～⑩中的ɕaɯ¹¹、ɕot³³分别修饰形容词lo³¹xəu²⁴、nuŋ⁵³、ʔdi²⁴、ʔdi²⁴，语义也指向这些形容词。

（3）极高级程度副词修饰动词时，句末一般不用语气词pai⁰，如例①～⑥；修饰形容词时可用句末语气词 pai⁰或leu⁰，如例⑨和例⑩。

（三）次高级绝对程度副词

次高级绝对程度副词所表示的程度在原级之上，其表示的程度比超高级和极高级低，且比超高级和极高级小得多。布依语次高级绝对程度副词有tɕa¹¹ɕi¹¹ "非常"、ta¹¹ða:i³¹ "非常"、ʔi³¹ʔa:u³¹ "非常、十分"、leu³¹ "非常"、ðau³³ "非常"、ɕai¹¹ "很、非常"、ɕot³³ "非常"、la:i²⁴ "非常"、tɕi⁵³pe³³ "几多、很多"。tɕa¹¹ɕi¹¹、ta¹¹ða:i³¹使用频率高一些，ɕot³³的使用频率较低。ɕot³³、tɕa¹¹ɕi¹¹和la:i²⁴除了可以表示次高级外，还可以表示超高级。ɕot³³tɕa¹¹ɕi¹¹和la:i²⁴作超高级程度副词的用法已在"超高级绝对程度副词"部分进行过介绍，这里不再赘述。

1. ta¹¹ða:i³¹的句法语义特点

① ɕɯ³¹te²⁴, pu³¹ʔjai³¹ ðau¹¹ mi¹¹li³¹ θɯ²⁴, kuə³³ ma¹¹ leu³¹ na:n³³ ta¹¹ða:i³¹.
那时，布依族 我们 没有 文字 做 什么 很 难 非常
（那时我们没有文字，做什么都非常困难。）

② ja³³tɕe³⁵ ni³¹ ta:i²⁴ðo¹¹ ta¹¹ða:i³¹ pai³³.
老太太 这 瘦弱 非常 了
（这老太太非常瘦弱。）

③ te²⁴ ŋon¹¹ni³¹ ʔa:ŋ³⁵ ta¹¹ða:i³¹.
他 今天 高兴 非常
（他今天非常高兴。）

④ ku²⁴ çin²⁴ fan⁴²kan⁴² pu³¹ vuun¹¹ te²⁴ ta¹¹ða:i³¹ pai³³.

　　我　真　反感　个　人　那　非常　了

（我对那个人非常反感。）

⑤ ʔdak³⁵ ðin²⁴ ni³¹ ça:u²⁴po³⁵ ta¹¹ða:i³¹.

　　块　石头　这　白花花　很

（这块石头白花花的。）

⑥ ʔdak³⁵ tuə³³fu³³ te²⁴ ça:u²⁴ ʔun³⁵ ta¹¹ða:i³¹.

　　块　豆腐　那　白　嫩　很

（那块豆腐很白嫩。）

例①和例②是"形容词+ta¹¹ða:i³¹"结构，例③和例④是"动词+ta¹¹ða:i³¹"结构。ta¹¹ða:i³¹是后置副词，置于句末，如例①和例③。如果句末有语气词pai³³，则须置于pai³³之前，如例②和例④。例②和例④中的pai³³也可以省略，省略pai³³后的语气比用上 pai³³的语气强硬。例①~⑥中的ta¹¹ða:i³¹都作状语修饰前面的形容词或动词，如例①中的ta¹¹ða:i³¹修饰na:n³³，例②中的ta¹¹ða:i³¹修饰ta:i²⁴ðo¹¹，例③中的ta¹¹ða:i³¹修饰ʔa:ŋ³⁵，例④中的ta¹¹ða:i³¹修饰fan⁴²kan⁴²，ta¹¹ða:i³¹的语义也都指向所修饰的这些形容词或动词。例⑤和例⑥的情况也类似。例①同时使用两个次高级程度副词leu³¹和 ta¹¹ða:i³¹形成同义框式结构，他们一前一后于所修饰的中心词na:n³³，语义也指向na:n³³。

例①、例③、例⑤、例⑥中的ta¹¹ða:i³¹都可换成çot³³、tça¹¹çi¹¹、la:i²⁴、leu³¹。这些次高级程度副词在程度上略微有一些区别。其中，çot³³、tça¹¹çi¹¹、ta¹¹ða:i³¹的程度一样，leu³¹其次，la:i²⁴最低。ta¹¹ða:i³¹可与句末语气词pai³³连用，其他次高级程度副词不能与句末语气词pai³³连用，即例②和例④不能换用其他次高级程度副词。

ta¹¹ða:i³¹可以修饰性质形容词，如例①和例②，也能修饰状态形容词，如例⑤和例⑥。例⑤和例⑥中的ça:u²⁴po³⁵"白花花"、ça:u²⁴ʔun³⁵"白嫩"都是状态形容词，程度已经非常高。由于说话者需要强调极高的程度，因此在状态形容词之后用上了程度副词 ta¹¹ða:i³¹。"动词+ta¹¹ða:i³¹"中的ta¹¹ða:i³¹可以修饰表达感觉、情绪、意愿、态度的心理动词，如例③和例④中的ʔa:ŋ³⁵"高兴"、fan⁴²kan⁴²"反感"等。"动词/形容词+ta¹¹ða:i³¹"常在句中作谓语，如例①~⑥。

$ta^{11}ða:i^{31}$可重叠，重叠之后变成了语气副词$ta^{11}ða:i^{11}$ $ta^{11}ða:i^{33}$，表示"的的确确、千真万确"的意思，$ta^{11}ða:i^{31}$也可省略成$ða:i^{31}$，表示"很"义。

2. $tça^{11}çi^{11}$的句法语义特点

① $ʔdak^{35}$ $ŋaŋ^{11}$ ni^{31} $ʔdoŋ^{35}θeu^{53}$ $tça^{11}çi^{11}$.
　块　　银子　这　光亮　　　非常
　（这块银子非常光亮。）

② $xau^{31}çi^{11}$ no^{24} $tça^{11}çi^{11}$.
　糍粑　　糯（黏）很
　（这糍粑很糯（黏）。）

③ sam^{24} $ȵau^{35}$ $tça^{11}çi^{11}$.
　心里　愤恨　非常
　（心里非常愤恨。）

④ te^{24} $soŋ^{24}$ $ŋɔn^{11}$ ni^{31} pan^{11} $biŋ^{33}$, $ðwa:i^{53}$ $tça^{11}çi^{11}$.
　他　两天　　这　有　病，　瘦弱　非常
　（他这两天有病，非常瘦弱。）

⑤ $çi^{11}la:n^{24}$ $ðu^{31}$ pai^{24} $ça^{11}çuam^{31}$ te^{24}, $tai^{53}ma:n^{31}$ $tça^{11}çi^{11}$.
　小孩　　倒　火麻林　那　哭　厉害　很
　（小孩倒在火麻林里，哭得很厉害。）

⑥ $pɯaŋ^{11}$ ni^{31} $ŋɔn^{11}$ $çiəŋ^{24}θa:m^{24}$ $ʔdi^{24}mai^{11}$ $tça^{11}çi^{11}$.
　地方　这　天　月　三　热闹　很
　（这地方三月三特别热闹。）

⑦ $xam^{24}lian^{11}$ $wɯn^{24}$ tau^{53} $çu^{35}$ $tça^{11}çi^{11}$.
　晚　昨　雨　下　猛　很
　（昨晚雨下得很猛。）

⑧ $tçie^{11}ni^{31}$ $ʔa:^{11}$ $tça^{11}çi^{11}$.
　这里　潮湿　非常
　（这里非常潮湿。）

⑨ $mɯn^{11}$ tam^{33} $pɯə^{24}$ te^{24} te^{24} $çi^{33}$ $ʔa:ŋ^{35}$ $tça^{11}çi^{11}$.
　你　吹捧　他　他　就　高兴　不得了
　（你一吹捧他他就高兴得不得了。）

tɕa^{11}ɕi^{11}是次高级程度副词，在布依语中使用频率很高，tɕa^{11}ɕi^{11}不能与句末语气词pai^{33}连用，tɕa^{11}ɕi^{11}是后置副词，需置于所修饰的中心词之后，如以上各例。

3. ðau^{33}或 la:i^{24}ðau^{33}

ðau^{33}可与同样表示次高级的程度副词 la:i^{24}构成双音节的次高级程度副词 la:i^{24} ðau^{33}。 例如：

① te^{24} ŋɔn^{11}ni^{31} mi^{11}ʔa:ŋ^{35} ðau^{33}.

　他　今天　　不 高兴 非常

（他今天非常不高兴。）

② mjaɯ^{53} ta^{53} la:i^{24} ðau^{33}.

　不要　讨嫌　　太

（不要太讨嫌。）

③ kuə^{33} wɯn^{11} mjaɯ^{53} tou^{31} kan^{42} la:i^{24} ðau^{33}.

　做　　人　　不要　　给情面　　　太

（做人不要太不给情面。）

④ mɯŋ^{11} mjaɯ^{53} tɕet^{33} la:i^{24}ðau^{33}.

　你　　别　吝啬　那么

（你别那么吝啬。）

⑤ tɕa^{53} mjaɯ^{53} ʔdam^{24} ʔbɯn^{24} la:i^{24} ðau^{33}.

　秧苗 不要　栽　　稀　　　太

（秧苗不要栽得太稀。）

⑥ mjaɯ^{53} ʔbe^{31} la:i^{24}ðau^{33}.

　别　　高兴　太

（别太高兴了。）

ðau^{33}须与mi^{11}或mjaɯ^{53}连用，也就是说ðau^{33}必须用于否定结构，如例①～⑥。

综上所述，布依语次高级绝对程度副词tɕa^{11}ɕi^{11}"非常"、ta^{11}ða:i^{31}"非常"、ʔi^{31}ʔa:u^{31}"非常、十分"、leu^{31}"非常"、ðau^{33}"非常"、ɕiaŋ^{33}taŋ^{33}"相当"、ɕai^{11}"很、非常"、ɕot^{33}"非常、极了"、la:i^{24}"太、过于、非常"、tɕi^{53}pe^{33}"几多、

很多"的主要区别在于以下四点：

（1）语气方面。tɕa¹¹ɕi¹¹、leu³¹不能与pai³³同时使用，ta¹¹ða:i³¹可与pai³³同时使用。当ta¹¹ða:i³¹的句末用上语气词pai³³后，句子的语气会变得更加委婉，不如意的色彩也变得更弱。

（2）语序方面。the³¹pie³¹"特别"、leu³¹"非常、很"、ɕiaŋ³³taŋ³³"相当"、tɕi⁵³pe³³"几多、很多"4个需置于所修饰的中心词之前，其他次高级程度副词需置于所修饰的中心词之后。

the³¹pie³¹"特别"、ɕiaŋ³³taŋ³³"相当"借自汉语，其语义和用法与汉语中的"特别""相当"一致，程度比ta¹¹ða:i³¹"非常"低一点。

（3）语义方面。有的布依语绝对程度副词能表达两个以上不同程度量级或兼作其他词类。la:i²⁴、tɕa¹¹ɕi¹¹能表达超高级和次高级两种量级，ɕaɯ¹¹和ɕot³³可表示极高级和次高级两个级别的程度，ta¹¹ða:i³¹除了可作程度副词外，还可作语气副词。对于这些有几个义项的词语，可根据具体的语境来确定其具体的含义。比如，la:i²⁴在句子"ʔdak³⁵ðin²⁴ni³¹nak³⁵la:i²⁴"中宜理解成超高级的"太"而不宜理解成次高级的"非常"，这样理解的依据是该句的语境"我搬不动"，这一语境暗示这块石头的重量超过了说话者的接受程度，也就是过量。因此，la:i²⁴宜理解成超高级的"太"而不宜理解成次高级"非常"。

（4）语用方面。tɕa¹¹ɕi¹¹、ta¹¹ða:i³¹使用频率高一些，ɕot³³的使用频率较低。

（四）较低级绝对程度副词

布依语较低级绝对程度副词包括li³¹noi³³、li³¹pan¹¹、li³¹ ʔet³⁵ʔdeu²⁴，都表示"有一点"。其中，望谟地区多使用li³¹ ʔet³⁵ʔdeu²⁴、li³¹noi³³。

① ʔdan²⁴ ma³⁵ ni³¹ li³¹noi³³ jai³¹.

个　水果　这　有点　涩

（这个水果有点苦涩。）

② te²⁴ laŋ⁵³li³¹ li³¹noi³³ xuai³¹ni³¹.

他　仍然　有点　怀疑

（他还有一点怀疑。）

③ te²⁴ kɯn²⁴ lau⁵³ li³¹ ʔet³⁵ʔdeu²⁴ tɕam³¹ pai⁰.

　　他　喝　酒　有　一点　　醉　了

（他喝酒有些醉了。）

④ naŋ³³ɕie²⁴ na:n¹¹ leu⁰, tɕau⁵³ te²⁴ li³¹ ʔet³⁵ʔdeu²⁴ pɔk³³pɯn³³.

　　坐　车　久　了　头　他　有　一　点　晕

（坐车时间长了，他的头有点晕。）

较低级程度副词表示的程度不高，常与消极意义的心理动词或贬义形容词搭配。例①中的li³¹noi³³修饰的是贬义形容词jai³¹"苦涩"，例②～④中的li³¹noi³³、li³¹ ʔet³⁵ʔdeu²⁴分别修饰消极意义的动词xuai³¹ni³¹"怀疑"、tɕam³¹"醉"、pɔk³³pɯn³³"晕"。

较低级程度副词表示的量度低于程度副词原级，因此带有主观否定性，不能再用否定副词mi¹¹或fi³³否定。以下说法不成立：

⑤ *ʔdan²⁴ma³⁵ ni³¹ mi¹¹/fi³³ li³¹ noi³³ jai³¹.

　　水果　　　这　不/没　　有点　　苦涩

（这个水果有点不/没苦涩。）

⑥ *te²⁴ laŋ⁵³li³¹ mi¹¹/fi³³ li³¹noi³³ xuai³¹ ni³¹.

　　他　还　有　不/没　　有一点　怀疑　你

（他还有一点不/没怀疑你。）

⑦ *te²⁴ kɯn²⁴ lau⁵³ mi¹¹/fi³³ li³¹ʔed³⁵ʔde:u²⁴ tɕam³¹ bai.

　　他　喝　酒　不/没　　有点　　　　醉　了

（他喝酒有些不/没醉了。）

li³¹pan¹¹、ʔet³⁵ʔdeu²⁴的语义和语用同li³¹noi³³。

第三节　本章小结

本书把布依语程度副词的分类及各次类的被饰成分和语义指向所表现的特征归纳为表7-2。表7-2中，"+"表示该类副词普遍具有此功能，空格表示该副词全无此项功能，"#"表示该类副词中少数副词具有该功能，黑体字表示该词语置于中心词之后。

表 7-2　布依语程度副词表

副词次类		被饰成分		语义指向					词例
程度副词		V	A	VP	NP	AP	S	Nu mP	
相对程度副词	最高级	+	+	+		+			pja:u¹¹/tsui²⁴ "最"
	更高级	+	+	+		+			kɯ³³/kɯn²⁴/nan³¹/to²⁴la:i²⁴/ kɯn²⁴/kɯn²⁴tɕia³³ "更、更加"
绝对程度副词	超高级	+	+	+		+			kwa³⁵/la:i²⁴/kwa³⁵la:i²⁴/tai⁴¹ "太、过于"；la:i²⁴ðau³³/la:i²⁴la:i²⁴ko²⁴ji³¹/kwa³⁵fan "过于"
	极高级	+	+	+		+			ɕot³³/li¹¹lan³³/ɕaɯ¹¹ "极度"
	次高级	#	+	#		+			ta¹¹ða:i³¹/la:i²⁴/ðau³³/ɕai¹¹ʔi³¹ʔa:u³¹/tɕa¹¹ɕi¹¹/ ta¹¹ða:i⁴/ðau³³/ɕai¹¹/leu³¹/ʔi³¹ʔa:u³¹/ta¹¹ða:i⁴/ ɕai¹¹/le:u³¹ "很、非常"；ɕot³³/ la:i²⁴/la:i²⁴la:i²⁴ "非常"；tɕi⁵³pe³³ "几多、很多"
	较低级	#	+	#		+			li³¹ne³³/ li³¹pan¹¹/ ʔet³⁵ʔdeu²⁴ "有点儿、少许"

布依语程度副词的特点如下：

（1）布依语一共有 39 个程度副词，有 29 个需后置于所修饰的中心词，后置率为 74%，布依语程度副词是各类副词中后置率最高的一类。借自汉语、表示较低级的leu³¹位于所修饰的中心词之前，其余的程度副词都位于句末。位于句末的程度副词，如果句中有宾语则位于宾语之后，如果有语气词pai³³则位于语气词pai³³之前。我们对布依语程度副词位序特点的概括与李云兵提出的布依语"形容词与程度副词的优势语序是 AD+Adj"①的观点不谋而合。布依语程度副词比较整齐的后置特点是布依语程度副词的独特之处。

（2）程度副词句法功能单一，都能修饰形容词和心理动词，作状语。这是程度副词不同于其他副词的地方。其他副词的句法功能远比程度副词复杂。此外，布依语程度副词离开中心词是不能独立使用的，因此，黏着性强是布依语程度副词的另一个特点。

（3）程度副词的语义都指向其所修饰的谓语动词或形容词，因此程度副词的修饰对象和指向对象相一致。部分程度副词可以重叠，如la:i²⁴可以重叠为la:i²⁴la:i²⁴。

（4）表示同一个意义的两个程度副词可相叠使用形成框式结构。例如：

---

① 李云兵. 中国南方民族语言语序类型研究. 北京：北京大学出版社，2008. 此处的"AD"表示程度副词，笔者注。

ɕɯ³¹te²⁴, pu³¹ʔjai³¹ ðau¹¹ mi¹¹li³¹ θɯ²⁴, kuə³³ma¹¹leu³¹ na:n³³ ta¹¹ða:i³¹.
那时,　　布依族　我们　没有　文字,　　做　什么　很　难　非常
(那时我们没有文字,做什么都非常困难。)

该句中使用了两个表示次高级的程度副词leu³¹"很"和ta¹¹ða:i³¹"非常"。leu³¹前置,ta¹¹ða:i³¹后置。

(5)一词多义,一义多词语。有的布依语程度副词可表达多种语义。例如,la:i²⁴能表达超高级和次高级两种量级,ta¹¹ða:i³¹、ða:i³¹既是使用频率高的程度副词,也是使用频率高的语气副词。对于一词多义现象,需要依据具体的语境来确定其具体的含义。一词多义现象,比如表示次高级的程度副词有tɕa¹¹ɕi¹¹"非常"、ta¹¹ða:i³¹"非常"、ʔi³¹ʔa:u³¹"非常,十分"、leu³¹"非常"、ðau³³"非常"、ɕai¹¹"很、非常"、ɕot³³"非常、极了"、la:i²⁴"太、过于、非常"、tɕi⁵³pe³³"几多、很多",这些词的语义非常接近。造成一词多义的原因有来源的不同、使用语境的不同、语用上的细微差别等,这些差别使得它们同时存活于布依语中。

概括来说,布依语程度副词语义上对谓语动词或形容词的程度量级进行修饰限制,具有黏着性强、多数后置于中心词、语义指向单一、一词多义、一义多词、同义副词相叠使用的特点。

第八章　布依语语气副词研究

语气副词是指表达说话者对句子内容的主观评价和态度，作状语，对句子、动词或形容词进行修饰的一类词。布依语语气副词语义比较空灵，句法位置灵活多样，可位于句首、句中和句末，位于句首时是对整个句子进行修饰。根据布依语语气副词所表达的语气的不同，本书将其分为四类：①表示加强肯定的语气；②表示揣测、疑问、反问和逆转的语气；③表示领悟、诧异的语气；④表示委婉的语气。各类语气副词所包含的词语见本章的"布依语语气副词表"。

第一节　布依语语气副词分类描写及分析

一、表示肯定语气

根据肯定语气副词所表达肯定语气的不同其又可细分为加强肯定、侥幸、巧合和料定四种。

（一）加强肯定语气

加强肯定语气的副词可表达确实、实在、当然、根本、反正等语气。所表达的是说话者对所说内容的确定无疑，令人置信。

1. "的确、确实"义副词

"的确、确实"义副词有 $ða:i^{31}$、$ða:i^{31}ða:i^{33}$、$ta^{11}ða:i^{31}$、$tɕhio^{31}sɿ^{31}$，他们表示十分肯定之义，用于证实动作行为、事物的性质或数量的真实性。

① $ɕau^{31}$ to^{53} $ðo^{31}niə^{24}$ $waːn^{11}$ te^{24} $fɔŋ^{33}tɕin^{53}$ $ʔdi^{24}$, $ŋɔn^{11}ni^{31}$ pai^{24} $ɕim^{24}$, $luəm^{53}$ $ta^{11}ða:i^{31}$.
　　早　都　知道　一带　那　风景　好　今天　去　看　好看　的确
　　（早听说那一带的风景很美，今天去看了，的确很美。）

② po²⁴ta³³ puɯəŋ¹¹ ni³¹ leu³¹ ɕau³³ʔdi²⁴ ða:i³¹ða:i³³.

风景　　地区　　这　非常　　好看　　的确

（这一带的风景的确优美。）

③ ku²⁴ tɕhio³¹sɿ³¹ fi³³ ðan²⁴ kwa³⁵ te²⁴.

我　　确实　　没　见　过　他

（我确实没见过他。）

④ ku²⁴ tɕhio³¹sɿ³¹ li³¹ θa:m²⁴ θan⁵³ pi³¹.

我　　确实　　有　三　　只　笔

（我的确有三支笔。）

⑤ ða:i³¹ le⁰, te²⁴ ŋɔn¹¹liən¹¹ ma²⁴ leu⁰.

的确　　　他　昨天　　来　了

（他昨天真的来了。）

⑥ ku²⁴（ʔdai³¹）θa:m²⁴ pi²⁴ ta¹¹ða:i³¹ pai⁰.

我　　得　　三　　岁　的确　　了

（我的确三岁了。）

⑦ muɯŋ¹¹ xa³¹ pai²⁴ða:i³¹ mi¹¹?

你　要　走　确实　不

（你确实要走吗？）

“确实”义副词可修饰多种词类成结构：（1）修饰形容词或形容词短语。如例①和例②中的ta¹¹ða:i³¹“确实”、ða:i³¹ða:i³³“确实”分别修饰形容词luəm⁵³“好看”、leu³¹ɕau³³ʔdi²⁴“非常好看”；（2）“确实”义副词可修饰动词或动词短语。如例④中的tɕhio³¹sɿ³¹“确实”修饰动词li³¹，例⑦中的ða:i³¹修饰动词pai²⁴；（3）可修饰句子，如例⑤中的ða:i³¹ le⁰“的确”修饰句子te²⁴ ŋɔn¹¹liən¹¹ ma²⁴ leu⁰“他昨天真的来了”；（4）可修饰数量词，如例⑥中的ta¹¹ða:i³¹修饰θa:m²⁴ pi²⁴“三岁”。

tɕhio³¹sɿ³¹“确实”借自汉语，其语义和用法与汉语的“确实”相似。ða:i³¹ða:i³³“的确”、ða:i³¹“确实”、ta¹¹ða:i³¹“的确”是布依语固有词，通常位于句末，如例①、例②、例⑥、例⑦，也可置于句首，置于句首的ða:i³¹后要带语气词说成ða:i³¹ le⁰、ða:i³¹ na⁰，如例⑤。由于“确实”义副词多表示“证实”，因此多用于已然态，对已然事情的肯定强调，如例①～⑥都是已然句。

ða:i³¹可重叠成ða:i³¹ða:i³³。ða:i³¹和 ða:i³¹ða:i³³都表示“确实、真的”之义，

ða:i³¹重叠成ða:i³¹ða:i³³后最后一个音节由第四调变成了第六调。ða:i³¹ða:i³³和ða:i³¹多置于句末，加强确定语气，有时还可置于句首。ða:i³¹ða:i³³和ða:i³¹的语义略有区别，前者比后者的肯定语气更强。

ta¹¹ða:i¹¹可以重叠成ta¹¹ða:i¹¹ ta¹¹ða:i³³"的的确确"，重叠后变成了一个四音格，表示充分肯定，确定无疑。重叠式最后一个音节由第二调变成了第六调。相对于基式而言，重叠式的确定语气更加坚定。例如：

⑧ ku²⁴ li³¹ θa:m²⁴ θan⁵³ pi¹¹ ta¹¹ða:i³¹.

　　我　有　　三　支　笔　的确

　　（我的确有三支笔。）

⑨ ku²⁴ li³¹ θa:m²⁴ θan⁵³ pi¹¹ ta¹¹ða:i³¹ ta¹¹ða:i³³.

　　我　有　三　　支　笔　的的　　确确

　　（我的确有三支笔。）

例⑧和例⑨都用了表示充分肯定的语气副词，例⑧用的是基式，例⑨用的是重叠形式，例⑨比例⑧的肯定语气更加坚定，更加确定无疑。ta¹¹ða:i¹¹和ta¹¹ða:i¹¹ ta¹¹ða:i³³都必须位于句末，语义也都指向句中的数量词θa:m²⁴ θan⁵³ pi¹¹"三支笔"。

2. sɿ³¹tsai²⁴"实在"

sɿ³¹tsai²⁴"实在"表示对情况进行确认，有"的确、确实"之义，借自汉语，语义、用法与汉语的"实在"相似。

① çoi³¹ lɯk³³tça³¹ te²⁴ sɿ³¹tsai²⁴ θa:u²⁴ȵe¹¹ ta¹¹ða:i³¹ pai⁰.

　　个　　孤儿　那　实在　　可怜　太　了

　　（那个孤儿实在太可怜。）

② ŋɔn¹¹ni³¹ ku²⁴ sɿ³¹tsai²⁴ na:i³⁵ ta¹¹ða:i³¹ pai⁰.

　　今天　　我　实在　累　太　了

　　（今天我实在太累了。）

③ te²⁴ sɿ³¹tsai²⁴ xa³¹ pai²⁴ çi³³ xaɯ⁵³ te²⁴ pai²⁴ pa⁰.

　　他　实在　要　去　就　让　他　去　吧

　　（他实在要去就让他去吧。）

④ te²⁴ s̩³¹tsai²⁴ mi¹¹ ðo³¹ kuə³³ vɯn¹¹.

他　实在　不　会　做　人

（他实在不会做人。）

s̩³¹tsai²⁴修饰形容词时，形容词之前通常要加上表示程度过头的程度副词ta¹¹ða:i³¹构成"s̩³¹tsai²⁴+形容词+ta¹¹ða:i³¹"结构，如例①。s̩³¹tsai²⁴也可修饰动词，且一般为能愿动词或心理动词，如例②~④。无论s̩³¹tsai²⁴修饰什么成分，s̩³¹tsai²⁴都应置于所修饰的谓语中心词之前，语义也指向所修饰的中心词。

3. taŋ³³zan³¹ "当然"

taŋ³³zan³¹"当然"表示从事理上或情理上来说应该如此，有加强语气的作用。taŋ³³zan³¹借自汉语，语义和用法与汉语的"当然"相似。

① po²⁴ta³³ pɯəŋ¹¹ ni³¹ taŋ³³zan³¹ ɕau³³ʔdi²⁴.

风景　　地区　这　当然　　好看

（这一带的风景当然优美。）

② taŋ³³zan³¹, mɯŋ¹¹ kho⁵³ji⁵³ pai²⁴ xam³⁵ te²⁴.

当然　　　你　可以　去　问　他

（当然，你可以去问他。）

③ mɯŋ¹¹ taŋ³³zan³¹ kho⁵³ji⁵³ pai²⁴ xam³⁵ te²⁴.

你　　当然　　可以　去　问　他

（你当然可以去问他。）

④ ku²⁴ ʔdiə³¹ pa:i³³laŋ²⁴ fai³¹, te²⁴ taŋ³³zan³¹ ɕim²⁴ mi¹¹ ðan²⁴ ku²⁴.

我　躲　后边　树　他　当然　看　不　见　我

（我躲在树后，他当然没看到我。）

⑤ A: ku²⁴ kho⁵³ji⁵³ ðiəŋ¹¹ mɯŋ¹¹ pai¹¹to³³ pai²⁴ mi¹¹?

我　可以　跟　你　一起　去　吗

（我可以跟你一起去吗？）

　　B: taŋ³³zan³¹.

当　然

（当然。）

taŋ³³zan³¹可位于所修饰的动词或形容词之前,如上文例①和例④;taŋ³³zan³¹也可用于主语前,这时一般有停顿,如例②;主语前的taŋ³³zan³¹也可移位到主语后谓语动词前,如例③。

taŋ³³zan³¹前面常有表示原因的词语或句子。例如,例④前面都有表示原因的ku²⁴ʔdiə³¹pa:i³³laŋ²⁴fai³¹"我躲在树后",这一原因导致taŋ³³zan³¹引出的结果çim²⁴ mi¹¹ ðan²⁴ ku²⁴"看不见我"。taŋ³³zan³¹还可以单用或回答问题,如例⑤。例⑤用taŋ³³zan³¹"当然"单独回答问题,实际上是省略了主语和谓语,taŋ³³zan³¹仍旧在句中作状语。taŋ³³zan³¹无论用于什么句子中都只能在句中作状语,修饰句子、谓语动词或形容词。

4. kɯŋ³³pɯn⁵³ "根本"

kɯŋ³³pɯn⁵³"根本"表示彻底、完全之义,有加强肯定语气的意味,借自汉语。例如:

① wu²⁴tçie⁵³ kɯŋ³³pɯn⁵³ çiau³³tshu³¹ ʔiə³⁵ pai⁰.
　　误解　　　根本　　消除　　已经　了
　（误解已经根本消除。）

② te²⁴ kɯŋ³³pɯn⁵³ fi³³ pai²⁴ kwa³⁵ pɯəŋ¹¹ te²⁴.
　　他　根本　　没　去　过　地方　那
　（他根本没去过那个地方。）

③ ku²⁴ kɯŋ³³pɯn⁵³ mi¹¹ ðo³¹na⁵³ te²⁴.
　　我　　根本　　不　认识　他
　（我根本不认识他。）

④ ka:i³⁵ no³³ma²⁴ ni³¹ kɯŋ³³pɯn⁵³ fi¹¹ ðuŋ²⁴ la:n³³.
　　个　狗肉　这　根本　　没　熟　烂
　（这狗肉根本没煮烂熟。）

kɯŋ³³pɯn⁵³通常用于否定结构,如例②~④。kɯŋ³³pɯn⁵³可修饰动词或形容词,位于所修饰的动词或形容词之前,如例①~④。

5. "其实"义

"其实"义副词有to⁵³çi³³、lɯk³³la:i¹¹(lak³³la:i¹¹)、tçhi³¹sๅ³¹,表示所说的

是实情，对上文作进一步的补充说明或更正。

① ka:i³⁵ lau⁵³ ni³¹ to⁵³ɕi³³ mi¹¹ suən³⁵ taŋ⁵³lau¹¹ ʔdi²⁴.
　种　　酒　这　其实　不　算　怎么　　好
（这种酒其实不算怎么好。）

② lak³³la:i¹¹，te²⁴ mi¹¹ ma²⁴ ku²⁴ je⁵³ ka³³ ðo³¹ taŋ⁵³lau¹¹ kuə³³.
　其实，　　他　不　来　我　也　自己　知道　怎么　　做
（其实，他不来我也知道怎么做。）

③ lak³³la:i¹¹，te²⁴ mi¹¹ ʔdai³¹ dau¹¹.
　其实，　　他　不　能　拜
（其实，他不能拜。）

④ te²⁴ tɕhi³¹sๅ³¹ te²⁴ ʔba:n³¹ ni³¹ pu³¹ tsui²⁴ tɕe³⁵ te²⁴.
　他　其实　是　村　这人　最　老　那
（他其实是这个村年纪最大的老人。）

⑤ te²⁴ tɕhi³¹sๅ³¹ mi¹¹ tɯk³³ vɯn¹¹ ʔba:n³¹ ni³¹.
　他　其实　　不　是　人　村　这
（其实他不是这个村的人。）

⑥ ku²⁴ kɔk³⁵ʔdu³¹ nɯ³³ te²⁴ tam³¹ ðo³¹ xa:u³⁵ʔjai³¹，tɕhi³¹sๅ³¹ te²⁴ xa¹¹ ðo³¹
　我　起初　想　他　只　懂　布依语　其实　他　还　懂
　xa:u³⁵ja:u³¹ tem²⁴.
　瑶语　　　再
（起初我以为他只懂布依语，其实他还懂瑶语。）

tɕhi³¹sๅ³¹、lak³³la:i¹¹（lɯk³³la:i¹¹）都表示"其实"义，lak³³la:i¹¹的使用频率高一些。tɕhi³¹sๅ³¹借自汉语，lak³³la:i¹¹（lɯk³³la:i¹¹）是布依语固有词，lak³³la:i¹¹有的地方说成lɯk³³la:i¹¹。to⁵³ɕi³³不能用于主语前，lak³³la:i¹¹、tɕhi³¹sๅ³¹可用在动词前或主语前。例如，例②和例③中的lak³³la:i¹¹用于主语前，因此不能换成to⁵³ɕi³³，但可换成tɕhi³¹sๅ³¹。"其实"义副词可表示对上文的修正，如例①和例④；可用于对与上文相反内容的更正，如例②③⑤；还可表示对上文的补充说明，如例⑥。

位于动词前的"其实"修饰的是谓语，如例①和例⑤中的to⁵³ɕi³³、tɕhi³¹sๅ³¹修饰的是谓语mi¹¹ suən³⁵ taŋ⁵³lau¹¹ ʔdi²⁴"不怎么好"和mi¹¹ tɯk³³ vɯn¹¹ ʔba:n³¹ni³¹"不

是这个村"，语气覆盖的也是谓语。而位于主语前的"其实"修饰的是整个句子，如例② 中 的 lak³³la:i¹¹ 和 例 ⑥ 中 的 tɕhi³¹sɿ³¹ 修 饰 的 是 整 个 句 子 te²⁴ mi¹¹ ma²⁴ ku²⁴ je⁵³ ka³³ ðo³¹taŋ⁵³laɯ¹¹ kuə³³和te²⁴ xa¹¹ ðɔ³¹ xa:u³⁵ja:u³¹ tem²⁴，语气覆盖的也是整个句子。

6. fan⁵³tsɯn²⁴ "反正"、ɕi³³tɯk³³ "就是"

fan⁵³tsɯn²⁴ "反正"强调在任何情况下都不改变结论或结果，既可位于主语前，又可位于主语后谓语前。例如：

① ʔdi²⁴ mi¹¹ ʔdi²⁴ fan⁵³tsɯn²⁴ ku²⁴ mi¹¹ ʔau²⁴.
　好　不　好　　反正　我　不　要
（好不好反正我不要。）

② tɕai²⁴ tɕaɯ⁵³ mi¹¹ kuən⁵³, ku²⁴ fan⁵³tsɯn²⁴ mi¹¹ pai²⁴.
　远　近　　不　管　我　　反正　　不　去
（不管远近，反正我不去。）

fan⁵³tsɯn²⁴ "反正"借自汉语，前面常有表示正反面情况的词语。例如，例①中有表示正反面情况的ʔdi²⁴mi ʔdi²⁴ "好不好"，例②中有表示正反面情况的 tɕai²⁴ tɕaɯ⁵³ mi¹¹ kuən⁵³ "不管远近"。例①～②中的fan⁵³tsɯn²⁴都可移位到主语后谓语前。例如，例①又可说成ku²⁴ fan⁵³tsɯn²⁴ mi¹¹ ʔau²⁴。位于主语前的fan⁵³tsɯn²⁴ "反正"的语气指向整个句子，移位后fan⁵³tsɯn²⁴ "反正"的语气指向谓语mi¹¹ʔau²⁴，例②的情况与例①类似。

③ θu²⁴ taŋ⁵³ ni³¹ kuə³³ ɕi³³ tɯk³³ fan²⁴tsui²⁴.
　你们　　这么　做　就　是　　犯罪
（你们这么做就是犯罪。）

例③中的ɕi³³tɯk³³ "就是"加强肯定语气，其他可以去掉，去掉后的句子表示一般陈述，加上后起强调作用。

7. "一定" 义

布依语表示"一定"义的语气副词有ɕam⁵³、kuə³³ʔdai³¹、mai⁵³、ʔan³⁵、

çam⁵³ çi⁵³等，它们用坚决的语气表示肯定的决意或判断。"一定"义副词表示说话者的一种决意或认为必然的事情，具有浓厚的主观判断色彩。例如：

① ŋɔn¹¹ni³¹ te²⁴ çam⁵³ ma²⁴.
今天　　他　一定　来
（今天他一定会回来。）

② ta:u³⁵ ni³¹ po¹¹ðau¹¹ çam⁵³ tshɯn³¹kuŋ³³.
次　这　我们　　一定　　成功
（我们这次一定能成功。）

③ kuə³³ tuə¹¹vɯn¹¹ çi³³ çam⁵³ li³¹ niaŋ³¹çin³³.
做　　人　就　一定　有　良心
（做人一定要有良心。）

④ ðau¹¹ ji³¹tin²⁴ pai²⁴.
我们　一定　去
（我们一定去。）

⑤ mai³¹te²⁴ji³¹tin²⁴ʔau²⁴tɯ¹¹.
女子　那　一定要　挑
（那女子一定要挑。）

⑥ to⁵³ ku²⁴ mi¹¹ ta:i²⁴, ku²⁴ ʔan³⁵ ʔau²⁴ wan²⁴xau³¹ ta:u³⁵ma²⁴.
只要我不　死　我 一定 拿　种谷　　回来
（只要我不死，就一定拿到谷种回来。）

⑦ ðaːn¹¹ te²⁴ li³¹ðaːm²⁴pi³¹nuan³¹lɯk³³ θaːi²⁴çi³³ ji³¹tin²⁴ʔau²⁴pu³¹ʔdeu²⁴kuə³³ kun⁴pai³⁵.
家　他 有　三　兄弟　男子MP 一定要 人 一　当　兵
（他家有三兄弟，就一定要一人去当差。）

⑧ ŋan¹¹ ka³³ ʔan³³ ʔau²⁴ ta:u³⁵.
银　价　定　要　回
（钱财一定要追回。）

çam⁵³、ʔan³⁵、ji³¹tin²⁴表示说话者自信会如此。它们虽然都表示坚定的语气，但坚定的程度有细微区别。其中，çam⁵³的语气最坚定，表示说话者满怀信心，ʔau³⁵的肯定语气最弱。因此，例①～③的语气比例⑥确定；çam⁵³和ʔan³⁵是布依语固有词，ji³¹tin²⁴借自汉语。ɕam⁵³、ʔau²⁴多用于口语，kuə³³ʔdai³¹多用于《摩经》。例①和例②中的"一定"表达的是一种确定无疑的判断或推论，例③～⑧中的"一定"表达的是一种坚决的态度或意志。

"一定"用于第一人称时，要求自己或包括自己在内的"我们"坚决地做某事，如例②、例④、例⑥；用于第二和第三人称时，表示要求对方或别人坚决地做某事，如例⑤和例⑦。

ɕam⁵³ɕi³，也表示肯定语气，位于所修饰的中心词之前。例如：

⑨ te²⁴ɕam⁵³ɕi³³mi¹¹tɯk³³vɯn¹¹pɯaŋ¹¹ni³¹.

　　他 肯 定 不 是 人 地方 这个

　　（他肯定不是这个地方的人。）

8. 表示侥幸语气

侥幸语气指由于某种有利条件而避免了不如意事情的发生所表现出来的侥幸、欣喜的语气。布依语表示侥幸语气的副词有ɕaŋ³³la:i³⁵、ɕak³³la:i³⁵、ɕiə¹¹la:i³⁵、la:i³⁵、ɕa³³la:i³⁵、ɕin³³ɕa:i³⁵、tɕo²⁴ʔdi²⁴，这些副词相当于汉语的"多亏""幸亏"。例如：

① mɯŋ¹¹ ɕin³³ɕa:i³⁵ fi³³ ðiəŋ¹¹ te²⁴ pai²⁴，ʔi³⁵mi¹¹ mɯŋ¹¹ to⁵³ ʔau²⁴ tɯk³³ ʔda³⁵.

　　你 幸亏 没 跟 他 去 否则 你 都 要 被 骂

　　（你幸亏没有跟他去，否则你也会被骂。）

② ɕak³³la:i³⁵ ku²⁴ fi³³ pai²⁴. ʔi³⁵ pai¹¹ni³¹ to⁵³ ʔju³⁵ ji³³jan²⁴ pai⁰.

　　幸亏 我 没 去 要不 现在 都 在 医院 了

　　（幸亏我没有去，要不这会也在医院了。）

③ ɕa:ŋ³⁵la:i³⁵ po¹¹ðau¹¹ ta:u³⁵ ɕau³¹，mi¹¹ɕi³³ san²⁴ vɯn²⁴ pai.

　　幸 亏 我们 回来 早，不然 淋 雨 了

　　（幸亏我们回来得早，否则就淋雨了。）

④ tɕo²⁴ʔdi²⁴ po¹¹θu²⁴ ma²⁴ pa:ŋ²⁴ mi¹¹ɕi³³ ðau¹¹ kuə³³ mi¹¹ leu³¹.

　　多亏 你们 来 帮 否则 我们 做 不 完

　　（多亏你们来帮忙，要不然我们做不完。）

"侥幸"义语气副词一般位于主语前，用来引出某种有利的条件。由于有利条件的出现避免了不良后果，且这些有利条件的出现是偶然的，因此说话者感到侥幸。"侥幸"义语气副词后通常会有一假设，假设有这一有利条件避免产生什么样的不良后果。例如，例①中ςiən^{33}ςa:i^{35}"幸亏"引出有利条件mwŋ^{11}fi^{33}ðiəŋ^{11}te^{24}pai^{24}"你没跟他去"，由于这一有利条件使得mwŋ^{11}"你"避免了twk^{33}$\mathrm{?}$da^{35}"被骂"这一不利后果。例②中的ςak^{33}la:i^{35}"幸亏"引出ku^{24}fi^{33}pai^{24}"我没去"这一有利条件，这一有利条件避免了 ku^{24}"我" $\mathrm{?}$ju^{35}ji^{33}jan^{24}"在医院"这一不利后果。例④用tςo^{24}$\mathrm{?}$di^{24}"多亏"引出po^{11}θu^{24}ma^{24}pa:ŋ^{24}"你们来帮忙"这一有利条件，由于这一有利条件而避免了ku$\mathrm{ə}$^{33}mi^{11}leu^{31}"做不完"这一不利后果。例③情况类似。

从分布上来看，布依语"幸亏"义语气副词既可位于主语前，也可位于主语后谓语前。当"幸亏"义语气副词位于主语后谓语前时，其语气覆盖的是谓语后的部分。例如，例①中的ςin^{33}ςa:i^{35}"幸亏"的语气覆盖的是谓语后的 fi^{33} ðiəŋ^{11} te^{24} pai^{24}"没跟他去"。当"幸亏"义副词位于句首时，其语气覆盖整个句子，语义也指向整个句子。例如，例②～④中的ςak^{33}la:i^{35} "幸亏"、ςa:ŋ^{35}la:i^{35}、tςo^{24}$\mathrm{?}$di^{24} "幸亏"的语气覆盖整个句子。从移位来看，主语后的"幸亏"义副词可移位到句首。例如，例①可说成 ςiən^{33}ςa:i^{35}mwŋ^{11} fi^{33} ðiəŋ^{11} te^{24} pai^{24}"幸亏你没去"。位于句首的"幸亏"义副词也可移位到主语后谓语前，例如，例②又可说成ku^{24} ςak^{33}la:i^{35} fi^{33} pai^{24} "我幸亏没去"。从使用频率来看，ςak^{33}la:i^{35}的使用频率最高。从组合来看，"侥幸"义语气副词后可带动词、形容词或主谓短语。

9. 表示巧合的语气

"巧合"义语气副词表示某种情况或现象发生的时间或地点不偏不倚，恰到好处。事情的巧合发生包括两类，一类是指事情发生在符合希望的时候，另一类是事情发生的这个时候是不适当的，事情发生的这个时候恰当还是不恰当可从上下文的语境中得知。巧合语气都是对句子所表述内容的主观性评价。布依语"巧合"义语气副词有tςiə^{11}tςiə^{11}/tuŋ^{31}tςam^{11}/ ŋa:m^{35}ŋa:m^{35} "正巧"、tςhia^{31}tςhia^{31} "恰恰"、tiəŋ^{33}ti^{35}/tiəŋ^{33} "正好、正巧"、ςa:u^{31} "刚好"。

① ðam^{31} tςiə^{11}tςiə^{11} jua:t^{35} ςo^{35} $\mathrm{?}$da:ŋ^{24} te^{24}, te^{24} leu^{31} $\mathrm{?}$da:ŋ^{24} lup^{35} leu^{31}.
　水　　正好　　洒　在　身　他　他　全　身　湿　完全

（水正好洒在他身上，把他一身都弄湿了。）

② ʔbaɯ²⁴ tɕau³⁵ xen¹¹ tam¹¹ tiəŋ³³ ðo¹¹, kho⁵³ji⁵³ ʔbɯt³⁵ pai⁰.

　　叶　桐子　旁边　水塘　正好　干　可以　　摘　了

（塘子边的桐树叶正好干，可以摘了。）

③ tiəŋ³³ti³⁵ te²⁴ xam³³ni³¹ mi¹¹ ʔo³⁵tu²⁴ , mɯŋ¹¹ ma²⁴ pa⁰.

　　正好　　他　今晚　不　出　门　你　来　吧

（正好他今晚上不出门，你来吧。）

④ tɕiə¹¹ni³¹ tɕiə¹¹tɕiə¹¹ li³¹ ðɔk³⁵ ʔdan²⁴ phin³¹ko⁵³, pu³¹ ʔdan²⁴ pu³¹ ʔdan²⁴.

　　这里　　正好　　　有　六　个　　苹果　　人　个　人　个

（这里正好六个苹果，一人一个。）

⑤ ɕɯ¹¹ni³¹ tɕhia³¹tɕhia³¹ ðɔk³⁵ tem³⁵.

　　现在　　正好　　　　六　点

（现在恰恰六点。）

⑥ xoŋ³⁵ ða:n¹¹ ni³¹ ɕa:u³¹ pet³³ ʔdai³¹ ʔdan²⁴ ɕa:ŋ¹¹ ʔde:u²⁴ ðiəŋ¹¹ ʔdan²⁴

　　间　屋　这　刚好　放　得　张　床　一　和　张

ɕoŋ¹¹θɯ²⁴ ʔdeu²⁴.

　　书桌　　一

（这间屋刚够摆一张床和一个书桌。）

"巧合"义副词表示数量刚好为整数或满足某种情况。从组合能力来看，"巧合"义副词可修饰动词，如例①、例④、例⑥；可修饰形容词，如例②；可接主谓短语，如例③；还可修饰数量词，如例⑤。"巧合义副词+动词/动词短语"表示事情的发生刚好在这个适当的时候或不适当的时候。例如，例①的tɕiə¹¹tɕiə¹¹"正好"修饰的事情jua:t³⁵ ɕo¹¹ʔda:ŋ²⁴te²⁴"洒在他身上"发生在不符合说话者希望的时候；例③的tiəŋ³³ti³⁵"巧合"修饰的事情te²⁴ xam³³ni³¹ mi¹¹ ʔo³⁵tu²⁴"他今晚上不出门"发生在符合说话者希望的时候。从语义指向来看，例①～⑥中的"巧合"义词语的语义都指向所修饰的谓语动词、形容词、数量词或主谓短语。从使用频率看，tiəŋ³³ti³⁵的使用频率最高。

10. 表料定语气

料定语气表示一种主观评价，是对符合预料或期望的事实的主观评价。包括

çin²⁴ða:i³¹ "果然、果真"、ðai¹¹kuə³³ʔdai³¹ "总算、终于"、çan³³liə¹¹ "总归"。

① te²⁴ nau¹¹ mɯŋ¹¹ mi¹¹ pai²⁴, mɯŋ¹¹ mi¹¹ pai²⁴ çin²⁴ða:i³¹.
　 他　说　你　不　去，　你　不　去　果真
　（他说你不去，你果然没去。）

② to⁵³ nɯ³³ tçai¹¹ ʔiət³⁵na:i³⁵, pai³¹ni³¹ ðai¹¹kuə³³ ʔdai³¹ ʔiət³⁵na:i³⁵ pai¹¹ʔdeu²⁴ pai⁰.
　 都　想　要　休息　　现在　终于　　可以　休息　一下　了
　（一直都想休息，现在终于可以休息一下了。）

③ θiən³⁵ kuə³³ leu³¹ pai⁰, ðai¹¹kuə³³ ʔdai³¹ ʔo³⁵pai²⁴ pai⁰.
　 事情　做　完　了　　终于　　可以　出去　了
　（事情做完了，总算可以出去走走了。）

④ ma³⁵ta:u¹¹ çin²⁴ða:i³¹ （ðai¹¹kuə³³） ʔdai³¹ ʔdiŋ²⁴ pai⁰.
　 桃子　　果然　　　终于　　　红　了
　 [桃子果然（终于）红了。]

⑤ ʔdan²⁴ taŋ²⁴ te²⁴ ðai¹¹kuə³³ʔdai³¹ ðoŋ³³ pai。
　 盏　灯　那　　终于　　　亮　了
　（那盏灯终于亮了。）

çin²⁴ða:i³¹ "果然、果真"、ðai¹¹kuə³³ "终于"都可修饰动词和形容词。çin²⁴ða:i³¹ "果然、果真"前面通常有预料的内容，例如，例①出现了所预料的内容 te²⁴nau¹¹ mɯŋ¹¹ mi¹¹ pai²⁴ "他说你不去"。

ðai¹¹kuə³³ʔdai³¹ "总算、终于"表示预料、期望或肯定要发生的情况在经历了一个过程以后，在说话之前的某个时候最后发生了。例如，例②～⑤各句表达了说话人的愿望"休息一下"、"走走"、"桃子红"、"灯亮"，这些愿望在经过一个过程后都实现了。

ðai¹¹kuə³³ʔdai³¹ "终于"可修饰动词，如例②和例③中的ðai¹¹kuə³³ʔdai³¹ 修饰的是ʔdai³¹ʔiət³⁵na:i³⁵ "可以休息"和ʔdai³¹ʔo³⁵pai²⁴ "可以出去了"。ðai¹¹kuə³³ʔdai³¹ "终于"还可修饰形容词，例如，例④中的ʔdai³¹ʔdiŋ²⁴ "红"和例⑤中的ðoŋ³³ "亮"。当"料定"义语气副词修饰形容词时，句末都应该使用表示事情发生变化的助词pai⁰。"形容词+pai⁰"表达的是一个动态语境，这与"料定"义语气副词表示"情况的发生"的语义相一致。由此可知，"料定"义语气副词修饰的形容词应是动态形容词而不是静态形容词。

"料定"义语气副词的语义指向句中的谓语部分,如例①~③中的语气副词 çin²⁴ða:i³¹ "果然"、ðai¹¹kuə³³ ʔdai³¹ "终于"的语义分别指向mi¹¹pai²⁴ "没去"、ʔdai³¹ʔiət³⁵na:i³⁵ "可以休息"、ʔdai³¹ʔɔ³⁵pai²⁴ "可以出去了",例④和例⑤中的语气副词çin²⁴ða:i³¹ "果然"、ai¹¹kuə³³ ʔdai³¹ "终于"分别指向ʔdai³¹ʔdiŋ²⁴ "红"、ðoŋ³³ "亮"。由此可知,"料定"义语气副词所修饰的成分和语义指向的成分相一致。

除çin ða:i³¹既可以位于所修饰的成分之前,也可位于所修饰的成分之后外,其他的料定义语气副词都位于所修饰的词语之前,无论料定义语气副词的位置如何,它们的语义都指向所修饰的词语。

二、表揣测、反问和疑问语气

(一)表示揣测语气

王力(1985:131)指出,"凡表示揣测者,叫做揣测语气"。"揣测是根据已知或假设的事实、或没有根据仅凭主观想象对未知的事物、事件进行推理,得出可能为真可能为假,或无法判断真假的结论。"也就是说,揣测语气是指表示揣测意义的语气,是说话者对情况不确定的主观表达。布依语表示揣测语气的副词包括n̠iə⁵³wa:ŋ³³/ʔan³⁵/je⁵³çi⁵³ "也许"、ʔba:ŋ³¹ "大概"、ʔdi²⁴la:u²⁴ "恐怕"、tiŋ¹¹la:i²⁴ "多半"、lum⁵³lauɯ¹¹ "好像"。

1. "也许"义

布依语"也许"义副词有ʔba:ŋ³¹、ʔan³⁵、n̠iə⁵³wa:ŋ³³、je⁵³çi⁵³,用于对数量、动作、时间、距离等的估计。下面将逐一对他们进行描写分析。

ʔba:ŋ³¹ "大概"是后置语气副词。其语义和语法如下:

① te²⁴ ŋɔn¹¹ ni³¹ mi¹¹ ma²⁴ saŋ²⁴ban³³ ʔbaŋ³¹ pai⁰.
  他 天 今 不 来 上 班 大概 了
  (他今天大概不会来上班了。)

② te²⁴ ŋɔn¹¹ ni³¹ fi³³ ma²⁴ saŋ²⁴ban³³ ʔbaŋ³¹ ma⁰?
  他 天 今 没 来 上 班 大概 吧
  (他今天大概不会来上班了。)

③ ku²⁴ ða:p³⁵ mi¹¹ʔdai⁵³ ʔbaŋ³¹ma⁰?

　　我　挑　　不得　　也许　吧

　　（也许挑不动吧？）

④ tai³³ ni³¹ li³¹ kan²⁴ʔdeu²⁴ liəŋ³³ ʔba:ŋ³¹.

　　袋　这　有　斤　一　　差不多　大概

　　（这一袋大概一斤。）

⑤ pai¹¹ni³¹ ðɔk³⁵ tiəm⁵³ ʔba:ŋ³¹ pai⁰.

　　现　在　六　　点　大概　　了

　　（现在大概6点。）

⑥ te²⁴ pai²⁴ ʔdai³¹ ka:i³⁵ ɕiau⁵³sๅ³¹ ʔdeu²⁴ ʔba:ŋ³¹ pai⁰.

　　他　走　得　　个　　小时　　一　大概　　了

　　（他大概走了一个小时。）

⑦ te²⁴ li³¹ tɕiə¹¹liəŋ³³ mi¹¹ ʔdi²⁴ʔju³⁵ ʔbaŋ³¹.

　　他　哪里　　不　舒服　大概

　　（大概他哪里不舒服。）

⑧ tɕoŋ³⁵ pɯə³³ ni³¹ tin³⁵ðai¹¹ xo¹¹ ʔbaŋ³¹pai⁰.

　　件　　衣服　这　长　短　合适　大概　了

　　（这件衣服的长短大概合适。）

⑨ te²⁴ ŋon¹¹ni³¹ na:i³⁵ la:i²⁴ ʔbaŋ³¹ pai³³, ŋaɯ³³ xan²⁴ leu³¹.

　　他　今天　　累　太　大概　了　睡着　快　很

　　（他今天大概太累了，很快就睡着了。）

　　ʔba:ŋ³¹是布依语固有词，置于句末或句末语气词pai⁰之前。ʔbaŋ³¹不能单独使用，必须形成以下结构方可运用：第一种，ʔbaŋ³¹与mi¹¹或fi³³等否定词语搭配，如例①、例②、例③、例⑦；第二种，ʔbaŋ³¹与其他表示"也许"义的副词形成同义框式结构，例④的ʔbaŋ³¹与liəŋ³³形成的框式结构"liəŋ³³…ʔbaŋ³"；第三种，ʔbaŋ³¹与句末语气词pai⁰、ma⁰等一起使用才形成完整的语气，如例①、例②、例③、例⑤、例⑥、例⑨；第四种，ʔbaŋ³¹与否定词、语气句式同表不确定语气的副词在句中同时出现。

　　从组合能力看，ʔba:ŋ³¹可修饰谓语动词、数量词、形容词，语义也指向所修饰的中心词。例如，例①、例②、例③、例⑨中的ʔba:ŋ³¹分别修饰谓语动词 mi¹¹ ma²⁴ saŋ²⁴ban³³、fi³³ ma²⁴ saŋ²⁴ban³³、ða:p³⁵ mi¹¹ʔdai⁵³、na:i³⁵ la:i²⁴，语义也指向这些谓语动词；例④～⑥中的ʔba:ŋ³¹分别修饰数量词 kan²⁴ʔdeu²⁴、ðɔk³⁵ tiəm⁵³、ɕiau⁵³sɿ³¹ ʔdeu²⁴，语义也都指向所修饰的数量词；例⑦和例⑧中的ʔba:ŋ³¹修饰形容词 mi¹¹ ʔdi²⁴ʔju³⁵、xo¹¹，语义指向这些形容词；例⑨是ʔba:ŋ³¹与心理动词、程度副词连用，这种结构的语序一般为"形容词+程度副词+ʔba:ŋ³¹"，ʔba:ŋ³¹的语义指向"形容词+程度副词"，如例⑨的ʔba:ŋ³¹的语义指向 na:i³⁵la:i²⁴。

ʔan³⁵的使用情况如下：

⑩　te²⁴ ŋɔn¹¹ni³¹ ʔan³⁵ ma²⁴ mi¹¹ ʔdai³¹ （ʔba:ŋ³¹）ma⁰?

　　他　　今天　大概　来　不　得　　大概

　　（他今天大概来不了。）

例⑩是ʔan³⁵与ʔba:ŋ³¹连用构成"ʔan³⁵…ʔba:ŋ³¹"同义框式强化结构。其中，ʔba:ŋ³¹也可省略，只用ʔan³⁵。ʔan³⁵还可表示"一定"义，该义已经在"一定"义语气副词部分讨论过，这里不再赘述。

ȵiə⁵³wa:ŋ³³的语法特征分析如下：

⑪　ȵiə⁵³wa:ŋ³³ kao³¹ ʔdai³¹ ʔbaŋ³¹.

　　也许　　　能　考上　也许

　　（也许能考上。）

⑫　ȵiə⁵³wa:ŋ³³ ŋɔn¹¹ni³¹ de²⁴ ma²⁴ ʔbaŋ³¹.

　　也许　　　今天　他　来　也许

　　（也许今天他来。）

⑬　ȵiə⁵³wa:ŋ³³ tai³³ ni³¹ li³¹ kan²⁴ liəŋ³³.

　　大概　　　袋　这　有　斤　大概

　　（这一袋大概有一斤。）

⑭　ȵiə⁵³wa:ŋ³³ ðau¹¹ pa:ŋ²⁴ ʔdai³¹ mɯŋ¹¹ ʔet³⁵ʔde:u²⁴ je⁵³ na:n¹¹ nau¹¹ ʔba:ŋ³¹.

　　也许　　我们　帮　得　你　一点　也　难　说　也许

　　（或许我们能帮你一点也难说。）

⑮　ka:i³⁵ te²⁴ nau²⁴ te²⁴ ȵiə⁵³wa:ŋ³³ ʔdi²⁴ je⁵³ na:n¹¹ nau¹¹ʔba:ŋ³¹.

　　个　他　说　那　也许　　　好　也　难　说　也许

（也许他说的是对的。）

⑯ muŋ^{11} pai^{24}khao^{53}pi^{24}ni^{31}mo^{35}ma^{33} ȵiə^{53}wa:ŋ^{33} khao^{53} ʔdai^{31} ʔbaŋ^{31} le^{33}.

　　你　　去考　年　今重　新　也　许　考　　得　也许　了

（你今年重新去考也许考上了。）

　　ȵiə^{53}wa:ŋ^{33}具有如下特点：（1）多用于肯定句，表达的是说话者期待发生的事情，如例⑪~⑯。（2）ȵiə^{53}wa:ŋ^{33}是布依语固有词，位于句首或句中。例如，例①中的ȵiə^{53}wa:ŋ^{33}置于句首，例⑤中的ȵiə^{53}wa:ŋ^{33}置于所修饰中心词ʔdi^{24}之前。ȵiə^{53}wa:ŋ^{33}位于句首时修饰的是整个句子，如例⑪的中的ȵiə^{53}wa:ŋ^{33}分别修饰整个句子 kao^{31} ʔdai^{31}、ŋon^{11}ni^{31} de^{24} ma^{24}，语义也指向所修饰的整个句子。例⑬和例⑭与例⑪的情况相似。位于句中的ȵiə^{53}wa:ŋ^{33}修饰的是其后的中心词。例如，例⑮和例⑯中的ȵiə^{53}wa:ŋ^{33}修饰ʔdi^{24}、khao^{53} ʔdai^{31}，语义也指向ʔdi^{24}、khao^{53} ʔdai^{31}。

　　（3）ȵiə^{53}wa:ŋ^{33}可与其他"也许"义副词形成以下同义框式结构：ȵiə^{53}wa:ŋ^{33}…liəŋ^{33}，如例⑬；ȵiə^{53}wa:ŋ^{33}…je^{53} na:n^{11} nau^{11}，如例⑭和例⑮；ȵiə^{53}wa:ŋ^{33}…ʔba:ŋ^{31}，如例⑯。ȵiə^{53}wa:ŋ^{33}是前置副词，liəŋ^{33}、je^{53} na:n^{11} nau^{11}、ʔba:ŋ^{31}都是后置副词。该组例句还有以下同义框式结构，如例④中的liəŋ^{33}"大概"与 ʔba:ŋ^{31}形成同义框式结构，例⑩是ʔan^{35}与ʔba:ŋ^{31}连用构成ʔan^{35}…ʔba:ŋ^{31}结构。同义框式结构中前置的语气副词不能省略，后置的语气副词可以省略。从使用频率看，"也许"义副词同义连用的现象更常见。

　　（4）从对所估量事情的把握性来看，ʔba:ŋ^{31}用于把握性不太大的事情，ȵiə^{53}用于把握性大一些的事情。

⑰ ta:u^{35} ni^{31} ta^{11}pai^{24}, je^{53}çi^{53} θa:m^{24} pi^{24}, je^{53}çi^{53} xa^{53} pi^{24}.

　　回　这　一去，　也许　三　年，也许　五　年

（这回一去，也许三年，也许五年。）

⑱ te^{24} je^{53}çi^{53} ðo^{31}ʔe^{35}.

　　他　也许　知道

（他也许知道。）

　　je^{53}çi^{53}是借自汉语的"也许"，与汉语"也许"的语义及用法类似，置于句首或句中。例⑰中的je^{53}çi^{53}修饰数量词θa:m^{24} pi^{24}、xa^{53} pi^{24}，语义也指向这些数量词。例⑱je^{53}çi^{53}修饰动词ðo^{31}ʔe^{35}，语义也指向ðo^{31}ʔe^{35}。

综上所述，ʔbaːŋ³¹、n̩iə⁵³waːŋ³³、je⁵³ɕi⁵³的语义可指向句中的主谓短语、动词、数量词、形容词。

2. "恐怕"义

布依语"恐怕"义副词有laːu²⁴、ʔdi²⁴laːu²⁴、khuŋ⁴²pha²⁴，表示估计或担心。例如：

① ku²⁴ laːu²⁴ ŋɔn¹¹ni³¹ te²⁴ ma²⁴ mi¹¹ taŋ¹¹ pai⁰.
我　恐怕　今天　　他　来　不　到　了
（恐怕今天他到不了啦。）

② te²⁴ ŋɔn¹¹ni³¹ khuŋ⁴²pha²⁴ ma²⁴ mi¹¹ ʔdai³¹ pai⁰.
他　　今天　　　恐怕　　来　不　得　了
（今天他恐怕来不了啦。）

③ laːu²⁴ te²⁴ mi¹¹ kaːm⁵³ pai²⁴.
恐怕 他　不　敢　去
（恐怕他不敢去。）

例①和例②中的laːu²⁴、khuŋ⁴²pha²⁴表示估计，例③中的laːu²⁴"恐怕"表示估计，还兼有担心义。"恐怕"义副词既可位于主语前也可位于主语后谓语前。例如，例①和例②中的 laːu²⁴、khuŋ⁴²pha²⁴"恐怕"位于主语后动词短语前，语义指向谓语ŋɔn¹¹ni³¹te²⁴ ma²⁴ mi¹¹ taŋ¹¹"今天他到不了"、ma²⁴ mi¹¹ ʔdai³¹"他来不了"，例③中的"恐怕"位于主语前，laːu²⁴的语义指向整个句子。

3. "好像"义

布依语"好像"义副词有 lum⁵³pu³¹laɯ¹¹、pan¹¹lum⁵³。lum⁵³pu³¹laɯ¹¹ 可省略laɯ¹¹说成 lum⁵³pu³¹。例如：

① ŋɔn¹¹ni³¹ lum⁵³ pu³¹laɯ¹¹ xa¹¹ tau⁵³ vɯn²⁴.
今天　　好像　　要　　下　雨
（今天好像要下雨。）

② te²⁴ ɕim²⁴ pai²⁴ lum⁵³pu³¹ laɯ¹¹ ʔdi²⁴ pai⁰.
他　看　去　好像　　好　了

（他看上去好像好了。）

③ lum⁵³pu³¹ laɯ¹¹ ku²⁴ mi¹¹ xaɯ⁵³ mɯŋ¹¹ kɯn²⁴ xau³¹ jiəŋ³³ʔdeu²⁴.

好像　　　　　我　不　给　你　吃　饭　样　一

（好像我不给你吃饭一样。）

④ ŋon¹¹ni³¹ te²⁴ ɕim²⁴ pai²⁴ lum⁵³pu³¹ laɯ¹¹ pan¹¹liəŋ²⁴.

今天　他　看上去　　好像　　　异样

（今天他看上去好像不一样。）

⑤ pai¹¹ni³¹ lum⁵³pu³¹ laɯ¹¹ ðɔk³⁵ tem⁵³.

现在　　　好像　　　六　点

（现在好像 6 点。）

⑥ te²⁴ na³¹ ðai³¹ pan¹¹lum⁵³ko³³te³⁵.

他　脸　长　像　哥哥　他

（他的脸长得像他哥哥。）

⑦ te²⁴ pjaːn⁵³ pan¹¹lum⁵³ tuə¹¹ma²⁴faːŋ²⁴.

他　狡猾　好　像　　狐狸

（他像狐狸一样狡猾。）

⑧ te²⁴ pi¹¹ pan¹¹lum⁵³ mu²⁴ ne³¹.

他　胖　像　　猪　呢

（他像猪一样胖。）

lum⁵³ pu³¹ laɯ¹¹可省略成lum⁵³pu³¹，日常交流中多用lum⁵³ pu³¹ laɯ¹¹。lum⁵³ pu³¹ laɯ¹¹表达说话人的估计，倾向于肯定的估计。例如，例①～⑤中的 lum⁵³ pu³¹ laɯ¹¹分别表达了说话人的估计"好像要下雨""好像好了""好像不给饭吃""好像异样""好像六点了"，说话者的心理倾向于下雨的可能性比较大、好了的可能性比较大，其他例句依次类推。lum⁵³ pu³¹laɯ¹¹的语义分别指向所修饰的谓语动词、形容词、动词短语、数量词。

pan¹¹lum⁵³ "像…一样"表示比拟或比较。例如，例⑥～⑧用 pan¹¹lum⁵³ "像…一样"分别比拟为像哥哥一样、像狐狸一样、像猪一样。pan¹¹lum⁵³的语义分别指向 pan¹¹lum⁵³所比拟的对象 lum⁵³ko³³te³⁵ "他哥哥"、tuə¹¹ma²⁴faːŋ²⁴ "狐狸"、mu²⁴ "猪"。因此，pan¹¹lum⁵³不能与lum⁵³ pu³¹ laɯ¹¹或lum⁵³pu³¹替换。

lum⁵³pu³¹ lau¹¹、lum⁵³pu³¹、pan¹¹lum⁵³都位于所修饰的中心词之前，如上文各例句。

4."多半"义

布依语的tiŋ¹¹la:i²⁴"多半"表示猜测，倾向于较大的可能性。例如：

① tiŋ¹¹la:i²⁴ te²⁴ mi¹¹ tɕai¹¹ ðiən¹¹ ku²⁴ pai²⁴.

　多半　他　不　想　跟　我　走

　（多半他不想跟我走。）

② te²⁴ tiŋ¹¹la:i²⁴ taŋ¹¹ ða:n¹¹ pai⁰.

　他　多半　到　家　了

　（他多半到家了。）

③ ðam³¹ tiŋ¹¹lai²⁴ ʔda:t³⁵ pai⁰.

　水　多半　热　了

　（水多半热了。）

④ ma³⁵ta:u¹¹ tiŋ¹¹la:i²⁴ ɕuk³³ pai⁰.

　桃子　多半　熟　了

　（桃子多半熟了。）

tiŋ¹¹la:i²⁴"多半"位于句首时修饰其后的主谓短语，语义也指向所修饰的主谓短语，例如，例①的tiŋ¹¹la:i²⁴修饰主谓短语 te²⁴ mi¹¹ tɕai¹¹ ðiən¹¹ ku²⁴ pai²⁴，语义也指向该主谓短语；tiŋ¹¹la:i²⁴"多半"位于动词、形容词之前时修饰该动词或形容词，语义也指向该动词、形容词，如例②～④。

（二）表示反问语气

反问语气表达的是说话者的一种怀疑或推测。布依语表示反问语气的副词有mi¹¹tiən³³"莫非、难道"。反问语气的肯定式表示否定，否定式表示肯定。例如：

① mi¹¹tiən³³ muɯŋ¹¹ ma²⁴ kwa³⁵ ʔba:n³¹ ni³¹ ?

　莫非　你　来　过　村子　这

　（莫非你到过这个村子？）

② mi¹¹tiəŋ³³ te²⁴ li³¹ ma¹¹jiəŋ³³ mi¹¹ ʔdi²⁴ nau¹¹.

　莫非　　他　有　什么原因　不　　好　说

（莫非他有什么缘由不好说。）

③ ða:n¹¹ te²⁴ mi¹¹tiəŋ³³ mi¹¹li³¹ pu³¹laɯ¹¹ ʔju³⁵ ða:n¹¹ mɯ⁰.

　家　　他　莫非　　没有　谁　　　在　家　么

（他家莫非没有人在家吗？）

　　mi¹¹tiəŋ³³"莫非"可位于主语前，也可位于主语后。从语气覆盖面来看，主语前的mi¹¹tiəŋ³³"莫非"的语气覆盖的是整个句子，例如，例①和例②中的mi¹¹tiəŋ³³"莫非"位于主语前，揣测语气分别覆盖其后的整个句子mɯŋ¹¹ ma²⁴ kwa³⁵ ʔba:n³¹ ni³¹"你到过这个村子"、te²⁴ li³¹ ma¹¹jiəŋ³³ mi¹¹ ʔdi²⁴ nau¹¹"他有什么缘由不好说"；主语后的mi¹¹tiəŋ³³"莫非"的语气覆盖的是谓语部分，如例③中的mi¹¹tiəŋ³³"莫非"位于主语后，揣测语气覆盖谓语部分mi¹¹li³¹ pu³¹laɯ¹¹ ʔju³⁵ ða:n¹¹"没有人在家"。

　　mi¹¹tiəŋ³³"莫非"是对其后的句子表示怀疑或推测，用于疑问句或陈述句，从而使疑问句变成反问句。例如，例①中的mi¹¹tiəŋ³³"莫非"去掉后，"mɯŋ¹¹ ma²⁴ kwa³⁵ ʔba:n³¹ ni³¹？"是一个疑问句，用上"莫非"之后疑问语气变成了反问语气，表达了说话者对"你来过这个村子"的推测。例②的mi¹¹tiəŋ³³"莫非"使陈述句"他有什么缘由不好说"变成了反问句"难道他有什么缘由不好说？"例③的mi¹¹tiəŋ³³"莫非"使陈述句变成了反问句"难道没有人在家"。

（三）表示疑问语气

　　布依语表示疑问语气的副词有tɕiu²⁴tɕin⁴²"究竟"、tau²⁴ti⁴²"到底"，它们只用于疑问句加强疑问语气。例如：

① mɯŋ¹¹ tɕiu²⁴tɕin⁴² xa¹¹ ɕɯ¹¹laɯ¹¹ ta:u³⁵ ma²⁴?

　你　　究竟　　要　什么时候　回　来

（你究竟要什么时候回来？）

② mɯŋ¹¹ tau²⁴ti⁴² ʔdai³¹ pai²⁴ kwa³⁵ fi³³?

　你　　到底　得　去　过　不

（你到底去过没有？）

③ tau²⁴ti⁴² pu³¹laɯ¹¹ nau¹¹?

　到底　　谁　　说

（到底谁说的？）

④ ka:i³⁵ni³¹ tau²⁴ti⁴² tɯk³³ jan³¹jin³³ kɯ³⁵ma¹¹?

　这个　　到底　是　原因　　什么

（这到底是什么原因？）

⑤ ɲi⁵³wa³³ vɯən²⁴ ʔbɯn²⁴ tau²⁴ti⁴² tɯk³³ ka:i³⁵ θiən³⁵ jiən³³laɯ¹¹?

　女娲　补　天　到底　是　件　事情　什么

（女娲补天到底是怎么回事？）

tau²⁴ti⁴²"到底"表示追究事物的真相,用于问句,如例②～⑤各例句。tau²⁴ti⁴²既可用于选择问句,如例②,也可用于特指问句,如例③～⑤。用于特指问句常有疑问代词jiən³³laɯ¹¹"什么"和 kɯ³⁵ma¹¹"什么"伴随。表疑问语气的tau²⁴ti⁴²"到底",其意义、用法与汉语的"到底"一样。tau²⁴ti⁴²在布依语中只用于疑问句或带有疑问语气的句子,表示深究,不能用于陈述句。tau²⁴ti⁴²"到底"在布依语中使用频率较高。

布依语表示揣测、反问、疑问语气的副词都可以位于主语之前,修饰整个句子,语气覆盖整个句子。也可位于主语之后谓语之前,修饰充当谓语的动词、形容词、数量词等,语气覆盖谓语部分。

三、表示领悟语气和诧异语气

领悟语气表示明白了真相或原因,诧异语气表示不明白真相或原因。

（一）表示领悟语气

领悟语气表示说话人由于知道了句中所述之事的原因或真相而不再觉得奇怪。布依语表示领悟语气的副词有kwa:i²⁴mi¹¹ʔdai³¹"怪不得、难怪"、kwa:i²⁴mi¹¹ɕi³³"怪不得"、na:n¹¹kwa:i³⁵"难怪"、la:i¹¹"原来"。例如:

① mɯŋ¹¹ fi³³ nau¹¹xaɯ⁵³, kwa:i²⁴ mi¹¹ ʔdai³¹ ðau¹¹ mi¹¹ ðo³¹.

　你　没　说　　怪　不　得　我们　不　知道

（你没说,怪不得我们不知道。）

② te²⁴ ðiə¹¹ nuk³⁵, na:n¹¹kwa:i³⁵ xeu³³ te²⁴ mi¹¹ xa:n²⁴.

　　他　耳朵聋　　难怪　　叫　他　不　答应

（他耳聋，难怪叫他不答应。）

③ te²⁴ ðan²⁴ ku²⁴ to⁵³ mi¹¹ toŋ³¹, la:i¹¹ te²⁴ ta²⁴ fa:ŋ¹¹.

　　他　看见　我　都　不　打招呼，原来　他　眼睛　近视

（他看见我也不跟我打招呼，原来他眼睛近视了。）

"领悟"义语气是由于有了新发现使说话者恍然大悟。因此，句中通常有新发现的情况，也就是说话人不再觉得奇怪的原因。例如，例①前一小句引出领悟的原因mɯŋ¹¹fi³³nau¹¹xaɯ⁵³ "你没说"，例②前一小句引出领悟的原因te²⁴ðiə¹¹nuk³⁵ "他耳聋"。la:i¹¹ "原来"句是先给出悬念，然后用la:i¹¹ "原来"解释悬念的原委。例如，例③前面小句的悬念是"他看见我也不跟我打招呼"，后一小句用la:i¹¹ "原来"引出前一小句的原因。

（二）表示诧异语气

诧异语气是说话人对句中所述之事感到出乎意料的语气。布依语中表示诧异语气的副词有kɔŋ³⁵ɕeŋ³³/ɕeŋ³³/taŋ¹¹ʔda³¹ "竟然"、phiɛn³³phiɛn³³ "偏偏"、ta:u³⁵/na⁵³jiəŋ³³ "反而"、ta:u³⁵/tau²⁴fan⁴² "反倒"，他们都表示出乎意料的语气。

1. "竟然"义

kɔŋ³⁵ɕeŋ³³ "居然"、ɕeŋ³³ "居然"、taŋ¹¹ʔda³¹ "竟然"可修饰动词或形容词，且这些动词或形容词不能是单个动词或形容词，而应该是一个复杂形式的短语，否则就成了病句。例如：

① te²⁴ kɔŋ³⁵ɕeŋ³³ ta:u³⁵ta:u³⁵ to⁵³ khau⁵³ ʔdai³¹ kwa³⁵.

　　他　居然　　　次　次　都　考　　得　过

（他居然每次都能通过考试。）

② ku²⁴ ma²⁴ ɕɯ³¹ taŋ¹¹jiəŋ³³ to⁵³ lum¹¹ ɕen¹¹ taŋ¹¹ʔda³¹.

　　我　来　买　东西　　都　忘　钱　竟然

（我来买东西竟忘了带钱。）

③ ka:i³⁵ khau⁵³sɿ²⁴ ŋon¹¹ni³¹ thi³¹mu³¹ tɕiən⁵³tan³³ taŋ⁵³ni³¹ taŋ¹¹ʔda³¹.

　　个　考试　　今天　　题目　　简单　　如此　　竟然

（今天的考试题目竟然这么简单。）

例①～③用了"竟然"义副词，其所修饰的谓语都是短语结构而不是单个词语。从语义来看，koŋ³⁵ɕeŋ³³/ɕeŋ³³ "居然"、taŋ¹¹ʔda³¹ "竟然"表达一种出乎意料的语气，且这种出乎意料是由于动作违背常理，如例①的说话者认为考试很难，而他却"次次都考过"，因此出乎说话者的意料；例如，例②和例③中的taŋ¹¹ʔda³¹也都表达了说话者意料之外的诧异语气。从位置和语义指向来看，koŋ³⁵ɕeŋ³³/ɕeŋ³³ "居然、竟然"位于谓语动词前，语义指向所修饰的谓语动词。例如，例①中的koŋ³⁵ɕeŋ³³位于谓语动词 khau⁵³ ʔdai³¹ kwa³⁵ "考得过"之前，语义也指向该动词。ʔdaŋ¹¹ʔda³¹ "竟然"位于句末，语义指向句中的谓语动词或形容词，如例②和例③的taŋ¹¹ʔda³¹都位于句末，其语义分别指向谓语中心词lum¹¹ ɕen¹¹、tɕiən⁵³tan³³ taŋ⁵³ni³¹。

2. phiɛn³³phiɛn³³ "偏偏"

phiɛn³³phiɛn³³ "偏偏"表达对相反动作行为的诧异语气。例如：

① te²⁴ phiɛn³³phiɛn³³ ɕɯ¹¹ni³¹ mi¹¹ ʔju³⁵ ða:n¹¹.

　　他　偏　偏　　现在　不　在　家

（他偏偏现在不在家。）

② mi¹¹ xaɯ⁵³ te²⁴ pai²⁴, te²⁴ phiɛn³³ ʔau²⁴ pai²⁴.

　　不　给　他　去　他　偏　要　去

（不让他去，他偏要去。）

③ sou⁵³tɕi³³ pai¹¹ni³¹ phiɛn³³phiɛn³³ mi¹¹li³¹ tian²⁴.

　　手机　这时候　偏　偏　　没有　电

（手机偏偏这时候没电。）

④ po¹¹ðau¹¹ phiɛn³³phiɛn³³ mi¹¹pai²⁴, liə⁵³ te²⁴ taŋ⁵³laɯ¹¹ kuə.

　　我们　偏　偏　　不走　看　他　怎么　办

（我们偏偏不走，看他怎么办。）

从语义来看，phiɛn³³phiɛn³³ "偏偏"所表达的诧异语气分为两种：一种是外在行为与主观愿望、要求相反。例如：例①中的phiɛn³³phiɛn³³"偏偏"表达了 te²⁴ɕɯ¹¹ni³¹mi¹¹ʔju³⁵ða:n¹¹"他现在不在家"这一事实跟说话者的愿望、要求相反；例②中的phiɛn³³"偏"表达了te²⁴ ʔau²⁴ pai²⁴"他要去"的要求跟外来要求相反；例④中的phiɛn³³phiɛn³³"偏偏"表达了 po¹¹ðau¹¹ mi¹¹pai²⁴"我们不走"与他的愿望相反。另一种是不如意的巧合，例如，例③中的phiɛn³³phiɛn³³表达了sou⁵³tɕi³³ pai¹¹ni³¹ mi¹¹li³¹ tian²⁴"手机这时候没电"是不如意的巧合。

phiɛn³³、phiɛn³³phiɛn³³多位于所修饰的动词之前，语义指向句中的谓语动词，如例①~④；有时可位于句首，如例①和例③中的phiɛn³³phiɛn³³"偏偏"可移位到句首。

3. tɕien⁴²tsᴉ³¹ "简直"

tɕien⁴²tsᴉ³¹"简直"用夸张语气强调完全如此或差不多如此，借自汉语，意义和用法与汉语的"简直"相似。

① ku²⁴ tɕien⁴²tsᴉ³¹ xa¹¹ mi¹¹ ðo³¹na⁵³ te²⁴ pai⁰.
   我   简直   要 不   认识   他 了
   （我简直要不认识他了。）

② te²⁴ tɕien⁵³tsᴉ³¹ ʔon³⁵ lum⁵³ tuə¹¹ moi²⁴.
   他   简直   胖   像 头   熊
   （他胖得简直像头熊。）

③ te²⁴ tɕien⁵³tsᴉ³¹ xo³⁵fa:ŋ¹¹.
   他 简直   胡说八道
   （他简直在胡说八道。）

④ te²⁴ we³³ xua²⁴ tɕian⁵³tsi³¹ lum⁵³ ka:i³⁵ ɕin²⁴.
   他 画的画   简直   像   的 真
   （他画的画简直跟真的一样。）

⑤ ku²⁴ tɕien⁵³tsᴉ³¹ xa³¹ pan¹¹ pa³³ pai.
   我   简直   要 疯   了
   （我简直要疯了。）

tɕian⁵³tsi³¹位于所修饰的词语之前，如上文各例。从组合来看，tɕian⁵³tsi³¹可修饰动词，如例①和例③的 tɕian⁵³tsi³¹修饰动词短语mi¹¹ ðo³¹na⁵³、xo³⁵fa:ŋ¹¹， tɕian⁵³tsi³¹的语义也指向这些动词短语；tɕian⁵³tsi³¹还可修饰介词短语，如例②和例④的tɕian⁵³tsi³¹修饰介词短语lum⁵³ tuə¹¹ moi²⁴、lum⁵³ ka:i³⁵ ɕin²⁴，tɕian⁵³tsi³¹的语义也指向这些介词短语。

4. ta:u³⁵/na⁵³jiəŋ³³ "反而"、ta:u³⁵/tau²⁴fan⁴² "反倒"

ta:u³⁵/na⁵³jiəŋ³³ "反而"、ta:u³⁵/tau²⁴fan⁴² "反倒" 表示某种情况或现象表现出与常规推断相反的现象或结果，他们通常和mi¹¹tan²⁴ "不但"、mi¹¹ʔun²⁴ "不但" 连用，有递进的意味。例如：

① pi²⁴ni³¹ wɯn²⁴ðam³¹ ʔdi²⁴, xau³¹na¹¹ mi¹¹tan²⁴ θiu²⁴ mi¹¹ la:i²⁴, ta:u³⁵ θiu²⁴
　　今年　　雨水　　好　水稻　不但　　收　不　多　反而　收
ʔdai³¹ θeu⁵³ to²⁴.
得　少　更
（今年风调雨顺，水稻不但不多收，反而收得少了。）

② puŋ³³ni³¹ ʔbɯn²⁴ ðeŋ³¹, tɕa⁵³ mi¹¹ʔun²⁴ mi¹¹ ta:i²⁴ðo¹¹, ta:u³⁵ ma⁵³ ʔdai³¹ʔdi²⁴ to²⁴.
　　这段时间　天　旱　秧苗　不但　　不　枯死　反而　长　得　好更
（最近干旱，秧苗不但没有干枯，反而长得更好。）

③ mɯŋ¹¹ fi³³ pa:ŋ²⁴ ku²⁴ jiən³³ma¹¹, na⁵³jiən³³ te²⁴ xai¹¹ pa:ŋ²⁴ ku²⁴ kuə³³ ʔdai³¹
　　你　没　帮　我　什么　　　反而　　他　还　帮　我　做　得
tɕi⁵³la:i²⁴ θiən³⁵.
很多　事情
（你没帮我什么，反而他还帮我做了不少事情。）

④ te²⁴ mi¹¹ pa:ŋ²⁴ ku²⁴, ta:u³⁵ ma²⁴ ɕan³¹ ku²⁴.
　　他　不　帮　我　反而　来　挖苦　我
（他不但不帮我，反而挖苦我。）

⑤ te²⁴ tao²⁴fan⁴² ma²⁴ kwa:i³⁵ ku²⁴.
　　他　倒反　来　责怪　我
（他反而来责怪我。）

例①中的"风调雨顺"按理来说是一个好兆头，水稻收成应该好，可实际结果出人意料、违反常理而θiu²⁴ ʔdai³¹ θeu⁵³ to²⁴"收得更少"。例②的ʔbɯn²⁴ ðeŋ³¹ "天旱"对禾苗来说不是一个好兆头，可实际情况完全出人意料而 ma⁵³ ʔdai³¹ ʔdi²⁴ to²⁴ "禾苗长得好"。其他各例的情况类似。

布依语表示诧异语气的副词有的位于主语前，如例③中的na⁵³jiən³³ "反而"；有的位于句中，如例①和例⑤中的 ta:u³⁵和tao²⁴ fan⁴²。

四、表示委婉语气

布依语表示委婉语气的副词有wei²⁴pi³¹ "未必"和mi¹¹tiŋ³³nau¹¹ "不一定"，这些副词可修饰动词、形容词和主谓短语，委婉地表达否定。wei²⁴pi³¹ "未必"借自汉语。例如：

① ka:i³⁵ te²⁴ nau¹¹ te²⁴ wei²⁴pi³¹ xo³¹.

　　个　　他　说　那　未必　对

　　（他说的未必是对的。）

② çɔi³¹ ni³⁵ wei²⁴pi³¹ mi¹¹ sin³⁵ mɯŋ¹¹.

　　孩子　这　　未必　不　信　你

　　（这小孩未不必信你。）

③ wei²⁴pi³¹ mɯŋ¹¹ mi¹¹ ðiən¹¹ ku²⁴ pai²⁴?

　　未必　　　你　不　跟　我　去

　　（难道你不跟我去？）

④ ka:i³⁵sian³⁵ni³¹te²⁴wei²⁴pi³¹ðɔ³¹xe³³.

　　件　事情这　他　未　必　　知道

　　（这件事他不一定知道。）

从组合能力来看，wei²⁴pi³¹ "未必"可与形容词组合，例①中的wei²⁴pi³¹后带了形容词xo³¹；可带动词，如例②中的wei²⁴pi³¹ "未必"后带了动词sin³⁵ mɯŋ¹¹ "信你"；还可带主谓短语，如例③中的wei²⁴pi³¹ "未必"后带了主谓短语mɯŋ¹¹ mi¹¹ ðiən¹¹ ku²⁴ pai²⁴ "你不跟我去"。从语义来看，wei²⁴pi³¹ "未必"是"不一定"的意思，常委婉地表达否定。当它用于肯定结构前时表示否定，如例①的说话者倾向于表达"他说的不对"，例④的说话者倾向于表达"他不知道"；当wei²⁴pi³¹ "未必"用于否定式前时表示肯定，如例②的说话者倾向于表达"这孩子信你"。例③中的wei²⁴pi³¹表示反问语气，相当于"难道"，语气指向其后的整个小句mɯŋ¹¹ mi¹¹ ðiəŋ¹¹ ku²⁴ pai²⁴ "你不跟我去"。从语义指向来看，wei²⁴pi³¹ "未必" 的语义指向其所修饰的动词、形容词或主谓短语。

mi¹¹tiŋ³³nau¹¹ "不一定" 表示对情况难以断定，心理预设通常是否定的。mi¹¹tiŋ³³nau¹¹ "不一定" 否定的是其后的动作行为。例如：

⑤ pu³¹kwa:i²⁴ kuə³³ ʔdai³¹ taŋ¹¹, mi¹¹tiŋ³³nau¹¹ pu³¹xuk³⁵ ɕi³³ kuə³³ mi¹¹ taŋ¹¹.
　　聪明人　做　得　到　不一定　　傻人　就　做　不　到
（聪明人做得到，不一定傻子就做不到。）

⑥　li³¹ lɯk³³ la:i²⁴ mi¹¹tiŋ³³nau¹¹ ɕi³³ ʔdai³¹ ɕiaŋ⁵³fu³¹.
　　有　儿子　多　不一定　　　就　得　享福
（儿子多不一定说就能享福。）

例⑤中mi¹¹tiŋ³³nau¹¹ pu³¹xuk³⁵ ɕi³³ kuə³³ mi¹¹ taŋ¹¹ "不一定傻人就做不到"的意思更倾向"傻子做得到"，例⑥中的li³¹ lɯk³³ la:i²⁴ mi¹¹tiŋ³³nau¹¹ ɕi³³ ʔdai³¹ɕiaŋ⁵³fu³¹ "儿子多不一定说就能享福"的意思更倾向"儿子多不享福"。mi¹¹tiŋ³³nau¹¹ "不一定" 可位于句首，如例⑤，也可位于主语后谓语前，如例⑥。

第二节　本章小结

本书把布依语语气副词的次类、各次类对被饰成分的选择、语义指向及位序方面所表现的特征归纳为表 8-1。表 8-1 中 "+" 表示该类副词普遍具有此功能，空格表示该类副词全无此项功能，"#" 表示该类副词中少数副词具有该项功能，黑体字表示该词语置于中心词之后。

布依语语气副词的特点如下：

（1）本书汇集的 53 个布依语语气副词，其中 7 个必须置于所修饰的中心词之后，后置率为 11%。比如，ða:i³¹/ða:i³¹ða:i³³/ta¹¹ða:i³¹ "的确"、kuə³³ʔdai³¹ "一定"、ʔba:ŋ³¹ "大概"、taŋ¹¹ʔda³¹ "竟然"、ɕin²⁴ða:i³¹ "果然、果真"、tiŋ¹¹la:i²⁴ "多半、大半"位于所修饰的中心词之后。位于中心词之后的语气副词的语义前指。

（2）语气副词都可以修饰动词、形容词，作状语。部分表示肯定语气的副词和全部表示揣测语气的副词可以修饰数量词，如sa:m²⁴ ŋon¹¹ ta¹¹ða:i³¹ (ʔan³⁵/tiŋ¹¹la:i²⁴) pai/ "的确 3 天了。/一定 3 天了。/多半 3 天了"。语气副词还能修饰介词短语或者整个句子。

表 8-1　布依语语气副词表

副词次类		被修饰成分				语义指向					词例
		S	V	A	NumP	VP	AP	S	NumP	NP	
表示肯定语气	表示肯定、强调	#	+	+	#	+	+	#	#		ða:i^{31}/ða:i^{31}ða:i^{33}/ta^{11}ða:i^{31}/ta^{11}ða:i^{11}ta^{11}ða:i^{31}/tɕhio^{31}sŋ^{31} "的确、确实"; sŋ^{31}tsai^{24} "实在"; taŋ^{33}zan^{31} "当然"、kɯn^{33}pɯn^{53} "根本"; to^{53}ɕi^{33}/la:i^{11}/lɯk^{33}la:i^{11}/lak^{33}la:i^{11}/tɕhi^{31}sŋ^{31} "其实"; fan^{53}tsɯn^{24} "反正"
	表示决定	#	+	+		+	+	#			ɕam^{53}/kuə^{33}ʔdai^{31}/ma^{53}/mai^{53}/ʔan^{35} "一定"; ɕan^{33} "总归"
	表示侥幸	+	+	+		+	+	+			ɕaŋ^{33}la:i^{35}/ɕa^{11}la:i^{35}/ɕiə^{11}la:i^{35}/ɕa:ŋ^{35}la:i^{35}/ɕa^{33}la:i^{35}/ɕin^{33}ɕa:i^{35} /la:i^{35} "多亏、幸亏"
	表示巧合	+	+	+		+	+	+	+	+	tuŋ^{31}tɕam^{11} "正巧"; tiəŋ^{33}/tiəŋ^{33}ti^{35}/tiəŋ^{33} /tiəŋ^{33}ti^{35} "正好，正巧"; tɕhia^{31}tɕhia^{31} "恰恰"
	表示料定		+	+		+	+		#		ɕin^{24}ða:i^{31} "果然，果真"; ðai^{11}kuə^{33}ʔdai^{31} "总算，终于"
表示揣测反问疑问	表示推测	+	+	+	#	+	+	+	+		n,iə^{53}wa:ŋ^{33} "也许"; ʔba:ŋ^{31} "大概"; ʔdi^{24}la:u^{24} "恐怕"; tiŋ^{11}la:i^{24} "多半"; lum^{53}laɯ^{11} "好像"
	表示反问	+	+	+	+	+		+			mi^{11}tiəŋ^{33}/na:n^{42}ta:u^{33} "难道"; wei^{24}pi^{31} "未必"
	表示疑问	+									tɕiu^{24}tɕin^{42} "究竟"; tao^{24}ti^{42} "到底"
表示领悟诧异	表示领悟	+	+	+	#	+	+	+	#		kwa:i^{24}mi^{11}ʔdai^{31} "怪不得，难怪"; na:n^{11}kwa:i^{35} "难怪"; la:i^{11} "原来"
	表示诧异	#	+	#		+	+	#			kɔŋ^{35}ɕeŋ^{33}/ɕeŋ^{33}/taŋ^{11}ʔda^{31} "竟然"; phien^{33}phien^{33} "偏偏" tɕien^{42}tsŋ^{31} "简直"
	表示逆转	+	+	#		+	+				ta:u^{35}/na^{53}jiəŋ^{33} "反而"; ta:u^{35}/tao^{24}fan^{42} "倒反"
表示委婉	表示委婉	+	+	+	+	+	+	+	+		wei^{24}pi^{31} "未必"; mi^{11}tiŋ^{33}nau^{11} "不一定"

（3）语气副词多数可位于主语前，这部分语气副词也可移位到主语后谓语前。主语前的语气副词管辖范围是全句，其语义也指向全句；主语后谓语前的语气副词的管辖范围是句中的谓语，对谓语进行描述，其语义也指向谓语。语气副词的语义可以指向整个句子是语气副词不同于其他副词的独特之处。

（4）重叠词。布依语语气副词ða:i^{31}ða:i^{33}和ta^{11}ða:i^{11}ta^{11}ða:i^{31}是重叠词，都表示肯定语气。ða:i^{33}的基础形式是ða:i^{31}ða:i^{31}，ta^{11}ða:i^{11}ta^{11}ða:i^{31}的基础形式是ta^{11}ða:i^{31}，重叠式比基础形式的肯定语气更强烈、肯定。

第九章 布依语副词位序研究

第一节 布依语副词连用位序研究

布依语副词的连用是指多个副词在同一个谓词性成分之前或之后接连出现，作状语共同修饰或限定谓语中心语的现象。连用形式可以分为连续性连用和非连续性连用。连续性连用是指两个副词前后紧接着出现，中间不插入其他成分，非连续性连用是指在两个副词之间有其他成分，或者两个副词分别处于所修饰的中心词前后。不同的副词次类在线性序列的或位次是不同的。布依语副词连用中多表现为两项副词的连用。

一、布依语两项副词的连用分析

（一）语气副词与其他副词的连用

布依语一共有 53 个语气副词，其中前置副词 46 个，后置副词 7 个。布依语语气副词可与否定副词、范围副词、时间副词、程度副词、方式副词连用。

1. 语气副词与否定副词的连用

布依语否定副词都是前置副词，语气副词有的是前置副词，有的是后置副词，因此，布依语语气副词与否定副词连用可形成两种位序。例如：

① ðan¹¹ te²⁴ ʔan³⁵ mi¹¹li³¹ xau³¹ pai⁰.

　　家　他　大概　没　有　米　了

　（他家大概没有米了。）

② xɔ⁵³te²⁴ ʔan³⁵ mi¹¹ ʔju³⁵ tshai³³tshaŋ³¹ pai⁰.

　　他们　大概　不　在　操场　了

（他们大概不在操场了。）

③ on¹¹ɕo³³ ku²⁴ ʔan³⁵ mi¹¹ pai²⁴ ɕio³¹ɕiao²⁴.

　　明天　我　可能　不　去　　　学校

（明天我可能不去上学。）

④ ŋon¹¹ne³¹ tau⁵³wɯm²⁴ te²⁴ ʔan³⁵ mi¹¹pai²⁴ tiŋ¹¹la:i²⁴ pai⁰.

　　天　今　下　雨　他　大概　不去　　多半　　了

（今天下雨大概他更加不会去。）

⑤ ʔdaɯ²⁴ʔda:ŋ²⁴ ku²⁴ʔan³⁵ mi¹¹ te¹¹ ɕen¹¹, mi¹¹ la:u²⁴ kam⁵³ma¹¹ bu³¹ðak.

　　上　身　我　反正　不　带　钱，　不　怕　什么　　小偷

（我身上反正没带钱，才不怕什么小偷呢。）

⑥ kua:i¹¹ taŋ⁵³ ni³¹, te²⁴ tu³³ fi³³ ma²⁴.

　　晚　这么　　他　都　没　来

（这么晚了，他还没回来。）

当前置语气副词与前置否定副词连用时，语气副词位于否定副词之前，且两者都位于中心词之前。例如，例①中的语气副词ʔan³⁵ "大概" 位于否定副词 mi¹¹ "没" 之前，mi¹¹ "没" 修饰 li³¹ "有"，ʔan³⁵ "大概" 修饰 mi¹¹ li³¹；例②中的语气副词ʔan³⁵ "大概" 位于否定副词 mi¹¹ "不" 之前，mi¹¹ "不" 修饰ʔju³⁵ "在"，ʔan³⁵ "大概" 修饰 mi¹¹ʔju³⁵；例④是语气副词ʔan³⁵ "大概" 置于否定副词 mi¹¹ 之前，mi¹¹修饰 pai²⁴，ʔan³⁵修饰 mi¹¹ pai²⁴。

例⑤中的语气副词ʔan³⁵ "反正" 位于否定副词 mi¹¹ "不" 之前，mi¹¹修饰 te¹¹ ɕen¹¹，ʔan³⁵修饰 mi¹¹ te¹¹ ɕen¹¹。例⑥中的语气副词 tu³³ "都" 置于否定副词 fi³³ "没" 之前，fi³³修饰中心词 ma²⁴ "来"，tu³³修饰 fi³³ ma²⁴。

⑦ ku²⁴ fi³³ ðan²⁴ kwa³⁵ te²⁴ ða:i³¹ða:i³³.

　　我　没　见　过　他　确实

（我确实没见过他。）

⑧ ku²⁴ mi¹¹li³¹ θa:m²⁴ θan⁵³ pi³¹ ta¹¹ða:i³¹ ta¹¹ða:i³³.

　　我　没有　三　支　笔　的的　确确

（我的确没有三支笔。）

前置否定副词与后置语气副词连用时，否定副词置于中心词之前，语气副词位于句末。例如，例⑦的前置否定副词fi³³"没"置于中心词ðan²⁴ kwa³⁵"见过"之前，后置的语气副词ða:i³¹ða:i³³"确实"置于句末；例⑧前置的否定词mi¹¹"没有"置于中心词li³¹"有"之前，后置的语气副词ta¹¹ða:i³¹ ta¹¹ða:i³³"的的确确"置于句末。

2. 语气副词与范围副词连用

语气副词与范围副词连用，如果两者都是前置词，则语气副词置于范围副词之前。例如：

① po¹¹su²⁴tɯk³³wɯn¹¹ kui²⁴tsɔu³³，ʔan³⁵ tɔ⁵³ ma:i⁵³ kɯn²⁴ lɯk³³ka:t³³.

   们 你 是 人 贵 州 肯定都 喜欢 吃 花 椒

（你们都是贵州人，肯定都喜欢吃花椒。）

② ðan¹¹ mɯŋ¹¹ kɯn⁴²tin²⁴ je⁴² mo³⁵.

   房子 你 肯定 也 新

（你的房子肯定也新。）

③ pi²⁴ni³¹ʔan³⁵ ka³³li³¹ soŋ²⁴ ðan¹¹ða:u¹¹ɕiaŋ³⁵mu²⁴.

   今年 可能 只有 两 家 养 猪

（今年可能只有我们两家养猪。）

④ ðan¹¹ te²⁴ ʔan³⁵ je⁵³ mi¹¹li³¹ xau³¹.

   家 他 大概 也 没 有 米

（他家大概也没有米了。）

例①～④是前置语气副词与前置范围副词连用的句子。例①是语气副词ʔan³⁵"肯定"置于范围副词tɔ⁵³"都"之前，tɔ⁵³先修饰中心词ma:i⁵³"喜欢"，ʔan³⁵再修饰tɔ⁵³ ma:i⁵³；例②是语气副词kɯn⁴²tin²⁴"肯定"置于范围副词je⁴²"也"之前，je⁴²先修饰中心词mo³⁵"新"，kɯn⁴²tin²⁴再修饰je⁴² mo³⁵。例③是语气副词ʔan³⁵"可能"置于范围副词ka³³"只"之前，ka³³修饰中心词li³¹，ʔan³⁵修饰ka³³li³¹。例④是语气副词、范围副词、否定副词连用的句子，语气副词ʔan³⁵"大概"置于范围副词je⁵³"也"之前，两者一起置于否定副词mi¹¹"没"之前。由此可知，语气副词与范围副词连用，如果两者都是前置词，则语气副词置于范围副词之前。

例①和例④中的副词与中心词的结构层次如图①④所示：

① ?an³⁵ tɔ⁵³ ma:i⁵³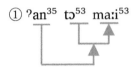

④ ?an³⁵ je⁵³ mi¹¹ li³¹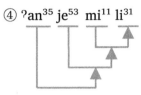

例⑤～⑦是语气副词与范围副词连用的句子。其中一个是前置词，一个是后置词。例如：

⑤ pai¹¹ne³¹ te²⁴ ?an³⁵ pai²⁴ ?a:n³⁵ mo³⁵ pai⁰.

现在　　他　肯定　去　　游泳　又　了

（现在他肯定又去游泳了。）

⑥ te²⁴ ?an³⁵ pai²⁴ pian³⁵ wɯɯ¹¹mo³⁵pai⁰.

他　可能　去　骗　　人　又　了

（他可能又去骗人了。）

⑦ ka:i³⁵ tɕhin³¹khuəŋ²⁴ te²⁴ ɕa:u³¹ ?di²⁴ to²⁴ ?et³⁵ ?de:u²⁴ nɔi³³nɔi³³。

这　　情况　　　他　只　好　多　点　一　稍微

（他的情况只稍微好一些。）

语气副词与范围副词连用，如果一个是前置词，另一个是后置词，则前置词前置，后置词后置。例如，例⑤是前置语气副词?an³⁵"大概"置于中心词 pai²⁴ "去"之前，后置范围副词mo³⁵ "又" 置于中心词 pai²⁴ "去"之后、句末语气词 pai⁰ "了" 之前。例⑥是前置语气副词?an³⁵ "可能" 置于中心词 pai²⁴ "去"之前，后置范围副词mo³⁵ "又" 置于中心词 pai²⁴ "去"之后、句末语气词 pai⁰ "了" 前。例⑦是前置的范围副词 ɕa:u³¹前置所修饰的中心词?di²⁴之前，后置语气副词 nɔi³³nɔi³³位于句末。

例⑧～⑩是后置语气副词与后置范围副词连用的句子。例如：

⑧ te²⁴ mi¹¹ nau¹¹ tem²⁴ ða:i³¹ pai.

他　没　说　再　确实　了

（他确实再没说了。）

⑨ te²⁴ ɕɯ³¹ pɯn⁵³ sɯ²⁴ ?de:u²⁴ liəŋ²⁴ ða:i³¹ tsa:i³¹.

他　买　本　书　一　另外　确实

（他确实另外买了一本书。）

⑩ te²⁴ xa:n²⁴ xɔ³¹ le:u³¹ ða:i³¹.

　他　答　对　全　竟然

（他竟然全答对了。）

语气副词与范围副词连用，如果两个都是后置副词，则范围副词居前，语气副词居后。例如，例⑧是后置范围副词 tem²⁴ 置于语气副词 ða:i³¹ 之前。否定副词 mi¹¹ 是前置副词，仍旧置于中心词之前。例⑨是后置范围副词 liən²⁴ "另外"置于后置语气副词 ða:i³¹ tsa:i³¹ "的确"之前。例⑩是后置范围副词 le:u³¹ "全"置于后置语气副词 ða:i³¹ "竟然"之前。由此可知，后置范围副词与后置语气副词连用，后置范围副词居于后置语气副词之前。

当语气副词、范围副词、否定副词都是前置词，它们连用时的位序为"语气副词+范围副词+否定副词"。例如：

⑪ xɔ⁵³te²⁴ ʔan³⁵ tɔ⁵³ mi¹¹ ʔju³⁵ tshao³³tshaŋ³¹ pai⁰.

　他们　大概　都　不　在　操　场　了

（他们大概都不在操场了。）

例⑪是语气副词 ʔan³⁵ 置于范围副词 tɔ⁵³ 之前，范围副词 tɔ⁵³ 置于否定副词 mi¹¹ 之前。

例⑧和例⑪中的副词与中心词的结构层次如下所示：

⑧ mi¹¹ nau¹¹ tem²⁴ ða:i³¹　　⑪ ʔan³⁵ tɔ⁵³ mi¹¹ ʔju³⁵

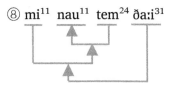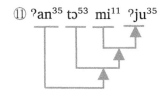

3. 语气副词与时间副词连用

布依语语气副词与时间副词连用，其位序分为两者都是前置词，两者都是后置词，一个是前置词、一个是后置词三种情况。例如：

① ku³¹ miŋ³¹miŋ³¹ ji⁵³tɕin³³ ʔau²⁴ ɕen¹¹ta:u³⁵ xau⁵³ te²⁴, tam³¹kuən⁵³ te²⁴ nau¹¹ fi³³ ʔdai³¹.

　我　明明　已经　拿　钱　还　给　他　但是　他　说　没有

（我明明已经把钱还给他了，但他却说没有给他。）

② te²⁴ ʔan³⁵ pai²⁴ ɕim²⁴ na¹¹ðam³¹ leu⁰ pai⁰.

　　他　大概　去　看　田　水　已经　了

（他大概已经去看水田了。）

③ ɕɯ¹¹ne³¹ tə²⁴ saŋ²⁴khɔ²⁴ ta:ŋ¹¹ka:n³³ ʔbaŋ³¹.

　　现在　　　他　上课　　正在　　　大概

（他现在可能正在上课。）

④ te²⁴ kɯn²⁴ kon³⁵ ta¹¹ða:i³¹ pai.

　　他　吃　先　果然　了

（他果然先吃了。）

　　语气副词与时间副词连用，如果两者都是前置词时，语气副词置于时间副词之前。例如，例①是语气副词 miŋ³¹miŋ³¹ "明明" 置于时间副词 ji⁵³tɕin³³ "已经"之前。

　　语气副词与时间副词连用，如果一个是前置词，另一个是后置词，则前置词位于中心词之前，后置词位于中心词之后。例如，例②中前置词ʔan³⁵ "大概"置于中心词 pai²⁴ "去"之前，后置词leu⁰ "已经"置于中心词 pai⁰ "去"之后、句末语气词 pai⁰ "了"之前。

　　如果语气副词与时间副词都是后置副词，则后置时间副词置于后置语气副词之前。例如，例③中时间副词 ta:ŋ¹¹ka:n³³ "正在"置于语气副词ʔbaŋ³¹ "大概"之前，ta:ŋ¹¹ka:n³³修饰 saŋ²⁴khɔ²⁴ "上课"，ʔbaŋ³¹ "大概"修饰 ta:ŋ¹¹ka:n³³ saŋ²⁴khɔ²⁴。例④是时间副词 kon³⁵ "先"置于语气副词 ta¹¹ða:i³¹ "果然"之前。

4. 语气副词与程度副词连用

　　布依语语气副词与时间副词连用时的位序，可根据两者都是前置词，两者都是后置词，一个是前置词、一个是后置词三种情况进行不同的组合。例如：

① ku²⁴ ɕin²⁴ fan⁴²kan⁴² pu³¹ vɯn¹¹ te²⁴ ta¹¹ða:i³¹ pai⁰.

　　我　真　反感　个　人　那　非常　了

（我对那个人非常反感。）

② ða:n¹¹ te²⁴ ʔan³⁵ li³¹ ɕen¹¹ ta¹¹ða:i³¹.

家　他　肯定　有　钱　很

（他家肯定很有钱。）

③ te²⁴ ʔan³⁵ ðuaŋ³³ ɕoi³¹ luɯk³³ʔbɯk³⁵ ni³⁵ te³⁵ ʔet³⁵ ʔde:u²⁴.

她　可能　想　孩子　女儿　　小　她　　有点

（她可能有点想她的小女儿了。）

④ te²⁴ ŋɔn¹¹ni³¹ na:i³⁵ la:i²⁴ ʔba:ŋ³¹ pai⁰，ŋaɯ³³ xan²⁴ leu³¹.

他　　今天　累　太　大概　了，　睡着　快　了

（他今天大概太累了，很快就睡着了。）

⑤ ða:n¹¹ te²⁴ li³¹ ɕen¹¹ la:i²⁴ ta¹¹ða:i³¹.

家　　他　有　钱　太　真的

（他家真的太有钱了。）

语气副词与程度副词连用，如果一个是前置词，另一个是后置词，则前置词前置，后置词后置。例如，例①中前置语气副词ɕin²⁴ "真" 位于中心词fan⁴²kan⁴² "反感" 之前，后置程度副词ta¹¹ða:i³¹ "非常" 位于中心词fan⁴²kan⁴² "反感" 之后。ta¹¹ða:i³¹修饰动词fan⁴²kan⁴² "反感"，ɕin²⁴ "真" 修饰 fan⁴²kan⁴² ta¹¹ða:i³¹。ta¹¹ða:i³¹的语义指向fan⁴²kan⁴²，ɕin²⁴的语义指向fan⁴²kan⁴² ta¹¹ða:i³¹。

布依语程度副词绝大多数是后置词，语气副词多数是前置词。因此，语气副词与程度副词连用时，通常是语气副词前置，程度副词后置。例如，例②中语气词ʔan³⁵ "肯定" 置于中心词 li³¹ "有" 之前，程度副词 ta¹¹ða:i³¹ "很" 置于中心词 li³¹ ɕen¹¹ "有钱" 之后，ta¹¹ða:i³¹的语义指向li³¹ɕen¹¹，ʔan³⁵的语义都指向li³¹ ɕen¹¹ ta¹¹ða:i³¹。例③中语气词ʔan³⁵ "肯定" 置于中心词 ðuaŋ³³ "想" 之前，程度副词ʔet³⁵ ʔde:u²⁴ "有点儿" 置于句末，程度副词ʔet³⁵ ʔde:u²⁴修饰动词ðuaŋ³³ ɕoi³¹ luɯk³³ʔbɯk³⁵ ni³⁵ te³⁵ "想她小女儿"，语气副词ʔan³⁵修饰ðuaŋ³³ ɕoi³¹ luɯk³³ʔbɯk³⁵ ni³⁵ te³⁵ ʔet³⁵ ʔde:u²⁴，ʔan³⁵的语义也指向该短语。

如果语气副词与程度副词都是后置词，则程度副词置于语气副词之前。例如，例④中程度副词la:i²⁴ "太" 置于语气副词ʔba:ŋ³¹ "大概" 之前，la:i²⁴ "太" 的语义指向动词 na:i³⁵ "累"，ʔba:ŋ³¹的语义指向 na:i³⁵ la:i²⁴。例⑤中程度副词la:i²⁴ "太" 置于语气副词 ta¹¹ða:i³¹ "真的" 之前，它们一起修饰中心词 li³¹ ɕen¹¹ "有钱"，la:i²⁴的语义指向li³¹ ɕen¹¹，ta¹¹ða:i³¹的语义指向li³¹ ɕen¹¹ la:i²⁴。

5. 语气副词与方式副词连用

布依语语气副词与方式副词连用时的位序，可根据副词的前置、后置情况分为三种。例如：

① te^{24} ʔan^{35} pai^{24}tɔ^{33} pai^{24} ʔaːp^{35} pai.

他们 可能 一起　去 游泳 了

（他们可能一起去游泳了。）

② ma^{33} te^{24} ɕaːŋ^{33}xi^{35} tuɯ^{11} te^{24} ma^{24} lin^{31}peːu^{24} ta^{11}ðaːi^{31}.

妈妈 他 罢意　　带 他 来　道歉　　真的

（他妈妈真的特意带他来道歉。）

③ te^{24} ɕaːu^{53} taːu^{35} ʔdeːu^{24} mɔ^{35} ta^{11}ðaːi^{31}.

他　炒　次　一　重新 真的

（他真的重新炒了一下。）

④ sam^{35} ɕen^{11} ne^{31} juŋ^{33} laːŋ^{35} ʔban^{31} pai.

些　钱　这 用 白白地 大概 了

（这些钱大概白花了。）

语气副词与方式副词连用，当两者都是前置词时，语气副词置于方式副词之前。例如，例①是语气副词ʔan^{35}"可能"置于方式副词 pai^{24}tɔ^{33}"一起"之前，pai^{24}tɔ^{33}的语义指向动词短语 pai^{24} ʔaːp^{35}"去游泳"，ʔan^{35}的语义指向 pai^{24}tɔ^{33} pai^{24} ʔaːp^{35}。

语气副词与方式副词连用，如果一个是前置词，另一个是后置词，前置词位于中心词之前，后置词位于中心词之后。例如，例②中前置词 ɕaːŋ^{33}xi^{35}"罢意"置于中心词"带"之前，后置词 ta^{11}ðaːi^{31}"真的"置于中心词"带"之后。

语气副词与方式副词连用，如果两者都是后置词，方式副词置于语气副词之前。例如，例③是方式副词 mɔ^{35}"重新"置于语气副词 ta^{11}ðaːi^{31}"真的"之前；例④是方式副词 laːŋ^{35}"白白地"置于语气副词ʔban^{31}"大概"之前。

综上所述，语气副词与其他副词连用具有如下特征：当它们都是前置词时，语气副词总是位于其他副词之前；当他们都是后置词时，语气副词总是位于其他副词之后。也就是说语气副词与所修饰的中心词距离最远。

（二）时间副词

时间副词可与范围副词、方式副词、程度副词、否定副词连用。

1. 时间副词与范围副词连用

布依语时间副词与范围副词连用的位序可分为两者前置于所修饰的中心词、一前一后于所修饰的中心词和两者后置于所修饰的中心词三种情况。例如：

① te²⁴ ku³⁵lauɯ¹¹ tu³³ ma:i⁵³ kɯn²⁴ lau⁵³.

他　一直　　都　喜欢　喝　酒

（他一直都喜欢喝酒。）

② wuɯn¹¹ ða:n¹¹ ku²⁴ pai¹¹laŋ²⁴ tu³³ mi¹¹ ʔun²⁴ te²⁴ pai.

人　　家我　后来　　都不　　原谅他　了

（我们家的人最终都没原谅他。）

③ wuɯn¹¹ ʔba:n²⁴ ji³¹tsʅ³¹ tu³³ nau¹¹ ɕu¹¹ ku²⁴ tɯk pu³¹ wuɯn¹¹ tɕau⁵³ʔbaau²⁴.

人　村　　一直　都　说　叔叔我　是个　人　吊儿郎当

（全村人一直都说我叔叔是个吊儿郎当的人。）

④ te²⁴ kan³¹ tam³¹ kɯn²⁴ ʔdet³⁵ pjak³⁵ xan³⁵ ʔbe:u²⁴.

他　经常　只　吃　点　菜　咸　一

（他经常只吃一点咸菜。）

⑤ ða:n¹¹ ku²⁴ kan³¹ tam³¹li³¹ ku²⁴ ðiəŋ¹¹ tɕiə⁵³ ku²⁴ ʔju³⁵ to³³.

家　我　经常　只　有　我　和　　姐姐我　在　家

（我们家经常只有我和我姐姐在家。）

⑥ ku²⁴ ðiəŋ¹¹ me³³ tu³³ ɕa:u³¹ taŋ¹¹ða:ŋ¹¹.

我　和　妈妈都　刚　到家

（我和妈妈都刚到家。）

⑦ ða:n ku²⁴ tu³³ kan³¹ pai²⁴ ða:n¹¹ pa⁵³ ku²⁴.

家　我　都　经常　去　家　姨妈我

（我们家的人都经常去姨妈家。）

如果时间副词与范围副词都是前置词，其位序又可分为两种：第一种是时间副词位于范围副词之前，这种语序很常见。例如，例①中时间副词 ku³⁵laɯ¹¹ "一直" 位于范围副词 tu³³ "都" 之前，共同修饰中心词 ma:i⁵³ "喜欢"；例②中时间副词 pai¹¹laŋ²⁴ "后来" 位于范围副词 tu³³ "都" 之前，否定副词 mi¹¹ 紧跟中心词 ʔun²⁴ "原谅"，这三个副词一起修饰中心词ʔun²⁴ "原谅"；例③中时间副词ji³¹tsɿ³¹ "一直" 位于范围副词 tu³³ "都" 之前，两者位于中心词 nau¹¹ "说" 之前；例④中时间副词 kan³¹ "经常" 位于范围副词 tam³¹ "只" 之前，两者都位于中心词之前，修饰中心词 kɯn²⁴ "吃"；例⑤中时间副词 kan³¹ "经常" 位于范围副词 tam³¹ "只" 之前，两者共同位于中心词之前，修饰中心词 li³¹ "有"。第二种位序是范围副词位于时间副词之前，这种位序不太常见。例如，例⑥中范围副词 tu³³ "都" 位于时间副词副词 ɕa:u³¹ "刚" 之前，例⑦中范围副词 tu³³ "都" 位于时间副词 kan³¹ "经常" 之前。

从语义指向来看，时间副词位于范围副词之前与范围副词位于时间副词之前的语义指向是不同的。以 tu³³ "都" 为例，当时间副词位于范围副词之前时，tu³³ "都" 前面的多数成分都是 tu³³ "都" 指向的对象包括主语和时间副词。例如，例①中 tu³³ "都" 指向时间副词 ku³⁵laɯ¹¹ "一直"，例②中的 tu³³ "都" 同时指向主语 wɯn¹¹ ða:n¹¹ ku²⁴ "我的家人" 和时间副词 pai¹¹laŋ²⁴ "最终"，例③中的 tu³³ "都" 同时指向主语 wɯn¹¹ ʔba:n²⁴ "全村人" 和时间副词ji³¹tsɿ³¹ "一直"。当范围副词位于时间副词之前时，tu³³ "都" 的语义只指向句中的主语。例如，例⑥中的 tu³³ "都" 只指向主语 ku²⁴ ðiəŋ¹¹ me³³ "我和妈妈"，例⑦中的 tu³³ "都" 只指向句中的主语 ða:n ku²⁴ "我家"。

时间副词与范围副词连用，如果一个是前置词，一个是后置词，则前置副词位于中心词之前，后置副词位于中心词之后。例如：

⑧ xɔ⁵³te²⁴ ŋan³³ŋan³³ xɯn⁵³ ɕiə²⁴ leu³¹.

　　他们　　马上　　上　车　全

（他们全部马上上了车。）

例⑧是前置时间副词ŋan³³ŋan³³ "马上" 位于中心词 xɯn⁵³ "上" 之前，后置副词leu³¹ "全" 位于中心词xɯn⁵³ ɕiə²⁴ "上车" 之后。

如果时间副词与范围副词都是后置副词，则范围副词置于时间副词之前。例如：

⑨ sam³⁵ taŋ²⁴ te²⁴ tɔ⁵³ tɯ¹¹ leu³¹ ðai³¹.

　　些　灯　那　都　燃　全　一直

（那些灯全都一直亮着。）

例⑨是后置范围副词leu³¹"全"置于后置时间副词ðai³¹"一直"之前，两者都位于中心词之后，前置范围副词tɔ⁵³"都"位于中心词之前，三个副词共同修饰中心词tɯ¹¹"燃"。tɔ⁵³与leu³¹的语义指向sam³⁵ taŋ²⁴ te²⁴"那些灯"，ðai³¹的语义指向tɯ¹¹"燃"。

2. 时间副词与方式副词连用

布依语时间副词与方式副词连用可分为两者前置、一前一后和两者后置三种情况。例如：

① tɕiə ðiəŋ¹¹ nuəŋ³¹ kan³¹ pai¹¹tɔ³³ pai²⁴ ʔau²⁴ bjak³⁵mu²⁴.

　　姐姐　和　妹妹　经常　一起　去　采　菜　猪

（姐姐和妹妹经常一起去采猪草。）

② xɔ⁵³te²⁴ kuə³³ðak⁰ ɕim²⁴ pa:i³³ ðɔ³³ ðaŋ¹¹.

　　他们　偷偷地　望　外面　经常

（他们经常偷偷地朝外望。）

③ te²⁴ xut³⁵ mɯŋ¹¹ ʔdam³¹ʔdit³⁵ ʔjiə³⁵.

　　他　骂　你　暗地里　曾经

（他曾经暗地里骂过你。）

时间副词与方式副词连用，如果两个都是前置副词，则时间副词位于方式副词之前。例如，例①中时间副词kan³¹"经常"置于方式副词pai¹¹tɔ³³"一起"之前，两者一起修饰中心词pai²⁴"去"。

时间副词与方式副词连用，如果一个是前置副词，另一个是后置副词，则前置副词前置，后置副词后置。例如，例②中前置副词kuə³³ðak⁰"偷偷地"位于中心词ɕim²⁴"望"之前，后置副词ðaŋ¹¹"经常"位于句末。

当时间副词与方式副词都是后置副词时，方式副词置于时间副词之前。例如，例③中方式副词ʔdam³¹ʔdit³⁵"暗地里"置于时间副词ʔjiə³⁵"曾经"之前，两者一起修饰中心词xut^{35} "骂"。

3. 时间副词与程度副词连用

布依语时间副词与程度副词连用的位序，可根据两者是前置词还是后置词形成三种位序。例如：

① te^{24} ɕa:u^{31} li^{31} ʔet^{35} ʔde:u^{24} xɔ^{11}n̥a:p^{35}.

  他　刚刚　有点　一　　生气

（他刚刚有点生气了。）

② ʔda:ŋ^{24} te^{24} ji^{53}tɕin^{33} ʔdi^{24} to^{24} la:i^{24} pai.

  身体　他　已经　　好　更　　了

（他的身体已经好多了。）

③ ʔdan^{24} taŋ^{24} te^{24} ðoŋ^{33} ta^{11}ða:i^{31} ðaɯ^{31}ðaɯ^{31}.

  盏　灯　那　亮　非常　　一直

（这盏灯一直非常亮。）

④ te^{24} ʔda:ŋ^{24} ʔdi^{24} ta^{11}ða:i^{31} kuə^{33}na:u^{35}.

  他　身体　好　很　　　一直

（他一直都很健康。）

⑤ te^{24} ʔon^{35} le:u^{31} ʔjiə^{35}.

  他　肥　很　曾经

（他曾经很胖。）

⑥ te^{24} ʔon^{35} ʔjiə^{35} ta^{11}ða:i^{31}.

  他　肥　曾经　很

（他曾经很胖。）

布依语时间副词与程度副词连用，当时间副词与程度副词都是前置词时，时间副词置于程度副词之前。例如，例①中时间副词 ɕa:u^{31} "刚"置于程度副词 li^{31} ʔet^{35} "有点"之前，两者共同修饰中心语 xɔ^{11}n̥a:p^{35} "生气"。

时间副词与程度副词连用，当一个是前置词，另一个是后置词时，前置词前置，后置词后置。例如，例②中前置时间副词 ji^{53}tɕin^{33} "已经"置于所修饰的中心词ʔdi^{24} "好"之前，后置副词 to^{24} la:i^{24} "更"置于所修饰的中心词ʔdi^{24}

"好"之后，两者共同修饰中心语ʔdi²⁴ "好"，两者的语义也都指向中心语ʔdi²⁴ "好"。

如果时间副词与程度副词都是后置副词，多数时候是后置程度副词位于后置时间副词之前。例如，例③中后置程度副词ta¹¹ða:i³¹ "非常"置于后置时间副词ðaɯ³¹ðaɯ³¹ "一直"之前；例④中后置程度副词 ta¹¹ða:i³¹位于后置时间副词 kuə³³ na:u³⁵之前，两者共同修饰中心语ʔdi²⁴；例⑤中程度副词 le:u³¹ "很"位于时间副词ʔjiə³⁵ "曾经"之前。与例③~⑤不同的是，例⑥中时间副词ʔjiə³⁵ "曾经"位于程度副词 ta¹¹ða:i³¹ "很"之前。通过以上例句的分析可知，布依语后置程度副词与后置时间副词连用时，多数时候是后置程度副词位于后置时间副词之前，也有后置程度副词位于后置时间副词之后的现象。

4. 时间副词与否定副词连用

布依语时间副词与否定副词连用，其位序有以下几种情况。例如：

① te²⁴ mi¹¹ ça:ŋ¹¹ ma²⁴ tɕie¹¹ne³¹.
 他 不 常 来 这里
 （他不常来这里。）

② te²⁴ mi¹¹ ça:ŋ¹¹ ma²⁴ çim²⁴ po³³me³³ te²⁴.
 他 不 常 来 看 父母 他
 （他不常来看父母。）

③ te²⁴ çɯ¹¹çɯ¹¹ mi¹¹ ta:u³⁵ pai²⁴ ða:n¹¹ kɯn²⁴ xau³¹.
 他 常常 不 回 去 家 吃 饭
 （他常常不回家吃饭。）

④ te²⁴ ŋoŋ¹¹ ne³¹ ʔda:ŋ²⁴ mi¹¹ se:u³⁵.
 他 天 今 一直 不 舒服
 （今天他一直不舒服。）

时间副词与否定副词连用，如果两者都是前置词，其位序有两种情况：第一种是否定副词置于时间副词之前。例如，例①和例②都是否定副词 mi¹¹ "不"置于时间副词 ça:ŋ¹¹ "常"之前。第二种是时间副词置于否定副词之前。例如，例③中前置时间副词çɯ¹¹çɯ¹¹ "常"位于否定副词 mi¹¹ "不"之前，例④中时间副词ʔdaːŋ²⁴ "一直" 位于否定副词 mi¹¹之前。这两种结构的区别主要表现在否定副词的语义指向及句子的结构层次不同。详情见下图：

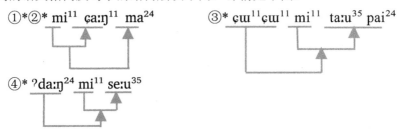

例①*和例②*为同一种句型结构，都是否定副词置于时间副词之前。例①*和例②*的第一层次是否定副词 mi¹¹修饰 ça:ŋ¹¹，第二层次是短语 mi¹¹ ça:ŋ¹¹修饰动词 ma²⁴。例③*和例④*为同一种位序，都是时间副词置于否定副词之前。例③*的第一层次为否定副词 mi¹¹修饰动词 ta:u³⁵ pai²⁴，第二层次是时间副词 çɯ¹¹çɯ¹¹修饰短语 mi¹¹ ta:u³⁵ pai²⁴ "不回去"。例④*的第一层次为否定副词 mi¹¹ "不"修饰形容词 se:u³⁵ "舒服"，第二层次为时间副词 ʔdaːŋ²⁴修饰短语 mi¹¹ se:u³⁵ "不舒服"。这两种结构中的副词的语义指向也不一样：例①*和例②*中的 mi¹¹ "不" 的语义指向时间副词 ça:ŋ¹¹ "常"，mi¹¹ ça:ŋ¹¹的语义指向 ma²⁴；例③*中的否定副词 mi¹¹ 的语义指向 ta:u³⁵ pai²⁴ "回去"，çɯ¹¹çɯ¹¹的语义指向句中短语 mi¹¹ ta:u³⁵ pai²⁴ "不回去"。例④*中的否定副词 mi¹¹ "不" 的语义指向句中的形容词 se:u³⁵ "舒服"，时间副词 ʔdaːŋ²⁴的语义指向句中短语 mi¹¹ se:u³⁵ "不舒服"。通过以上分析可知，布依语时间副词与否定副词连用有两种语序，语序不一样，句子的结构层次及语义也不同。

时间副词与否定副词连用，如果一个是前置词，另一个是后置词，则前置词位于所修饰的中心词之前，后置词位于所修饰的中心词之后。例如：

⑤ te²⁴ fi³³ taŋ¹¹ laŋ²⁴.

　　他　没　到　随后

（他没有随后到。）

⑥ te²⁴ mi¹¹ taŋ¹¹ kon³⁵.

　　他　不　到　先

（他没有先到。）

⑦ te²⁴ mi¹¹ pai²⁴ sak³⁵ku³⁵, kan³¹ pai²⁴ ðaɯ³¹.

　他　不　去　偶尔　　经常　去　而

（他不是偶尔去一次，而是经常去。）

例⑤中前置否定副词 fi³³ "没" 位于中心词 taŋ¹¹ "到" 之前，后置时间副词 laŋ²⁴ "随后" 位于句末。例⑥中前置否定副词 mi¹¹ "没" 位于中心词 taŋ¹¹ "到" 之前，后置时间副词 kon³⁵ "先" 位于句末。例⑦中否定结构 mi¹¹ "不" 位于中心词 pai²⁴ "去" 之前，后置时间副词 sak³⁵ku³⁵ "偶尔" 位于中心词 pai²⁴ "去" 之后。

例⑤～⑦中谓语部分的结构层次如下图所示：

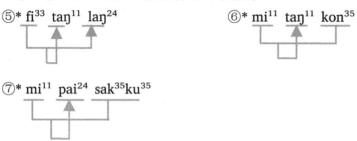

例⑤*中的第一层次是否定副词 fi³³ "没" 否定时间副词 laŋ²⁴ "随后"，而不是否定动词 taŋ¹¹ "到"，第二层次为 fi³³ laŋ²⁴ 修饰动词 taŋ¹¹。fi³³ "没" 的语义指向时间副词 laŋ²⁴。例⑥*中的第一层次为否定副词 mi¹¹ 否定时间副词 kon³⁵ "先"，第二层次为 mi¹¹ kon³⁵ 修饰动词 taŋ¹¹。否定副词 mi¹¹ 的语义指向时间副词 kon³⁵ "先"。例⑦*中的第一层次为否定副词 mi¹¹ 否定时间副词 sak³⁵ku³⁵，第二层次为短语 mi¹¹ sak³⁵ku³⁵ 修饰动词 pai²⁴ "去"。否定副词 mi¹¹ 的语义指向时间副词 sak³⁵ku³⁵ "偶尔"。

（三）范围副词

布依语范围副词可与否定副词、时间副词（范围副词与时间副词连用的情况已在时间副词部分进行了介绍，这里不再赘述）、方式副词、程度副词连用。

1. 布依语范围副词与否定副词连用

布依语范围副词与否定副词连用，由于前置词和后置词的不同，可形成不同的位序。例如：

① mɯn¹¹taŋ²⁴ ðiəŋ¹¹ ju¹¹taŋ²⁴ tu³³ mi¹¹li³¹ pai.

   灯芯　　　　和　油　灯　都　没有　了

（灯芯和灯油都没有了。）

② te²⁴ pu³¹ wei³³tɕi³⁵ ʔdeːu²⁴ tu³³ mi¹¹li³¹.

   他　个　朋友　　　一　　都　没　有

（他一个朋友都没有。）

③ te²⁴ jiaŋ³³ma¹¹ tɔ⁵³ mi¹¹ kuə³³, ʔju³⁵ ðɔ³³ kuə³³ pu³¹ laːŋ³⁵.

   他　什么　　　都　不　做　在　外　做　流浪汉

（他什么也不会做，在外面当流浪汉。）

④ ŋon¹¹ne³¹ te²⁴ mi¹¹ pai²⁴ xau⁵³tɕe³¹, ku²⁴ je³³ mi¹¹ pai²⁴.

   天　今　他　没　去　赶集　　　我　也　没　去

（今天他没去赶集，我也没去。）

⑤ ko³³ fi³³ taːu³⁵ ma²⁴ ðaːn, tɕiə⁵³ jə⁵³ fi³³ taːu³⁵.

   哥　没　回　来　家　姐　也　没　回

（哥哥还没回家，姐姐也还没回。）

⑥ fai³¹ʔdam²⁴ iə³⁵ pai, tam³¹ fi³³ pai²⁴ son²⁴ ðam³¹.

   树　种　已经　了　只　没　去　浇　水

（树已经种下了，只是还没去浇水。）

⑦ te²⁴ tam³¹ mi¹¹xau⁵³ ku²⁴ paŋ²⁴ te²⁴ çaːu³³ xai¹¹, jiəŋ³³ kaːi³⁵ma¹¹tu³³ xau⁵³ ku²⁴

   他　只　没　让　我　帮　他　脱　鞋　样　什么　都　让　我

kuə³³ ləːu³¹.

   做　全

（他只差还没让我帮他脱鞋了，什么都让我做了。）

⑧ mɯŋ¹¹ mjam⁵³ ka³³ nɯ³³ mɯŋ¹¹ pu³¹to³³.

   你　别　只　考虑　你　自己

（你别只顾自己。）

⑨ te²⁴ mi¹¹ka³³nau¹¹ taŋ⁵³te, xai³¹ kuə³³ tem²⁴.

   他　不　只　说　样那　还　做　还

（他不只是那么说，还那么做了。）

布依语范围副词与否定副词连用，如果两个都是前置词，可以形成两种位序：第一种是范围副词置于否定副词之前。例如，例①和例②中范围副词 tu^{33} "都" 置于否定副词 mi^{11} "没" 之前，mi^{11} "没" 修饰 li^{31} "有"，tu^{33} "都" 修饰短语 mi^{11}li^{31}；例③中范围副词 tɔ^{53} "也" 置于否定副词 mi^{11} 之前，mi^{11}修饰 kuə^{33}，tɔ^{53}修饰短语 mi^{11} kuə^{33} "不做"；例④中范围副词 je^{33} "也" 置于否定副词 mi^{11} "没" 之前，mi^{11}修饰 pai^{24}，je^{33}修饰短语 mi^{11}pai^{24}；例⑤中范围副词 jə^{53}至于否定副词 fi^{33} "没" 之前，fi^{33} "没" 修饰 ta:u^{35}，jə^{53}修饰短语 fi^{33}ta:u^{35}；例⑥中范围副词 tam^{31} "只" 位于否定副词 fi^{33} "没" 之前，fi^{33} "没" 修饰 son^{24} ðam^{31}，tam^{31} "只" 修饰 fi^{33} pai^{24}son^{24} ðam^{31}；例⑦中 mi^{11}修饰 xaɯ^{53} ku^{24} pa:ŋ^{24} te^{24} ɕa:u^{33} xai^{11}，tam^{31}修饰 mi^{11} xaɯ^{53} ku^{24} pa:ŋ^{24} te^{24} ɕa:u^{33} xai^{11}。第二种位序是否定副词置于范围副词之前。例如，例⑧中否定副词 mjam^{53}位于范围副词 ka^{33}之前，ka^{33}修饰 nɯ^{33} muɯ^{11} pu^{31}to^{33}，否定副词 mjam^{53}修饰 ka^{33} nɯ^{33} muɯ^{11} pu^{31}to^{33}；例⑨中否定副词 mi^{11}位于范围副词 ka^{33}之前，ka^{33}修饰 nau^{11}taŋ^{53}te^{24}，mi^{11}修饰 ka^{33}nau^{11}taŋ^{53}te^{24}。

通过以上分析可知，当范围副词置于否定副词之前时，句子的结构层次为"范围副词+（否定副词+中心词）"，否定副词否定的是所修饰的中心词。当否定副词置于范围副词之前时，句子的结构层次为"否定副词+（范围副词+中心词）"，否定副词否定的是"范围副词+中心词"。

布依语范围副词与否定副词连用，如果一个是前置词，另一个是后置词，则前置词前置，后置词后置。例如：

⑩ wɯn^{11}ða:n^{11} ku^{24} mi^{11} tɯk pu^{31} kuə^{33}xoŋ^{24} le:u^{31}.

　　人　　家　　我　不　是　人　　做　　活　　全

（我们家人不全是农民。）

例⑩是前置否定副词 mi^{11} "不" 置于中心词 kuə^{33} "做" 之前，后置副词 le:u^{31} "全" 置于句末。

后置范围副词 le:u^{31}与否定副词 mi^{11}连用，否定副词 mi^{11}可置于后置范围副词 le:u^{31}之前或之后。例如：

⑪ wɯn^{11} ða:n^{11} ku^{24} pai^{24} mi^{11} le:u^{31}.

　　人　　家　　我　去　　不　　全

（我们家全不去。）

⑫ wɯn^{11} ða:n^{11} ku^{24} mi^{11} pai^{24} le:u^{31}.

　人　　家　我　不　去　　全

（我们家人全不去。）

例⑪和例⑫仅有的不同是副词 mi^{11} 和 le:u^{31} 的位序不一样，不同的位序使得副词的语义指向、句子的结构层次和语义不一样。例⑪是否定副词 mi^{11} "不" 置于范围副词 le:u^{31} "全" 之前，mi^{11} 修饰 le:u^{31}，mi^{11} le:u^{31} 修饰 pai^{24}，mi^{11} 的语义指向 le:u^{31}。例⑫是 mi^{11} 位于 pai^{24} 之前，le:u^{31} 位于 pai^{24} 之后，mi^{11} 修饰 pai^{24}，le:u^{31} 修饰 mi^{11} pai^{24}，mi^{11} 的语义指向 pai^{24}。从语义来看，例⑪表达的是 "我们家人不全部去"，例⑫表示的是 "我们家人全不去"。

2. 范围副词与方式副词连用

布依语范围副词与方式副词连用，由于前置词和后置词的不同，可以形成三种位序。例如：

① ŋon^{11}ɕo^{11} mi^{11} ka:i^{24} tuə^{11} kai^{35} te^{24} to^{33}, ta:i^{24}kam^{11} taŋ^{11} tuə^{11} ne^{31} tu^{33} pai^{11}tɔ^{33} ka:i^{24}.

　天　明　不　卖　只　鸡　那　单独　干脆　　连　只　这　都　一起　卖

（明天不光把那只鸡卖了，干脆把这只也一起卖了。）

② ŋon^{11}ne^{31} ku^{24} je^{53} tsuan^{33}mɯn^{31} pai^{24} tɕe^{31} ta:u^{35} ʔde:u^{24}.

　今天　　我　也　专门　　　去　街　趟　一

（今天我也专门去了趟集市。）

③ ŋon^{11}ne^{31} te^{24} ðiəŋ^{11} tɕiə^{53} te^{24} tu^{33} tsuan^{33}mɯn^{31} pai^{24} ka:u^{35} xau^{53}ku^{24} ka:i^{35} ɕiao^{33}

　天 今 他 和 姐姐他 都 专门 去 告诉给 我 个 消

ɕi^{31} ne^{31}.

息 这

（今天，他和他姐姐都专门去告诉我这个好消息。）

④ po^{11}ðau^{11} ŋoŋ^{11} ɕo^{33} tu^{33} pai^{11}tɔ^{33} pai^{24} ʔbɯt^{35} pjak^{35} je^{53}.

　我们　　天　明　都　一起　去　摘　菜　野

（我们明天都一起去摘野菜。）

⑤ po¹¹ku²⁴ ka³³ pai¹¹tɔ³³ xau³¹ ta:u³⁵ tɕə³¹ʔdə:u²⁴.

　们　我　只　一起　赶　次　街　一

（我们只一起赶过一次街。）

第一种位序，前置范围副词与前置方式副词连用时，范围副词总是置于方式副词之前。例如，例①中范围副词 tu³³ "都" 位于方式副词 pai¹¹tɔ³³ "一起" 之前，共同修饰中心词 ka:i²⁴ "卖"；例②中范围副词 je³⁵ "也" 置于方式副词 tsuan³³mɯn³¹ "专门" 之前，共同修饰中心词 pai²⁴ "去"；例③中范围副词 tu³³ "都" 置于方式副词 tsuan³³mɯn³¹ "专门" 之前，共同修饰中心词 pai²⁴ "去"；例④中范围副词 tu³³ "都" 置于方式副词 pai¹¹tɔ³³ "一起" 之前，两者共同修饰中心词 pai²⁴ "去"；例⑤中范围副词 ka³³ "只" 位于方式副词 pai¹¹tɔ³³ "一起" 之前。

第二种位序，范围副词与方式副词连用，如果一个是前置副词，另一个是后置副词，则前置副词前置，后置副词后置。例如：

⑥ ku²⁴ tɕa:ŋ²⁴xam³³ pai²⁴ tuk³⁵ kwe⁵³, pi³¹pu³¹sa:i¹¹ ðiŋ¹¹ pi³¹ mai³¹ ʔbɯk³⁵.

　我　晚上　去　钓　青蛙　哥哥　和　姐姐

ku²⁴ je⁵³ tu³³ pai²⁴ ɕai¹¹.

　我　也　都　去　一起

（我晚上去钓青蛙，我哥哥和姐姐也都去。）

⑦ ku²⁴ tshuŋ³¹ɕin³³ ɕɯ³¹ mo³⁵.

　我　重新　买　再

（我重新再买。）

例⑥中前置范围副词 tu³³ "都" 和 je⁵³ "也" 位于中心词 pai²⁴ "去" 之前，后置方式副词 ɕai¹¹ "一起" 置于句末。例⑦中前置方式范围副词tshuŋ³¹ɕin³³位于中心词ɕɯ³¹ "买" 之前，后置范围副词mo³⁵ "再" 位于句末，两者都修饰中心词ɕɯ³¹。

⑧ ka:i³⁵ si³¹tɕian³³ te²⁴ ɕe²⁴ la:ŋ³⁵ le:u³¹ pai.

　那　时间　那　丢掉　白　全　了

（那时间全白白浪费了。）

第三种位序，如果范围副词和方式副词都是后置副词，则方式副词位于范围副词之前。例如，例⑧中方式副词 la:ŋ³⁵ "白" 位于范围副词 le:u³¹ "全"之前。

3. 范围副词与程度副词连用

布依语范围副词与程度副词连用，由于词语的前置性和后置性不同，可形成不同的组合顺序。例如：

① ŋoŋ¹¹ne³¹ te²⁴ je⁵³ li³¹ et³⁵ ʔdeu²⁴ ŋa:i³⁵.

天　今　他　也　有　一点　　累

（他今天也有点累。）

② te²⁴ je⁵³ ma:i⁵³ nau¹¹wɯan²⁴ ta¹¹ða:i³¹.

她　也　喜欢　唱　　歌　　最

（她也最喜欢唱歌。）

③ ku²⁴ ðiəŋ tɕiə⁵³ tu³³ ma:i⁵³ thi⁵³ju³¹kho²⁴ to³³to³³.

我　和　姐姐　都　喜欢　体育课　　更

（我和姐姐都更喜欢体育课。）

④ te²⁴ ku³⁵ laɯ¹¹ tu³³ ma:i⁵³ kɯn²⁴ lau⁵³ ɕaɯ¹¹.

他　一直　　都　喜欢　喝　酒　很

（他一直都很喜欢喝酒。）

⑤ piŋ³³ kɔ³³ ðiəŋ¹¹ tɕe⁵³ tu³³ ʔdi²⁴ tɔ²⁴ la:i²⁴ pai.

病　哥哥　和　姐姐　都　好　更　　了

（哥哥和姐姐的病都好多了。）

⑥ sam³⁵ ɕi¹¹la:n²⁴ te²⁴ tɔ⁵³ kua:i³¹ le:u³¹ ɕai¹¹.

些　孩子　那　都　聪明　很　全

（那些孩子全都很聪明。）

范围副词与程度副词连用，如果两个都是前置词，则前置范围副词居于前置程度副词之前。例如，例①中范围副词 je⁵³ "也" 位于程度副词 li³¹ et³⁵ ʔdeu²⁴ "有点儿"之前，两者一起位于所修饰的中心词 ŋa:i³⁵ 之前。

范围副词与程度副词连用，如果一个是前置词，另一个是后置词，则前置词仍旧前置，后置词仍旧后置。例如：例②中前置副词 je⁵³ 位于所修饰的中心词

ma:i⁵³之前，后置副词 ta¹¹ða:i³¹位于句末；例③中前置副词 tu³³位于所修饰的中心词 ma:i⁵³之前，后置副词 to³³to³³位于句末；例④中前置副词 tu³³位于所修饰的中心词 ma:i⁵³之前，后置副词 ҫaɯ¹¹位于句末；例⑤中范围前置副词 tu³³位于所修饰的中心词ʔdi²⁴之前，后置程度副词 tɔ²⁴ la:i²⁴位于中心词之后。

当连用的范围副词与程度副词都是后置词时，程度副词位于范围副词之前。例如，例⑥中后置程度副词 le:u³¹"很"位于后置范围副词 ҫai¹¹"全"之前。

4. 范围副词与范围副词连用

布依语范围副词与范围副词连用，不同的次类组合会形成不同的位序。例如：

① ku²⁴　ðiəŋ¹¹　tҫiə⁵³　tu³³　tam³¹　ma:i⁵³　ka:i³⁵　ʔdiŋ²⁴.
　我　和　姐姐　都　只　喜欢　色　红
（我和我姐姐都只喜欢红色。）

② ku²⁴　je⁵³　ka³³　ðɔ³¹　ʔet³⁵　ʔde:u²⁴　ʔdai⁰.
　我　也　仅　知道　些　一　而已
（我也仅知道些概况而已。）

③ ku²⁴　li³¹　ku³³　xa:i¹¹　xa:u²⁴　ʔde:u²⁴，nuəŋ³¹　ku²⁴　je³³　ka³³li³¹　ku³³　xa:i¹¹　xa:u²⁴　ʔde:u²⁴.
　我　有　双　鞋子　白　一　弟弟　我　也　只　有　双　鞋子　白　一
（我只有一双白鞋子，我弟弟也只有一双白鞋子。）

④ Po³³me³³　ku²⁴　je⁵³　tu³³　ma:i⁵³　tҫie¹¹ni³¹.
　爸爸妈妈　我　也　都　喜欢　这里
（我爸爸妈妈也都喜欢这个地方。）

⑤ xɔ⁵³te²⁴　tɔ⁵³　khau⁵³　ta:u³⁵te:u²⁴　mɔ³⁵　le:u³¹　pai.
　他们　都　考　次一　又　全　了
（他们全都又考了一次。）

⑥ ka:i³⁵　loŋ²⁴　ne³¹　ku²⁴　je³³　tam³¹　ka³³　ʔdai³¹　loŋ²⁴　tau³⁵　ʔde:u²⁴.
　这　错误　这　我　也　犯　只　了　错　次　一
（这样的错误我也只能犯一次。）

⑦ ða:n¹¹　ku²⁴　xam³³ne³¹　tu³³　kɯn²⁴　miən³³　to³³to³³.
　家　我　晚今　都　吃　面条　只

（我家今晚都只吃面条。）

前置总括范围副词与前置限定范围副词连用，总括范围副词位于限定范围副词之前。例如，例①中前置总括范围副词 tu³³位于前置限定范围副词 tam³¹之前。

前置类同范围副词与前置限定范围副词连用，类同范围副词位于限定范围副词之前。例如，例②和例③都是类同范围副词前 je³³"也"置于限定范围副词 ka³³"只"之前。

前置类同范围副词与前置总括范围副词连用的句子，类同范围副词位于总括范围副词之前。例如，例④中类同范围副词 je⁵³"也"位于总括范围副词 tu³³"都"之前。

后置外加范围副词与后置总括副词连用，外加范围副词位于总括副词之前。例如，例⑤是前置总括副词与后置外加范围副词、后置总括副词连用的句子。前置总括副词 tɔ⁵³位于中心词 khau⁵³之前，外加范围副词 mɔ³⁵"重新"位于总括范围副词 le:u³¹"全"之前，后两者都位于中心词 khau⁵³之后。

前置范围副词与后置范围副词连用，前置副词仍旧前置，后置副词仍旧后置。例如，例⑥中前置总括副词 je³³位于中心词 tam³¹"犯"之前，后置限定副词 ka³³位于中心词之后，例⑦中前置总括副词 tu³³位于中心词 kɯn²⁴"吃"之前，后置限定副词 to³³to³³位于句末。如果中心词带有补语，后置副词位于补语之前。例如，例⑥中后置副词 ka³³位于补语 loŋ²⁴ tau³⁵ ʔde:u²⁴之前。如果副词所修饰的中心词带有宾语，则后置副词位于宾语之后，例如，例⑦中的谓语动词 kɯn²⁴带了宾语 miən³³，后置副词 to³³to³³位于宾语后。

（四）程度副词

程度副词可与语气副词、时间副词、范围副词、否定副词、方式副词连用，其中，程度副词与语气副词、时间副词、范围副词连用的位序已在上文介绍过，这里不再赘述。下面主要考察程度副词与否定副词、方式副词连用时的位序。

1. 程度副词与否定副词连用

布依语否定副词都是前置副词，程度副词有的是前置副词，有的是后置副词。因此，否定副词与程度副词连用时只有两种语序。例如：

① xat³⁵ne³¹ ku²⁴ mi¹¹ ʔdi²⁴ ʔju³⁵，pai¹¹ ne³¹ kɯn²⁴ mi¹¹ ʔdi²⁴ ʔju³⁵.

　　早上　　我　不　舒　服　　　现在　　更　不　　舒服

（早上我不舒服，现在更不舒服了。）

② ku³⁵ li³¹ ʔet³⁵ʔdeu²⁴ mi¹¹ ma:i⁵³ ko³³ te²⁴.

　　我　有　点　一　　不　喜欢　哥　他

（我有点不喜欢他哥哥。）

③ ku²⁴ tsui²⁴ mi¹¹ma:i⁵³ ko³³ te²⁴.

　　我　最　不　喜欢　哥　他

（我最不喜欢他哥哥了。）

第一种位序，否定副词与程度副词都是前置副词时，程度副词位于否定副词之前。例如，例①中程度副词 kɯn²⁴ 位于否定副词 mi¹¹ 之前，否定副词先修饰ʔdi²⁴ ʔju³⁵，kɯn²⁴再修饰 mi¹¹ ʔdi²⁴ ʔju³⁵。mi¹¹的语义指向ʔdi²⁴ ʔju³⁵，kɯn²⁴的语义指向 mi¹¹ ʔdi²⁴ ʔju³⁵。其他各例也都是否定副词修饰中心词，程度副词再修饰"否定副词+中心词"。

④ taŋ⁵³ ni³¹ kuə³³ mi¹¹ ta:ŋ³⁵ ʔdi²⁴.

　　样　这　做　不　太　好

（这样做不太好。）

⑤ te²⁴ mi¹¹ ʔdi²⁴ la:i²⁴.

　　他　不　好　太

（他太不好了。）

布依语表示"不太"之义用的是短语 mi¹¹ ta:ŋ³⁵ "不太"，而不是在程度副词 la:i²⁴ "太"之前直接加否定副词 mi¹¹。例如，例④在ʔdi²⁴之前直接加 mi¹¹ta:ŋ³⁵ "不太"表示"不太好"。若表示"太不好"之义，是把 mi¹¹ 置于形容词ʔdi²⁴之前，程度副词 la:i²⁴置于句末，如例⑤。例⑤的结构层次为 mi¹¹先修饰 la:i²⁴，mi¹¹la:i²⁴一起修饰形容词ʔdi²⁴。布依语"不太"和"太不"两种表达方式已在本书第七章"程度副词研究"中进行过详细描述，这里不再赘述。

⑥ θu²⁴ pjaɯ⁵³ ŋau²⁴ la:i²⁴.

　　你们　别　傲　太

（你们讲话声音别太大。）

⑦ ku²⁴ mi¹¹ ma:i⁵³ ka:i³⁵ sa:u¹¹ wuɯn¹¹ ne³¹ ta¹¹ða:i³¹.

　　我　不　喜欢　个　　样子　人　这　很

（我很不喜欢他这样的人。）

程度副词与否定副词连用时的第二种语序：为否定副词前置，程度副词后置。例如：例⑥前置否定副词 pjaɯ⁵³置于所修饰的中心词 ŋau²⁴之前，后置程度副词la:i²⁴置于句末；例⑦中，否定副词 mi¹¹置于所修饰的中心词 ma:i⁵³之前，程度副词ða:i³¹置于句末。

2. 程度副词与方式副词连用

① te²⁴ ʔua:i³⁵pai²⁴ xan²⁴ le:u³¹.

　　他　　避开　　急忙　很

（他非常急忙地离开了。）

布依语程度副词与方式副词连用的情况不多，只发现了一个例句。例①是两个后置的程度副词与方式副词连用的句子，后置方式副词位于后置程度副词之前，程度副词 le:u³¹修饰方式副词 xan²⁴，xan²⁴ le:u³¹修饰ʔua:i³⁵pai²⁴。程度副词 le:u³¹的语义指向 xan²⁴，xan²⁴的语义指向ʔua:i³⁵pai²⁴。

（五）方式副词

布依语方式副词可与语气副词、时间副词、范围副词、程度副词、否定副词连用，前四种组合已在上文中介绍过，这里不再赘述。下面分析方式副词与否定副词连用的情况。

① sen³³ fuɯŋ²⁴ tok³⁵ pai²⁴，mi¹¹ so³³ pai²⁴ pa:n³⁵ mi¹¹ pan¹¹.

　　省份证　　掉　了　不　专门　去　办　不　行

（身份证掉了，不专门去办不行。）

② ku²⁴ fi³³ kuə³³ ku⁵³ma¹¹ ʔdam³¹ʔdit³⁵.

　　我　没　做　　什么　　暗地里

（我没暗地里做什么。）

方式副词与否定副词连用，如果两者都是前置副词，则否定副词置于方式副词之前。例如，例①，否定副词 mi[11]置于方式副词 so[33]之前，mi[11]的语义指向 so[33]，so[33]的语义指向动词 pai[24]。

方式副词与否定副词连用，如果一个是前置词，另一个是后置词，则前置词依旧前置，后置词依旧后置。例如，例②前置否定副词 fi[33]置于动词 kuə[33]之前，语义指向方式副词 ʔdam[31]ʔdit[35]，ʔdam[31]ʔdit[35]置于句末，语义指向动词 kuə[33]。

二、布依语副词连用的位序特征

布依语副词连用时，依据副词的前置性和后置性可形成三种不同的组合类型：第一种，当连用的副词都是前置词时，一般按照语气副词→时间副词→范围副词→程度副词→否定副词→方式副词的顺序排列，有时也有范围副词置于时间副词之前、否定副词置于范围副词之前、否定副词置于程度副词之前的情况；第二种，当连用的副词都是后置词时，则按照方式副词→程度副词→范围副词→时间副词→语气副词的顺序排列，偶尔也有后置程度副词置于后置时间副词之后的情况；第三种，当连用的副词一个是前置词、另一个是后置词时，则按照前置词前置、后置词后置的顺序排列。

第二节　布依语副词语序类型学研究

一、布依语副词的位序特征

布依语固有副词有三种位序：①位于中心词之前；②位于句末或句末语气词之前；③可位于中心词之前，也可位于句末或句末语气词之前；④意义相近的副词可同时出现；⑤部分副词可重叠，重叠副词一般位于句末。

（一）副词+中心词

① ku[24] ça:u[31] li[31] θan[53] pi[11] ʔdeu[24] to[33].

我　只　有　支　笔　一　而已

（只有一支笔。）

② pa[53]lien[24] çat[35]çip[33] man[11].

把连　　七　十　元

（总共七十元。）

布依语固有副词位于中心词之前的位序在布依语中很常见，这种位序与汉语副词的位序相一致。例如，例①和例②都是副词ɕa:u³¹、pa⁵³liɛn²⁴位于中心词 li³¹、ɕat³⁵ɕip³³ man¹¹之前，属于前置副词。

（二）中心词+（宾语）+副词+语气词

布依语副词另一种常见的位序位于句末或句末语气词之前。对于这类副词的位序，以往的书籍罕见有"句末"的说法。现列出几种有代表性书籍的表述：喻世长（1956：58）认为"第三类副词（表范围、状态、程度的副词，笔者注）有的放在谓语前面，有的放在谓语后面"；喻世长（1959：16）认为"副词一般只修饰动词和形容词，作状语；位置有的在它们的前面，有的在它们的后面"；喻翠容（1980：36）提出"表示时间和频率的……这类副词一般用于中心词之前，也有少数的用于中心词之后"；吴启禄（1992：123）认为"程度副词，是现代汉语借词的在中心词前，是布依语固有词的一般在中心词后"；王伟和周国炎（2005：127）认为"副词的位置不固定，有的在动词之前，有的在动词之后"。以上研究讲到布依语副词的语序时一般都以"动词或形容词""谓语""中心词"为参照点，说副词位于它们之前或之后，只有吴启禄（1992：122）介绍提到时间副词tiam¹"再"时于是讲到其在"句末"的位置。本书认为布依语副词的位序不能仅以中心词、动词或谓语为参照点，位于"中心词、动词、谓语"之后的说法也不够准确。例如：

① pɯn⁵³ θɯ²⁴ ni³¹ mi¹¹ teŋ²⁴ mo³⁵ kuə³³ leu³¹.
　　本　　书　这　不　是　　新　　全
　（这本书不全是新的。）

② xau³¹meu¹¹ tɕaŋ²⁴ ɕo³⁵ ʔdaɯ²⁴ θa:ŋ³³θe⁵³ leu³¹ pai⁰.
　　粮食　　　装进　里　里边　大囤箩　全　了
　（粮食全装进大箩里了。）

③ te²⁴ nau¹¹ka:i³⁵ xa:u³⁵ te²⁴ ku²⁴ to⁵³ nen²⁴ ʔdai³¹ leu³¹ pai⁰.
　　他　说　个　话　那　我　都　记　　得　全　了
　（他说的那些话我全都记得了。）

人们一般容易从例①副词"leu³¹"位于所修饰的中心词"mo³⁵ kuə³³"之后的表象得出副词 leu³¹位于中心词之后的结论。进一步考察例②和例③发现，副词

leu³¹虽然位于中心词之后，但是并未直接跟在所修饰的中心词之后，确切地说，leu³¹的位置是：如果句末有语气词，leu³¹位于语气词前；如果句末没有语气词，leu³¹位于句末。至于例①中leu³¹位于所修饰中心词之后，是由于该中心词mo³⁵ kuə³³之后除了副词leu³¹外没有别的成分了，"中心词之后"的位置与"句末"的位置重合，让人误认为布依语后置副词的位置为"中心词之后"。本书通过对布依语所有后置非前置于中心词的副词考察后发现，布依语后置副词的位序与副词leu³¹一样。例如：

④ ðau¹¹ pai²⁴ ŋan³³ŋan³³.
　我们　去　马上
（我们马上走。）

⑤ li³¹ tuə¹¹tiaŋ¹¹ ta¹¹kweu⁵³ ʔbin²⁴ teu¹¹ ta:u³⁵to³³.
　有　蜜蜂　转　飞　离开　马上
（有蜜蜂飞转着马上离开了。）

⑥ ku²⁴ ʔau²⁴ puɯn⁵³ ʔdeu²⁴ xaɯ⁵³ te²⁴ lieŋ²⁴.
　我　拿　本　一　给　他　另外
（我另外拿本给他。）

⑦ te²⁴ mi¹¹ nau¹¹ ɕɔn¹¹ kə³⁵ma¹¹ liŋ³³.
　他　不　说　句　什么　完全
（他完全不说什么。）

⑧ te²⁴ ʔju³⁵ pan²⁴kuŋ³³sɿ³¹ ʔiə³⁵ pai⁰.
　他　在　办公室　已经　了
（他已经在办公室了。）

通过上文各例可知，布依语后置副词，其位置并非后置于中心词，而是位于句末或语气词之前。类似的还有liŋ³³ "完全总是"、xan²⁴ "赶紧"、tuŋ²⁴tɕiə¹¹ "赶紧"、kon³⁵ "先"、ðaɯ³¹ "常常"、ðaŋ¹¹ "常常"、kuə³³na:u³⁵ "永远"、tɕa¹¹ɕi¹¹ "紧紧"、ʔda³³ "白"、fɔŋ³³feŋ "急忙"，等等。

对于紧缩句或者有两个以上分句的句子，后置副词须紧随其所修饰的分句。例如：

⑨ li³¹ ma¹¹ θiən³⁵ ðau¹¹ tɕi⁵³pu³¹ tuŋ³¹ θuən⁵³ kon²⁴.
　有　什么　事　我们　几个　一起　商量　先

（有什么事情我们几个先商量。）

⑩ ŋɔn¹¹liən¹¹ pai¹¹ ku²⁴ tɯk³⁵ tɕhiu³¹ taŋ¹¹ka:n³³ te²⁴ ɕiau³¹lin³¹ ma²⁴ ða²⁴ ku².
昨天……时候 我 打 球 正在 那 小 林 来 找 我
（昨天小林来找我时我正在打球。）

例⑨是个由两个分句构成的紧缩句，第一个分句的意思是"如果有什么事情"，第二个分句的意思是"我们几个商量"，由于 kon²⁴ 位于第二个分句的句末，因此 kon²⁴ 属于第二个分句ðau¹¹ tɕi⁵³pu³¹ tuŋ³¹ θuən⁵³，修饰动词θuən⁵³。同理，例⑩中的taŋ¹¹ka:n³³位于第一个分句ŋɔn¹¹liən¹¹ pai¹¹ ku²⁴ tɯk³⁵ tɕhiu³¹的句末，因此，taŋ¹¹ka:n³³属于第一个分句，修饰动词tɯk³⁵ tɕhiu³¹。

（三）重叠副词通常位于句末或句末语气词之前

布依语部分副词可重叠，其中，方式副词的重叠词最多。布依语重叠副词如下（按照"基式—重叠式"的顺序排列）：

ɕiŋ³³—ɕiŋ³³ɕiŋ³³	na:u⁵³—na:u⁵³na:u⁵³	ŋan³³—ŋan³³ŋan³³	ɕiɯ¹¹—ɕiɯ¹¹ɕiɯ¹¹
全　　完全	永远　永永远远	马上　马上	常　　常常
liəm¹¹—liəm¹¹liəm¹¹	ʔdam³¹—ʔdam³¹ʔdam³¹	ʔdiəŋ²⁴—ʔdiəŋ²⁴ʔdiəŋ²⁴	
悄　　悄悄	静　　静静	慢　　慢慢	
ʔda³¹—ʔda³³ ʔda³¹	piən³³—piən³³piən³³	na:i³³ma²⁴—na:i³³	ma²⁴na:i³³ma²⁴
白　白白	急忙　急忙	渐渐	渐渐
la:i²⁴—la:i²⁴la:i²⁴	ta¹¹ða:i¹¹—ta¹¹ða:i¹¹ta¹¹ða:i³¹		
太　　太	的确　　的的确确		

从语义来看，重叠式比基式的语义程度更深。例如，ɕiŋ³³是"全是"的意思，ɕiŋ³³ɕiŋ³³相当于汉语的"完全是"，比ɕiŋ³³的周遍意义更强。重叠式ta¹¹ða:i¹¹ ta¹¹ða:i³¹"的的确确"比基式ta¹¹ða:i³¹"的确"的肯定语气更强，la:i²⁴la:i²⁴"过于、非常"比la:i²⁴"非常"的程度更深，ða:i³¹ ða:i³¹"真真正正、的的确确"比ða:i³¹"真的、确实"的肯定语气更强。 la:i²⁴leu³¹ la:i²⁴leu³³"许许多多"比la:i²⁴"许多"与leu³¹"很多"更多。kwa³⁵和la:i²⁴都表示"很多"的意思，他们组合之后kwa³⁵la:i²⁴表示"非常多"。以上词语除了liəm¹¹liəm¹¹、na:i³³ma²⁴na:i³³ma²⁴ 前置于所修饰的中心词外，其余的重叠副词都位于句末或句末语气词之前。

此外，布依语还有部分叠音词，如 jiəŋ³³ jiəŋ³⁵ "仍旧"、man³³man³³ "紧紧"、na:i³³na:i³³ "慢慢" 等，除na:i³³na:i³³外其他两个都前置于所修饰的中心词。

（四）"副词+中心词" 或 "中心词+副词+（句末语气词）"

布依语部分副词既可前置于中心词，也可位于句末或句末语气词前。例如：

① muɯŋ¹¹ pai²⁴ kon³⁵, ku²⁴ ðiə ŋ¹¹laŋ²⁴ ma²⁴.
　你　　走　先　　我　随后　　来
（你先走，我随后就来。）

② ðe³³ tuə¹¹ma²⁴ pai²⁴ ðiəŋ¹¹laŋ²⁴.
　唤　狗　去　随后
（唤狗跟在后面。）

③ ma³⁵ta:u¹¹ ɕin²⁴ ðai³¹kuə³³ʔdai³¹ ʔdiŋ²⁴ pai⁰.
　桃子　　　终于　　　红　　了
（桃子果然红了。）

④ te²⁴ nau¹¹ muɯŋ¹¹ mi¹¹ pai²⁴, muɯŋ¹¹ mi¹¹ pai²⁴ ɕin²⁴ða:i³¹.
　他　说　你　不　去　你　不　去　果真
（他说你不去，你果然没去。）

⑤ xɔ⁵³te²⁴ ŋan³³ŋan³³ xɯn⁵³ ɕiə²⁴.
　他们　刚好　上　车
（他们刚刚上车。）

⑥ xɔ⁵³te²⁴ xɯn⁵³ ɕiə²⁴ ŋan³³ŋan³³.
　他们　上　车　刚好
（他们刚刚上车。）

上文各例的ðiəŋ¹¹laŋ²⁴、ɕin²⁴ða:i³¹、ŋan³³ŋan³³位序比较灵活，既可位于中心词之前，也可位于中心词之后。它们在例①、例③、例⑤中前置于所修饰的中心词，在例②、例④、例⑥中位于句末。无论这些副词是前置于中心词还是位于句末，其语义都指向句中的中心词。

（五）"副词 $_1$+中心词+（宾语）+副词 $_2$""副词 $_1$+副词 $_2$+中心词"/"中心词+副词 $_1$+副词 $_2$"

布依语存在一个中心词同时受两个意思相近副词修饰的结构。这些副词的位置，有的是两个意思相近的副词一前一后于所修饰的中心词，有的是两个意思相近的副词接连出现。例如：

① çw^{31}te^{24}, pu^{31}ʔjai^{31} ðau^{11} mi^{11}li^{31} θw^{24}, kuə^{33}ma^{11}leu^{31} na:n^{33} ta^{11}ða:i^{31}.
那时，布依族 我们 没有 文字， 做 什么很 难 非常
（那时我们没有文字，做什么都非常困难。）

② mɯŋ^{11} tɯ^{11} θan^{53} pi^{11} ni^{31} pai^{24}, ku^{24} lɯŋ^{53} li^{31} θan^{53} ʔdeu^{24} tem^{24}.
你 拿 支 笔 这 去 我 还 有 只 一 还
（这支笔你拿去吧，我另外还有一支。）

③ tsai^{24} ðiəŋ^{11} po^{11}ðau^{11} pai^{24} ta:u^{35} ʔdeu^{24} tem^{24}.
再 跟 我们 去 次 一 再
（再跟我们去一次。）

④ ta:u^{35} ni^{31} mi^{11} va:ŋ^{35}, ʔan^{31} lɯŋ^{53} nai^{33} pai^{24} jeu^{35} mɯŋ^{11}.
次 这 没 空， 以后 再 再 去 看 你
（这次没空，以后再去看你。）

⑤ pai^{11}laŋ^{24} pau^{35} te^{24} jin^{53} pai^{24} ða:n^{11} te^{24} pai^{11}ʔdeu^{24} ta:u^{35}to^{33}.
后来 老头 那 引 去 家 他 立刻 马上
（后来那老头马上带我去他家。）

⑥ ku^{24} kɔk^{35}ʔdu^{31} nɯ^{33} te^{24} tam^{31} ðo^{31} xa:u^{35}ʔjai^{31}, tɕhi^{31}sɿ^{31} te^{24} xa^{11}
我 起初 想 他 只 懂 布依语 其实 他 还
ðo^{31} xa:u^{35}ja:u^{31} tem^{24}.
懂 瑶语 还
（开始我以为他只懂布依语，其实他还懂瑶语。）

⑦ ku^{24} pao^{53}tsɯn^{24} mi^{11} pai^{24} ða^{24} mɯŋ^{11} ta:u^{35} tem^{24}.
我 保证 不 去 找 你 再 再
（我保证不再去找你。）

以上例句是意思相近副词同现的情况。例①用意思相近的程度副词leu^{31}"很"与ta^{11}ða:i^{31}"非常"共同修饰na:n^{33}，例②用意思一样的外加副词luɯŋ^{53}"还"与tem^{24}"还"共同修饰li^{31}，例③用意思一样的汉语借词tsai^{24}"再"与布依语固有词tem^{24}"再"共同修饰ðiəŋ^{11}，例④用意思一样的luɯŋ^{53}"再"与nai^{33}"再"连用共同修饰pai^{24}"去"，例⑤用意思近似的pai^{11}ʔdeu^{24}"立刻"与ta:u^{35}to^{33}"马上"共同修饰jin^{53}pai^{24}"引去"，例⑥和例⑦与其他各例的情况类似。

布依语意思相近的副词同现共同修饰同一词语，其位序有三种："副词 1+中心词+副词 2""副词 1+副词 2+中心词"和"中心词+副词 1+副词 2"。第一种如例①、例②、例③、例⑥，第二种如例④，第三种如例⑤和例⑦。

二、壮语、泰语的副词位序特征

（一）位序特征

壮语、泰语都有部分副词前置。前置副词的位置与汉语一样，一般都直接位于所修饰中心词之前，这里就不再详述，下面重点讨论后置副词。

1. 后置副词的位序

1）泰语

① tsa:k^{22}pai^{33}ja:ŋ^{22}phru:at^{41}phra:t^{41}.
　离开　去地　　匆忙
（匆忙离去。）

② phuək^{10}thə:^{33} ma:^{33} du:ai^{41}kan^{41} thə^{24}.
　你们　　来　　一起　　吧
（你们一起来吧。）

③ khau^{24} lap^{22} phlɔi^{11} leu^{453}.
　他　　睡　立刻　了
（他立刻睡了。）

④ pai^{33} tɛ:^{22}phu:^{41} di:au^{33}.
　去　只　一　　人
（单独一人去。）

2）壮语

⑤ tuŋ⁴² kou²⁴ ɣam³⁵ɣɯn³⁵ in²⁴ ɣ a:i⁴²ɕa:i⁴².

　 肚子　 我　 突然　　 痛　 非常

（我的肚子突然痛得很厉害。）

⑥ mɯŋ²¹ ku:n⁵⁵ au²⁴pai²⁴，ki²¹ nei⁴² li⁵⁵ la:i²⁴ ɣau pai.

　 你　 尽管 要去　　 这 里 有 多　 很 了

（你尽管要去，这里还有很多呢。）

　　泰语后置副词有的位于句末，如例①的副词phru:at⁴¹phra:t⁴¹位于句末；如果句末有语气词，副词则位于语气词之前，如例②和例③的 du:ai⁴¹kan⁴¹、phlɔi¹¹分别位于句末语气词 thə²⁴、leu⁴⁵³前；有的还可直接位于动词后宾语前，如例④的te:²²位于动词pai³³后宾语phu:⁴¹ di:au³³之前。副词后置在泰语中很常见。

　　壮语的后置副词有的位于句末，有的位于句末语气词之前，如例⑤的ɣa:i⁴²ɕa:i⁴²位于句末，例⑥的ɣau位于句末语气词pai之前。

2. 重叠副词的位序

壮语、泰语都有重叠副词。

（1）壮语重叠副词：

ɕi:m³³ ɕi:m³³ me:n³³ me:n³³

渐渐　　　　　慢慢

（2）泰语重叠副词：

nə:n⁴¹ nə:n⁴¹　 jok²² jok²²　 lat²² lat²²　 nai²² nai²²　 wai³³wai³³　 ri:p⁴¹ ri:p⁴¹

早早　　　　 刚刚　　 刚刚　　 刚刚　　 赶快　　 赶快

khɔ:i²² khɔ:i²²　 lu:an⁴⁵³ lu:an⁴⁵³　 krɔ:m²² krɔ:m²²　 phlu:m⁴¹ phla:m⁴¹　 tsiŋ³³ tsiŋ³³

渐渐　　　　 全都　　　　 慢慢　　　 冒冒失失　　　 真的

pə: ŋ³³pə: ŋ³³　 pe:³³la:⁴¹ la:⁴¹　 pen³³khu:⁴¹ khu:⁴¹　 phru:at⁴¹ phru:at⁴¹

大声　　　　 白白　　　　 成对　　　　 仓促

壮语重叠副词都位于中心词之前，泰语重叠副词除ri:p⁴¹ ri:p⁴¹外其余的都位于句末。其中，jok²²jok²²、lat²²lat²²、nai²²nai²²既可位于中心词之前，还可位于句末。

3. 意思相近或相同副词的同现

壮语和泰语都存在意思相近或相同副词同现的情况。例如：

1）泰语

① tsa²²tɔ:ŋ⁴¹ au³³ tsha³³na³³hai⁴¹ tsoŋ³³dai⁴¹.

必须 要 取胜 必须

（一定要取得胜利。）

② lɯ:a²⁴ tɛ:²² lɔ:n²² khon³³di:au³³ thau⁴¹nan⁴⁵³.

剩 只 她 人 一 只、仅

（只剩下她一个人。）

③ au³³ tɛ:²² phon²⁴pra²² jai²² su:an²²tu:a³³ tha:⁴¹di:au³³.

要 只 利益 部分 自身 仅仅

（只顾个人利益。）

④ kɯ:ap²² tsa²² thɯŋ²⁴ lɛ:u⁴⁵³.

快要 将 抵达 了

（快要抵达了。）

2）壮语

⑤ kou²⁴bou⁵⁵ ta:i³⁵ɕi:n²¹ mɯŋ ²¹ θi:n²⁴ te:m³⁵ ko:n³⁵，kva³⁵laŋ²⁴

我 没 带 钱 你 先 垫付 先 过后

ɕa:i³⁵ va:n²¹ mɯŋ²¹.

再 还 你

（我没带钱，你先垫付，之后再还你。）

⑥ kou²⁴ pou⁴² tok³³ kak³³ jou³⁵，bou⁵⁵mi²¹ vun²¹ pun⁴².

我 个 独 单独 居住 没 有 人 陪伴

（我一个人独居，没有人陪伴。）

例①～④是泰语意思相近的副词同现的例句：例①是意思相同的 tsa²²tɔ:ŋ⁴¹ "必须" 与 tsoŋ³³dai⁴¹ "必须" 同现，例②是意思相近的 tɛ:²² "只" 与 thau⁴¹nan⁴⁵³

"只、仅"同现,例③是意思相近的 tɛ:^{22} "只" 与 tha:^{41}di:au^{33} "仅仅"同现。例④是意思相近的 kɯ:ap^{22} "快要" 与 tsa^{22} "将"同现。例⑤和例⑥是壮语意思相近或相同的副词同现的例句:例⑤是借自汉语的 θi:n^{24} "先" 与壮语固有词 ko:n^{35} "先"同现,例⑥是意思相近的范围副词 tok^{33} "独" 与 kak^{33} "单独"同现。

泰语存在一个词语的语义同时指向其前面和后面两个词语的情况。例如:

⑦ Kin^{33}du:ai^{41}kan^{33} ju^{22}.

　吃　　一起　　　住

（一起吃住。）

例⑦是"动词+副词+动词"结构,其中副词 du:ai^{41}kan^{33}的语义同时指向其前面的动词 Kin^{33}和后面的动词 ju^{22}。

通过上文分析可知,泰语存在意思相近或相同的副词同现修饰同一中心词的情况,也存在同一个副词夹在两个不同的中心词之间,同时修饰这两个中心词的情况。

壮语、布依语副词与中心语之间不要结构助词连接,泰语副词与中心语之间有时需要助词ja:ŋ^{22}连接。例如:

⑧ ɔ:k^{22} də:n^{33}tha:n^{33} ja:ŋ^{22} kra^{22}than^{33}han^{24}.（泰语）

　出　　启程　　　　地　　　匆忙

（匆忙启程。）

三、布依语、壮语、泰语副词的比较及解释

（一）布依语、壮语、泰语副词位序比较

通过上文分析可知,壮语、布依语、泰语副词位序有以下共同点:

（1）都有前置副词。前置副词一般位于中心词之前;

（2）都有后置词。后置副词有两种位序:一种是位于句末,另一种是位于句末语气词之前;

（3）近似意思的副词可同现共同修饰同一个中心词。

由此可知,布依语副词的位序具有类型学特征。

不同之处如下:

（1）泰语后置副词还可位于中心词之后、宾语之前;

（2）泰语中一个副词可同时修饰其前面和后面两个不同的中心词，语义也同时指向这两个中心词。

（二）布依语、壮语、泰语副词后置率比较

为了便于比较，本书按照汉语传统的副词分类法，把各个语言的副词分为方式副词、语气副词、时间副词、程度副词、范围副词、否定副词六类。布依语、壮语、泰语的前置副词和后置副词的情况见表9-1：

表9-1　布依语、壮语、泰语副词的后置率

位置 数量 类别	壮语			布依语			泰语		
	前置/个	后置/个	后置率/%	前置/个	后置/个	后置率/%	前置/个	后置/个	后置率/%
方式	33	11	25	54	19	26	4	22	84
语气	37	1	2.6	35	6	17	18	1	5
时间	24	3	11	41	12	29	17	26	60
程度	8	4	50	33	20	60	0	57	100
范围	13	1	7	15	5	25	4	23	85
否定	6	0	0	11	0	0	4	0	0

从表9-1可看出布依语、壮语、泰语副词后置情况有如下特点：

（1）各语言否定副词都前置于中心词，前置率均为100%。

（2）各语言中方式、时间、程度、范围副词的后置率总体表现出以下趋势：从壮语→布依语→泰语逐步提高的趋势，即壮语后置率最低，布依语其次，泰语最高。

（3）各语言都是程度副词的后置率最高，分别为50%、60%、100%。各语言方式副词的后置率第二高，分别为25%、26%、84%。

（4）三种语言中语气副词的位置都能位于主语之前、中心词之后、句末或句末语气词之前。

《侗台语族概论》（梁敏和张均如，1996：843）中对侗台语修饰语的位序是这样描述的："侗台语族诸语言的修饰性成分放在中心成分之后，属于修饰成分的顺行结构……同属于侗台语族的诸语言，其修饰语的语序也存在不同之处，如国内的布依语、壮语和傣语修饰语的语序，除了有顺行结构还有逆行结构，且逆行的趋势越来越明显。同属于侗台语族、位于境外的泰语和老挝语，其顺行结构非常

完整。"

　　修饰语顺行结构是原始壮侗语的结构。副词的主要语法功能是对动词、形容词进行修饰，属于修饰成分，因此，副词在原始壮侗语中应该是后置词。从本书对壮语、布依语、泰语副词位序的考察结果来看，壮语、布依语的前置副词占了绝大多数。除程度副词外其他各类副词的前置率均高于 50%，否定副词 100%前置，这与梁敏和张均如（1996：843）所发现的壮语、布依语的"逆行趋势越来越明显"相一致，即副词前置是壮语和布依语的优势语序，副词后置是一种补足语序。相对来说，布依语各类副词的前置率都较壮语高。

　　副词后置率最高的是位于境外的泰语，其后置率明显高于壮语和布依语。泰语除了语气副词和否定副词外，其他各类副词的后置率都在 60%以上，程度副词后置率还达到了 100%。同时，泰语除了程度副词外，其他各类副词都有少部分副词前置，其中，否定副词 100%前置，语气副词的前置率也达到了 95%。这些情况显示泰语副词后置是一种优势语序，副词前置是一种补足语序。我们的这一发现和《侗台语族概论》（梁敏和张均如，1996：843）提出的"位于境外的泰语和老挝语，其顺行结构非常完整"的说法不一致，其原因可能是现代泰语也在悄悄地逆行化。

（三）布依语、壮语、泰语副词位序分析

1. 在语言接触视角下考察壮语、布依语、泰语副词的位序演变

　　从上文描写可知，布依语、壮语、泰语的副词都有以下四种位序：①中心词+副词+（句末语气词）；②"中心词+副词+（句末语气词）"或"副词+中心词"；③"副词 1+副词 2+中心词"或"副词 1+中心词+副词 2"；④副词+中心词。下面按照吴福祥（2009）提出的方法，从类型学的语序关联和发生学关系等角度讨论上述语序演变或变异的机制和因素，具体操作过程如下：

　　"给定一个成分对 A 和 B（pairs of elements），如果它在同一个语系、语族或语支的不同语言里具有'A-B'、'A-B/B-A'和'B-A'三种语序类型，而后者（'B-A'）正好跟汉语的模式一致，那么我们先假设，这些语言固有的语序模式是'A-B'，'B-A'是受汉语影响而发生语序演变的产物，而'A-B/B-A'则显示处在'A-B'＞'B-A'演变之中的变异阶段。换言之，我们把上述三种语序模式分别视为'未变'（A-B）、'在变'（A-B/B-A）和'已变'（B-A）三个演变阶段。"

第一，这三种语言的副词都有"A-B"的位序即"（1）中心词+副词+（句末语气词）"；

第二，这三种语言的副词都有"A-B/B-A"的位序，即"（2）'中心词+副词+（句末语气词）'或'副词+中心词'，以及（3）'副词 1+副词 2+中心词'或'副词 1+中心词+副词 2'"；

第三，这三种语言的副词都有"B-A"位序即"（4）副词+中心词"；

第四，根据吴福祥（2009）的方法推断壮侗语副词位序的演变过程如下：（1）"中心词+副词+（句末语气词）"为这三种语言的固有语序→（2）"中心词+副词+（句末语气词）"或"副词+中心词"以及（3）"副词 1+副词 2+中心词"或"副词 1+中心词+副词 2"是处在演变之中的变异阶段→（4）"副词+中心词"是受汉语影响而发生语序演变的产物。

下面，我们对位序（2）及（3）进行详细分析：

布依语、壮语、泰语都有意思近似或相同副词同现的情况，也就是位序（2）。从语言的经济原则（economy）来说，人类在长期的语言信息交流过程中，倾向于用尽量简洁的语言表达自己的意思。意思近似或相同副词的同现不符合语言的经济原则，对于这种现象我们有以下解释：意思近似或相同副词同现是后置副词在逐渐前置过程中出现的一种过渡现象。原始壮侗语的修饰成分在后，而国内壮侗语所处的大语言环境汉语是修饰成分前置且处于绝对优势地位的语言。壮语、布依语与南方汉语有数千年的接触史，这已得到考古学、人类学、社会语言学和语言史的证明。这些起修饰作用的副词成分在与汉语接触过程中受汉语的影响导致其副词出现前移，而前移过程中一般都会出现旧现象与新现象并存混用。因此，壮语、布依语副词在前移过程中出现意思相同或相近副词同时前置于与后置于中心词的混用现象就不难理解。不仅处于中国境内的布依语、壮语存在副词同现的情况，存在后置语序的其他语言如水语（张均如，1980）、黎语、罗波话、莫话（梁敏，2009），甚至黔东南的汉语方言都有这一现象，位于境外的泰语也有这种现象，诸多情况说明这些语言的副词是在前移。这一情况有助于我们理解现代泰语与梁敏和张均如（1996）时代泰语副词后置情况不一样。以上是从句法的角度解释壮侗语副词前移的情况。

另外，布依语、壮语、泰语都有既可以前置、也可以后置的副词，这些副词的位置是不固定的。这种可前可后的位序从词法的角度旁证了壮侗语副词发生了前移。

2. 壮语、布依语、泰语程度副词后置率最高的原因分析

壮语、布依语、泰语后置副词中都是程度副词的后置率最高，都在 50%以上，泰语达到了 100%。本书认为主要原因在于受汉语程度副词"极""很"都可位于中心词之后作补语的影响，"极""很"的这一位序与原始壮语、布依语程度副词的后置情况相吻合。因此，壮语、布依语后置程度副词的保持是壮侗语后置程度副词较好的遗存。同时，由于汉语中存在程度副词前置的现象，壮语、布依语借自汉语的程度副词都前置，在这一因素的影响下部分壮语、布依语固有词也出现了前移，只是前移情况不如其他词类明显。

第三节　布依语副词的主要特点

布依语副词是布依语表达语法意义的一个主要词类。本书以布依语副词作为研究对象，从副词的定义、布依语副词范围的界定、副词的分类、各副词次类的分类及描写比较、副词的语法化等方面对副词进行了系统、深入的分析。其中，对具体词语从语义、语义指向、位序、句法功能、语用等角度进行仔细的描写和客观的分析是本书的主要内容，也是重点内容。总的来说，布依语副词有如下特征：

（1）布语语副词的数量较多，将近 300 个。内容比较丰富，内容涉及否定副词、时间副词、方式副词、范围副词、程度副词、语气副词、关联副词。

（2）布依语副词的位序复杂多样。第一种是位于句首，如lak³³la:i¹¹"其实"、taŋ³³zan³¹"当然"、ða:i³¹"的确"、tɕo²⁴ʔdi²⁴"多亏"，当它们置于句首时是对整个句子进行修饰。第二种是位于所修饰的中心词之前，如mi¹¹、fi³³。第三种是位于所修饰的中心词之后，如ʔiə³⁵"曾经"、ŋan³³ŋan³³"马上"。后置副词又有以下几种具体位序情况：如果后置副词所修饰的中心词带宾语，则后置副词置于宾语后句末语气词之前；如果后置副词所修饰的中心词带补语，则后置副词置于补语前。第四种是前置后置都可以，如tiŋ¹¹la:i²⁴"多半"、laŋ²⁴"随后"、ðiəŋ¹¹laŋ¹¹"随后"既可以前置，也可以后置。总的来说，大多数布依语副词的位序是固定的，且前置语序是一种优势语序。

从各类副词的位序看，否定副词是全部前置，语气副词是比较整齐的前置词，程度副词是比较整齐的后置词，其他各类词语都具有少部分后置、大多数前置的

位序特点。

（3）布依语副词与其他词语的搭配有自己的特色，比如语义、语法相同的两个副词可以在一个句子中同现，共同修饰同一个中心词，形成同义框式强化现象。在布依语中，有时候同一个意义的副词同现更符合布依族的表达习惯和语感。

同一意义的时间副词同现的例子如下：

① te²⁴ ça:u³¹ pai²⁴ pai¹¹pan³³, muɯŋ¹¹ pai²⁴ nep³³ te²⁴ xan²⁴ ne³³.

  他 刚 走 刚   你 去 追 他 快 吧

  （他刚走，你快去追他。）

② ðau¹¹ ça:u³¹ çoi³³ ʔdi²⁴ pai¹¹pan³³ te²⁴ çi³³ ma²⁴ kuə³³ wa:i³³.

  我们 刚 修 好 刚   他 就 来 破 坏

  （我们刚修好，他就来破坏。）

③ ðau¹¹ xa¹¹ pai²⁴ ŋan³³ŋan³³.

  我们 快 要 去 马上

  （我们马上就要走。）

例①和例②都使用了同一个意义的时间副词 ça:u³¹ "刚" 和pai¹¹pan³³ "刚"，例③使用了两个意义相近的时间副词xa¹¹ "快要" 和ŋan³³ŋan³³ "马上"。这类结构若只使用一个时间副词也能正确地表达语义，但两个意义相同或相近的时间副词连用更符合使用习惯。

同一意义的范围副词同现的例子如下：

④ tsai²⁴ ðiəŋ¹¹ po¹¹ðau¹¹ pai²⁴ ta:u³⁵ ʔdeu²⁴ tem²⁴.

  再 跟 我们 去 次 一 再

  （再跟我们去一次。）

⑤ ʔdak³⁵ʔdak³⁵ to³³ tɯk³³ ʔdak³⁵zin²⁴ kuə³³leu³¹.

  块 块 都 是 石头 全部

  （每一块都是石头。）

例④是两个同义的外加副词tsai²⁴与tem²⁴形成的同义框式强化现象，外加副词相叠使用在布依语中非常普遍，也更复合布依族的使用习惯。例⑤是两个总括副词to³³ "都"、kuə³³leu³¹ "全部" 相叠使用。

同一意义的方式副词同现的例子如下:

⑥ po^{11}θu^{24} na:p^{33} pai^{24} tuŋ^{31} ta:m^{24}.

　你们　　依次　去　轮　流

（你们依次紧跟着走。）

这个句子同时出现了表"依次"的方式副词 na:p^{33} 和tuŋ^{31} ta:m^{24}，它们一前一后于所修饰的中心词pai^{24}。

同一意义的程度副词同现的例子如下:

⑦ çɯ^{31}te^{24}, pu^{31}ʔjai^{31} ðau^{11} mi^{11}li^{31} θɯ^{24}, kuə^{33}　ma^{11}　leu^{31}

　那时,　　布依族　　我们　没有 文字,　做　　什么　很

naēn^{33}　ta^{11}ðaēi^{31}ŋ

　难　　　非常

（那时我们没有文字，做什么都非常困难。）

该例句中使用了两个表示次高级的程度副词leu^{31}"很"和ta^{11}ða:i^{31}"非常"，表示强调。

（4）布依语同一个意义存在多个不同字形的现象比较普遍。这些词语有的语义、语法完全一样，有的同中有异。这种现象受布依语词语来源多样化的影响所致。布依语词语的来源主要有：有的是布依语固有词、有的借自汉语、有的来自当地方言、有的是不同地域的布依族所用的不同词语。同是布依语固有词，有的仅在《摩经》中使用，有的仅在日常生活中使用。诸多来源及语用的区别导致布依语一义多词现象比较普遍。比如，布依语表示"其实"义的副词有to^{53}çi^{33}、la:i^{11}、tçhi^{31}sɿ^{31}、lak^{33}la:i^{11}（lɯk^{33}la:i^{11}），这四个词语在使用频率和使用方法上有一些细小的区别：lɯk^{33}la:i^{11}使用的频率高一些。tçhi^{31}sɿ^{31}借自汉语，la:i^{11}、lak^{33}la:i^{11}（lɯk^{33}la:i^{11}）是布依语固有词，lak^{33}la:i^{11}有的地方说成lɯk^{33}la:i^{11}。to^{53}çi^{33}不能用于主语前，lak^{33}la:i^{11}、tçhi^{31}sɿ^{31}可用在动词前或主语前。

（5）一词多义现象多，这些不同的义项有的属于同一次类，有的属于不同的次类。比如，ʔiə^{35}既可表示"曾经"的意思，也可表示"已经"的意思；ta^{11}ða:i^{31}既是程度副词，表示"非常"，也可表示语气副词，表示"的确"。布依语一词多

义的现象也比较普遍。布依语副词还有不少重叠词。

（6）有的布依语副词与汉语副词不对应。一方面表现在范畴的不一致。比如，汉语的相对程度副词有最高级、更高级、比较级、较低级四个程度级别，而布依语的相对程度副词只有最高级、更高级两个程度级别。

另一方面是具体词语的语义、语法不对应。已有的研究认为布依语否定副词mi^{11}对应汉语的"不"，"fi^{33}"对应汉语的"没"。本书通过对大量例句进行分析发现布依语否定时副词和汉语否定时副词不一一对应。mi^{11}的句法、语用特点有：第一，mi^{11}具有[+主观]、[+客观]、[+已然]、[+未然]的语义特征，因此mi^{11}用于主观否定相当于汉语的"不"，用于客观否定相当于汉语的"没"，如$mi^{11}li^{31}$"不有"；mi^{11}用于未然否定时相当于汉语的"不"，用于已然否定相当于汉语的"没"。第二，对名词的否定只用mi^{11}。名词前的mi^{11}是一个否定动词，相当于汉语的"没有"。第三，除经历体外，mi^{11}能用于各种动词结构。fi^{33}的句法、语用特点有：其一，fi^{33}具有[+客观][+已然]的语义特征。fi^{33}只用于客观、已然否定，相当于汉语的"未"或"没"；其二，fi^{33}不能否定名词；其三，fi^{33}除了能自由运用经历体外，其他的语境要么不能用，要么很受限制。

（7）布依语副词修饰中心语时两者直接组合，不使用结构助词。例如：

① te^{24} $ðak^{33}ðem^{31}$ $ðiəŋ^{11}$ ku^{24} nau^{11}.
他　　悄悄　　　跟　我　说
（他悄悄跟我说。）

② te^{24} $θa^{53}liəm^{11}$ ma^{24}, $θa^{53}liəm^{11}$ pai^{24}, $mi^{11}li^{31}$ $pu^{31}laɯ^{11}$ $ðo^{31}$.
他　悄悄　来　悄悄　去　没有　谁　知道
（他悄悄来悄悄去，没人知道。）

③ $ðau^{11}$ mi^{11} $xaɯ^{53}$ te^{24} pai^{24}, te^{24} ka^{33} $kuə^{33}ðak^{35}$ pai^{24}.
我们　不　让　他　去　他　自己　偷偷　去
（我们不让他去，他自己偷偷去。）

④ $la^{53}lau^{11}$ li^{31} $vɯn^{11}$ $ʔju^{35}$, $mɯŋ^{11}$ $na:i^{33}na:i^{33}$ $pja:i^{53}$.
楼下　有　人　住　你　轻　轻　走
（楼下有人住，你轻轻走。）

以上例句都是副词直接与中心词组合，都没使用结构助词。没有结构助词是布依语副词作状语与汉语副词作状语的主要区别。

（8）语法化。布依语各类副词的语法化程度不一样：方式副词和时间副词的词汇意义比较实在，否定副词次之，范围副词、程度副词和语气副词的虚化程度高一些。

本书重点探讨了否定副词fi^{33}的语法化，认为否定副词fi^{33}的语法化很彻底，只能作否定副词；mi^{11}除了能作状语外，还能带宾语，具有动词的特征，因此mi^{11}的语法化不彻底，还处于语法化过程中；本书还对动词xau^{35}的语法化过程及否定副词mjau^{53}的来源进行了探讨，认为布依语xau^{53}的演变过程可能有两条路径：①"给予"义（动）→"致使"义（动词）→朝、向、对（介词）→引进动作的受益者（介词）；②"给予"义（动）→"致使"（动词）→"被"动义（介词）。xau^{53}的演变过程伴随词法由表示核心功能的动词逐步演变成表示辅助功能的介词，伴随着词汇意义由表示实在意义的"给予"义逐渐弱化，虚化为"致使"义。"致使"义一方面虚化为引进动作的受益者，另一方面虚化为引进动作的受事，即"被"动标记。祈使否定副词mjau^{53}是由否定副词mi^{11}和表示"致使"义的动词xau^{53}发展而来的。

参 考 文 献

期刊类

曹凯. 2011. 普底仡佬语绝对程度副词的语序. 毕节学院学报, (1): 125-128.

曹爽. 2012. 语法化理论与近年汉语语法化研究进展. 江西社会科学, (6): 125-128.

陈垂民. 1988. 说"不"和"没有"及其相关的句式. 暨南学报, (1): 94-99.

陈娥. 2012. 汉泰语名词重叠式语义对比研究. 云南师范大学学报（对外汉语教学与研究版）, (6): 58-62.

陈娥. 2013a. 湖南耒阳方言形容词生动形式——以AAB 崽为例. 学术探索, (2): 106-110.

陈娥. 2013b. 布依语否定词 mi¹¹（不）和 fi³³（未）的语义和语法功能. 民族语文, (5): 48-55.

陈娥. 2015. 布依语副词语序类型学研究. 中央民族大学学报（哲学社会科学版）, (1): 146-152.

陈娥, 郭云春. 2016a. 昆罕大寨布朗族经济发展与母语保护. 曲靖师范学院学报, (1): 93-99.

陈娥. 2016b. 布依语xaɯ⁵³的语法化. 民族语文, (3): 91-96.

陈力, 曲秀芬. 2008. 时体范畴的出现与"让"的语法化. 语言与翻译, (2): 25-30.

陈平. 1988. 论现代汉语时间系统的三元结构. 中国语文, (6): 401-422.

程博. 2012. 壮侗语数量名结构语序探析. 中央民族大学学报（哲学社会科学版）, (4): 131-136.

邓守信. 2001. 现代汉语的否定. 南开语言学刊: 91-102.

段业辉. 1995. 语气副词的分布及语功能. 汉语学习, (4): 18-21.

冯成林. 1981. 试论汉语时间名词和时间副词的划分标准——从"刚才"和"刚"、"刚刚"的词性谈起. 陕西师大学报（哲学社会科学版）, (3): 90-98.

冯赫. 2011. 语法化的理论内涵. 山东大学学报, (2): 139-143.

高晓芳. 2008. 从语义指向看范围副词次类划分的合理性. 人文社科, (32): 460-461.

高增霞. 2002. 副词"还"的基本意义. 世界汉语, (2): 28-34.

龚千炎. 1994. 现代汉语的时间系统. 世界汉语教学, (1): 1-6.

郭小娜. 2010. 现代汉语方式副词的界定及再分类. 广东广播电视大学学报，（81）：93-96.

洪波. 2004."给"字的语法化. 南开语言学刊，（2）：138-145.

胡裕树，范晓. 1985. 试论语法研究的三个平面. 新疆师范大学学报，（2）：7-15.

黄伯荣. 1956. 形容词跟副词的界限. 语文学习，（7）：29-31.

黄国营. 1992. 语气副词在"陈述—疑问"转换中的限制作用及其句法性质. 语言研究，（1）：
　　9-11.

景士俊. 1982. 再说"也". 语文学刊，（5）：1-6.

康忠德. 2010a. 居都仡佬语否定句研究. 广西民族大学学报（哲学社会科学版），（4）：168-188.

康忠德. 2010b. 居都仡佬语形容词构词法研究. 铜仁学院学报，（2）：45-48.

赖先刚. 1994. 副词的连用问题. 汉语学习，（2）：25-31.

李辅. 2013. 浅谈拉祜语否定词的功能及意义. 科技导刊（电子版），（3）：159-160.

李锦芳，等. 2008. 关于侗台语的否定句语序. 民族语文，（2）：37-39.

李蓝. 2003. 现代汉语方言差比句的语序类. 方言，（3）：214-232.

李梅. 2001. 论现代汉语语气副词. 内江师范学院学报，（5）：20-27.

李泉. 2002. 从分布上看副词的再分类. 语言研究，（2）：85-91.

李铁根. 2003."不"、"没（有）"的用法及其所受的时间制约. 汉语学习，（2）：1-7.

李一平. 1983. 副词修饰名词或名词性成分的功能. 语言教学与研究，（3）：40-51.

李运熹. 1993. 范围副词的分类及语义指向. 宁波师院学报（社会科学版），（2）：4.

梁敢. 2009. 侗台语形容词短语语序类型研究. 中央民族大学学报（哲学社会科学版），（4）：
　　87-92.

林曙. 1993. 确定范围副词的原则. 上海师范大学学报，（1）：125-126.

蔺璜，郭姝慧. 2003. 程度副词的特点与范围. 山西大学学报（哲学社会科学版），（2）：71-74.

刘丹青. 2001. 语法化中的更新、强化语叠加. 语言研究，（2）：72；74.

刘牧. 1984. 关于副词能否修饰副词的问题. 天津师大学报，（6）：89-91.

刘宁生. 1984. 句首介词结构"句首介词结构'在……'的语义指向". 汉语学习，（2）：27-31.

陆俭明. 1980. 现在汉语副词独用刍议. 语言教学与研究，（2）：27-42.

陆世光. 1981. 谈副词的内部分类. 天津师院学报，（2）：70-73.

罗美珍. 2004. 西双版纳傣语的语序. 南开语言学刊，（2）：53-63.

马真. 1985."稍微"和"多少". 语言教学与研究，（3）：30-33.

马真. 1988. 程度副词在表示程度比较的句式中的分布情况考察. 世界汉语教学，（2）：81-86.

马真. 1991. 普通话里的程度副词"很"、"挺"、"怪"、"老". 汉语学习, (2): 8-13.

蒙元耀. 1990. 中央民族学院学报. 壮语的后置状语, (5): 75-79.

聂仁发. 2001. 否定词"不"与"没"的语义特征及其时间意义. 汉语学习, (1): 21-27.

彭平. 2002. 亦谈"不"与"没". 成都师专学报, (3): 82-85.

彭嬿, 刘秀明. 2011. 语法化理论研究综述. 新疆大学 (哲学. 人文社会科学版), (5): 139-141.

齐沪扬. 2003. 气副词的语用功能分析. 语言教学与研究, (1): 62-71.

钱兢. 2005. 现代汉语范围副词的连用. 汉语学习, (2): 47-50.

秦礼君. 1988. 汉日副词的同与异. 教学研究 (外语学报), (4): 63-67.

邵敬敏. 1985. 说"又"——兼论副词研究的方法. 语言教学与研究, (2): 4-16.

邵敬敏, 罗晓英. 2004. "别"字句语法意义及其对否定项的选择. 世界汉语教学, (5): 20; 22.

沈家煊. 1994. "语法化研究综观". 外语教学与研究, (4): 17; 19-20.

沈家煊. 1994. "语法化"研究综观. 外语教学与研究, (4): 17-24.

沈开木. 1996. 论"语义指向". 华南师范大学学报 (社科版), (6): 67-74.

施关淦. 1993. 再论语法研究的三个平面. 汉语学习, (2): 4-9.

石毓智. 2004. 兼表被动和处置的"给"的语法化. 世界汉语教学, (3): 15-26.

史锡尧. 1995. "不"否定的对象和"不"的位置——兼谈"不"、副词"没"的语用区别. 汉语学习, (2): 7-10.

史锡尧. 1996. "再"语义分析——并比较"再"、"又". 汉语学习, (2): 8-12.

税昌锡. 2004. 语义指向分析的发展历程与研究展望. 语言教学与研究, (1): 62-71.

覃凤余. 2010. 也谈壮语否定句的语序. 民族语文, (1): 13-21.

唐贤清, 罗主宾. 2014. 程度副词作补语的跨语言考察. 民族语文, (1): 33-41.

王哈·阿·雍容. 1998. 罗甸里王村布依语后附成分的结构特点. 贵州民族研究 (季刊), (3): 89-91.

王还. 1983. "ALL"与"都". 语言教学与研究, (4): 24-28.

王寅. 2005. 语法化的特征、动因和机制——认知语言学视野中的语法化研究. 解放军外国语学院学报, (4): 1-5.

王远新. 2006. 土耳其语句子中状语的顺序规则及其认知特点. 语言与翻译 (汉文), (4): 7-11.

文旭. 1998. 《语法化》简介. 当代语言学, (3): 47.

吴福祥. 2008. 南方语言正反问句的来源. 民族语文, (1): 3.

吴福祥. 2009. 南方民族语言中若干接触引发的语序演变和变异[EB/OL]. http://chinese.fudan.edu.cn/zhongwenxi/linguistics/讲课PPT（提纲）：3.

吴福祥. 2009. 语法化研究的新视野. 当代语言学，（3）：193-206.

吴雅萍. 2012. 比工仡佬语的否定句. 民族语文，（6）：64-67.

夏群. 2010. 试论现代汉语时间副词的性质及分类. 语言与翻译，（1）：31-36.

肖奚强. 2001. 协同副词的语义指向. 南京师大学报（社会科学版），（6）：111-117.

肖奚强. 2003. 范围副词的再分类及其句法语义分析. 安徽师范大学学报（人文社会科学版），（5）：355-359.

肖奚强. 2006. 现代汉语副词研究综述. 云南师范大学（对外汉语教学与研究版），（3）：55-62.

肖亚丽，关铃. 2009. 少数民族语言对黔东南汉语方言语序的影响. 贵州民族研究，（5）：174-179.

熊学亮，刘东虹. 2006. 否定语序的类型学分析. 外语学刊，（4）：52-57.

徐以中. 2003. 副词"只"的语义指向及语用歧义探讨. 语文研究，（2）：48-52.

杨成虎. 2000. 语法化理论评述. 山东师大外国语学院学报，（4）：10.

杨光远. 2006. 台语"给"的用法. 民族语文，（6）：17-23.

杨荣祥. 1999. 现代汉语副词词类及其特征描写. 湛江师范学院（哲学社会科学版），（1）：78-86.

杨荣祥. 2000. "范围副词"中的功能差异——兼论副词次类的划分问题. 湖北大学学报（哲学社会科学版），（4）：53-57.

杨淑璋. 1985. 副词"还"和"再"的区别. 语言教学与研究，（3）：56-61.

杨亦鸣，徐以中. 2004. 副词"幸亏"的语义、语用分析——兼论汉语"幸亏"句相关话题的形成. 语言研究，（1）：19-23.

杨亦鸣. 2000. 试论"也"字句的歧义. 中国语文，（2）：114-125.

叶颖. 2012. 梅县方言程度副词探析. 韶关学院学报·社会科学，（5）：114-125.

袁毓林. 2000. 论否定句的焦点、预设和辖域歧义. 中国语文，（2）：99-108.

占升平. 2013. 布依语语音数据库建设初探. 兰台世界，（2）：33-34.

张公瑾. 1981. 傣语和汉语的一个语序问题. 语言研究，（2）：195-202.

张桂宾. 1997. 相对程度副词与绝对程度副词. 华东师范大学（哲学社会科学版），（2）：92.

张国宪. 1995. 现代汉语的动态形容词. 中国语文，（3）：221-229.

张国宪. 1998. 现代汉语形容词的体及形态化历程. 中国语文，（6）：403-413.

张国宪. 1999. 延续性形容词的续段结构及其体表现. 中国语文，（6）：403-414.

张济民. 1982. 贵州普定仡佬语的否定副词. 民族语文，（3）：25-29.

张景霓. 2002. 柳州方言的状语后置. 广西民族学院学报（哲学社会科学版）：88-92.

张亚军. 2003. 程度副词与比较结构. 扬州大学学报（人文社会科学版），（2）：60-64.

张谊生. 1990. 副名结构新探. 徐州师范学院学报，（3）：114-120.

张谊生. 2000a. 论与汉语副词相关的虚化机制——兼论现代汉语副词的性质、分类与范围. 中国语文，（1）：3-15.

张谊生. 2000b. 现代汉语副词的性质、范围与分类. 语言研究，（2）：51-63.

张谊生. 2001. 论现代汉语的范围副词. 上海师范大学学报（社会科学版），（1）：107-113.

张谊生. 2005. 副词"都"的语法化与主观化. 徐州师范法学学报（哲学社会科学版），（1）：56-62.

张毅. 2007. 纳西语否定副词语义分析. 南昌航空工业学院学报（社会科学版），（1）：44-48.

赵淑华. 1981. 关于"还"的对话. 语言教学与研究，（1）：19-26.

郑贻青. 1992. 壮语德靖土语的否定方式. 中央民族学院学报（哲学社会科学版），（2）：79-81.

周刚. 1998. 语义指向分析刍议. 语文研究，（3）：26-33.

周国光. 2006. 试论语义指向分析的原则和方法. 语言科学，（4）：41-49.

周国炎. 1998. 布依语比较句的结构类型. 布依学研究，（6）：57-64.

周国炎. 1999. 布依语处置式的来源及其发展，中央民族大学学报，（3）：84-92.

周国炎. 2003. 布依语被动句研究. 中央民族大学学报，（5）：101-106.

周国炎. 2008. 贵阳市郊布依族语言使用现状及特征分析. 贵州民族学院学报（哲学社会科学版），（4）：139-145.

周国炎. 2009. 布依语完成体及体助词研究. 中央民族大学学报，（2）：102-108.

周国炎，刘朝华. 2012. 布依语存在句研究. 民族语文，（4）：32-38.

周国炎，申建梅. 2012. 布依族母语教育及其文化传承和保护. 贵州民族学院学报（哲学社会科学版），（2）：27-31.

周国炎，孙华，申建梅. 2011. 民族语第二语言教学中的词汇教学研究——以布依语第二语言教学为个案. 民族教育研究，（5）：117-122.

周国炎，谢娜. 2011. 黔西南州布依-汉双语消长的成因分析. 贵州民族学院学报（哲学社会科学版），（1）：7-12.

周国炎，朱德康. 2013. 学习者视角的民族语第二语言语法教学研究——以布依语学习为研究个案. 民族教育研究，（2）：75-80.

周红. 2009. 动词"给"的语法化历程. 殷都学刊，（4）：108-114.

周小兵. 1991. 先定副词"只"和"就". 烟台大学学报（哲学社会科学），（3）：92-96.

周艳. 2012. 贵州黔南方言的特殊语序. 贵州学院学报（社会科学版），（3）：98-101.

著作类

陈昌来. 2000. 现代汉语句子. 上海：华东师范大学出版社.

丁声树. 1961. 现代汉语语法讲话. 北京：商务印书馆.

郭锐. 2004. 现代汉语词类研究. 北京：商务印书馆.

侯学超. 1999. 现代汉语虚词词典. 北京：北京大学出版社.

胡裕树. 1979. 现代汉语. 上海：上海教育出版社.

黎锦熙. 1924. 新著国语文法. 长沙：湖南教育出版社.

李泉. 1996. 副词和副词再分类. 词类问题考察. 北京：北京语言学院出版社.

李云兵. 2008. 中国南方民族语言语序类型研究. 北京：北京大学出版社.

梁敏，张均如. 1996. 侗台语族概论. 北京：中国社会科学出版社.

刘丹青. 2004. 语序类型学与介词理论. 北京：商务印书馆.

刘丹青. 2008. 语法调查研究手册. 上海：上海教育出版社.

刘月华，潘文娱. 2003. 实用现代汉语语法. 北京：商务印书馆.

陆俭明. 2003. 现代汉语语法研究教程. 北京：北京大学出版社.

陆俭明，马真. 2007. 现在汉语虚词散论. 北京：语文出版社.

陆俭明，沈阳. 2003. 汉语和汉语研究十五讲. 北京：北京大学出版社.

吕叔湘. 1980. 现代汉语八百词. 北京：商务印书馆.

马建忠. 1898. 马氏文通. 北京：商务印书馆.

马真. 2007. 现代汉语虚词研究方法. 北京：商务印书馆.

倪大白. 2010. 侗台语概论. 北京：民族出版社.

齐沪扬，张谊生，陈昌来. 2004. 现代汉语虚词研究综述. 合肥：安徽教育出版社.

邵敬敏，朱一之，王正刚. 1987. 八十年代副词研究的新突破，现代汉语研究的现状和回顾. 北京：语文出版社.

邵敬敏. 1990. 副词在句法结构中的语义指向初探//汉语论丛. 上海：华东师大出版社.

施关淦. 1983. 试论时间副词"就"//语法研究和探索. 北京：北京大学出版社.

石毓智. 2001. 肯定和否定的对称与不对称. 北京：北京语言文化大学出版社.

史有为. 1992. 柔性呼唤——汉语语法探索. 海口：海南出版社.

王力. 1985. 中国现代语法. 北京：商务印书馆.

王伟，周国炎. 2005. 布依语基础教程. 北京：中央民大大学出版社.

韦景云，何霜，罗永现. 2011. 燕齐状语参考语法. 北京：中国社会科学出版社.

吴启禄. 1992. 贵阳布依语. 贵阳：贵州民族出版社.

徐世英. 1977. 中国文法讲话. 北京：大众文艺出版社.

杨荣祥. 2007. 近代汉语副词研究. 北京：商务印书馆.

喻翠容. 1980. 布依语简志. 北京：民族出版社.

袁毓林. 1993. 现代汉语祈使句研究. 北京：北京大学出版社.

张宝林. 1996. 关联副词的范围及其与连词的区分. 词类问题考察. 北京：北京语言文化大学出版社.

张斌，范开泰. 2002. 现代汉语虚词研究综述. 合肥：安徽教育出版社.

张静. 1987. 汉语语法问题. 北京：中国社会科学出版社.

张均如. 1980. 水语简志. 北京：民族出版社.

张谊生. 2000. 现代汉语副词研究. 上海：学林出版社.

张增业. 1998. 壮—汉语比较简论. 南宁：广西民族出版社.

张志公. 1959. 著汉语语法常识. 上海：上海教育出版社.

赵元任. 1979. 汉语口语语法. 北京：商务印书馆.

周国炎. 2012. 布依—汉词典. 贵阳：贵州民族出版社.

周国炎，黄荣昌，黄镇邦. 2010. 布依语长篇话语材料集. 北京：中央民族大学出版社.

朱德熙. 1982. 语法讲义. 北京：商务印书馆.

朱德熙. 1985. 语法答问. 北京：商务印书馆.

Grice，H. P. 1975. *Logic and Conversation*. Cambridge：Cambridge University Press.

学位论文

蔡吉燕. 2016. 布依语词法研究. 上海师范大学博士学位论文.

陈楚华. 2005. 汉泰副词对比研究. 南京师范大学硕士学位论文.

陈娥. 2006. 泰国学生汉语习得中的语音偏误研究. 云南师范大学硕士学位论文.

陈永姻. 2010. 试论现代汉语副词的语义指向. 西北师范大学硕士学位论文.

催诚恩. 2002. 现代汉语情态副词研究. 中国社会科学院研究生院博士学位论文.

郝蕾红. 2003. 现代汉语否定副词研究. 首都师范大学硕士学位论文.

胡琼. 2009. 壮泰语副词比较研究. 广西师范大学硕士学位论文.

康忠德. 2009. 居都仡佬语参考语法. 中央民族大学博士学位论文.

李鸿卿. 2006. 汉越副词对比研究. 南京师范大学硕士学位论文.

李明. 2007. 西双版纳傣语量词研究. 中央民族大学博士学位论文.

李艳玲. 2009. 壮语术补结构研究. 中央民族大学硕士学位论文.

林梓欣. 2007. 现代汉语副词与泰语副词比较研究. 云南师范大学硕士学位论文.

刘朝华. 2012. 布依语汉语名量词对比研究. 中央民族大学博士学位论文.

刘立成. 2008. 现代汉语限定性副词研究. 吉林大学博士学位论文.

刘敏. 2010. 汉语否定副词来源与历史演变研究. 湖南师范大学硕士学位论文.

明琴. 2007. 试论现代汉语范围副词的分类及语义指向. 四川师范大学硕士学位论文.

潘鸿峰. 2008. 汉越南常用否定词对比研究. 南京师范大学硕士学位论文.

潘立慧. 2007. 仡央语言否定词研究. 中央民族大学硕士学位论文.

孙琴. 2002. 现代汉语否定性结构专用副词的考察. 广西师范大学硕士学位论文.

万莹. 2001. 否定副词"不"和"没"的比较研究. 华中师范大学硕士学位论文.

韦尹璇. 2012. 壮语否定句比较研究. 中央民族大学硕士学位论文.

吴铮. 2007. 藏缅语否定范畴研究. 中央民族大学博士学位论文.

肖亚丽. 2008. 黔东南方言语法研究. 上海师范大学硕士学位论文.

薛华. 2010. 现代汉语时间词研究. 湖南师范大学硕士学位论文.

姚晶. 2006. 现代汉语绝对程度副词研究. 延边大学硕士学位论文.

银莎格. 2012. 银村仡佬语参考语法. 中央民族大学博士学位论文.

占升平. 2009. 镇宁布依语语音研究. 南开大学博士学位论文.

张言军. 2006. 现代汉语时间副词研究. 四川大学硕士学位论文.

张营. 2011. 现代汉语语气副词研究. 北京大学硕士学位论文.

赵峰. 2004. 现代汉语否定句初探. 山东大学硕士学位论文.

朱丽. 2005. 揣测语气和揣测语气副词. 上海师范大学硕士学位论文.

Lehmann，C. 1995 . Thoughts on Grammaticalization. München：LINCOM EUROPA.

Tanpaiboon（陈晶晶）. 2010. 壮泰否定句与言语行为比较研究. 广西民族大学硕士学位论文.

后　　记

本书是在我的博士论文《布依语副词研究》的基础上修改、完善而成的。

书稿完成之时，既有如释重负的欣喜，也有满满的感恩。从初涉少数民族语言这片沃土到结下不解之缘，得从六年前说起。2010 年我满怀希翼来到中央民族大学，师从著名的布依语学者周国炎教授攻读语言学博士学位。来到中央民大后，跟随周老师系统地学习了一年的布依语。周老师深入浅出的教学方法和一丝不苟的治学态度让我对布依语逐渐产生了兴趣。博士论文选题时，周老师说布依语副词是一个薄弱的研究领域，有很大的研究空间。在周老师的指导下，我怀着忐忑的心情开始论文的准备工作。

在收集语料的过程中，周老师建议以他编写的《布依—汉词典》和《布依语长篇话语材料》中的语料为主。为此，我花了半年时间从这两部书中选取了 200 多条语料。语料收集工作初步完成后，接下来是描写分析。很快，我遇到了几大难题：第一，除了汉语有丰富的副词研究成果外，未见以某一少数民族语言的副词为专题研究对象的博士论文或专著，可供参考借鉴的成果有限。第二，我是非母语人，语感的缺乏使我对材料常有驾驭不住的感觉。第三，如何把现代语言学理论运用于布依语副词的分析，准确地揭示布依语副词的特点也是棘手的问题。第四，有些副词的语料不够。面对这些难题，我只好参照已有的汉语副词的研究成果来描写布依语副词。

在依葫芦画瓢、亦步亦趋地描写布依语副词的过程中，逐渐发现了布依语副词不同于汉语副词的一些特点，我的研究思路逐渐被打开，也慢慢变得清晰起来：丰富的语料是描写分析的基础，而已经收集到的书面语料严重不足，需要通过调查进一步充实；在丰富语料的基础上，从语音、语义、语法、语用等多个角度全面描写单个副词；对于意义、用法相近的副词则需要通过比较才能发现他们的异同；不同次类的副词只有通过比较才能发现他们的独特之处。总之，客观、仔细地描写、全面地比较才能揭示布依语副词的特点。于是，立足于布依语否定副词的语言事实，重新对布依语否定副词进行了描写分析，从中发现了布依语否定副词的诸多特点。当第一章的研究工作完成之后我非常激动。因为"万事开头难"。随着对其他各类副词研究的深入，布依语副词的特点逐渐浮出水面：比如布依语位序非常复杂，有的副词前置、有的副词后置、有的副词前置或后置都可以，有的句中能使用意义相近或相同的副词形成同义框架结构，一词多义和一义多词等。

光阴如梭，三年的博士生活渐行渐远。这期间，与同窗好友寒窗苦读、共同进步的喜悦，遇到困难时的焦虑和不安，以及母校"美美与共，天下大同"的博大情怀，都一起珍存在记忆里。

这本书的出版，要感谢的人很多。首先感谢我的导师周国炎教授。我的博士论文，从论文选题、语料收集、着手写作到修改定稿，每一步都凝聚了周老师辛勤的汗水。最让我感动的是，周老师每次批阅完都在我的论文上密密麻麻地写满批注，还会面对面给我讲解。

感谢著名的少数民族语言学家戴庆厦先生。博士毕业后我调到以戴庆厦教授为院长的云南师范大学汉藏语研究院工作。戴先生率先垂范、严谨踏实的科研态度，以及对我不遗余力的指导教诲，让我走出了山穷水尽的困顿，使得这部书在之前博士论文的基础上，研究的深度和广度都有较大扩展。

感谢给予我帮助的老师们。在我的博士论文答辩会上，赵明鸣研究员、李云兵研究员、丁石庆教授、李锦芳教授、张铁山教授等给我提出了建设性建议，帮助我进一步完善了写作框架。另外，博士论文的匿名评审专家也提出了宝贵意见。

感谢布依语母语人、贵阳市博物馆的黄镇邦副研究员。每次向黄老师请教，他都会马上放下手中的工作，热情、认真地帮我答疑。修改书稿的过程中，贵州省望谟县民宗局的王玉贵局长、昆明市布依语协会会长的罗祖虞教授给予了我大力支持。如果没有他们的鼎力相助，我的研究工作不可能进展得如此顺利。

感谢我的家人，正因为有了他们的支持理解，我才能安心求学、潜心工作。感谢我亲爱的图图宝贝，他的乐观开朗、健康快乐消解了我许多压力。

这本书的出版得到了云南省哲学社会科学优秀出版资助的大力资助，也得到了云南师范大学博士科研启动项目的支持，还得到科学出版社王洪秀编辑的热情帮助，在此一并致谢！

陈　娥

2016 年 10 月 20 日